联合国 2030 年可持续发展目标视野下的上海指数：全球试点城市应用研究

陈海云 诸大建 著

·上海·

图书在版编目(CIP)数据

联合国2030年可持续发展目标视野下的上海指数：全球试点城市应用研究 / 陈海云,诸大建著. —上海：同济大学出版社,2023.8
ISBN 978-7-5765-0402-6

Ⅰ.①联… Ⅱ.①陈… ②诸… Ⅲ.①城市建设—综合指标—研究—上海 Ⅳ.①F299.275.1

中国版本图书馆CIP数据核字(2022)第182422号

联合国2030年可持续发展目标视野下的上海指数：全球试点城市应用研究

陈海云　诸大建　著

责任编辑 翁　晗　　**助理编辑** 孙铭蔚　　**责任校对** 徐逢乔　　**装帧设计** 王　翔

出版发行	同济大学出版社　www.tongjipress.com.cn (地址：上海市四平路1239号　邮编：200092　电话：021-65985622)
经　　销	全国各地新华书店
排　　版	南京文脉图文设计制作有限公司
印　　刷	上海安枫印务有限公司
开　　本	889mm×1194mm　1/16
印　　张	26.5
字　　数	848 000
版　　次	2023年8月第1版
印　　次	2023年8月第1次印刷
书　　号	ISBN 978-7-5765-0402-6
定　　价	298.00元

本书若有印装质量问题,请向本社发行部调换　　　版权所有　侵权必究

陈海云

管理学博士,德国哥廷根大学博士后,加拿大英属哥伦比亚大学高级访问学者,同济大学可持续发展与管理研究所研究员,上海市可持续发展研究会副会长,德稻环境金融研究院首席研究员,德国艾希施塔特—英戈施塔特大学客座教授,中国商务部国际商务官员研修基地(上海)客座教授,联合国人居署《上海手册:21世纪城市可持续发展指南》编写团队核心成员,联合国人居署"上海指数"研究团队首席专家。主要研究领域为可持续发展与管理、公共资源治理与公共政策、城市可持续发展绩效评估等。

Haiyun CHEN

Ph.D in Management, postdoctoral fellow of Gottingen University in Germany, senior visiting scholar of University of British Columbia in Canada, researcher fellow of the Institute of Sustainable Development and Management of Tongji University, vice president of Shanghai Society for Sustainability, chief expert of Detao Institute of Environmental Finance, visiting professor of Eichstadt Ingolstadt University in Germany, visiting professor of the International Business Officials Training Base (Shanghai) of the Ministry of Commerce of China, core member of the International Editorial Board of the UN-Habitat *Shanghai Manual: A Guide to Sustainable Development in the 21st Century City*, chief expert of "Shanghai Adapted Index" of UN-Habitat. The main research fields are sustainable development and management, public resource governance and public policy, performance evaluation of urban sustainable development, etc.

诸大建

同济大学特聘教授,同济大学可持续发展与管理研究所所长,同济大学学术委员会副主任,国家哲学社会科学规划管理学组专家,教育部哲学社会科学委员会管理学部委员,上海市委决策咨询委员会委员,上海市政府决策咨询特聘专家,上海2035城市总体规划核心专家,上海市"十五""十一五""十二五""十三五"规划专家委员会成员,上海市可持续发展研究会会长,达沃斯世界经济论坛全球理事会理事,国际生态经济学会主席团成员。 主要研究领域为可持续发展经济学、城市发展与管理,公共服务与公私合作。

Dajian ZHU

Distinguished professor of Tongji University, director of the Institute of Sustainable Development and Management of Tongji University, deputy director of the Academic Committee of Tongji University, expert of the Planning and Management Group of National Philosophy and Social Sciences, member of the Management Department of the Philosophy and Social Sciences Committee of the Ministry of Education, member of the Decision-making Advisory Committee of the Shanghai Municipal Party Committee, distinguished expert of the Decision-making Advisory Committee of the Shanghai Municipal Government, core expert of Shanghai 2035 Urban Planning, member of 10th, 11th, 12th, 13th Five Year Plan Expert Committee, president of Shanghai Society for Sustainability, member of the Global Council of the World Economic Forum in Davos, and member of the Presidium of the International Society for Ecological Economics. The main research fields are sustainable development economics, urban development and management, public services and public-private cooperation.

"上海指数"全球试点城市应用研究课题组

主持人：

陈海云　诸大建

联合国人居署主要成员：

Yang Rong，Robert Ndugwa，Daniel Githira，Kevin Johnson，FuBang，Ma Xuesai 等。

团队成员：

程名望、许洁、张超、杜娟、张帅、孙秀丽、王熠、秦瑜、王婵雅、孙贝芸、段美莹、魏硕、韩海伦、梅雨前、徐乔林、顾建福、李益静、裴佳仪、周一卓、杨芬、高媛、孙峥、吴赟、王兰、刘淑妍、黄新林、杨华、卫志华、钟晓华、徐辉、王颖、Andre Habisch（德国）、Nikitina Valeria（俄罗斯）、Runjie Duan（加拿大）、Yishu Pang（美国）、Yuji Kakeya（日本）、Chong Yuhyun（韩国）、Béatrice Tissié（法国）、Rossa Ipaenin（印度尼西亚）等。

本研究得到了联合国人居署、中华人民共和国住房和城乡建设部、上海市住房和城乡建设管理委员会、上海市科学技术委员会、同济大学、上海世界城市日事务协调中心、上海市可持续发展研究会等多个机构和部门的指导，在此一并感谢。也感谢各城市统计及相关职能部门对研究团队数据收集工作的大力支持。本研究也得到了上海市"科技创新行动计划"社会发展科技攻关项目（20dz1201500）和上海市高峰高原学科建设项目（1200121004）的支持。

执行摘要

2015年9月,联合国通过了《变革我们的世界:2030年可持续发展议程》(Transforming Our World: The 2030 Agenda for Sustainable Development)这一纲领性国际文件,提出了17项目标,为世界各国可持续发展事业明确了方向。2016年,联合国第三次住房和城市可持续发展大会正式审议通过了《新城市议程》(New Urban Agenda, NUA),强调城市在落实联合国可持续发展目标(Sustainable Development Goals, SDGs)中的重要性。城市,是实现SDGs的重要载体。然而,在全球城市可持续发展如何对标SDGs的研究方面,尚存在一些亟待解决的问题和挑战。对标SDGs并不意味着完全照搬相应的目标、任务及指标来机械地评估城市可持续发展水平。SDGs的17个目标、169个任务和230多个指标是在国家或区域层面提出的,这些宏观尺度的目标、任务和指标绝大多数无法直接套用在城市层面。因此,在对标SDGs的同时,对其进行适应性调整来开展全球城市可持续发展绩效水平的科学评估成为国际社会面临的重大挑战,而构建一套具有权威性、客观性和科学性的绩效评估指数成为解决这一重大挑战的突破口。正是出于对以上背景和相关问题的系统性思考与分析,在联合国人居署、中华人民共和国住房和城乡建设部和上海市政府的指导下,我们同多国专家学者联合开启了SDGs背景下的"上海指数"的国际合作研究工作,其使命就是构建一套能够对全球城市可持续发展绩效水平进行科学诊断和趋势研判的国际权威指数。"上海指数"将为落实2030可持续发展目标发挥重要作用，为全球城市可持续发展提供战略性研判依据。

"上海指数"的设计原则是"以人为本、中国方案、国际标准"。"上海指数"的指标的遴选标准包括五大要点：权威性、客观性、科学性、可操作性和适应性。"上海指数"指标体系由两大部分组成，即基础性指标和适应性指标。基础性指标的作用是全球性覆盖，其面对不同发展水平和人口规模的城市相对稳定；适应性指标是在基础性指标之外，根据城市发展水平和人口规模差异进行分类筛选。因此，基础性指标构成了"上海指数"指标体系的基础并维系整个体系的稳定性，而适应性指标是实事求是、不搞"一刀切"的本意所在，会根据城市不同人口规模、经济发展水平、区位等诸多因素的不同而进行分级分类的动态优化。

本研究综合考虑区域分布、发展水平、人口规模等不同要素，先行从全球范围内挑选了 20 个具有代表性的城市来进行"上海指数"的试点应用研究。这 20 个城市是：中国香港、上海和北京，新加坡（国家城市），日本东京，韩国首尔，马来西亚槟城，澳大利亚悉尼，阿联酋迪拜，科威特城，美国纽约，加拿大多伦多，墨西哥城，玻利维亚拉巴斯，肯尼亚蒙巴萨，土耳其伊兹密尔，俄罗斯莫斯科，德国柏林，英国伦敦和法国巴黎。通过 20 个全球城市的试点应用研究，我们也在不断优化指标和方法，包括数据的收集和积累，也为"上海指数"未来更大范围和更大规模的城市应用积累宝贵经验。

本研究探索性地阐释了"上海指数"的整体设计架构、综合指标体系、应用方法和思路，也对全球 20 个代表性城市开展了试点应用研究。研究贡献主要体现在以下几个方面：①为城市层面更好地落实 SDGs 提供了创新设计思路和解决方案；②采用适应性的思路设计了"上海指数"的方法论；③对全球试点城市的可持续发展绩效水平进行了探索性评估；④对影响可持续发展绩效水平的主要指标进行了系统性、历史性的分析；⑤为城市可持续发展的管理和决策提供了较为翔实、系统的数据支撑。当然，作为一项探索性研究，从理论体系的构建、数据收集和方法的设计等诸多方面肯定还存在诸多不足，我们希望通过不断地学习和探讨，能不断地改进和优化，从而将这项研究做得更好，更可持续。

Executive Summary

In September 2015, the United Nations adopted the programmatic international document *Transforming Our World: The 2030 Agenda for Sustainable Development*, which sets out 17 major goals for the Sustainable Development of all over the world (SDGs). In 2016, the Third United Nations Conference on Housing and Urban Sustainable Development formally adopted the *New Urban Agenda* (NUA), emphasizing the importance of cities in the implementation of SDGs. City is an important carrier to realize SDGs. However, there are some problems and challenges that need to be solved urgently in the research on how to benchmark SDGs for global urban sustainable development. Benchmarking SDGs does not mean mechanically assessing the level of urban sustainable development by copying the corresponding goals, targets and indicators. The 17 goals, 169 targets and more than 230 indicators of SDGs are proposed at the national or regional level, and most of these macro scale goals, targets and indicators cannot be directly applied at the urban level. Therefore, while benchmarking the SDGs, carrying out adaptive adjustment to assess scientifically global urban sustainable development performance level has become a major challenge faced by the international community, and building a set of authoritative, objective, scientific and performance evaluation index has become a breakthrough to solve this major challenge. It is precisely the systematic thinking and analysis of the above background and related issues that, with the joint support of UN Habitat, the Ministry of Housing and Urban-Rural Development of China and the Shanghai Municipal Government, together with experts and scholars from many countries, jointly launched the international cooperation research on "Shanghai Adapted Index" (SAI) in the context of SDGs. Its mission is to build an international authoritative index for scientific diagnosis and trend analysis of the performance level of global urban sustainable development. It will play an important role in the implementation of the SDGs and NUA, and provide strategic research and judgment basis for the sustainable development of global cities.

The design principle of the SAI is "people-oriented, Chinese experience, and international standards". The indicator selection criteria of SAI include five main points: authority, objectivity, scientificity, operability and adaptability. It is mainly reflected in the dynamic adjustment and continuous optimization of indicators. The indicators of the SAI are not static, nor are they a set of indicators. The SAI indicator system consists of two major components, namely, basic indicators and adaptive indicators. The role of basic indicators is overall coverage; adaptability indicators are classified and selected based on different levels of urban development and population size in addition to basic indicators. Therefore, basic indicators form the foundation of the SAI indicator system and maintain the stability of the entire system. Adaptive indicators are pragmatic and do not seek to be "one size fits all". They are dynamically optimized based on various factors such as different population sizes, economic development levels, and locations in cities.

This study comprehensively considers different factors such as regional distribution, development level, and population size, and first selects 20 representative cities from around the world to conduct a pilot application study of the SAI. These 20 cities are: Hong Kong, Shanghai, Beijing, Singapore ("national city"), Tokyo, Seoul, Penang, Sydney, Dubai, Kuwait City, New York, Toronto, Mexico City, La Paz, Mombasa, Izmir, Moscow, Berlin, London and Paris. Through the pilot application research in 20 cities, we are also constantly optimizing the indicators and methods, including data collection and accumulation, and also accumulating valuable experience for the wider and larger scale urban application of SAI in the future.

This study not only systematically explained the overall design framework, comprehensive indicator system and application methods of SAI, but also carried out pilot application rescarch on 20 representative cities in the world. The research contributions are mainly reflected in the following aspects: ① It provides systematic design ideas and solutions for better implementation of SDGs at the city level. ② The methodology of SAI is designed with the idea of adaptability. ③ The sustainable development performance level of the global pilot cities was exploringly evaluated. ④ This study systematically and historically analyzes the main indicators that affect the performance level of sustainable development. ⑤ It provides detailed and systematic data support for the management and decision-making of urban sustainable development. Of course, as an exploratory study, there must be many deficiencies in the construction of the theoretical system, the collection of data, the design of methods and other aspects. We hope that through continuous learning and discussion, we can continue to improve and optimize, so as to make this study better and more sustainable.

目　录

作者简介

执行摘要

1　第一篇　联合国 2030 年可持续发展目标

25　第二篇　上海指数方法论

37　第三篇　上海指数全球试点城市应用研究

39　北京（Beijing）

57　柏林（Berlin）

71　迪拜（Dubai）

85　香港（Hong Kong）

97　伊兹密尔（Izmir）

111　科威特城（Kuwait City）

125　拉巴斯（La Paz）

139　伦敦（London）

151　墨西哥城（Mexico City）

165　蒙巴萨（Mombasa）

179	莫斯科(Moscow)
197	纽约(New York)
209	巴黎(Paris)
223	槟城(Penang)
237	首尔(Seoul)
251	上海(Shanghai)
269	新加坡(Singapore)
285	悉尼(Sydney)
301	东京(Tokyo)
315	多伦多(Toronto)
328	附录　主要参考指标诠释
389	主要参考文献
393	图表和专栏

第一篇

联合国 2030 年可持续发展目标

UN 2030 Sustainable Development Goals

1.1 联合国 2030 年可持续发展议程背景和意义[1]

《变革我们的世界：2030 年可持续发展议程》于 2015 年在联合国大会第七十届会议上通过，2016 年 1 月 1 日正式启动。该议程是为人类、地球与繁荣制定的行动计划，旨在加强世界和平与自由。所有国家和利益攸关方将携手合作，共同执行这一计划，力求让人类摆脱贫困和匮乏，让地球治愈创伤并得到保护，让世界走上可持续且具有恢复力的道路。在这一共同征途中，绝不让任何一个人掉队。

该议程的提出有一个大的时代背景，挑战与机遇并存。该议程报告将其总结为以下多个方面：世界上有几十亿公民仍然处于贫困之中，生活缺少尊严。国家内和国家间的不平等在加剧。机会、财富和权力的差异十分悬殊。性别不平等仍然是一个重大挑战。失业特别是青年失业，是一个令人担忧的重要问题。全球性疾病威胁，越来越频繁和严重的自然灾害，不断升级的冲突、暴力极端主义、恐怖主义和有关的人道主义危机以及被迫流离失所，有可能使最近数十年取得的大部分进展功亏一篑。自然资源枯竭和环境退化产生的不利影响，包括荒漠化、干旱、土地退化、淡水资源缺乏和生物多样性丧失，使人类面临的各种挑战不断增加和日益严重。气候变化是当今时代的最大挑战之一，它产生的不利影响削弱了各国实现可持续发展的能力。全球升温、海平面上升、海洋酸化和其他气候变化产生的影响，严重影响到沿岸地区和低洼沿岸国家，包括许多最不发达国家和小岛屿发展中国家。许多社会和各种维系地球的生物系统的生存受到威胁。同时，该议程报告也指出，现今也是一个充满机遇的时代。应对许多发展挑战的工作已经取得了重大进展，已有千百万人民摆脱了极端贫困。男女儿童接受教育的机会大幅度增加。信息和通信技术的传播及世界

---

[1] 该部分信息主要汇总于联合国报告（United Nations. Transforming our world by 2030: a new agenda for global action [R]. New York: United Nations, 2015）和联合国 SDGs 官网信息（https://www.un.org/sustainabledevelopment/）。

各地之间相互连接的加强在加快人类进步方面潜力巨大,有望消除数字鸿沟,创建知识社会。医药和能源等许多领域中的科技创新也有望起到相同的作用。

该议程勾勒了一幅雄心勃勃的变革愿景蓝图。我们要创建一个没有贫困、饥饿、疾病、匮乏并适于万物生存的世界。一个没有恐惧与暴力的世界。一个人人都识字的世界。一个人人平等享有优质大中小学教育、卫生保健和社会保障以及身心健康和社会福利的世界。一个我们重申对享有安全饮用水和环境卫生的人权的承诺和卫生条件得到改善的世界。一个有充足、安全、价格低廉和营养丰富的粮食的世界。一个有安全、充满活力和可持续的人类居住地的世界和一个人人可以获得价廉、可靠和可持续能源的世界。一个普遍尊重人权和人的尊严,法治、公正、平等和非歧视,尊重种族、民族和文化多样性,尊重机会均等以充分发挥人的潜能和促进共同繁荣的世界。一个注重对儿童投资和让每个儿童在没有暴力和剥削的环境中成长的世界。一个每个妇女和女童都充分享有性别平等和一切阻碍女性权能的法律、社会和经济障碍都被消除的世界。一个公正、公平、容忍、开放、有社会包容性和最弱势群体的需求得到满足的世界。一个每个国家都实现持久、包容和可持续的经济增长且每个人都有体面工作的世界。一个以可持续的方式进行生产、消费和使用从空气到土地,从河流、湖泊和地下含水层到海洋的各种自然资源的世界。一个有可持续发展(包括持久的包容性经济增长、社会发展、环境保护和消除贫困与饥饿)所需要的民主、良政和法治,并有有利的国内和国际环境的世界。一个技术研发和应用顾及对气候的影响、维护生物多样性和有复原力的世界。一个人类与大自然和谐共处,野生动植物和其他物种得到保护的世界。

该议程包括17个可持续发展目标、169个具体目标和230多个指标,这展现了这个新全球议程的规模和雄心。这些目标寻求巩固发展联合国千年发展目标(Millennium Development Goals, MDGs),完成千年发展目标尚未完成的事业。"人类""地球""繁荣""和平"与"伙伴关系"是该议程的五个关键词。其中,"人类"聚焦:我们决心消除一切形式和表现的贫困与饥饿,让所有人平等和有尊严地在一个健康的环境中充分发挥自己的潜能。"地球"聚焦:我们决心阻止地球的退化,包括以可持续的方式消费和生产,管理地球的自然资源,在气候变化问题上立即采取行动,使地球能够满足今世后代的需求。"繁荣"聚焦:我们决心让所有人都过上繁荣和充实的生活,在与自然和谐相处的同时实现经济、社会和技术进步。"和平"聚焦:我们决心推动创建没有恐惧与暴力的和平、公正和包容的社会。没有和平,就没有可持续发展;没有可持续发展,就没有和平。"伙伴关系"聚焦:我们决心动用必要的手段来执行这一议程,本着加强全球团结的精神,在所有国家、所有利益攸关方和全体人民参与的情况下,恢复全球可持续发展伙伴关系的活力,尤其注重满足最贫困最脆弱群体的需求。各项可持续发展目标是相互关联和相辅相成的,对于实现新议程的宗旨至关重要。如果能在议程述及的所有领域中实现我们的雄心,人们的生活会得到很大改善,我们的世界会变得更加美好。

  该议程强调,17个可持续发展目标以及169个相关具体目标是一个整体,不可分割。议程指出:我们正共同走上可持续发展道路,集体努力谋求全球发展,开展为世界所有国家和所有地区带来巨大好处的"双赢"合作。我们重申,每个国家永远对其财富、自然资源和经济活动充分拥有永久主权,并自由行使这一主权。我们将执行这一议程,全面造福今世后代所有人。在此过程中,我们重申将维护国际法,并强调将采用信守国际法和各国规定的权利和义务的方式来执行本议程。该议程重申《世界人权宣言》以及其他涉及人权和国际法的国际文书的重要性。强调所有国家都有责任根据《联合国宪章》,尊重、保护和促进所有人的人权和基本自由,不因其种族、肤色、性别、语言、宗教、政治或其他见解、国籍或社会出身、财产、出生、残疾与否或其他身份等而有任何区别。与此同时,在考虑到本国实际情况、能力和发展程度的同时,依照本国的政策和优先事项,努力在国家、区域和全球各级执行本议程。我们将在继续依循相关国际规则和承诺的同时,保留国家政策空间,以促进持久、包容和可持续的经济增长,特别是发展中国家的经济增长,同时承认区域和次区域因素、区域经济一体化和区域经济关联性在可持续发展过程中的重要性。区域和次区域框架有助于把可持续发展政策切实变为各国的具体行动。

1.2 联合国2030年可持续发展目标及具体内容[1]

行动起来,变革我们的世界。《变革我们的世界:2030年可持续发展议程》是2016—2030年期间15年的全球行动议程。联合国会阶段性地对2030年可持续发展目标中的具体指标进行优化调整。

SDGs-1: 2030年具体目标

1.1 到2030年,在全球所有人口中消除极端贫困,极端贫困目前的衡量标准是每人每日生活费不足1.25美元。

1.2 到2030年,按各国标准界定的陷入各种形式贫困的各年龄段男女和儿童至少减半。

---

[1] 17个联合国可持续发展目标的内容主要通过对联合国文件(A/RES/71/313、E/CN.3/2018/2、E/CN.3/2019/2、E/CN.3/2020/2等)及联合国官网(https://www.un.org/sustainabledevelopment/)关于SDGs的信息汇总整理而成。

1.3 执行适合本国国情的全民社会保障制度和措施,包括最低标准,到2030年在较大程度上覆盖穷人和弱势群体。

1.4 到2030年,确保所有男女,特别是穷人和弱势群体,享有平等获取经济资源的权利,享有基本服务,获得对土地和其他形式财产的所有权和控制权,继承遗产,获取自然资源、适当的新技术和包括小额信贷在内的金融服务。

1.5 到2030年,增强穷人和弱势群体的抵御灾害能力,降低其遭受极端天气事件和其他经济、社会、环境冲击和灾害的概率和易受影响程度。

1.a 确保从各种来源,包括通过加强发展合作充分调集资源,为发展中国家、特别是最不发达国家提供充足、可预见的手段以执行相关计划和政策,消除一切形式的贫困。

1.b 根据惠及贫困人口和顾及性别平等问题的发展战略,在国家、区域和国际层面制定合理的政策框架,支持加快对消贫行动的投资。

SDGs-2 消除饥饿,实现粮食安全,改善营养和促进可持续农业

SDGs-2: 2030年具体目标

2.1 到2030年,消除饥饿,确保所有人,特别是穷人和弱势群体(包括婴儿),全年都有安全、营养和充足的食物。

2.2 到2030年,消除一切形式的营养不良,包括到2025年实现解决5岁以下儿童发育迟缓和消瘦问题相关国际目标,解决青春期少女、孕妇、哺乳期妇女和老年人的营养需求。

2.3 到2030年,实现农业生产力翻倍和小规模粮食生产者,特别是妇女、土著居民、农户、牧民和渔民的收入翻番,具体做法包括确保平等获得土地、其他生产资源和要素、知识、金融服务、市场以及增值和非农就业机会。

2.4 到2030年,确保建立可持续粮食生产体系并执行具有抗灾能力的农作方法,以提高生产力和产量,帮助维护生态系统,加强人们适应气候变化,抵御极端天气、干旱、洪涝和其他灾害的能力,逐步改善土地和土壤质量。

2.5 到 2020 年,通过在国家、区域和国际层面建立管理得当、多样化的种子和植物库,保持种子、种植作物、养殖和驯养的动物及与之相关的野生物种的基因多样性;根据国际商定原则获取及公正、公平地分享利用基因资源和相关传统知识产生的惠益。

2.a 通过加强国际合作等方式,增加对农村基础设施、农业研究和推广服务、技术开发、植物和牲畜基因库的投资,以增强发展中国家,特别是最不发达国家的农业生产能力。

2.b 根据多哈发展回合授权,纠正和防止世界农业市场上的贸易限制和扭曲,包括同时取消一切形式的农业出口补贴和具有相同作用的所有出口措施。

2.c 采取措施,确保粮食商品市场及其衍生工具正常发挥作用,确保人们及时获取包括粮食储备量在内的市场信息,限制粮价剧烈波动。

SDGs-3
确保健康的生活方式,促进各年龄段人群的福祉

SDGs-3: 2030 年具体目标

3.1 到 2030 年,全球孕产妇每 10 万例活产的死亡人数降至 70 人以下。

3.2 到 2030 年,消除新生儿和 5 岁以下儿童可预防的死亡,各国争取将新生儿每 1 000 例活产的死亡人数至少降至 12 人,5 岁以下儿童每 1 000 例活产的死亡人数至少降至 25 人。

3.3 到 2030 年,消除艾滋病、结核病、疟疾和被忽视的热带疾病等流行病,抗击肝炎、水传播疾病和其他传染病。

3.4 到 2030 年,通过预防、治疗及促进身心健康,将非传染性疾病导致的过早死亡人数减少 1/3。

3.5 加强对滥用药物包括滥用麻醉药品和有害使用酒精的预防和治疗。

3.6 到 2020 年,全球道路交通事故造成的死伤人数减半。

3.7 到 2030 年,确保普及性健康和生殖健康保健服务,包括计划生育、信息获取和教育,将生殖健康纳入国家战略和方案。

3.8 实现全民健康保障,包括提供金融风险保护,人人享有优质的基本保健服务,人人获得安全、有效、优质和负担得起的基本药品和疫苗。

3.9 到 2030 年,大幅减少危险化学品以及空气、水和土壤污染导致的死亡和患病人数。

3.a 酌情在所有国家加强执行《世界卫生组织烟草控制框架公约》。

3.b 支持研发主要影响发展中国家的传染性和非传染性疾病的疫苗和药品,根据《关于〈与贸易有关的知识产权协议〉与公共健康的多哈宣言》(以下简称《多哈宣言》)的规定,提供负担得起的基本药品和疫苗,《多哈宣言》确认发展中国家有权充分利用《与贸易有关的知识产权协议》中关于采用变通办法保护公众健康,尤其是让所有人获得药品的条款。

3.c 大幅加强发展中国家,尤其是最不发达国家和小岛屿发展中国家的卫生筹资,增加其卫生工作者的招聘、培养、培训和留用。

3.d 加强各国特别是发展中国家早期预警、减少风险,以及管理国家和全球健康风险的能力。

SDGs-4: 2030 年具体目标

4.1 到 2030 年,确保所有男女童完成免费、公平和优质的中小学教育,并取得相关和有效的学习成果。

4.2 到 2030 年,确保所有男女童获得优质幼儿发展、看护和学前教育,为他们接受初级教育做好准备。

4.3 到2030年,确保所有男女平等获得负担得起的优质技术、职业和高等教育(包括大学教育)。

4.4 到2030年,大幅增加掌握就业、体面工作和创业所需相关技能(包括技术性和职业性技能)的青年和成年人数。

4.5 到2030年,消除教育中的性别差距,确保残疾人、土著居民和处境脆弱儿童等弱势群体平等获得各级教育和职业培训。

4.6 到2030年,确保所有青年和大部分成年男女具有识字和计算能力。

4.7 到2030年,确保所有进行学习的人都掌握可持续发展所需的知识和技能,具体做法包括开展可持续发展、可持续生活方式、人权和性别平等方面的教育,弘扬和平和非暴力文化,提升全球公民意识,以及肯定文化多样性和文化对可持续发展的贡献。

4.a 建立和改善兼顾儿童、残疾和性别平等的教育设施,为所有人提供安全、非暴力、包容和有效的学习环境。

4.b 到2020年,在全球范围内大幅增加发达国家和部分发展中国家为发展中国家,特别是最不发达国家、小岛屿发展中国家和非洲国家提供的高等教育奖学金数量,包括职业培训和信息通信技术、技术、工程、科学项目的奖学金。

4.c 到2030年,大幅增加合格教师人数,具体做法包括在发展中国家,特别是最不发达国家和小岛屿发展中国家开展师资培训方面的国际合作。

SDGs-5
实现性别平等,增强所有妇女和女童的权能

SDGs-5:2030年具体目标

5.1 在全球消除对妇女和女童一切形式的歧视。

5.2 消除公共和私营部门针对妇女和女童一切形式的暴力行为,包括贩卖、性剥削及其他形式的剥削。

5.3 消除童婚、早婚、逼婚及割礼等一切伤害行为。

5.4 认可和尊重无偿护理和家务,各国可视本国情况提供公共服务、基础设施和社会保护政策,在家庭内部提倡责任共担。

5.5 确保妇女全面有效参与各级政治、经济和公共生活的决策,并享有进入以上各级决策领导层的平等机会。

5.6 根据《国际人口与发展会议行动纲领》《北京行动纲领》及其历次审查会议的成果文件,确保世界人民普遍享有性和生殖健康以及生殖权利。

5.a 根据各国法律进行改革,给予妇女平等获取经济资源的权利,以及享有对土地和其他形式财产的所有权和控制权,获取金融服务、遗产和自然资源。

5.b 加强技术特别是信息和通信技术的应用,以增强妇女权能。

5.c 采用和加强合理的政策和有执行力的立法,促进性别平等,在各级增强妇女和女童权能。

SDGs-6:2030 年具体目标

6.1 到 2030 年,人人普遍和公平获得安全和负担得起的饮用水。

6.2 到 2030 年,人人享有适当和公平的环境卫生和个人卫生,杜绝露天排便,特别注意满足妇女、女童和弱势群体在此方面的需求。

6.3 到 2030 年,通过以下方式改善水质:减少污染,消除倾倒废物现象,把危险化学品和材料的排放减少到最低限度,将未经处理废水比例减半,大幅增加全球废物回收和安全再利用。

6.4 到 2030 年，所有行业大幅提高用水效率，确保可持续取用和供应淡水，以解决缺水问题，大幅减少缺水人数。

6.5 到 2030 年，在各级进行水资源综合管理，包括酌情开展跨境合作。

6.6 到 2020 年，保护和恢复与水有关的生态系统，包括山地、森林、湿地、河流、地下含水层和湖泊。

6.a 到 2030 年，扩大向发展中国家提供的国际合作和能力建设支持，帮助它们开展与水和卫生有关的活动和方案，包括雨水采集、海水淡化、提高用水效率、废水处理、水回收和再利用技术。

6.b 支持和加强地方社区参与改进水和环境卫生管理。

SDGs-7
确保人人获得可负担得起的、可靠和可持续的现代能源

SDGs-7：2030 年具体目标

7.1 到 2030 年，确保人人都能获得负担得起的、可靠的现代能源服务。

7.2 到 2030 年，大幅增加可再生能源在全球能源结构中的比例。

7.3 到 2030 年，全球能效改善率提高一倍。

7.a 到 2030 年，加强国际合作，促进获取清洁能源的研究和技术，包括可再生能源、能效，以及先进和更清洁的化石燃料技术，并促进对能源基础设施和清洁能源技术的投资。

7.b 到 2030 年，增建基础设施并进行技术升级，以便根据发展中国家，特别是最不发达国家、小岛屿发展中国家和内陆发展中国家的支持方案，为所有人提供可持续的现代能源服务。

SDGs-8 促进持久、包容和可持续的经济增长,促进充分的生产性就业和人人获得体面工作

SDGs-8:2030年具体目标

8.1 根据各国国情维持人均经济增长,特别是将最不发达国家国内生产总值年增长率至少维持在7%。

8.2 通过多样化经营、技术升级和创新,包括重点发展高附加值和劳动密集型行业,实现更高水平的经济生产力。

8.3 推行以发展为导向的政策,支持生产性活动、体面就业、创业精神、创造力和创新;鼓励微型和中小型企业通过获取金融服务等方式实现正规化并成长壮大。

8.4 到2030年,逐步改善全球消费和生产的资源使用效率,按照《可持续消费和生产模式方案十年框架》,努力使经济增长和环境退化脱钩,发达国家应在上述工作中做出表率。

8.5 到2030年,所有男女,包括青年和残疾人实现充分和生产性就业,有体面工作,并享受到同工同酬待遇。

8.6 到2020年,大幅减少未就业和未受教育或培训的青年人比例。

8.7 立即采取有效措施,根除强制劳动、现代奴隶制和贩卖人口,禁止和消除最恶劣形式的童工,包括招募和利用童兵,到2025年终止一切形式的童工。

8.8 保护劳工权利,推动为所有工人,包括移民工人,特别是女性移民和没有稳定工作的人创造安全和有保障的工作环境。

8.9 到2030年,制定和执行推广可持续旅游政策,以创造就业机会,促进地方文化发展和产品销售。

8.10 加强国内金融机构的能力,鼓励并扩大全民获得银行、保险和金融服务的机会。

8.a 增加向发展中国家,特别是最不发达国家提供的促贸援助支持,包括通过《为最不发达国家提供贸易技术援助的强化综合框架》提供上述支持。

8.b 到2020年,拟定和实施青年就业全球战略,并执行国际劳工组织的《全球就业契约》。

SDGs-9 建造具备抵御灾害能力的基础设施,促进具有包容性的可持续工业化,推动创新

SDGs-9: 2030年具体目标

9.1 发展优质、可靠、可持续和有抵御灾害能力的基础设施,包括区域和跨境基础设施,以支持经济发展和提升人类福祉,重点是人人可负担得起并公平利用上述基础设施。

9.2 促进包容可持续工业化,到2030年,根据各国国情,大幅提高工业在就业和国内生产总值中的比例,使最不发达国家的这一比例翻番。

9.3 增加小型工业和其他企业,特别是发展中国家的这些企业获得金融服务(包括负担得起的信贷的机会),将上述企业纳入价值链和市场。

9.4 到2030年,所有国家根据自身能力采取行动,升级基础设施,改进工业以提升其可持续性,提高资源使用效率,更多采用清洁和环保技术及产业流程。

9.5 在所有国家,特别是发展中国家,加强科学研究,提升工业部门的技术能力,包括到2030年,鼓励创新,大幅增加每100万人口中的研发人员数量,并增加公共和私人研发支出。

9.a 向非洲国家、最不发达国家、内陆发展中国家和小岛屿发展中国家提供更多的财政、技术和技能支持,以促进其开发有抵御灾害能力的可持续基础设施。

9.b 支持发展中国家的国内技术开发、研究与创新,包括提供有利的政策环境,以实现工业多样化,增加商品附加值。

9.c 大幅提升信息和通信技术的普及度,力争到2020年在最不发达国家以低廉的价格普遍提供因特网服务。

SDGs-10
减少国家内部和国家之间的不平等

SDGs-10：2030年具体目标

10.1 到2030年，逐步实现和维持最底层40%人口的收入增长，并确保其增长率高于全国平均水平。

10.2 到2030年，增强所有人的权能，促进他们融入社会、经济和政治生活，而不论其年龄、性别、残疾与否、种族、族裔、出身、宗教信仰、经济地位或其他任何区别。

10.3 确保机会均等，减少结果不平等现象，包括取消歧视性法律、政策和做法，推动与上述努力相关的适当立法、政策和行动。

10.4 采取政策，特别是财政、薪资和社会保障政策，逐步实现更广泛的平等。

10.5 改善对全球金融市场和金融机构的监管和监测，并加强上述监管措施的执行。

10.6 确保发展中国家在国际经济和金融机构决策过程中有更大的代表性和发言权，以建立更加有效、可信、负责和合法的机构。

10.7 促进有序、安全、正常和负责的移民和人口流动，包括执行合理规划和管理完善移民政策。

10.a 根据世界贸易组织的各项协议，落实对发展中国家、特别是最不发达国家的特殊和区别待遇原则。

10.b 鼓励根据最需要帮助的国家，特别是最不发达国家、非洲国家、小岛屿发展中国家和内陆发展中国家的国家计划和方案，向其提供官方发展援助和资金，包括外国直接投资。

10.c 到2030年，将移民汇款手续费减至3%以下，取消费用高于5%的侨汇渠道。

SDGs-11
建设包容、安全、有抵御灾害能力和可持续的城市和人类住区

SDGs-11：2030年具体目标

11.1 到2030年,确保人人获得适当、安全和负担得起的住房和基本服务,并改造贫民窟。

11.2 到2030年,向所有人提供安全、负担得起的、易于利用、可持续的交通运输系统,改善道路安全,特别是扩大公共交通,要特别关注处境脆弱者、妇女、儿童、残疾人和老年人的需要。

11.3 到2030年,在所有国家加强包容和可持续的城市建设,加强参与性、综合性、可持续的人类住区规划和管理能力。

11.4 进一步努力保护和捍卫世界文化和自然遗产。

11.5 到2030年,大幅减少包括水灾在内的各种灾害造成的死亡人数和受灾人数,大幅减少上述灾害造成的与全球国内生产总值有关的直接经济损失,重点保护穷人和处境脆弱群体。

11.6 到2030年,减少城市的人均负面环境影响,包括特别关注空气质量,以及城市废物管理等。

11.7 到2030年,向所有人,特别是妇女、儿童、老年人和残障人群,普遍提供安全、包容、无障碍、绿色的公共空间。

11.a 通过加强国家和区域发展规划,支持在城市、近郊和农村地区之间建立积极的经济、社会和环境联系。

11.b 到2020年,大幅增加采取和实施综合政策和计划以构建包容、资源使用效率高、减缓和适应气候变化、具有抵御灾害能力的城市和人类住区数量,并根据《2015—2030年仙台减少灾害风险框架》在各级建立和实施全面的灾害风险管理。

11.c 通过财政和技术援助等方式,支持最不发达国家就地取材,建造可持续的、有抵御灾害能力的建筑。

SDGs-12
采用可持续的消费和生产模式

SDGs-12：2030年具体目标

12.1 各国在照顾发展中国家发展水平和能力的基础上，落实《可持续消费和生产模式十年方案框架》，发达国家在此方面要做出表率。

12.2 到2030年，实现自然资源的可持续管理和高效利用。

12.3 到2030年，将零售和消费环节的全球人均粮食浪费减半，减少生产和供应环节的粮食损失，包括收获后的损失。

12.4 到2020年，根据商定的国际框架，实现化学品和所有废物在整个存在周期的无害环境管理，并大幅减小它们排入大气以及渗漏到水和土壤中的机率，尽可能降低它们对人类健康和环境的负面影响。

12.5 到2030年，通过预防、减排、回收和再利用，大幅减少废物的产生。

12.6 鼓励各个公司，特别是大公司和跨国公司，采用可持续的做法，并将可持续性信息纳入各自报告周期。

12.7 根据国家政策和优先事项，推行可持续的公共采购做法。

12.8 到2030年，确保各国人民都能获取关于可持续发展以及与自然和谐的生活方式的信息并具有上述意识。

12.a 支持发展中国家加强科学和技术能力，采用更可持续的生产和消费模式。

12.b 开发和利用各种工具，监测能创造就业机会、促进地方文化和产品的可持续旅游业对促进可持续发展产生的影响。

12.c 对鼓励浪费性消费的低效化石燃料补贴进行合理化调整，为此，应根据各国国情消除市场扭曲，包括调整税收结构，逐步取消有害补贴以反映其环境影响，同时充分考虑发展中国家的特殊需求和情况，尽可能减少对其发展可能产生的不利影响并注意保护穷人和受影响社区。

SDGs-13: 2030年具体目标

13.1 加强各国抵御和适应气候相关灾害和其他自然灾害的能力。

13.2 将应对气候变化的举措纳入国家政策、战略和规划。

13.3 加强气候变化减缓、适应、减少影响和早期预警等方面的教育和宣传,加强人员和机构在此方面的能力。

13.a 发达国家履行在《联合国气候变化框架公约》下的承诺,即到2020年每年从各种渠道共同筹资1 000亿美元,满足发展中国家的需求,帮助其切实开展减缓气候变化行动,提高履约的透明度,并尽快向绿色气候基金注资,使其全面投入运行。

13.b 促进在最不发达国家和小岛屿发展中国家建立增强能力的机制,帮助其进行与气候变化有关的有效规划和管理,包括重点关注妇女、青年、地方社区和边缘化社区。

SDGs-14：2030 年具体目标

14.1 到 2025 年，预防和大幅减少各类海洋污染，特别是陆上活动造成的污染，包括海洋废弃物污染和营养盐污染。

14.2 到 2020 年，通过加强抵御灾害能力等方式，可持续管理和保护海洋和沿海生态系统，以免产生重大负面影响，并采取行动帮助它们恢复原状，使海洋保持健康，物产丰富。

14.3 通过在各层级加强科学合作等方式，减少和应对海洋酸化的影响。

14.4 到 2020 年，有效规范捕捞活动，终止过度、非法、未报告和无管制的捕捞活动以及破坏性捕捞做法，执行科学的管理计划，以便在尽可能短的时间内使鱼群量至少恢复到其生态特征允许的能产生最高可持续产量的水平。

14.5 到 2020 年，根据国内和国际法，并基于现有的最佳科学资料，保护至少 10% 的沿海和海洋区域。

14.6 到 2020 年，禁止某些助长过剩产能和过度捕捞的渔业补贴，取消助长非法、未报告和无管制捕捞活动的补贴，避免出台新的这类补贴，同时承认给予发展中国家和最不发达国家合理、有效的特殊和差别待遇应是世界贸易组织渔业补贴谈判的一个不可或缺的组成部分。

14.7 到 2030 年，增加小岛屿发展中国家和最不发达国家通过可持续利用海洋资源获得的经济收益，包括可持续地管理渔业、水产养殖业和旅游业。

14.a 根据政府间海洋学委员会《海洋技术转让标准和准则》，增加科学知识，培养研究能力和转让海洋技术，以便改善海洋健康状况，增加海洋生物多样性对发展中国家，特别是小岛屿发展中国家和最不发达国家发展的贡献。

14.b 向小规模个体渔民提供获取海洋资源和市场准入机会。

14.c 按照《我们希望的未来》第 158 段所述，根据《联合国海洋法公约》所规定的保护和可持续利用海洋及其资源的国际法律框架，加强海洋和海洋资源的保护和可持续利用。

SDGs-15
保护、恢复和促进可持续利用陆地生态系统,可持续管理森林,防治荒漠化,制止和扭转土地退化,遏制生物多样性的丧失

SDGs-15: 2030 年具体目标

15.1 到 2020 年,根据国际协议规定的义务,保护、恢复和可持续利用陆地和内陆的淡水生态系统及其服务,特别是森林、湿地、山麓和旱地。

15.2 到 2020 年,推动对所有类型森林进行可持续管理,停止毁林,恢复退化的森林,大幅增加全球植树造林和重新造林面积。

15.3 到 2030 年,防治荒漠化,恢复退化的土地和土壤,包括受荒漠化、干旱和洪涝影响的土地,努力建立一个不再出现土地退化的世界。

15.4 到 2030 年,保护山地生态系统,包括其生物多样性,以便加强山地生态系统的能力,使其能够带来对可持续发展必不可少的益处。

15.5 采取紧急重大行动来减少自然栖息地的退化,遏制生物多样性的丧失,到 2020 年,保护受威胁物种,防止其灭绝。

15.6 根据国际共识,公正和公平地分享利用遗传资源产生的利益,促进适当获取这类资源。

15.7 采取紧急行动,终止偷猎和贩卖受保护的动植物物种,处理非法野生动植物产品的供求问题。

15.8 到 2020 年,采取措施防止引入外来入侵物种并大幅减少其对土地和水域生态系统的影响,控制或消灭其中的重点物种。

15.9 到 2020 年,把生态系统和生物多样性价值观纳入国家和地方规划、发展进程、减贫战略和核算。

15.a 从各种渠道动员并大幅增加财政资源,以保护和可持续利用生物多样性和生态系统。

15.b 从各种渠道大幅动员资源,从各个层级为可持续森林管理提供资金支持,并为发展中国家推进可持续森林管理(包括保护森林和重新造林)提供充足的激励措施。

15.c 在全球加大支持力度,打击偷猎和贩卖受保护物种,包括增加地方社区实现可持续生计的机会。

SDGs-16 创建和平、包容的社会以促进可持续发展,让所有人都能诉诸司法,在各级建立有效、负责和包容的机构

SDGs-16:2030年具体目标

16.1 在全球大幅减少一切形式的暴力和相关的死亡率。

16.2 制止对儿童进行虐待、剥削、贩卖以及一切形式的暴力和酷刑。

16.3 在国家和国际层面促进法治,确保所有人都有平等诉诸司法的机会。

16.4 到2030年,大幅减少非法资金和武器流动,加强追赃和被盗资产返还力度,打击一切形式的有组织犯罪。

16.5 大幅减少一切形式的腐败和贿赂行为。

16.6 在各级建立有效、负责和透明的机构。

16.7 确保各级的决策反应迅速,具有包容性、参与性和代表性。

16.8 扩大和加强发展中国家对全球治理机构的参与。

16.9 到2030年,为所有人提供法律身份,包括出生登记。

16.10 根据国家立法和国际协议,确保公众获得各种信息,保障基本自由。

16.a 通过开展国际合作等方式加强相关国家机制,在各层级提高各国尤其是发展中国家的能力建设,以预防暴力,打击恐怖主义和犯罪行为。

16.b 推动和实施非歧视性法律和政策以促进可持续发展。

SDGs-17：2030 年具体目标

筹资

17.1 通过向发展中国家提供国际支持等方式,改善国内征税和提高财政收入的能力,加强国内资源筹集。

17.2 发达国家全面履行官方发展援助承诺,包括许多发达国家向发展中国家提供占发达国家国民总收入 0.7% 的官方发展援助,以及向最不发达国家提供占发达国家国民总收入 0.15%~0.2% 援助的承诺;鼓励官方发展援助方设定目标,将占国民总收入至少 0.2% 的官方发展援助提供给最不发达国家。

17.3 从多渠道筹集额外财政资源用于发展中国家。

17.4 通过政策协调,酌情推动债务融资、债务减免和债务重组,以帮助发展中国家实现长期债务可持续性,处理重债穷国的外债问题以减轻其债务压力。

17.5 采用和实施对最不发达国家的投资促进制度。

技术

17.6 加强在科学、技术和创新领域的南北、南南、三方区域合作和国际合作,加强获取渠道,加强按相互商定的条件共享知识,包括加强现有机制间的协调,特别是在联合国层面加强协调,以及通过一个全球技术促进机制加强协调。

17.7 以优惠条件,包括彼此商定的减让和特惠条件,促进发展中国家开发以及向其转让、传播和推广环境友好型的技术。

17.8 促成最不发达国家的技术库和科学、技术和创新能力建设机制到 2017 年全面投入运行,加强促成科技特别是信息和通信技术的使用。

能力建设

17.9 加强国际社会对在发展中国家开展高效的、有针对性的能力建设活动的支持力度,以支持各国落实各项可持续发展目标的国家计划,包括开展南北合作、南南合作和三方合作。

贸易

17.10 通过完成多哈发展回合谈判等方式,推动在世界贸易组织下建立一个普遍、以规则为基础、开放、非歧视和公平的多边贸易体系。

17.11 大幅增加发展中国家的出口,到 2020 年使最不发达国家在全球出口中的比例翻番。

17.12 按照世界贸易组织的各项决定,及时实现所有最不发达国家的产品永久免关税和免配额进入市场,包括确保对从最不发达国家进口产品的原产地优惠规则是简单、透明和有利于市场准入的。

政策和机制的一致性

17.13 加强全球宏观经济稳定,包括为此加强政策协调性和政策一致性。

17.14 加强可持续发展政策的一致性。

17.15 尊重每个国家制定和执行消除贫困和可持续发展政策的政策空间和领导作用。

多利益攸关方伙伴关系

17.16 加强全球可持续发展伙伴关系,以多利益攸关方伙伴关系作为补充,调动和分享知识、专长、技术和财政资源,以支持所有国家、尤其是发展中国家实现可持续发展目标。

17.17 借鉴伙伴关系的经验和筹资战略,鼓励和推动建立有效的公共、公私和民间社会伙伴关系。

数据、监测和问责

17.18 到 2020 年,加强向发展中国家,包括最不发达国家和小岛屿发展中国家提供能力建设支持,大幅增加获得按收入、性别、年龄、种族、民族、移徙情况、残疾情况、地理位置和与各国国情有关的其他特征分类的高质量、及时和可靠的数据。

17.19 到 2030 年,借鉴现有各项倡议,制定衡量可持续发展进展的计量方法,作为对国内生产总值的补充,协助发展中国家加强统计能力建设。

第二篇

上海指数
方法论

Methodology of
Shanghai Adapted Index

2.1 研究背景

联合国 193 个会员国在 2015 年 9 月举行的"联合国可持续发展峰会"上一致通过了《变革我们的世界:2030 可持续发展议程》纲领性国际文件,提出了 17 个大目标,为世界各国可持续发展事业明确了方向。自 2015 年以来,大家都在为实现 2030 可持续发展目标(SDGs)而努力奋斗。2016 联合国第三次住房和城市可持续发展大会正式审议通过了《新城市议程》(NUA),强调城市在落实 SDGs 的重要性。城市,是实现 SDGs 的重要载体。然而,在全球城市可持续发展如何对标 SDGs 的研究方面,存在一些亟待解决的问题和挑战。对标 SDGs 并不是意味着完全照搬相应的目标、任务及指标来机械地评估城市可持续发展水平。SDGs 的 17 个目标、169 个任务和 230 多个指标是在国家或区域层面提出的,这些宏观尺度的目标、任务和指标绝大多数无法直接套用在城市层面。因此,在对标 SDGs 的同时,如何对其进行适应性调整来开展全球城市可持续发展绩效水平的科学评估成为国际社会面临的重大挑战,而构建一套具有权威性、客观性和科学性的绩效评估指数成为解决这一重大挑战的突破口。正是对以上背景和相关问题的系统性思考与分析,在联合国人居署、国家相关部委和上海市政府的指导下,我们与国内外专家学者一道开启了 SDGs 背景下的"上海指数"的探索性研究工作。"上海指数"的目的不是去聚焦机械的排名,而是去提炼城市可持续发展进程中取得的成绩、诊断存在的问题和研判未来的发展趋势,最终将其打造成为用于科学评估全球城市可持续发展绩效水平的国际公共产品,为落实 2030 可持续发展目标发挥重要作用。

2.2 设计原则

"上海指数"的设计原则是"以人为本、中国方案、国际标准":其一,核心是"以人为本"(人民城市),指数的所有指标都应当体现城市发展过程中"以人为本"的核心要义。例如,医疗、教育、交通、收入、消费、投资、安全、公共服务、社会参与、环境保护等指标都是围绕人本的思想设计的;其二,在已有的经济、社会和环境协同发展的国际共识基础上,根据《联合国2030可持续发展议程》所强调的"人类、地球、繁荣、和平与伙伴关系"(people、planet、prosperity、peace、partnership)的"5P"理念,并吸取中国"五大建设"(经济、政治、文化、社会和生态文明建设)的总体布局发展思想,实现中国方案与国际话语体系的有效对接。通过研究视角的不断拓展和深化,除了经济发展、社会服务和生态环境外,对文化繁荣、合作治理等其他方面也进行积极探索,从而构建了"上海指数"理论体系;其三,SDGs是指数体现"国际标准"的重要基础,包括NUA和全球城市监测框架(GUMF),这些国际文件和标准也是其权威性的重要依据(图2.1)。

图 2.1 "上海指数"设计理念图

"上海指数"指标体系由两大部分组成,即基础性指标和适应性指标。基础性指标的作用是全球性覆盖,面对不同发展水平和人口规模的城市基础性指标相对稳定的;适应性指标是在基础性指标之外,根据城市发展水平和人口规模不同进行分类筛选。因此,基础性指标构成了"上海指数"指标体系的基础并维系整个体系的稳定性,而适应性指标是实事求是,不搞"一刀切"的本意所在。现阶段,我们主要先对数据较为完善的基础性指标和部分适应性指标进行研究分析,后续会根据城市发展趋势和数据情况对基础性指标进行适应性调整,适应性指标也会不断丰富完善,进而对更多指标进行深入挖掘和分析。

2.3 指标遴选标准及机制

"上海指数"的指标遴选标准包括五大要点：第一，权威性。在联合国 2030 可持续发展目标的基础上，整个设计过程中会系统性参考其他国际权威机构的相关指标体系，例如联合国教科文组织的教育文化指标，世界卫生组织的医疗健康指标，世界银行的经济投资指标等。第二，客观性。主要体现在指数对城市发展重点领域的客观呈现，例如在经济、社会、环境等不同领域用于支撑指数的关键性指标主要基于官方统计的客观数据，并辅之以调查问卷。第三，科学性。主要体现在应用方法具有充足的学理依据，例如指数所依托的理论体系、指标遴选方法和标准、指数实现路径都需要有科学依据，并且得到学术界和国际专家组的普遍认可。第四，可操作性。主要体现在数据的可获取和指标的指导应用，指标设计伊始，研究团队就会充分评估其数据获取的难易程度，以及对城市管理工作的实现指导意义，可操作，能落地成为指标遴选的重要标准。第五，适应性。主要体现在指标的动态调整和不断优化。"上海指数"的指标不是一成不变，而是会根据城市不同人口规模、经济发展水平、区位等诸多因素的不同进行分级分类的动态优化。

在指标遴选标准的基础上，进一步细化之后构建其遴选机制。一方面，根据不同关注点的权重配比来计算各指标的综合得分（指标综合代表性和解释度），最后从高到低依次进行筛选；另一方面，会同国际专家组对遴选出的指标进行多次的论证，根据论证意见的"最大公约数"原则，指标体系持续优化后得以确定。按照该机制设计，确保指标遴选工作更具有科学性和可操作性。以下是指标遴选和国际专家组论证过程中的重点关注方面：

(1) 2030 年可持续发展目标（SDGs）、任务及指标的相关性；

(2) 《新城市议程》（NUA）主要目标及任务的相关性；

(3) 其他相关主流国际机构（权威部门）指数（指标）的参考价值；

(4) 城市所在国家（地区）可持续发展政策的关联性；

(5) "以人为本"（人民城市）内涵的关联性；

(6) "五大建设"各维度协同发展的代表性；

(7) 国际城市间指标含义及边界的一致性；

(8) 指标数据的获取难易程度；

(9) 指标模型适应性调整的难易程度。

2.4 指标界定、数据收集及其标准化

"上海指数"综合指标体系参考指标的界定和诠释详见指标集(附表1)。数据收集主要分为两大思路。其一,以公开权威数据为主。在各城市的官方统计网站、统计年报、政府工作报告等文件中查阅数据,联合国下属机构、世界银行、亚投行、经合组织、国际劳工组织等机构的数据库和发布的权威报告也是重要的参考依据;其二,涉及社会参与、公众认可度、满意度等方面的问题通过调查问卷在所属城市的民众中进行抽样调查,最后以样本均值来表示指标数据。这里需要指出的是,连续历史年份的公开数据采集(2015—2020年)相对容易实现,但通过抽样调查所能获得的数据通常只能是当下的,一方面,我们在进行调查数据储备,积累3~5年之后能够更好地反映城市可持续发展的重点指标测度;另一方面,我们也暂时参考国际组织对城市和国家开展的相关调查数据,来作为本研究的数据补充。

由于指标体系各个层面的具体指标存在差异,因此要对所有指标数据进行标准化处理,将指标分为成本型和效益型。如标准化模型所示。

$$Y_{ij} = \frac{X_{ij} - X_{j.\min}}{X_{j.\max} - X_{j.\min}} \quad (\text{成本型})$$

$$Y_{ij} = \frac{X_{j.\max} - X_{ij}}{X_{j.\max} - X_{j.\min}} \quad (\text{收益型})$$

在以上标准化模型(成本型和收益型)中,$X_{ij}(i=1, 2, 3, \cdots, m; j=1, 2, 3, \cdots, n)$为各指标的实际值,表示第$i$年第$j$个评价指标;$Y_{ij}(i=1, 2, 3, \cdots, m; j=1, 2, 3, \cdots, n)$表示第$i$年第$j$个评价指标标准化后的数值;$X_{j.\min}$和$X_{j.\max}$则分别表示第$j$个指标的最小值和最大值。

2.5　绩效评估模型的设计

在以往研究和实践的基础上,将采用博弈数据包络分析(Data Envelopment Analysis, DEA)模型作为可持续发展绩效评估的基础模型,并结合"上海指数"的特点和目标对其进行进一步优化,最终实现以数据驱动为主的城市可持续发展绩效评估模型。采用的该评估模型有以下三大特点。

其一,核心是评估一个城市"单位投入"之后的可持续发展绩效水平,可更好地实现城市历史维度的纵向绩效变化分析。

其二,尽可能削弱人为赋权的主观干扰。"上海指数"将采用优化博弈 DEA 模型,力求最大程度地削弱主观干扰。大多数现有评估模型中,支撑指数的指标间关系主要以主观赋权为主,优点在于简单易操作,缺点则是人为主观因素过多,权重比例的变化将直接导致评估结果出现很大的差异,赋权比例的科学性和结果的稳定性都难以保障。

其三,确保城市间可持续绩效评估的公平性和接受度。通过优化的博弈 DEA 模型,每次的博弈迭代基础都尽可能确保公平性,即下一轮的博弈都建立在上一轮博弈过程中的平均水平基础之上,通过反复博弈最终实现整体期望和个体期望之间的距离缩小,距离进入一定范围之内后结束博弈,从而最大化城市间的接受度和公平性。

以下是"上海指数"可持续绩效评估模型的主要优化过程。

将城市可持续发展绩效评估的具体维度和领域看作是一个个决策单元模块($DMUs$),假设有 n 个被评估的 $DMUs$,每个 DMU 有 m 种类型的投入和 s 种类型的产出,$DMU_j(j=1,2,3,\cdots,n)$ 的第 i 个投入和第 r 个产出分别表示为 $x_{ij}(i=1,2,3,\cdots,m)$ 和 $y_{rj}(r=1,2,3,\cdots,s)$。对于任意给定的 DMU_d,建立相应的 CCR 模型来计算绩效值[1]:

---

[1] TAVANA M, KHALILI-DAMGHANI K, ARTEAGA F, et al. Efficiency decomposition and measurement in two-stage fuzzy DEA models using a bargaining game approach[J]. Computers & Industrial Engineering, 2018(118): 394408.

$$Max \sum_{r=1}^{s} \mu_r y_{rd} = \theta_d$$

$$s.t. \sum_{i=1}^{m} \omega_i x_{ij} - \sum_{r=1}^{s} \mu_r y_{rj} \geq 0, j=1,2,3,\cdots,n,$$

$$\sum_{i=1}^{m} \omega_i x_{id} = 1,$$

$$\omega_i \geq 0, i=1,2,3,\cdots,m,$$

$$\mu_r \geq 0, r=1,2,3,\cdots,s. \quad (1)$$

对于每个 $DMU_d(d=1,2,3,\cdots,n)$，通过求解模型(1)可以获得一组最佳权重(乘子) $\omega_{1d}^*, \cdots, \omega_{md}^*, \mu_{1d}^*, \cdots, \mu_{sd}^*$。在这组权重集合下，决策单元 $DMU_j(j=1,2,3,\cdots,n)$ 的 k-交叉绩效定义为：

$$E_{dj} = \frac{\sum_{r=1}^{s} \mu_{rd}^* y_{rj}}{\sum_{i=1}^{m} \omega_{id}^* x_{ij}}, d,j=1,2,3,\cdots,n. \quad (2)$$

$DMU_j(j=1,2,3,\cdots,n)$ 的交叉绩效值定义为所有 k-交叉绩效 $E_{dj}(d=1,2,3,\cdots,n)$ 的平均值：

$$\bar{E}_j = \frac{1}{n} \sum_{d=1}^{n} E_{dj}, \quad (3)$$

在城市可持续发展绩效评估过程中，不同城市在经济、社会、环境、文化和治理维度的发展水平都是不同的，各城市都希望将自己的优势领域和维度的权重比例放到最大，这样一来，个体在寻求自身利益最大化的过程中，如果没有外力的干扰或公平且能接受的机制设计，绝大多数个体就很难通过简单地牺牲私利而去寻求整体利益最大化，因此存在非合作博弈关系。考虑到 DMU 之间存在非合作博弈关系，即认为所有 DMU 之间会相互竞争，则需要设计公平的机制来解决非合作博弈问题。假设 DMU_d 的绩效值为 α_d，其他 DMU_j 需保证在 α_d 不降低的前提下最大化自身的绩效值，则 DMU_j 相对于 DMU_d 的博弈交叉效率定义为[1]：

$$\alpha_{dj} = \frac{\sum_{r=1}^{s} \mu_{rj}^d y_{rj}}{\sum_{i=1}^{m} \omega_{ij}^d x_{ij}}, d=1,2,3,\cdots,n, \quad (4)$$

其中，μ_{rj}^d 和 ω_{ij}^d 是模型(5)的最优权重值，α_{dj} 的下标 dj 表示 DMU_j 只能选择不降低 DMU_d 当

---

1 DING L, LEI L, WANG L, et al. Assessing industrial circular economy performance and its dynamic evolution: an extended Malmquist index based on cooperative game network DEA[J]. Science of The Total Environment, 2020(731): 139001.

前绩效值的权重向量。其次,式(4)中的权重仅是 CCR 模型(1)的可行解,而并不要求是最优权重,这样的定义允许 DMUs 选择(协商)一组利于所有待评价的 DMU 的权重值。

为了计算式(4)定义的博弈 d-交叉绩效,对于每个决策单元 DMU_j,考虑如下线性规划问题:

$$
\begin{aligned}
&Max \sum_{r=1}^{s} \mu_{rj}^{d} y_{rj} \\
s.t. &\sum_{i=1}^{m} \omega_{ij}^{d} x_{il} - \sum_{r=1}^{s} \mu_{rj}^{d} y_{rl} \geqslant 0, l=1,2,3,\cdots,n, \\
&\sum_{i=1}^{m} \omega_{ij}^{d} x_{ij} = 1, \\
&\alpha_d \cdot \sum_{i=1}^{m} \omega_{ij}^{d} x_{id} - \sum_{r=1}^{s} \mu_{rj}^{d} y_{rd} \leqslant 0, \\
&\omega_{ij}^{d} \geqslant 0, i=1,2,3,\cdots,m, \\
&\mu_{rj}^{d} \geqslant 0, r=1,2,3,\cdots,s,
\end{aligned} \tag{5}
$$

其中,$\alpha_d \leqslant 1$ 为参数。在算法开始时,α_d 初始值选取为 DMU_d 的传统平均交叉效率值(3);当算法收敛时,α_d 为最优(平均)博弈交叉效率值。模型(5)被称为 DEA 博弈 d-交叉绩效模型。

模型(5)在 DMU_d 的绩效值 $\left(\sum_{r=1}^{s}\mu_{rj}^{d}y_{rd} \middle/ \sum_{i=1}^{m}\omega_{ij}^{d}x_{id}\right)$ 不低于给定 α_d 的前提下最大化 DMU_j 的绩效,因此 DMU_j 的绩效受限于 DMU_d 的绩效不低于其传统平均交叉绩效的约束。

令 $\mu_{rj}^{d*}(\alpha_d)$ 为模型(5)的最优解,对于每个 DMU_j,模型(5)将被求解 n 次,则决策单元 DMU_j 的平均博弈交叉绩效表示为:

$$\alpha_j = \frac{1}{n}\sum_{d=1}^{n}\sum_{r=1}^{s}\mu_{rj}^{d*}(\alpha_d)y_{rj}, \tag{6}$$

该算法的基本思想是以式(3)定义的传统交叉绩效值作为 α_d 的初始值,通过求解模型(5),得到每个决策单元 DMU_j 关于 DMU_d 的博弈 d-交叉绩效值。对每个 d 重复这个过程,将得到的目标函数的平均值作为新的 α_d。当连续两次 α_d 的差值收敛于 ε 时,算法终止。

算法具体步骤如下[1]:

① 求解模型(1),得到一组初始平均 DEA 交叉绩效值(3)。令 $t=1$ 和 $\alpha_d = \alpha_d^1 = \bar{E}_d$。

② 求解模型(5),令:

---

[1] WANG M, HUANG Y, LI D. Assessing the performance of industrial water resource utilization systems in China based on a two-stage DEA approach with game cross efficiency [J]. Journal of Cleaner Production, 2021(312): 127722.

$$\alpha_j^2 = \frac{1}{n}\sum_{d=1}^{n}\sum_{r=1}^{s}\mu_{rj}^{d*}(\alpha_d^1)y_{rj},$$

或一般形式：

$$\alpha_j^{t+1} = \frac{1}{n}\sum_{d=1}^{n}\sum_{r=1}^{s}\mu_{rj}^{d*}(\alpha_d^t)y_{rj},$$

其中，$\mu_{rj}^{d*}(\alpha_d^t)$ 表示在模型(5)中，当 $\alpha_d = \alpha_d^t$ 时，μ_{rj}^d 的最优解。

③ 当存在某些 j，使得 $|\alpha_j^{t+1} - \alpha_j^t| \geq \varepsilon$（$\varepsilon$ 为一个很小的数）时，令 $\alpha_d = \alpha_d^{t+1}$ 并回到步骤2；当对于任意给定的 j，均满足 $|\alpha_j^{t+1} - \alpha_j^t| \leq \varepsilon$ 时，算法终止，且 α_j^{t+1} 为 DMU_j 的最优平均博弈交叉绩效值。

2.6 绩效测度的适应性调整

绩效评估也需要进行自适应调整,这里需要指出的是,调整方法不是绝对的,也不是唯一的。在"上海指数"的应用研究过程中,总的目标原则是能够采用客观和科学的方法科学评估不同城市的可持续发展绩效水平。在全球试点应用过程中,我们将在原有研究的基础上,先行采用博弈 DEA 的方法来进行探索性测度,在具体应用研究中,我们将根据城市特点不断优化评估方法并进行适应性调整。与此同时,在应用研究过程中,考虑到不同国际城市在经济、社会等方面的显著差异,加之部分城市数据的残缺性和滞后性等客观问题,我们在国际试点城市应用中对"上海指数"的目标测度值进行了区间拓展和预测,即"上海指数"的测度值不是聚焦于一个具体的"静态值",而是更多强调一个"动态区间范围",这样能够更加客观弹性地反映出不同城市可持续发展的主要轨迹和范围,从而为全球城市管理者和决策者提供更加科学的决策依据。

第三篇

上海指数
全球试点城市应用研究

Application of Shanghai Adapted Index to Global Pilot Cities

中国
北京
Beijing

上海指数
全球试点城市应用研究

Application of Shanghai Adapted Index to Global Pilot Cities

1 北京概况

北京是中国首都,政治文化中心,国际交往和科技创新中心,是世界著名古都和现代化国际城市。北京市下辖16个区,行政辖区面积16 410.54平方公里,2020年人口约2 200万人(图1),人口密度约1 330人/平方公里。北京2020年GDP总量约5 230亿美元,GDP增速为1.2%(图2)。

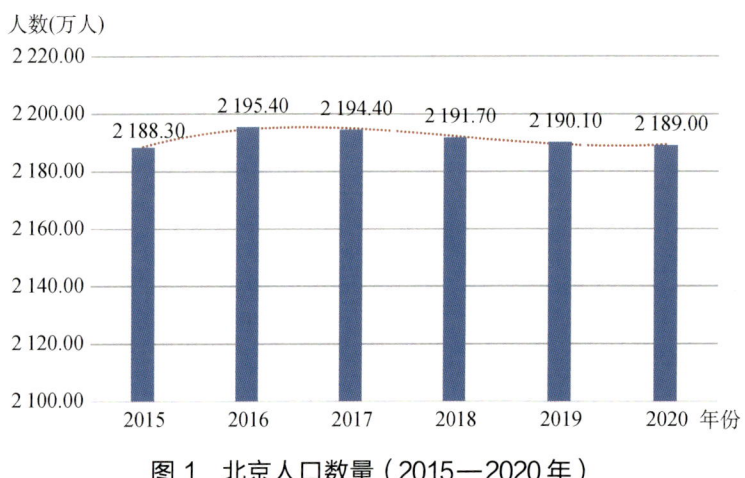

图1 北京人口数量(2015—2020年)

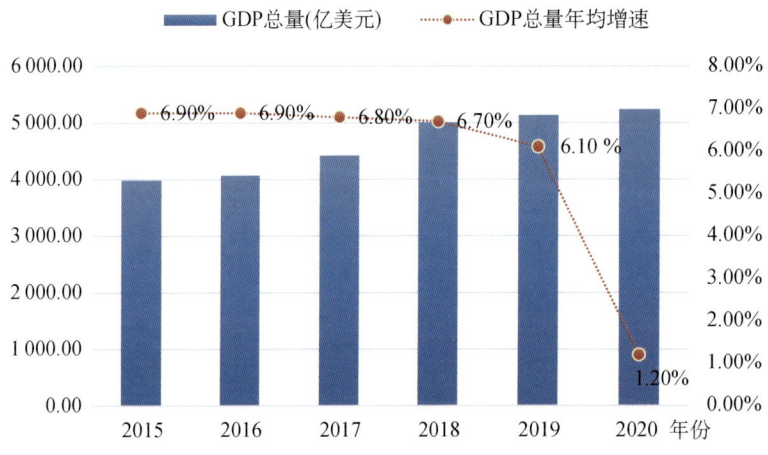

图2 北京GDP总量及其年均增速(2015—2020年)

2 北京可持续发展绩效评估

2015—2020 年北京可持续发展综合指数如图 3 所示。2015—2020 年北京可持续发展社会、经济、环境、文化和治理子指数如图 4 至图 8 所示。

图 3　北京可持续发展综合指数
（2015—2020 年）

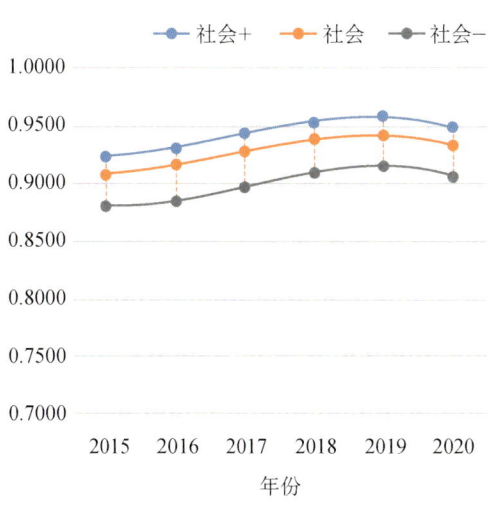

图 4　北京可持续发展社会子指数
（2015—2020 年）

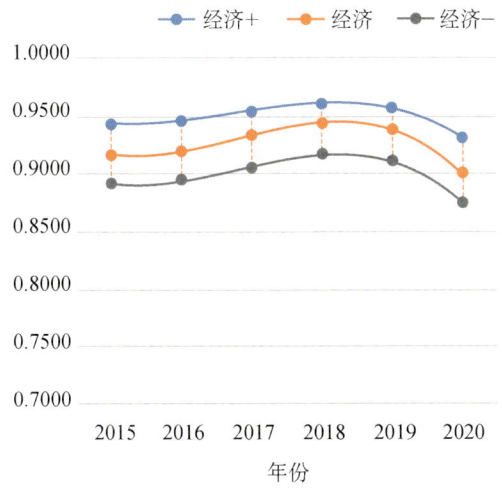

图 5　北京可持续发展经济子指数
（2015—2020 年）

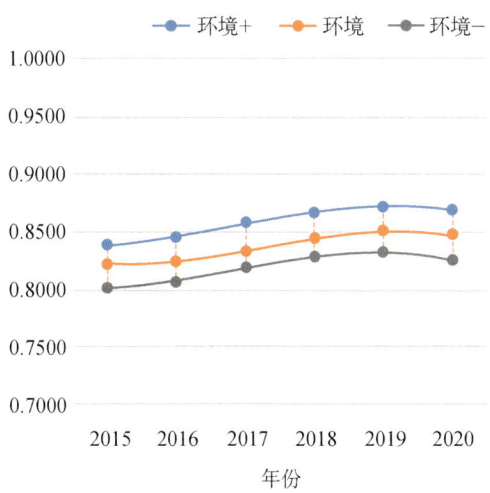

图 6　北京可持续发展环境子指数
（2015—2020 年）

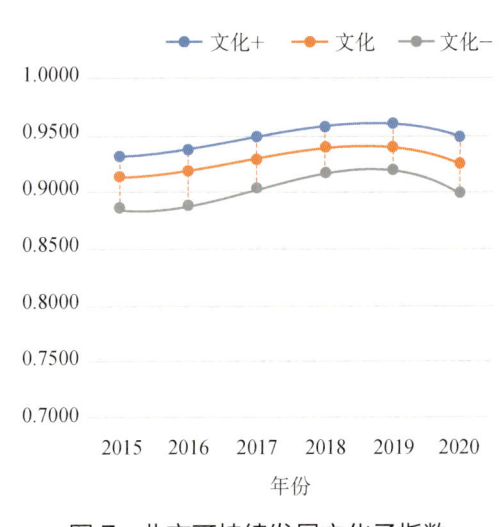
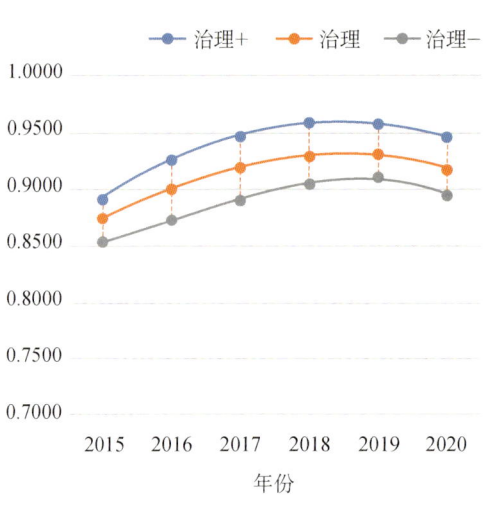

图7　北京可持续发展文化子指数
（2015—2020年）

图8　北京可持续发展治理子指数
（2015—2020年）

3　北京可持续发展绩效分析

3.1　社会维度

2015—2020年北京人口数量变动非常小，年均基本维持在2 190万人左右；人口自然增长率下降明显，下降幅度年均超过3‰（图9）；5岁以下儿童死亡率为3‰～3.5‰，2020年预期寿命达82.4岁；人均住房面积为32～35平方米；每万人病床数为55～60张（图10）；幼小初学生数从2015年的152万人增加到2020年的约185万人；公路网密度约135公里/百平方公里（图11）；2015—2019年公共交通客运年均总量超过70亿人次，公共交通年人均搭乘量超过320次（图12）。

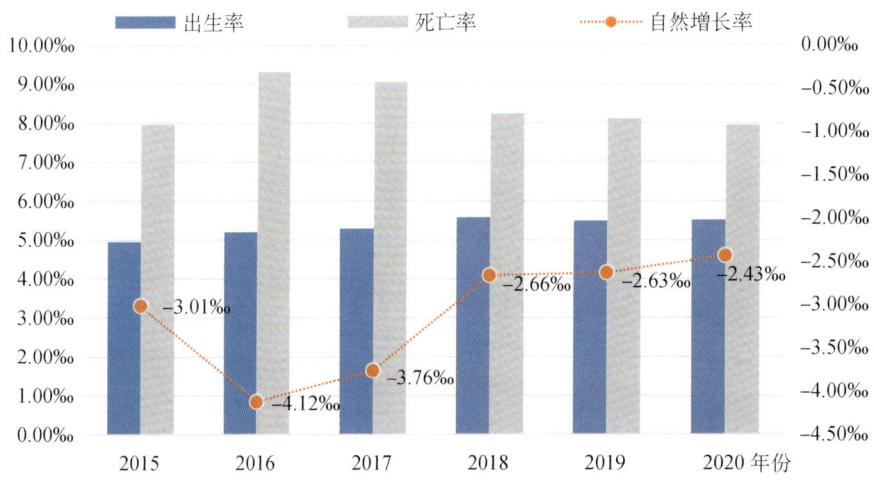

图9　北京人口出生率、死亡率及自然增长率（2015—2020年）

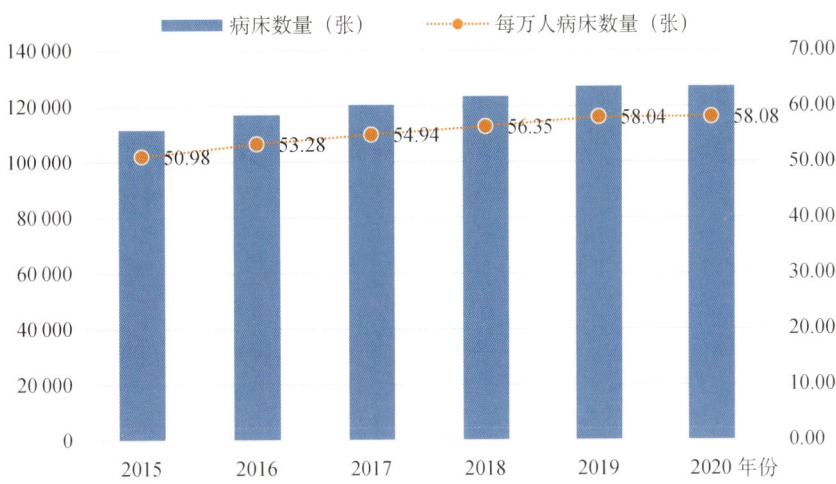

图 10　北京病床数量及每万人病床数量（2015—2020 年）

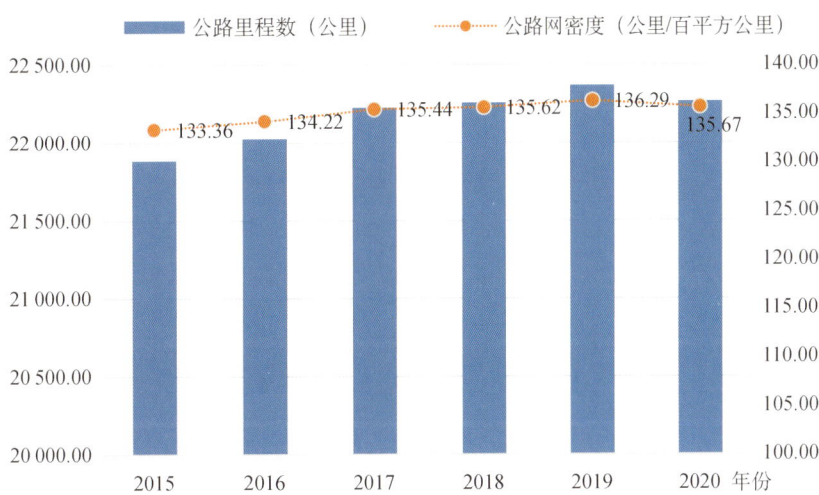

图 11　北京公路里程数及公路网密度（2015—2020 年）

图 12　北京公共交通乘客量及年人均搭乘量（2015—2020 年）

3.2 经济维度

北京 GDP 总量从 2015 年的约 4 000 亿美元增加至 2020 年的约 5 230 亿美元,其中 2015—2019 年的 GDP 年均增速约为 6.7%,2020 年增速下降至 1.2%。北京人均 GDP 从 2015 年的约 1.8 万美元增长至 2020 年的 2.4 万美元,人均可支配收入增长至约 1 万美元, 年均增速约为 6%(图 13)。

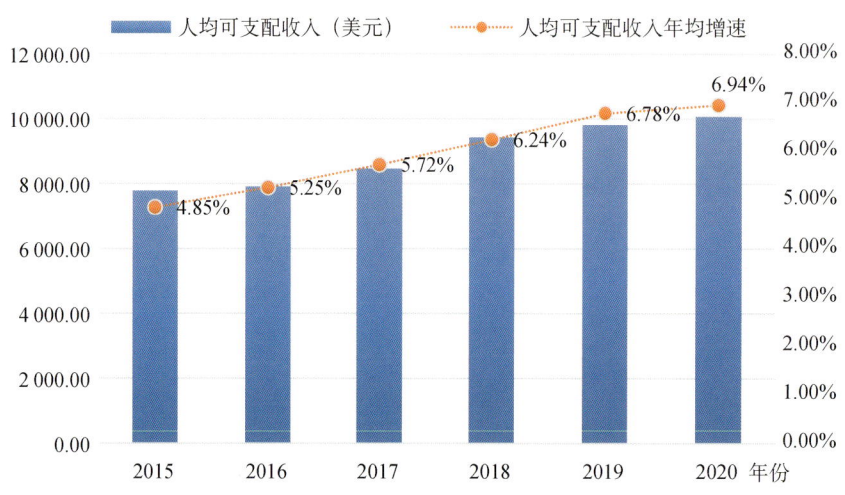

图 13 北京人均可支配收入及其年均增速(2015—2020 年)

北京第一产业增加值从 2015 年的约 22 亿美元下降至 2020 年的约 16 亿美元,年均增速约为 −6.6%(图 14);2018—2020 年第二产业年均增加值超过 800 亿美元,年均增速约为 3.3%(图 15);2020 年第三产业增加值接近 4 400 亿美元,2015—2018 年第三产业增加值年均增速超过了 7%,2020 年为 1%(图 16)。

图 14 北京第一产业增加值及其年均增速(2015—2020 年)

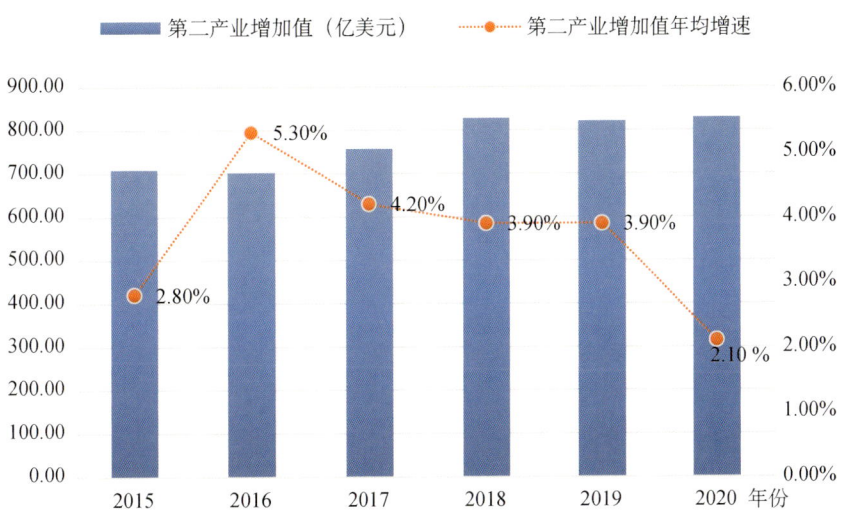

图 15　北京第二产业增加值及其年均增速（2015—2020 年）

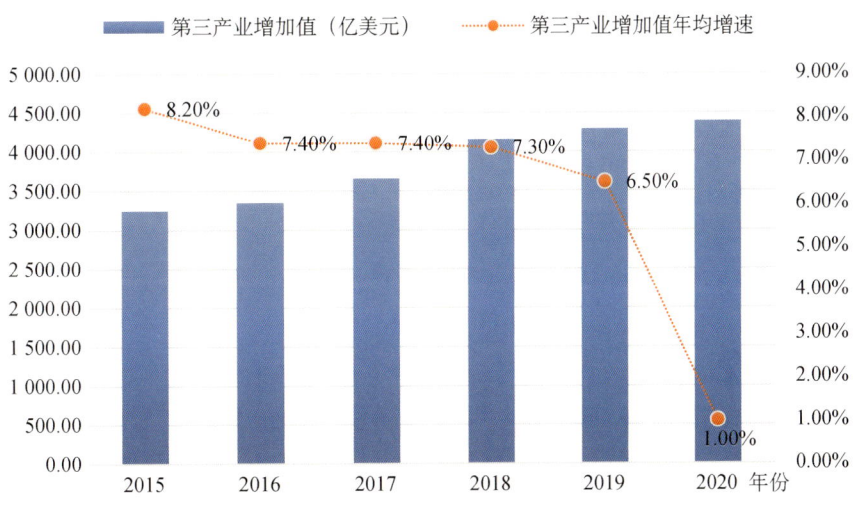

图 16　北京第三产业增加值及其年均增速（2015—2020 年）

北京失业率在 2015—2019 年基本控制在 1.3%～1.43%，2020 年上升至 2.56%（图 17）；居民消费价格指数相对较为稳定，基本控制在 101～103；2017 年北京外商直接投资额超过 240 亿美元，其 GDP 占比约为 5.5%，其余年份外商直接投资额 GDP 占比为 2.7%～3.5%（图 18）；北京固定资产投资年均约 1 200 亿美元，2020 年其 GDP 占比约为 22%（图 19）；2015—2019 年北京进出口贸易 GDP 占比基本维持在 80% 左右，2020 年下降至约 64%（图 20）；2019 年社会消费品零售总额接近 2 200 亿美元，2020 年下降至 2 000 亿美元以下（图 21）。

图 17　北京失业率（2015—2020 年）

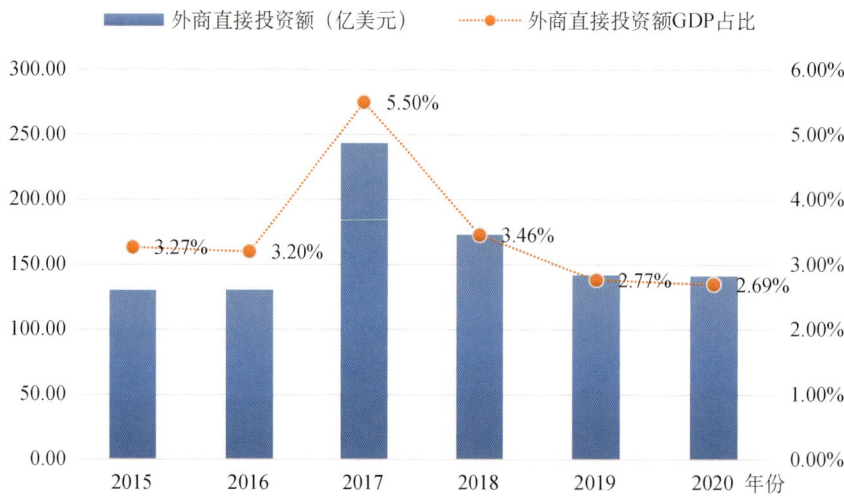

图 18　北京外商直接投资额及其 GDP 占比（2015—2020 年）

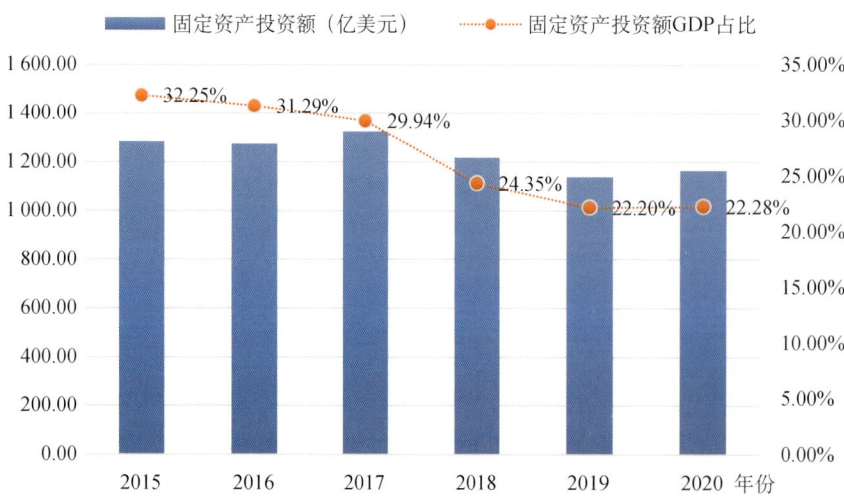

图 19　北京固定资产投资额及其 GDP 占比（2015—2020 年）

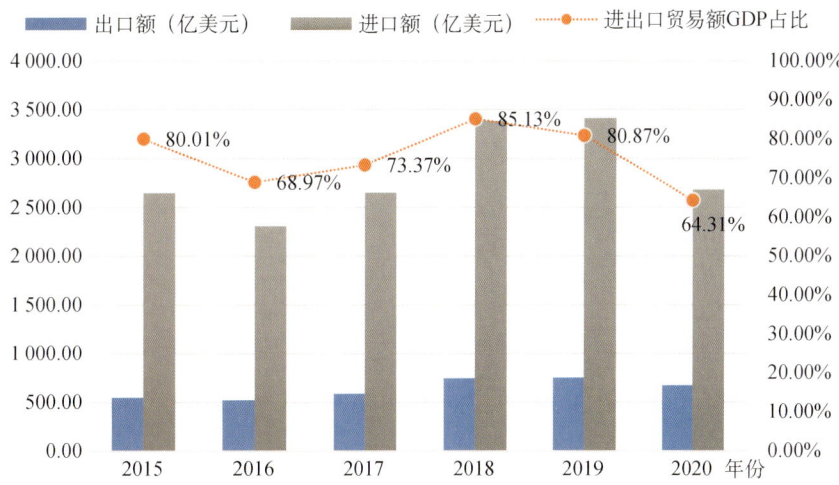

图 20　北京进出口贸易额及其 GDP 占比（2015—2020 年）

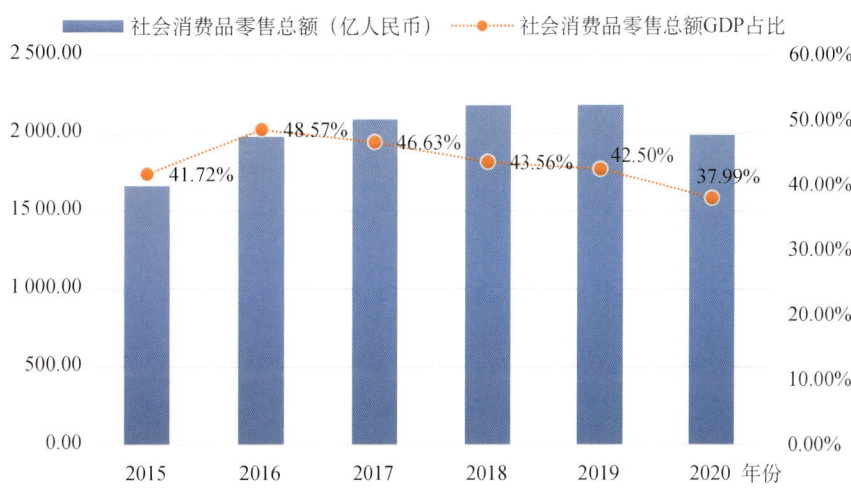

图 21　北京社会消费品零售总额及其 GDP 占比（2015—2020 年）

3.3　环境维度

北京污水处理率从 2015 年的 87% 上升至 2020 年的 95% 左右,污水排放强度基本在 36～40 吨/万美元(图 22);年人均生活垃圾产生量为 0.4～0.5 吨;一般工业固体废弃物综合利用率从 2015 年的 73% 上升至 2020 年的 85%(图 23);人均公园绿地面积为 16～17 平方米;年均能耗总量约 7 000 万吨标煤,年均电耗总量约 1 100 亿千瓦·时(图 24);2020 年北京空气质量优良率达到 75%(图 25);碳排放强度呈现逐年下降趋势,从 2015 年的约 3.5 吨/万美元下降至约 2.5 吨/万美元(图 26)。

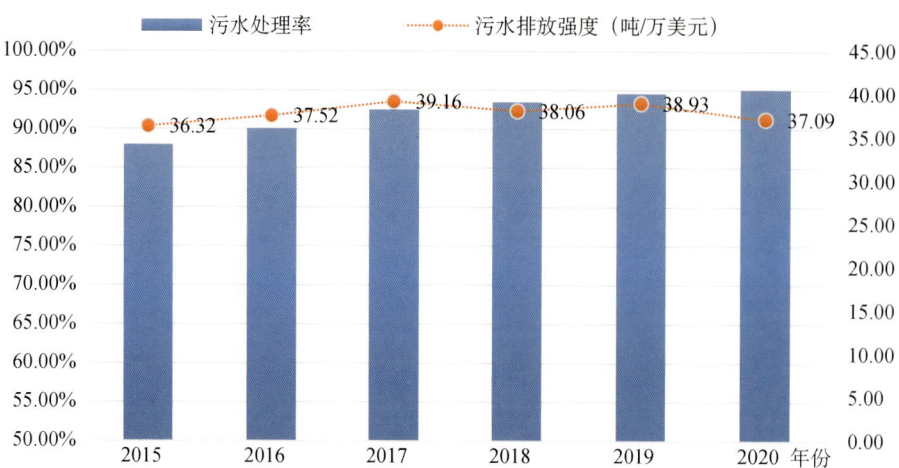

图 22　北京污水处理率及污水排放强度（2015—2020 年）

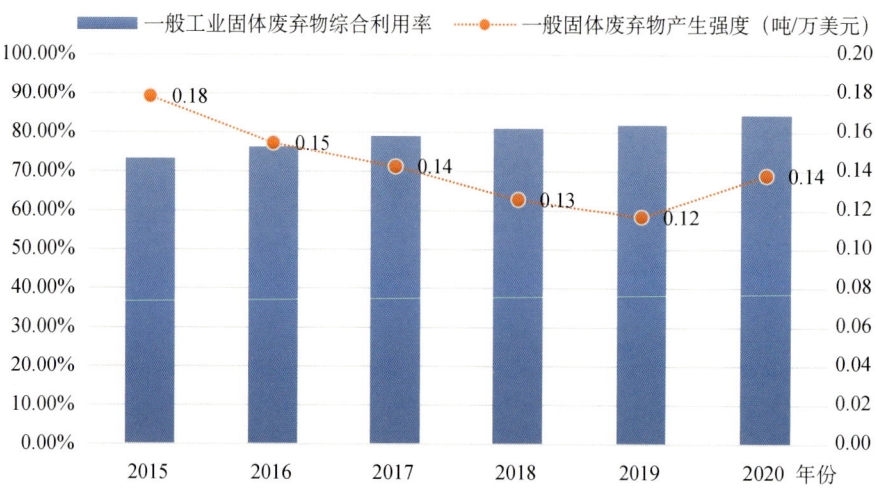

图 23　北京一般工业固体废弃物综合利用率及产生强度（2015—2020 年）

图 24　北京电力消耗总量及电耗强度（2015—2020 年）

图 25　北京空气质量优良天数及优良率（2015—2020 年）

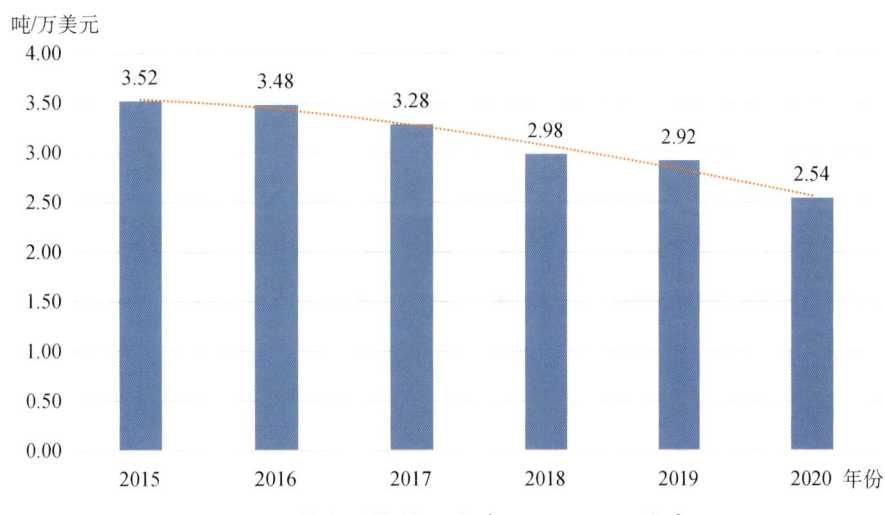

图 26　北京碳排放强度（2015—2020 年）

3.4　文化维度

北京每万人文化设施数量为 0.6～0.7 个；每万人非物质文化遗产数量为 0.4～0.5 个；2015—2019 年北京国际旅客数量稳中有降，从年均 420 万人次下降至 377 万人次，2020 年受新冠疫情影响，国际旅客数量直接下降至 34.1 万人次（图 27）；2015—2019 年北京旅游收入 GDP 占比在 18% 左右，2020 年下降至约 8%（图 28）；北京文创产业增加值 GDP 占比为 5%～6%；北京在文化中心建设中制定了明确的目标和路线图

(专栏1)。

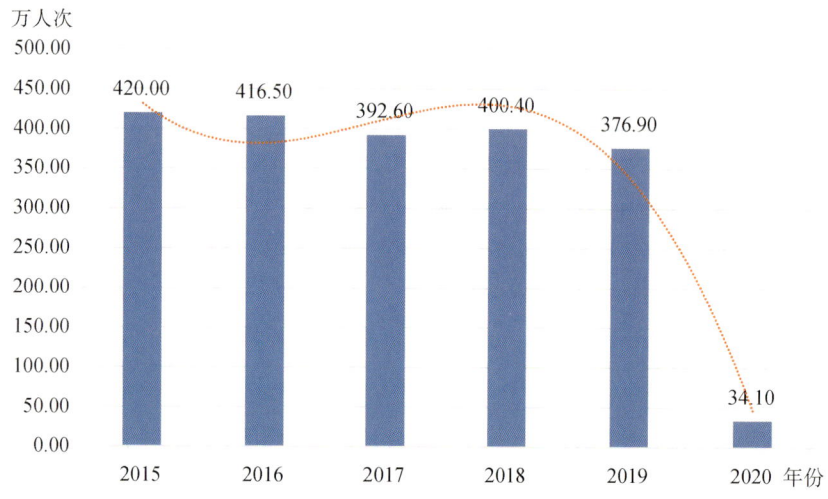

图27　北京国际旅客数量（2015—2020年）

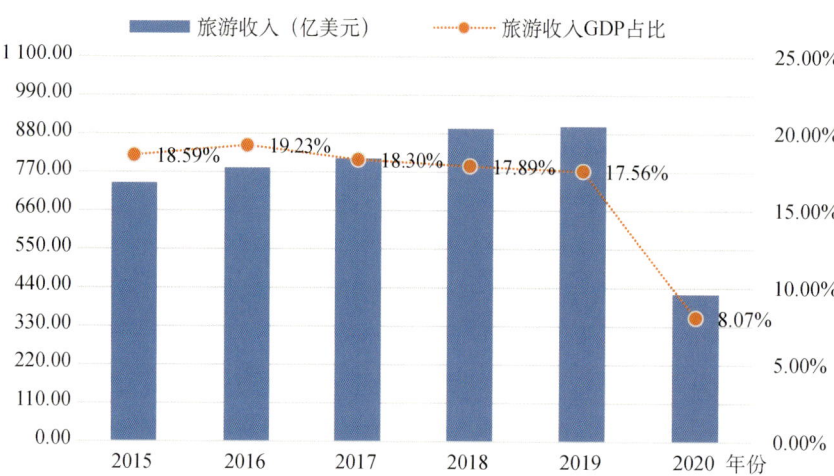

图28　北京旅游收入及其GDP占比（2015—2020年）

北京市推进全国文化中心建设目标[1]

2025 年目标

全国文化中心地位显著增强，市民文明素质和城市文明程度明显提高，对全国文化建设的示范引领作用更加凸显。

（1）社会主义核心价值观建设引领全国，社会风气和道德风尚明显提升，首都作为思想高地、价值高地和道德高地的地位更加稳固。

（2）以"一城三带"为核心的历史文化名城保护取得重大进展，古都历史文化风貌和独特城市魅力充分彰显，北京历史文化这张金名片更加光彩夺目。

（3）代表国家形象、首都水准的优秀文化成果不断涌现，具有国际影响力的品牌文化活动精彩纷呈，文化创新创造活力不断增强。

（4）公共文化服务均衡充分发展，设施空间布局更加合理，服务内容更加丰富，高品质公共文化产品和服务供给能力持续提高。

（5）文化产业提质增效，支柱地位日益巩固，文化产业增加值占地区生产总值比重保持在 10% 以上，高精尖文化产业体系基本形成，高质量发展引领全国。

（6）建成世界优秀文化交流展示的重要平台，现代化国际大都市的影响力不断提升，文化软实力显著增强。

2035 年目标

全面建成中国特色社会主义先进文化之都，全国文化中心功能更加系统完善，文化建设对首都经济社会发展的驱动力更加强劲，大国之都文化国际影响力显著提升，成为彰显文化自信与多元包容魅力的世界历史文化名城。

（1）人民群众价值追求更加高尚，道德素质、人文素养大幅提升，建成社会风气和道德风尚最好的城市。

（2）历史文化名城保护体系更加完善，首都风范、古都风韵、时代风貌的城市特色日益彰显。

---

[1] 节选自《北京市公共文化服务体系示范区建设中长期规划（2019 年—2035 年）》，2020.04.09.

（3）文化创新创造活力持续迸发，社会文化生活更加丰富多彩，人民群众高品质、多样化的文化需求得到日益满足。

（4）公共文化服务体系示范区全面建成，服务效能整体提升，公共文化促进城市经济社会发展能力显著增强。

（5）文化消费贡献度显著提升，文化产业创新活力不断迸发，成为具有世界影响力的文化创意中心。

（6）代表国家文化走出去的龙头地位更加巩固，成为世界文明交流互鉴的首要窗口，彰显大国首都形象和中华文化魅力的作用充分发挥。

展望 2050 年

中国特色社会主义先进文化之都地位更加巩固，文化名家荟萃云集，文艺高峰之作迭出，人民群众文化创造活力充分释放，社会主义精神文明和物质文明全面协调发展，文化自觉、文化自信更加彰显。北京以更加昂扬的姿态屹立于世界城市之林，成为弘扬中华文明和引领时代潮流的世界文脉标志。

3.5 治理维度

北京财政自给率稳中有降，从 2015 年的约 82％下降至 2020 年的 77％。2019 年财政收入接近 840 亿美元，财政支出约 1 070 亿美元。2020 年财政收入和支出都略有下降（图29）；2015—2019 年，北京税收收入年均约 700 亿美元，2020 年下降至 670 亿美元左右，税收贡献率约 85％（图30）；2015 年北京债务余额高达约 940 亿美元，负债率约 24％，随后负债率大幅下降，2019 年负债率为 14.00％，2020 年负债率上升至 16.80％（图31）。

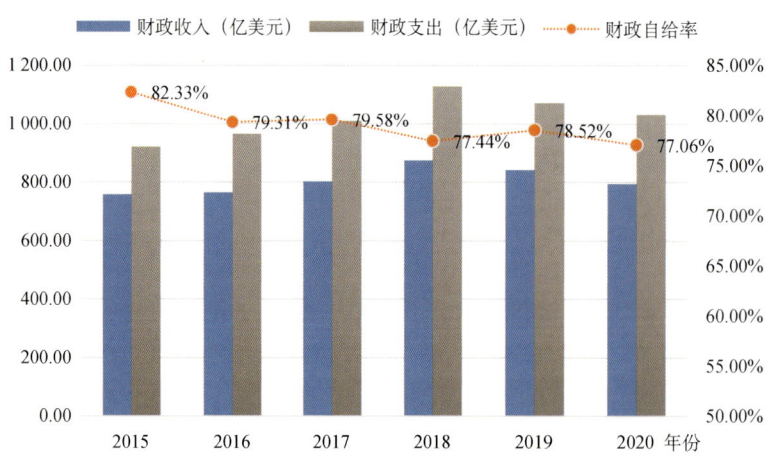

图 29 北京财政收支及财政自给率（2015—2020 年）

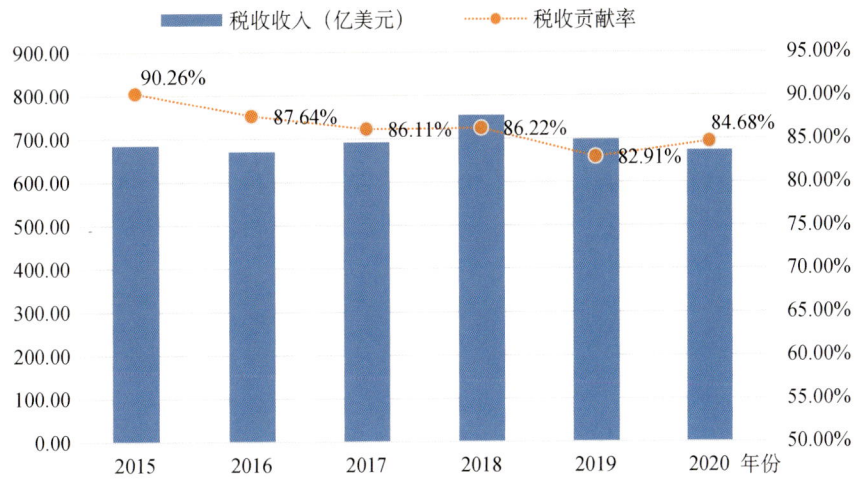

图 30　北京税收收入及其贡献率（2015—2020年）

图 31　北京政府债务余额及负债率（2015—2020年）

北京移动电话普及率为 170～190 部/百人(图 32)；每万人专利授权数从 2015 年的约 43 件上升至 2020 年的约 74 件，累计增加约 30 件(图 33)；研发(Research and Experimental Development, R&D)支出 GDP 占比为 5.2%～6.5%(图 34)，每万人 R&D 人员全时当量从 2015 年的 112 人年上升至 2020 年的 153 人年(图 35)；每万人社会组织数量为 5～6 个；2019 年每万人检察院审查起诉的刑事案件数量约为 15 件，2020 年下降至约 11 件(图 36)。在城市基层治理中，北京积累了很多有价值的经验(专栏 2)。

图 32 北京移动电话用户数及普及率（2015—2020 年）

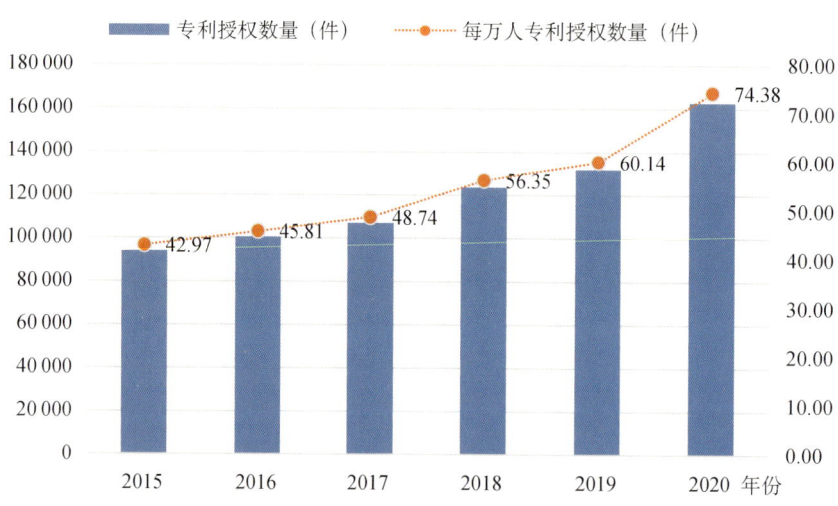

图 33 北京专利授权数量及每万人专利授权数量（2015—2020 年）

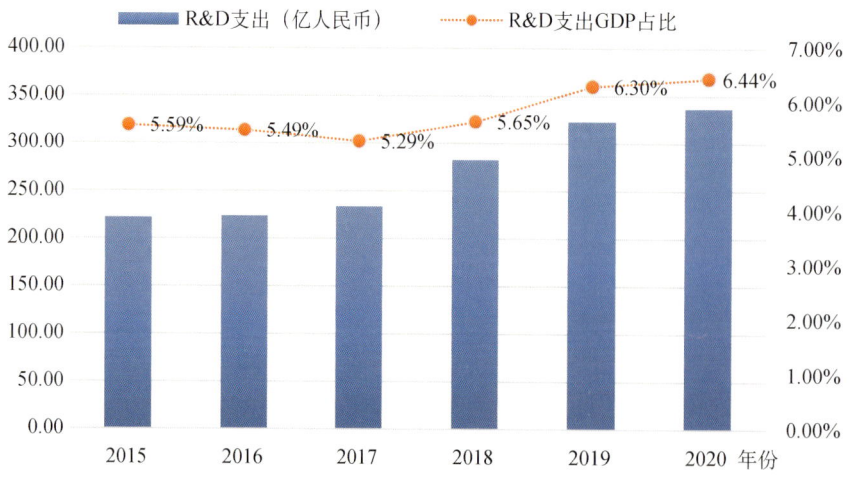

图 34 北京 R&D 支出及其 GDP 占比（2015—2020 年）

图 35　北京 R&D 人员全时当量及每万人全时当量（2015—2020 年）

图 36　北京检察院审查起诉刑事案件数量及每万人刑事犯罪案件数量（2015—2020 年）

专栏 2　北京城市基层治理体系建设经验[1]

（1）街乡吹哨、部门报到

一是要为街乡明责，使其吹哨有据，明确六大板块 111 项职责；二是为街乡赋权，使其吹哨管用，强化街乡绩效考核的话语权；三是优化街乡内设

---

[1] 节选自《以人民为中心　全力构建基层治理体系——以北京市城市治理探索为例》，中国建设新闻网，2022.03.02.

机构，使其吹哨有力。在街道形成了"六办 + 纪工委 + 综合执法队 + 三个中心"的内设机构模式。此外，积极引导街道干部到基层"报到"。主要推行"街巷长制"，引导街道干部到社区基层"报到"，在全市的每条街巷上都设置"街长"或"巷长"。街巷长主要是由街道的处级、科级干部分别担任，他们的主要作用是牵头及时发现和协调解决群众反映强烈的环境问题。

（2）主动治理，未诉先办

2019年下半年，北京市首次创建了"七有""五性"监测指标体系，其中"七有"是指幼有所育、学有所教、劳有所得、病有所医、老有所养、住有所居和弱有所扶。"五性"是指反映市民寻求帮助的便利性、宜居性、安全性、公正性和多样性的五个方面。"七有""五性"集中反映了公共服务和民生保障水平，这二者都是社会建设的重要内容。围绕"七有""五性"的需求，创建"七有""五性"监测指标体系，是北京继"吹哨报到""接诉即办"之后，社会领域的又一重大创新。基于"七有""五性"监测指标体系的实施，北京市政府提出了"主动治理，未遂先办"，要求各级政府增强工作的主动性，主动履职，同时拓展公众参与社会共治渠道，整合多种政民互动渠道，利用人工智能、大数据等技术实现主动治理，未诉先办。

（3）闻风而动，接诉即办

2019年1月1日，北京市政务服务管理局等部门启动了12345市民服务热线接诉即办改革，整合各级各类为民服务热线，拓展了集电话呼叫、网络通信、无线通信、多媒体通信等于一体的市民热线服务中心，实现了"一条热线听诉求""一张单子管到底"，形成了强化"部门 + 行业"考评导向的市、区、街道乡镇三级联动的工作机制。主要有以下做法：①诉求单直派属地街乡镇，减少区级中转环节。②实行"双反馈"，"点名""考核"双激励。"双反馈"即对于各街乡镇群众诉求办理情况，要及时向诉求人反馈，并同时向12345市民服务热线反馈。"点名""考核"双激励是指市委每月都要召开区委书记月度工作点评会，依据排名分为先进类、进步类、整改类和治理类四类，对"接诉即办"情况进行通报。③纪委监委介入，确保工作的落实。④网格平台提供支撑，为民服务提速增效。⑤以大数据为支撑，抓住要点和难点为民服务。重点问题集中力量挂账办，历史问题源头治理、立法办，通过源头治理、立法办解决了大量疑难案件，真正做到了为市民切实服务。

1 柏林概况

柏林是德国的首都和最大的城市,也是德国的政治、文化、交通及经济中心。柏林行政辖区面积约 891.12 平方公里,2020 年人口数量约为 367 万人,人口密度约 4 100 人/平方公里(图 1)。2019 年柏林 GDP 总量约 1740 亿美元,2020 年受新冠疫情影响,GDP 总量下降至 1 670 亿美元左右(图 2)。

图 1　柏林人口数量及人口密度(2015—2020 年)

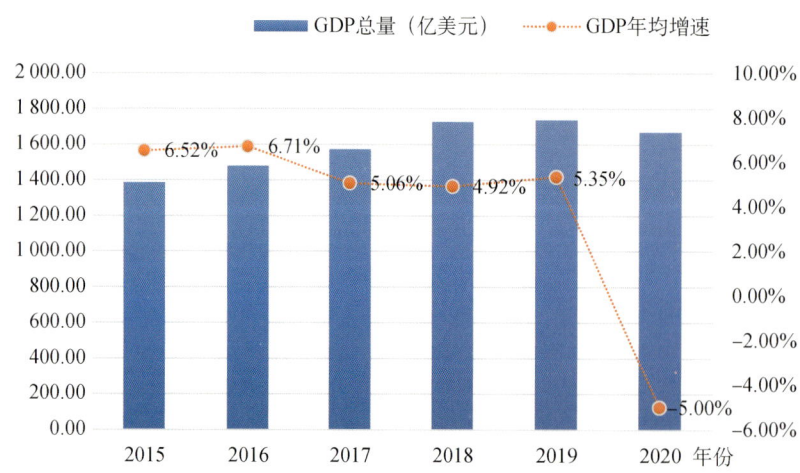

图 2　柏林 GDP 总量及其年均增速(2015—2020 年)

2 柏林可持续发展绩效评估

2015—2020年柏林可持续发展综合指数如图3所示。2015—2020年柏林可持续发展社会、经济、环境、文化和治理子指数如图4至图8所示。

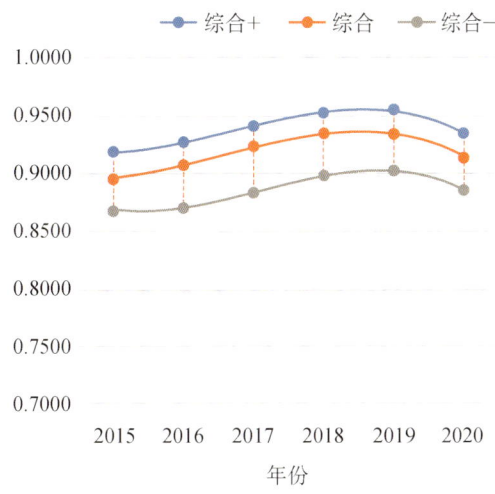

图3 柏林可持续发展综合指数
（2015—2020年）

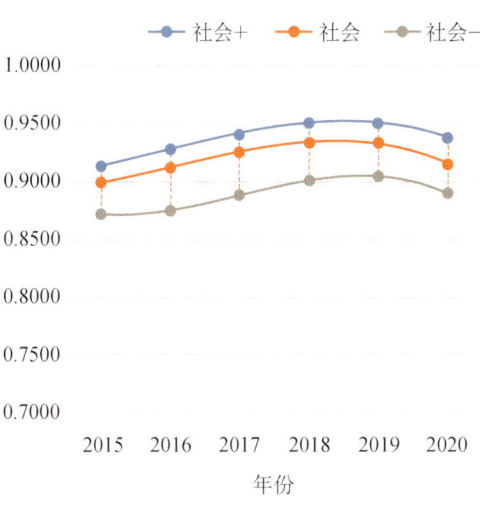

图4 柏林可持续发展社会子指数
（2015—2020年）

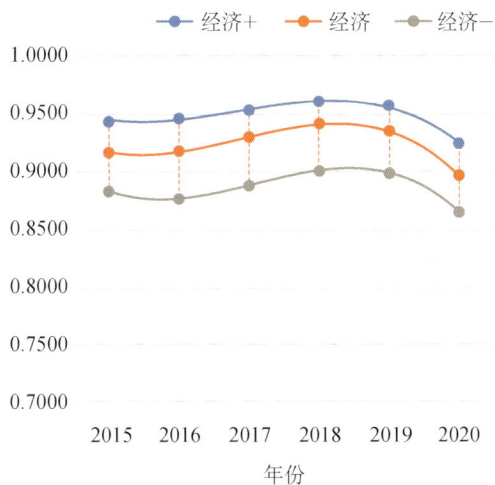

图5 柏林可持续发展经济子指数
（2015—2020年）

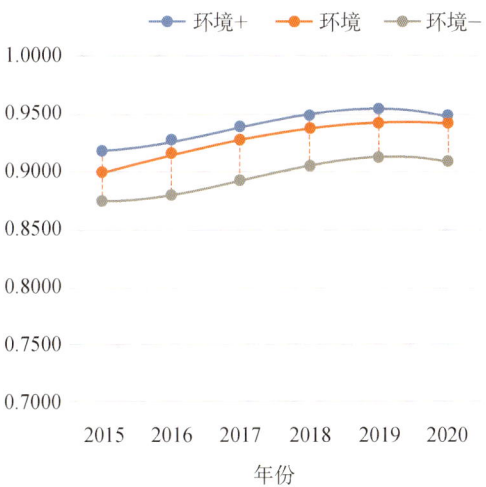

图6 柏林可持续发展环境子指数
（2015—2020年）

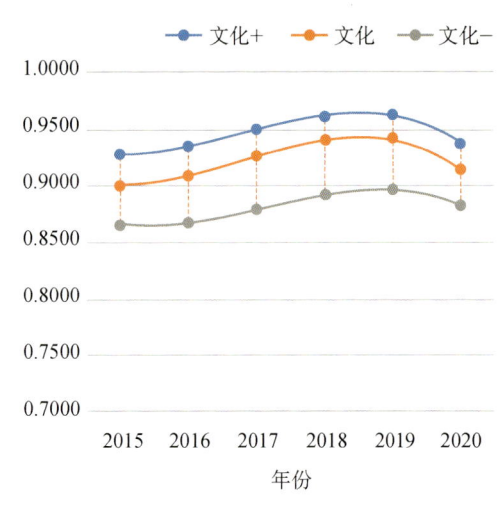

图7 柏林可持续发展文化子指数
（2015—2020年）

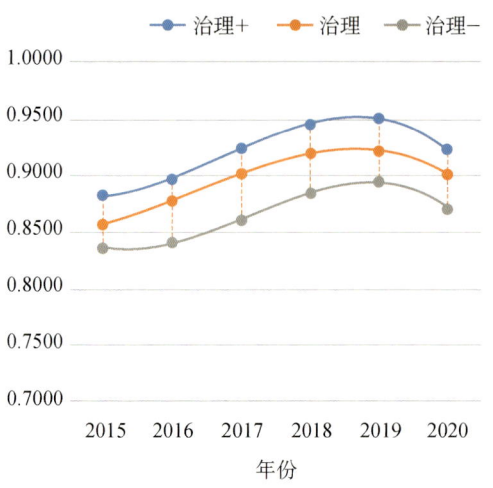

图8 柏林可持续发展治理子指数
（2015—2020年）

3 柏林可持续发展绩效分析

3.1 社会维度

柏林人口从2015年的352万人增加至2020年的约367万人，期间累计增加约15万人；人口自然增长率为1‰～2‰(图9)；平均预期寿命接近80岁，其中，男性预期寿命约76岁，女性在82岁以上；5岁以下儿童死亡率相对稳定，年均约4‰；每万人病床数量稳步增加，从2015年的约58张增加到了2020年的约62张(图10)；柏林人均住房面积变化不大，2015—2020年基本维持在38～40平方米；社会基本医疗保险很早就实现了全覆盖。

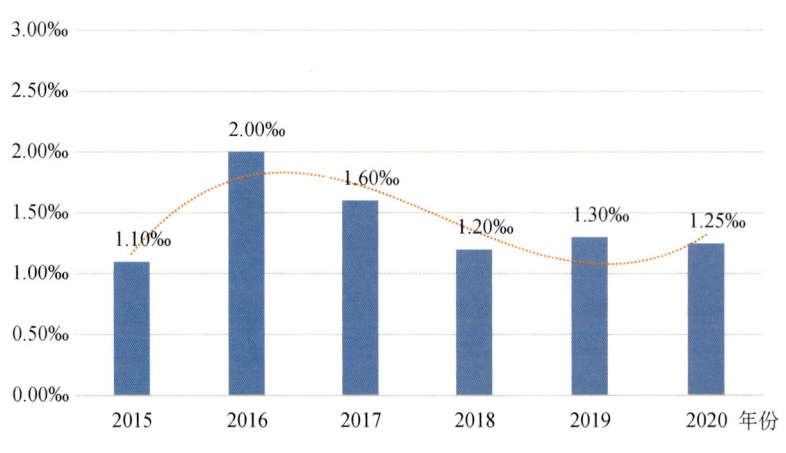

图9 柏林人口自然增长率（2015—2020年）

图 10　柏林医院病床数量及每万人病床数量（2015—2020 年）

3.2　经济维度

2015—2019 年柏林 GDP 总量稳步增长，从不到 1 400 亿美元增长至约 1 740 亿美元，累计增长超 340 亿美元，GDP 年均增速约为 5.7%。2020 年受新冠疫情影响，柏林 GDP 增速下降至 −5%，GDP 总量也降低至 1 670 亿美元左右；人均 GDP 从 2015 年的不到 4 万美元增长至 2020 年的约 4.6 万美元，2020 年柏林人均可支配收入约 2.5 万美元，年均增速超过 3.6%（图 11）。

图 11　柏林人均可支配收入及其年均增速（2015—2020 年）

2015—2019 年柏林失业率稳步下降，从 9.5% 下降至 5.3%，2020 年受新冠疫情影响，失业率增加至 6.3%（图 12）；居民消费价格指数稳中有升，2020 年超过了 106；2015 年以来柏林外商直接投资额逐年增加，其 GDP 占比从 2015 年的 1.68% 上升至 2020 年的 2.65%

(图 13);固定资产投资额 GDP 占比在 2019 年超过了 4%,2020 年回调至 3.85%(图 14);柏林航空年旅客吞吐量在 2019 年达到了 3 700 万人次(图 15),德国进出口贸易额 GDP 占比年均约 85%,2020 年下降至 81.11%(图 16)。

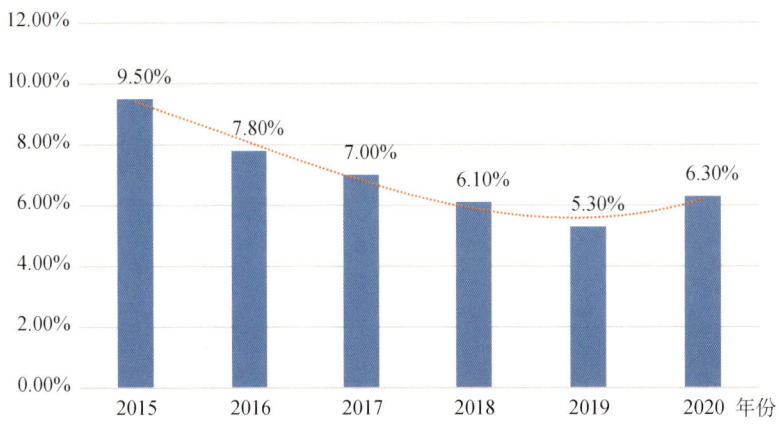

图 12　柏林失业率（2015—2020 年）

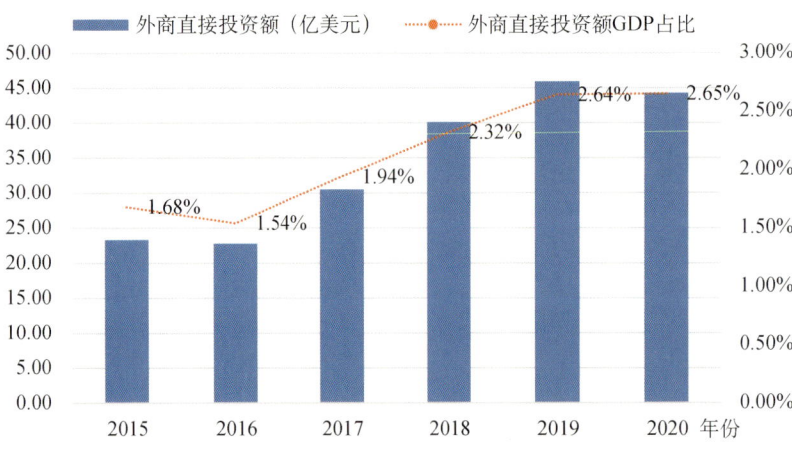

图 13　柏林外商直接投资额及其 GDP 占比（2015—2020 年）

图 14　柏林固定资产投资额及其 GDP 占比（2015—2020 年）

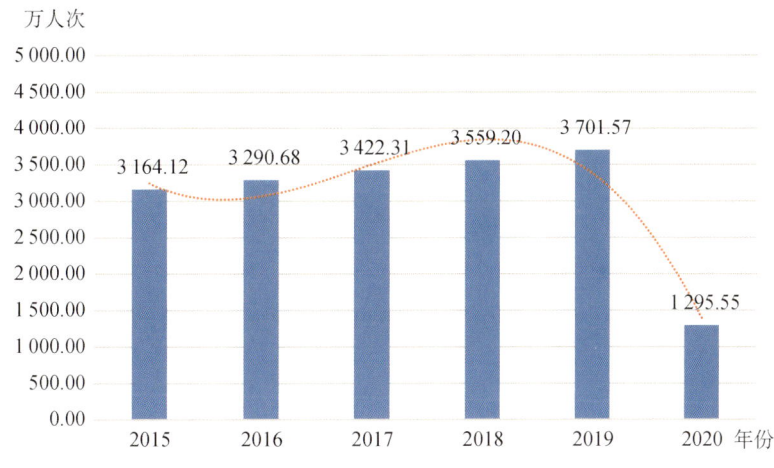

图 15　柏林航空旅客吞吐量（2015—2020年）

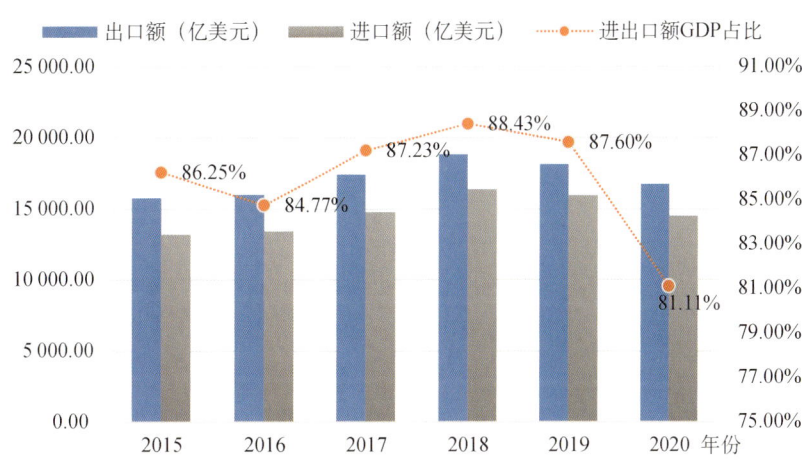

图 16　德国进出口贸易额及其 GDP 占比（2015—2020年）

3.3　环境维度

柏林人均污水产生量相对较高，年人均污水产生量为 235～245 吨，污水处理率总体上逐年升高，污水基本实现了安全处理（图 17）；年人均生活垃圾产生量为 0.38～0.43 吨；年人均一般工业固体废弃物产生量为 0.8～1 吨；可再生能源消耗在总能耗中的占比逐年提高，从 2015 年的约 12% 提高至 2020 年的约 19%（图 18）；德国年人均二氧化碳排放量呈逐年下降趋势，从 2015 年的约 9.73 吨下降至 2020 年的 7.69 吨，人均累计下降 2 吨（图 19）。

64 第三篇　上海指数
全球试点城市应用研究·柏林

图 17　柏林年人均污水产生量及污水处理率（2015—2020 年）

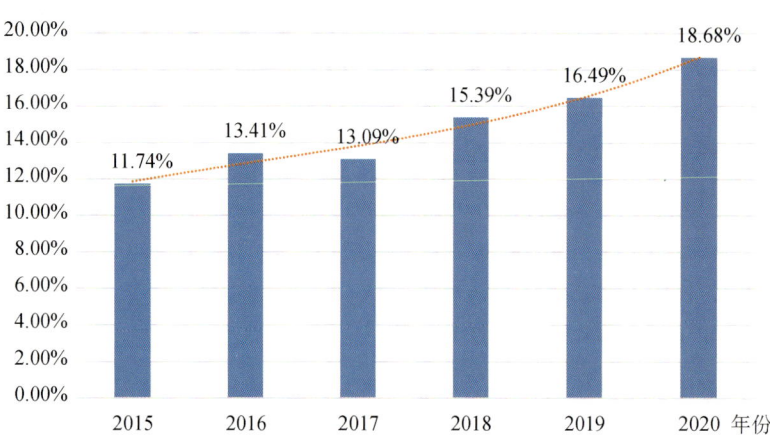

图 18　柏林可再生能源消耗在总能耗中的占比（2015—2020 年）

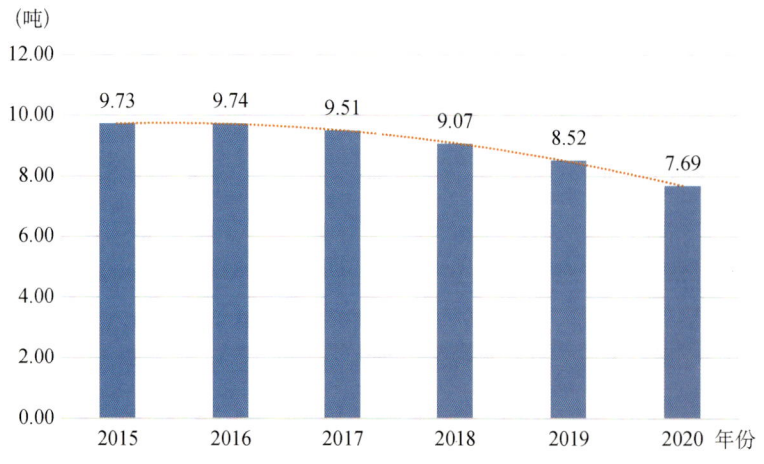

图 19　德国人均二氧化碳排放量（2015—2020 年）

3.4 文化维度

柏林每万人文化设施数量为 0.7～0.8 个；2019 年国际旅客数量约 550 万人次，但 2020 年降幅超 75%（图 20）；2015—2019 年柏林旅游收入 GDP 占比年均为 2%～2.5%，2020 年下降至 0.83%（图 21）；2015—2019 年柏林年人均观影量约 2.5 人次，2020 年下降至 0.6 人次（图 22）；2015—2019 年博物馆年人均访问量为 4.37～4.93 人次，2020 年下降至 1.73 人次（图 23）；柏林在城市产保护和城市更新方面进行了长期的政策探索和寻求了法理支撑（专栏 1）。

图 20　柏林国际旅客数量（2015—2020 年）

图 21　柏林旅游收入及其 GDP 占比（2015—2020 年）

图 22　柏林电影院观影人次及年人均观影次数（2015—2020 年）

图 23　柏林博物馆访问量及年人均访问量（2015—2020 年）

柏林城市遗产保护与城市更新法理支撑[1]

柏林在城市遗产保护和城市更新方面，通过划定"城市遗产保护区"和"城市更新区"等规划政策分区，切实推进城市整体风貌特色保护与环境设施更新的使命，形成了"在保护中更新，在更新中保护"的制度特色与实践

---

[1]　节选自单瑞琦，张松《柏林城市遗产保护区与城市更新区的比较研究》，上海城市规划，2017.

经验。

按照《联邦建筑法典》第 172 条的规定,地方政府负责城市遗产保护区(Erhaltungsgebiet)的保护管理,由负责城市遗产保护的文化机构主导、规划部门参与,共同划定城市遗产保护区。1986 年,联邦政府修订《联邦建筑法典》时,为维护地区的城市风貌特色,制定了《城市保护法》,创立了城市遗产保护区制度。

根据《联邦建筑法典》第 157 条的规定,城市更新区应设立专门的城市更新区管理委员会(Der Sanierungsträger),作为市政府管理城市更新区的委托人,该部门在规划管理层面主要起到对个体投资者的规划管控作用。按照《联邦建筑法典》第 144 条、第 145 条和第 148 条的规定,在确定的城市更新区内,需要新增、变更、移除建筑设施或改变建筑设施使用功能的方案,都须业主聘请业内专家制定详细的施工方案,经过管理委员会的核准,符合城市更新区发展规划后方可获得建筑许可证。

3.5 治理维度

柏林财政收入从 2015 年的约 260 亿美元增加至 2020 年的约 330 亿美元,财政支出从 2015 年的约 230 亿美元增加至 2020 年的约 290 亿美元,年均财政自给率为 110%~120%(图 24);税收收入从 2015 年的约 150 亿美元增加至 2020 年的约 235 亿美元,税收贡献率上升至 70% 以上(图 25)。

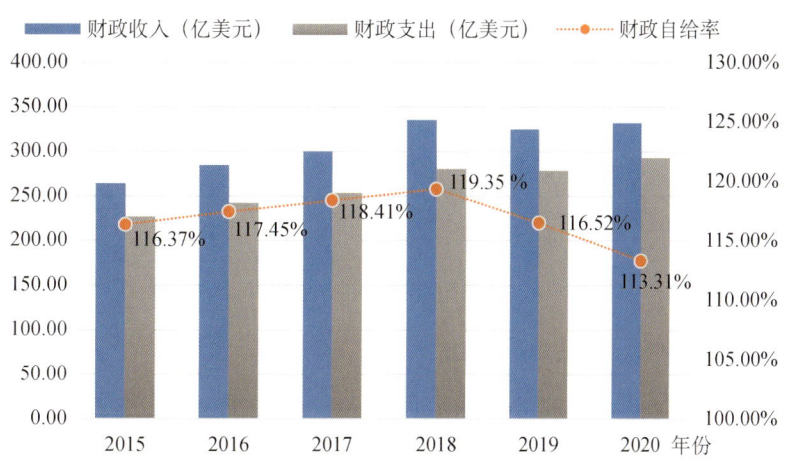

图 24　柏林财政收支及财政自给率(2015—2020 年)

图 25　柏林税收收入及其对财政收入的贡献率（2015—2020 年）

柏林互联网渗透率在 88% 以上，移动电话普及率约 130 部/百人（图 26）；R&D 支出 GDP 占比年均为 3%～4%（图 27），每万人 R&D 人员全时当量为 90～95 人年（图 28）；每万人律师数量为 19～21 人；每万人刑事犯罪案件数量从 2015 年的约 130 件下降至 2020 年的约 100 件（图 29）；德国女性参政比增幅显著，从 2015 年的约 26% 上升至 2020 年约 40%（图 30）；2020 年德国政府公信力在 65% 以上（图 31）。

图 26　柏林移动电话用户数及普及率（2015—2020 年）

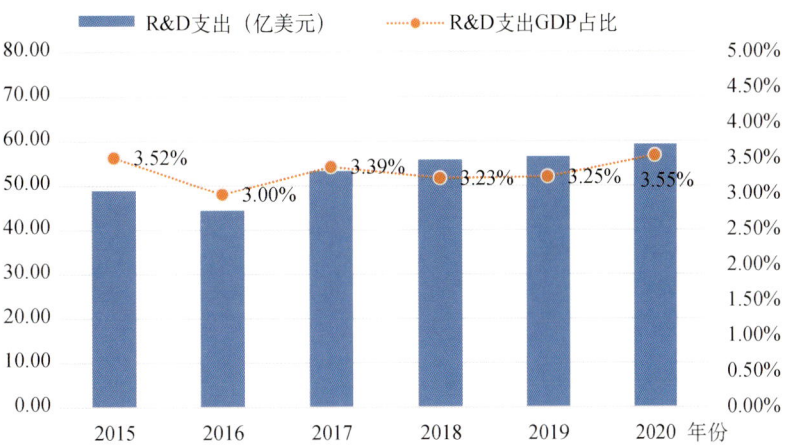

图 27　柏林 R&D 支出及其 GDP 占比（2015—2020 年）

图 28　柏林 R&D 人员全时当量及每万人全时当量（2015—2020 年）

图 29　柏林刑事犯罪案件数量及每万人刑事犯罪案件数量（2015—2020 年）

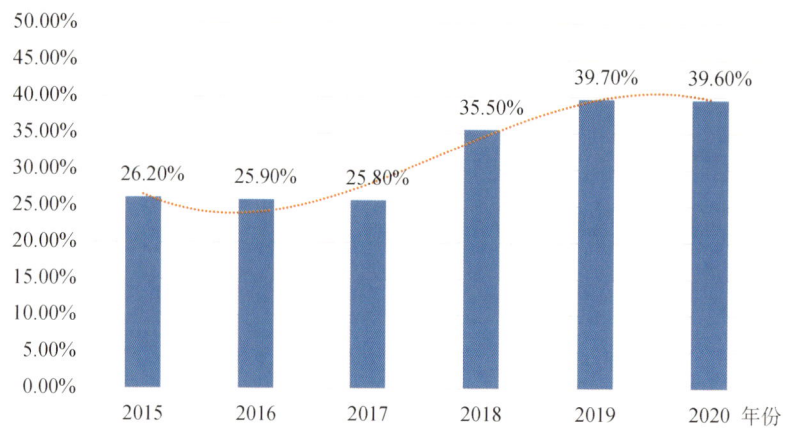

图 30　德国女性参政比（2015—2020 年）

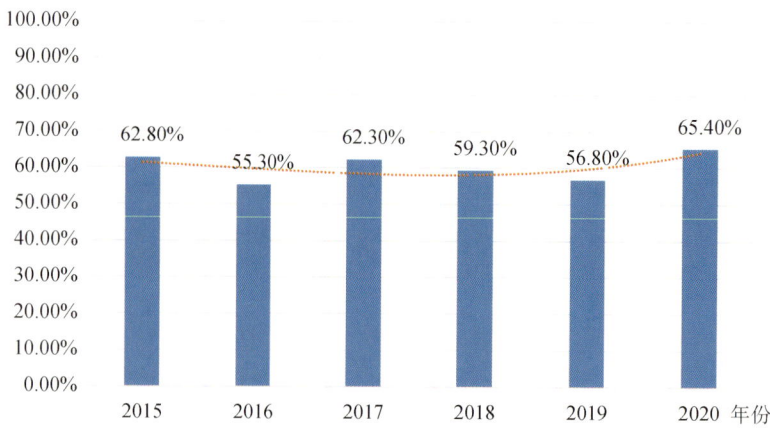

图 31　德国政府公信力（2015—2020 年）

阿联酋
迪拜
Dubai

上海指数
全球试点城市应用研究

Application of
Shanghai Adapted Index to
Global Pilot Cities

1　迪拜概况

迪拜是阿拉伯联合酋长国人口最多的城市,也是该国七个酋长国之一迪拜酋长国的首府。迪拜拥有目前世界上最高的人工建筑——哈利法塔,还有世界上面积最大的人工岛项目棕榈岛。迪拜行政辖区面积约4 114平方公里,2020年人口数量约340万人(图1),人口密度约830人/平方公里。2020年迪拜GDP总量约1 000亿美元(图2)。

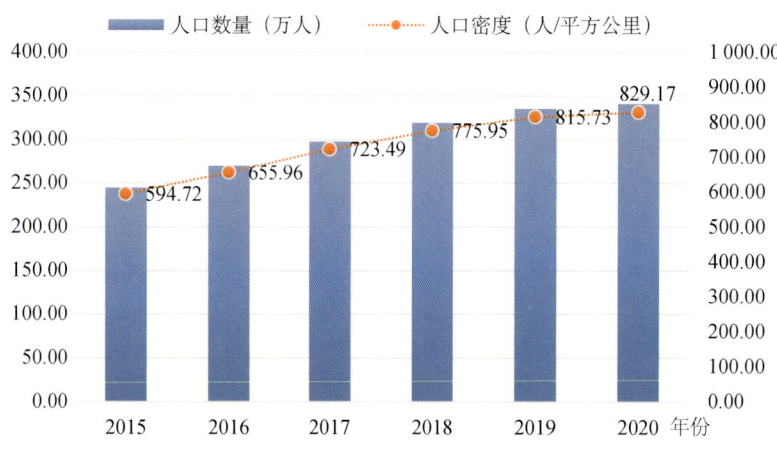

图1　迪拜人口数量及人口密度（2015—2020年）

图2　迪拜GDP总量及其年均增速（2015—2020年）

2 迪拜可持续发展绩效评估

2015—2020年迪拜可持续发展综合指数如图3所示。2015—2020年迪拜可持续发展社会、经济、环境、文化和治理子指数如图4至图8所示。

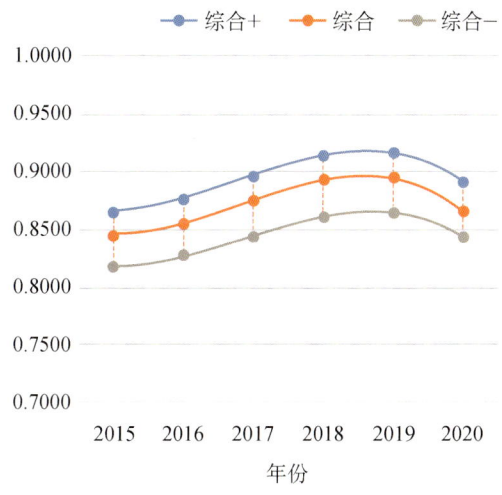

图3 迪拜可持续发展综合指数
（2015—2020年）

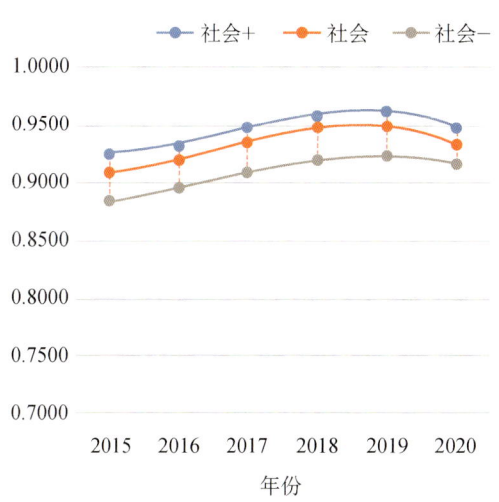

图4 迪拜可持续发展社会子指数
（2015—2020年）

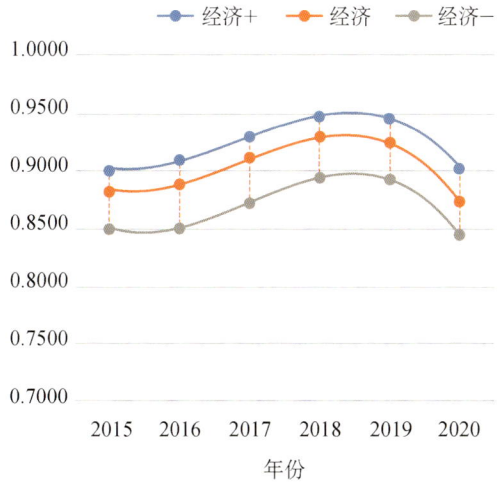

图5 迪拜可持续发展经济子指数
（2015—2020年）

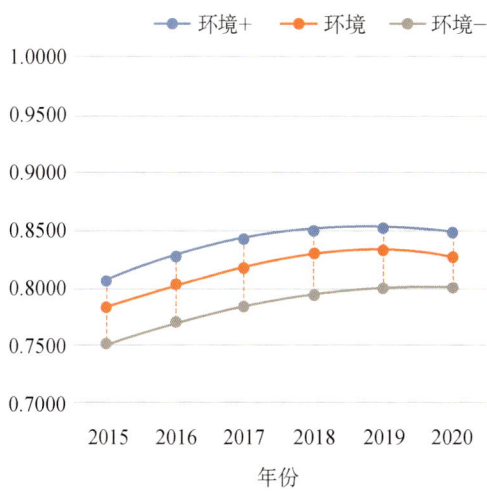

图6 迪拜可持续发展环境子指数
（2015—2020年）

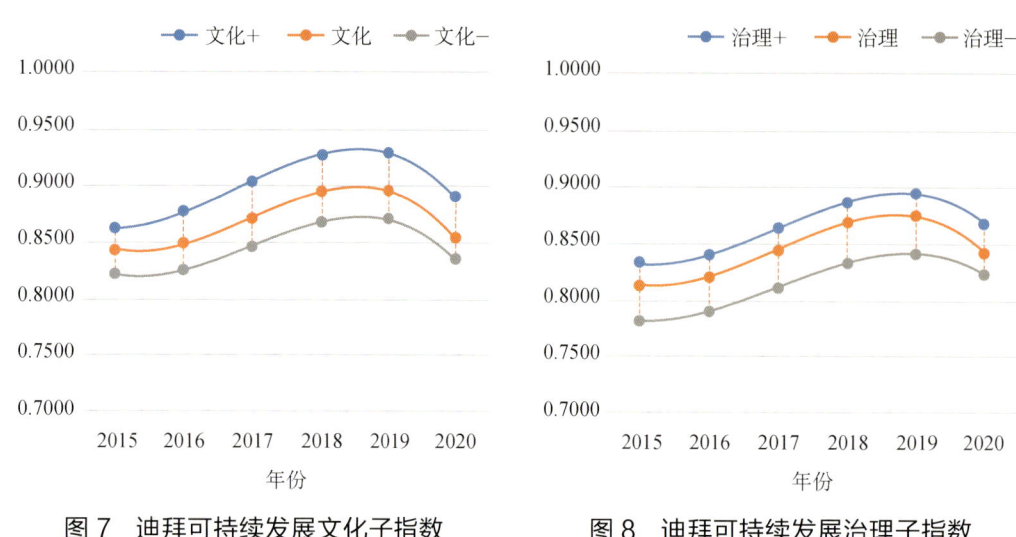

图7　迪拜可持续发展文化子指数（2015—2020年）

图8　迪拜可持续发展治理子指数（2015—2020年）

3　迪拜可持续发展绩效分析

3.1　社会维度

2015—2020年迪拜人口增速非常明显，从2015年的约245万人增加至2020年的340万人，累计人口增加量近100万人，人口密度也从2015年的约600人/平方公里增加至2020年的约830人/平方公里；迪拜人口平均预期寿命从2015年的77.3岁上升至2020年的78.1岁；2020年5岁以下儿童死亡率约6.6‰；幼小初学生数量从2015年的28.7万人增加至2020年的32.8万人；每万人医院病床数量约为17张（图9），每万人医生数量约30人（图10）。迪拜的公路网密度较大，2020年达443公里/百平方公里（图11）；2019年公共交通客运总量超4.1亿人次，年人均搭乘量约123次（图12）。

图9　迪拜医院病床数量及每万人病床数量（2015—2020年）

图 10　迪拜医生数量及每万人医生数量（2015—2020 年）

图 11　迪拜公路里程数及公路网密度（2015—2020 年）

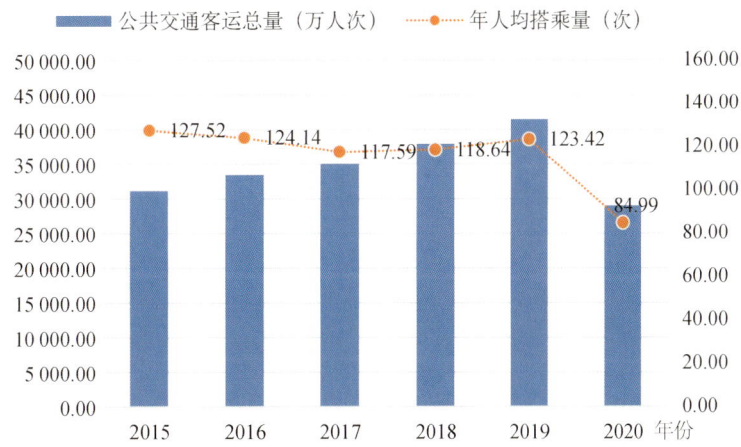

图 12　迪拜公共交通客运总量及年人均搭乘量（2015—2020 年）

3.2 经济维度

2020年阿联酋GDP总量约3 600亿美元,GDP增速为－6.13%(图13),人均GDP约3.8万美元(图14)。迪拜GDP总量占阿联酋GDP总量的约28%。2015—2020年迪拜GDP总量变化不大,基本保持在1 000~1 100亿美元;2015—2019年阿联酋失业率基本保持在2%~2.5%,但2020年达5%(图15);2015—2019年迪拜免税店营业额年均近20亿美元,2020年下降至6.48亿美元(图16)。

图13 阿联酋GDP总量及其年均增速(2015—2020年)

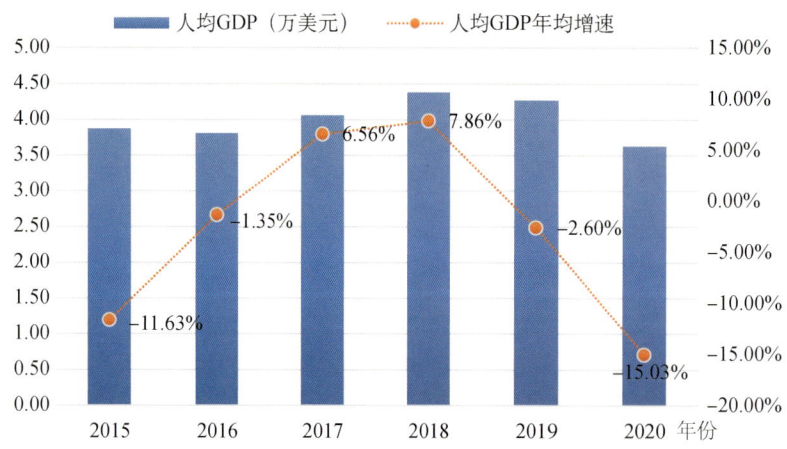

图14 阿联酋人均GDP及其年均增速(2015—2020年)

迪拜进出口贸易额GDP占比年均在230%以上。其中进口额年均不到400亿美元,出口额年均达到2 100亿美元,2020年出口额下降至1 870美元左右(图17);从原油市场价格来看,迪拜法特(Fateh)原油价格波动较大,2018年接近70美元/桶,2020年下降至约42美

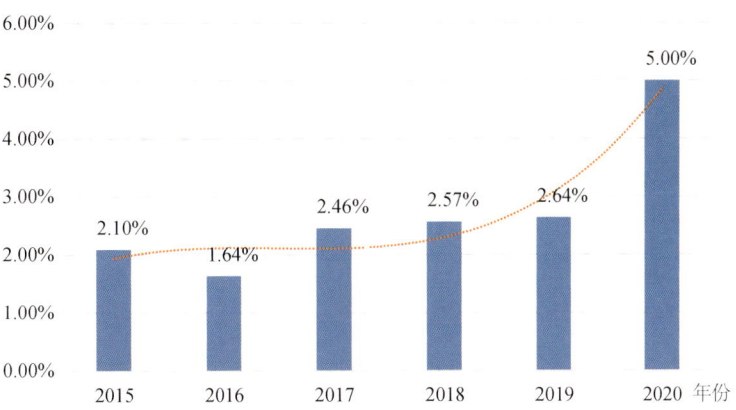

图 15　阿联酋失业率（2015—2020 年）

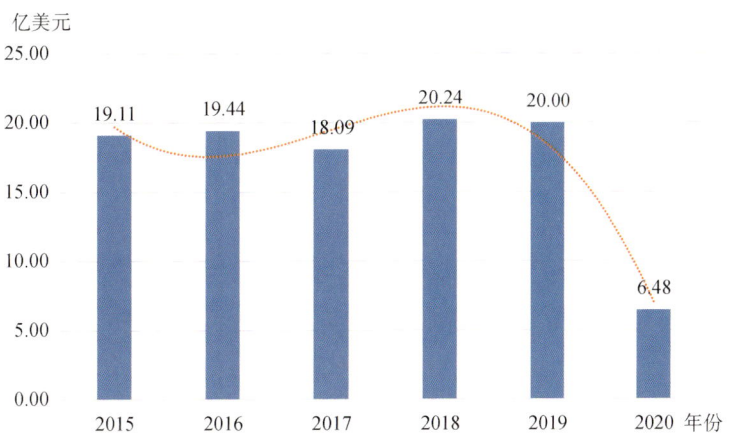

图 16　迪拜免税店营业额（2015—2020 年）

元/桶，2021 年油价反弹明显，恢复到了 2018 年的水平(图 18)；阿联酋原油出口量日均保持在 320 万桶以上(图 19)。

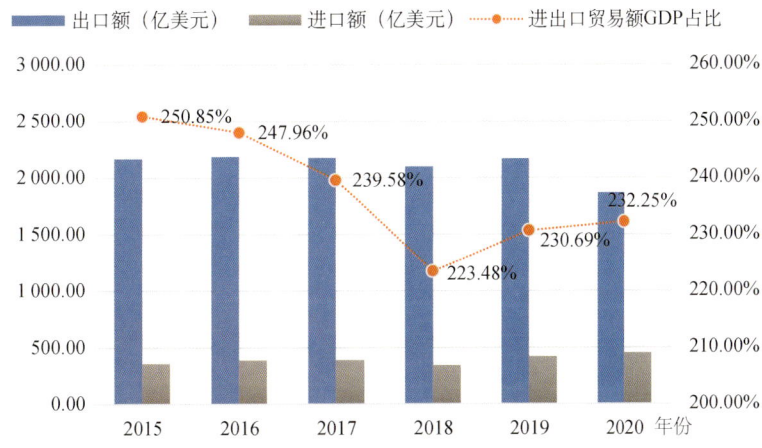

图 17　迪拜进出口贸易额及其 GDP 占比（2015—2020 年）

图 18　迪拜法特原油价格（2015—2021 年）

图 19　阿联酋原油出口量（2015—2021 年）

3.3　环境维度

迪拜居民生活垃圾产生量为 0.4~0.5 吨/人年；2020 年污水处理率超过 90%；电力消费总量年均约 430 亿千瓦·时，人均电耗较大，2020 年人均电耗约 1.3 万千瓦·时（图 20）；可再生能源消耗量在总能耗中的占比很低，年均不到 0.3%；阿联酋年人均二氧化碳排放量呈逐年下降趋势，从 2015 年的 23.38 吨下降至 2020 年的 15.19 吨（图 21）。

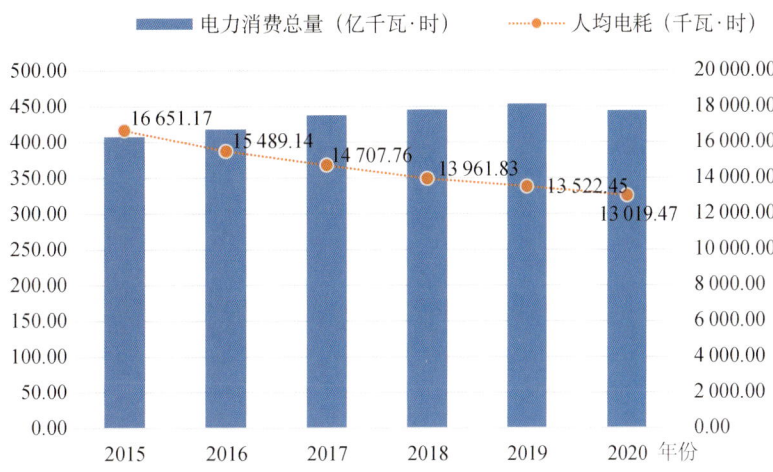

图 20　迪拜电力消费总量及人均电耗（2015—2020 年）

图 21　阿联酋人均二氧化碳排放量（2015—2020 年）

3.4　文化维度

迪拜是阿联酋主要的旅游目的地。2019 年阿联酋国际旅客达 1 673 万人次，2020 年受新冠疫情影响下降至 551 万人次（图 22）；2015—2019 年阿联酋旅游收入 GDP 占比年均在 10% 以上，2020 年下降至 4.52%（图 23）。

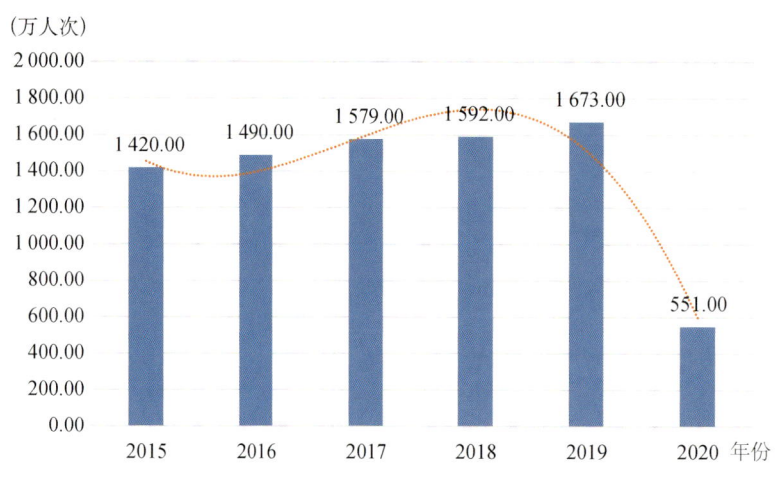

图 22 阿联酋国际旅客数量（2015—2020 年）

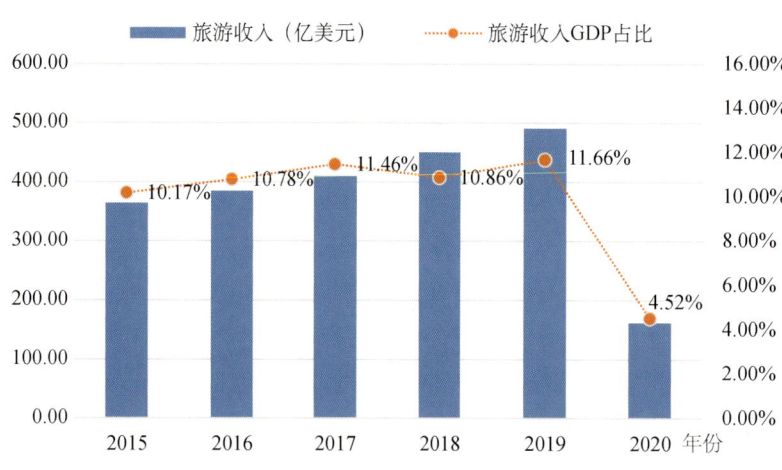

图 23 阿联酋旅游收入及其 GDP 占比（2015—2020 年）

3.5 治理维度

2015—2019 年阿联酋财政收入逐年增加，从 2015 年的约 1 040 亿美元增加至 2019 年的约 1 300 亿美元，但 2020 年财政收入下滑明显，约为 870 亿美元。同期，财政支出从 2015 年的约 1 160 亿美元增加至 2019 年的约 1 273 亿美元，2020 年下降至 1 135 亿美元。2018—2019 年财政自给率在 100% 以上，2020 年下降至约 77%（图 24）；2015—2020 年，阿联酋政府债务余额逐年增加，2020 年增加至约 1 400 亿美元，负债率接近 40%，而 2015 年的负债率只有约 17%（图 25）。

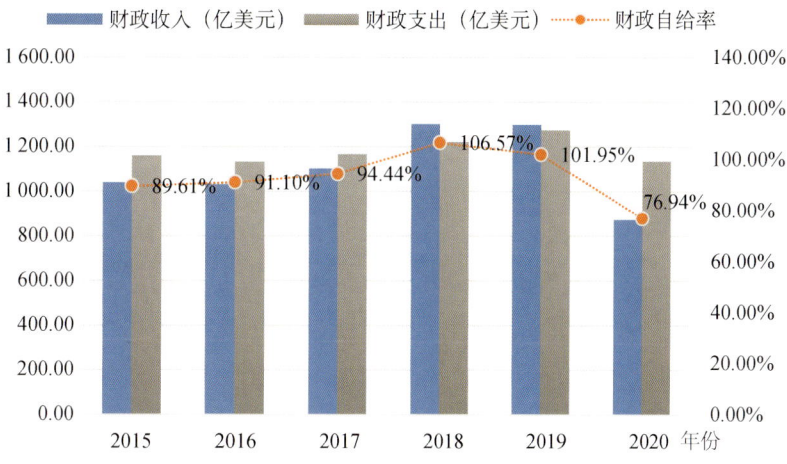

图 24　阿联酋财政收支及财政自给率（2015—2020 年）

图 25　阿联酋政府债务余额及负债率（2015—2020 年）

2020 年迪拜互联网渗透率基本实现了 100%，互联网技术的普及对城市治理效率的提高发挥了重要作用(专栏 1)；移动电话普及率超过了 140 部/百人；2018—2019 年 R&D 支出超过 40 亿美元，其 GDP 占比保持在 3.4%～3.7%(图 26)。每万人社会组织数量为 8～10 个；2017 年以后在统计口径做了调整，主要统计严重刑事犯罪案件数量，因此 2018—2020 年每万人刑事犯罪案件数量下降至年均约 131 件(图 27)；2020 年女性公务员约有 2.28 万人，占公务员总人数的约 25%(图 28)。

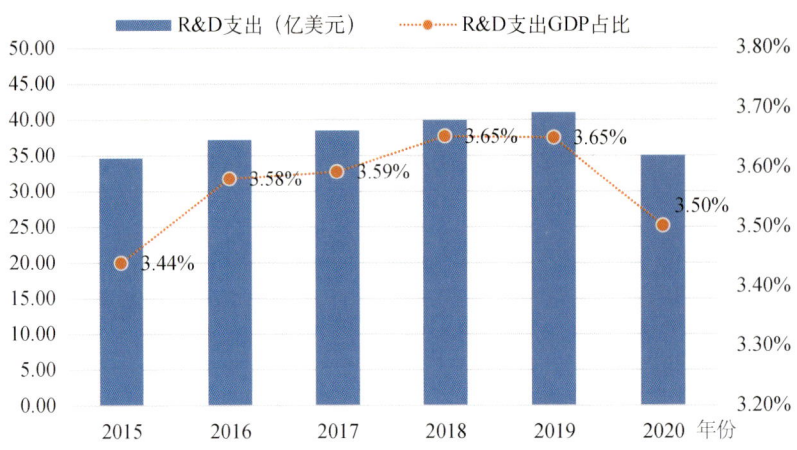

图 26　迪拜 R&D 支出及其 GDP 占比（2015—2020 年）

图 27　迪拜刑事犯罪案件数量及每万人刑事犯罪案件数量（2015—2020 年）

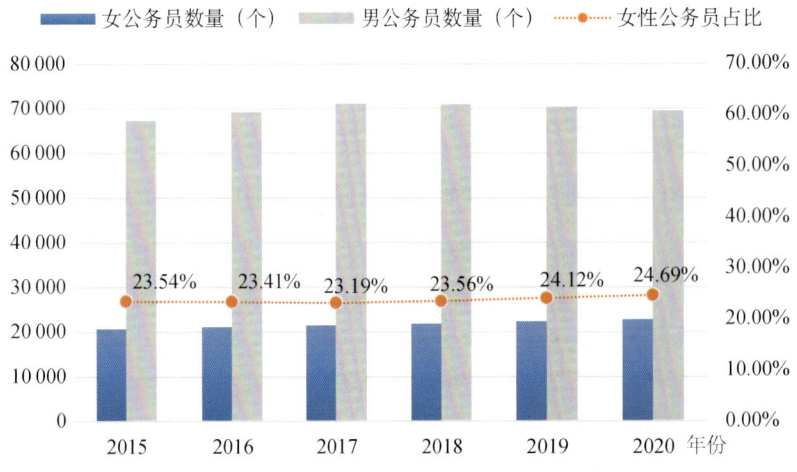

图 28　迪拜公务员数量及女性公务员占比（2015—2020 年）

专栏 1　互联网技术提高迪拜城市治理效率[1]

2014年3月，迪拜酋长穆罕默德·本·拉希德·阿勒马克图姆启动智能城市计划，提出了交通、通信、基础设施、电力、经济服务和城市规划等领域的六大支柱和100项具体措施。该计划建立了开放数据委员会，用来开发政策及建立框架，以促进城市利益相关者开放数据的交换，致力于为城市决策制定者提供无缝且安全的数据。

（1）智能手机计划

智能手机是这项计划的重要手段之一。该计划将针对本地居民和游客（包括活动组织者和会议代表），通过可免费浏览高速光纤网络的智能设备向公众开放迪拜政府服务。每位智能手机用户都可以随时随地查询实时信息。

（2）智慧的个人电子版及应用

计划的一个重要内容是开发智慧的个人电子板，将迪拜所有的信息和数据集成在一起，使个人能够更便捷地和各种机构沟通、交流。迪拜电子板还将为决策制定者所使用，以便其找到所需数据和信息，确保其决策能够为大众的利益服务。

（3）智能能源网

对于能源部门，迪拜水电局（Dewa）致力于启动一系列项目，包括智能电网建设来鼓励房屋和建筑的使用者使用太阳能，并通过智能电网（smart electrical grid）将多余的能源卖给政府。同时，利用智能仪表（smart meters）也有助于更合理地消耗水电。

（4）物联网建设

2015年9月，电信公司Du成功测试了新一代的"传感器友好网络"，能够用来建设智慧城市的生态系统。传感器将遍布迪拜这座城市，用来传递信息以更好地配置资源以及向政府工作人员警示基础设施出现的问题。这套新的成本节约系统是中东第一个真正意义上的物联网络，将会从传感器中转数据，以更加合理地利用资源。

1　节选自高晓雨，李晓春《阿拉伯联合酋长国·迪拜：新兴互联技术提高城市管理效率》，智能建筑与智慧城市，2017。

1 香港概况

香港全称是中华人民共和国香港特别行政区,区域范围包括香港岛、九龙、新界和周围262个岛屿,陆地总面积1 106.66平方公里,海域面积1 648.69平方公里。香港是高度繁荣的自由港和国际大都市,是重要的国际金融、贸易、航运中心和创新科技中心,也是全球最自由经济体和最具竞争力城市之一。2015—2020年香港人口数量为729～751万人(图1),人口密度为6 500～6 800人/平方公里。2015年香港GDP总量约3 100亿美元,2019年超过了3 600亿美元,但2020年受新冠疫情影响,下降至3 460亿美元左右(图2)。

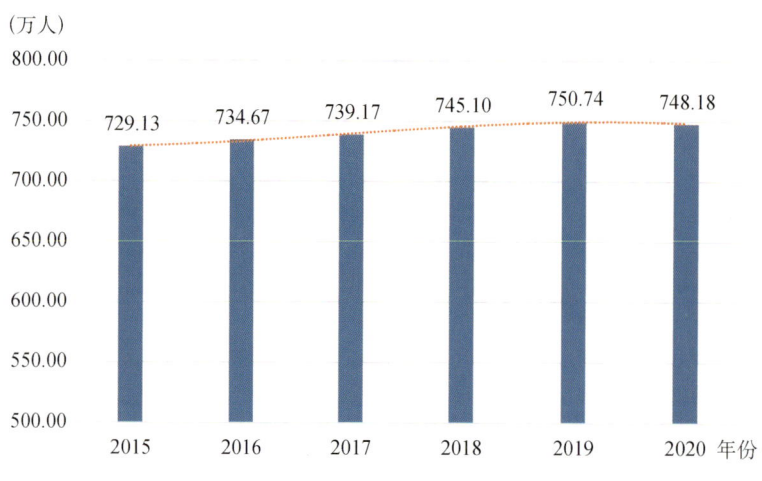

图1 香港人口数量（2015—2020年）

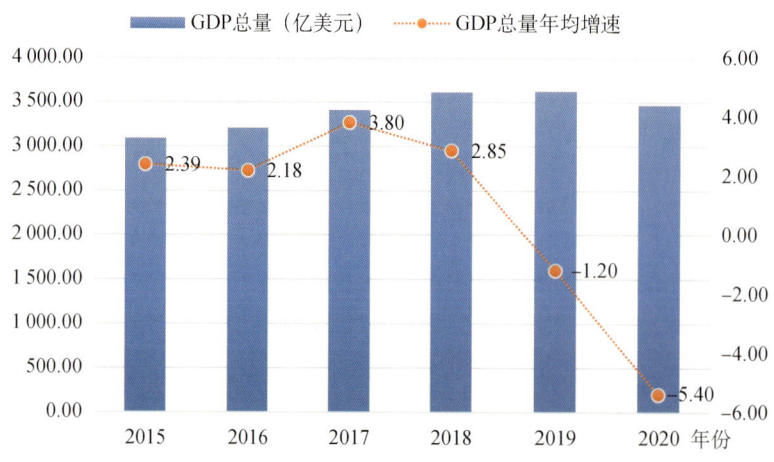

图2 香港GDP总量及其年均增速（2015—2020年）

2 香港可持续发展绩效评估

2015—2020年香港可持续发展综合指数如图3所示。2015—2020年香港可持续发展社会、经济、环境、文化和治理子指数如图4至图8所示。

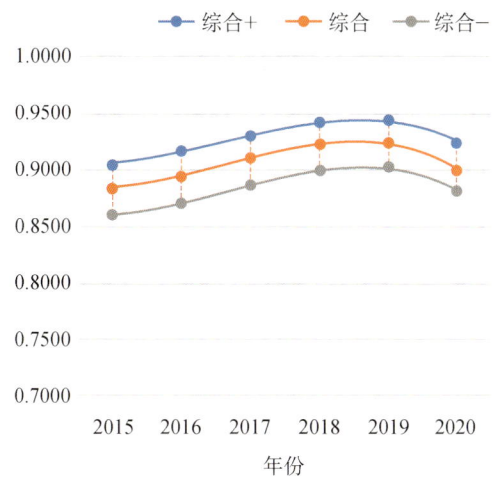

图3 香港可持续发展综合指数
（2015—2020年）

图4 香港可持续发展社会子指数
（2015—2020年）

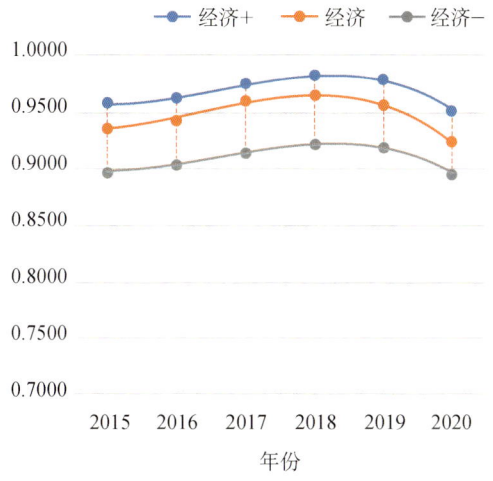

图5 香港可持续发展经济子指数
（2015—2020年）

图6 香港可持续发展环境子指数
（2015—2020年）

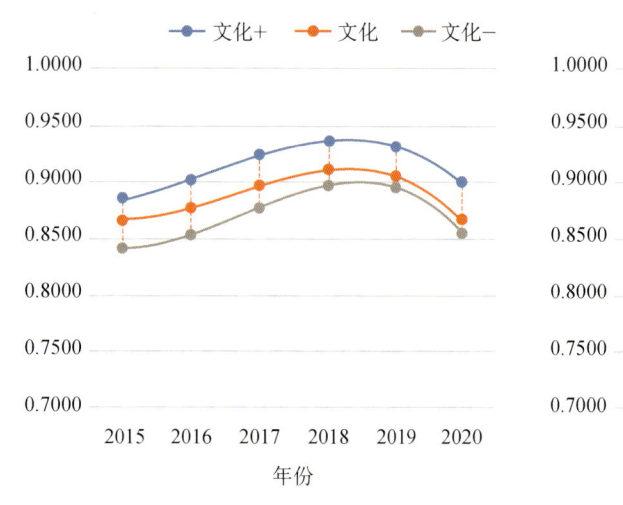

图7　香港可持续发展文化子指数
（2015—2020年）

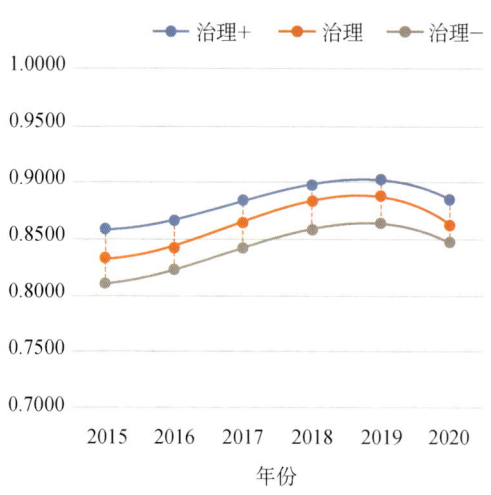

图8　香港可持续发展治理子指数
（2015—2020年）

3　香港可持续发展绩效分析

3.1　社会维度

2020年，香港人口数量约748万人，人口密度约6 760人/平方公里。香港人口平均预期寿命在全球处于较高水平，2020年约85岁；5岁以下儿童死亡率相对较低，年均保持在2‰左右；2015—2020年死亡率为6‰~7‰，出生率从2015年的8.2‰下降至2020年的5.8‰，总体上人口自然增长率处于下降趋势，2020年为−1‰（图9）。

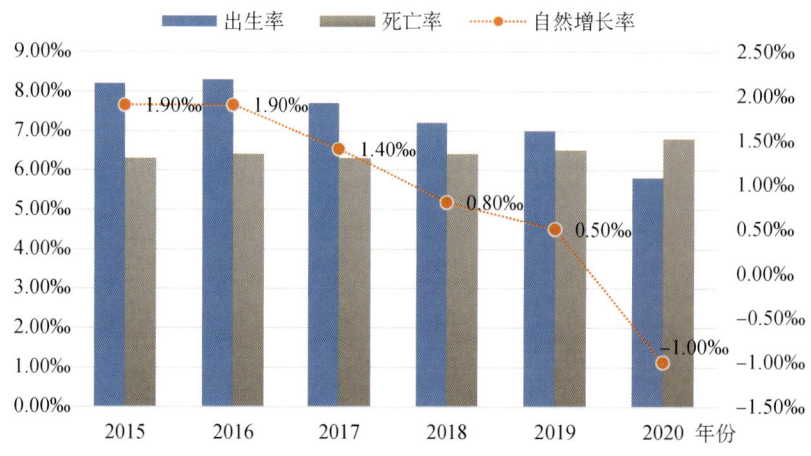

图9　香港人口出生率、死亡率及自然增长率（2015—2020年）

香港幼小初学生数量年均在 80 万人左右；住房问题是制约香港可持续发展的重要问题之一，人均住房面积只有约 10 平方米；医院病床数在 2020 年超过了 19 000 张，较 2015 年增加约 2 000 张。每万人病床数量为 23～26 张(图 10)。

图 10　香港医院病床数量及每万人病床数量（2015—2020 年）

香港公路里程数约 2 100 公里，公路网密度约 190 公里/平方公里(图 11)；公共交通网络较为完善，2015—2019 年公共交通客运总量保持在 45～46 亿人次，年人均搭乘量为 600～630 次。2020 年受新冠疫情影响，客运总量下降至 32 亿人次左右，年人均搭乘量约 436 次(图 12)。

图 11　香港公路里程数及公路网密度（2015—2020 年）

图 12　香港公共交通客运总量及年人均搭乘量（2015—2020 年）

3.2　经济维度

2020 年香港 GDP 总量约 3 460 亿美元，GDP 年均增速约为－5.4%；人均 GDP 从 2015 年的 4.24 万美元增长至 2020 年的 4.61 万美元，2015 年人均 GDP 年均增速在 5% 以上，但 2019 年下降至－0.37%，2020 年下降幅度进一步增大，下降至－4.66%；香港居民消费价格指数相对较为稳定，基本控制在 100～103；失业率在 2015—2019 年保持在 3%～3.5%，2020 年上升至 5.8% 左右。

作为国际自由贸易港，香港吸引外资的能力非常显著。2015—2019 年外商直接投资额年均超过 700 亿美元，其 GDP 占比为 20%～25%。2020 年外商直接投资额下降至约 600 亿美元，其 GDP 占比也下降至约 18%（图 13）；2015—2018 年香港固定资产投资额年均约 720 亿美元，其 GDP 占比约 22%。2020 年固定资产投资额约 580 亿美元，其 GDP 占比约 17%（图 14）。

图 13　香港外商直接投资额及其 GDP 占比（2015—2020 年）

图 14　香港固定资产投资额及其 GDP 占比（2015—2020 年）

香港进出口贸易额体量很大。2015—2020 年出口额年均约 5 000 亿美元，进口额年均达 10 000 亿美元，其 GDP 占比年均超过了 450%（图 15）；2015—2019 年香港社会消费品零售总额年均约 580 亿美元，其 GDP 占比年均约 17%。2020 年香港社会消费品零售额下降至 420 亿美元左右，其 GDP 占比也只有约 12%（图 16）。

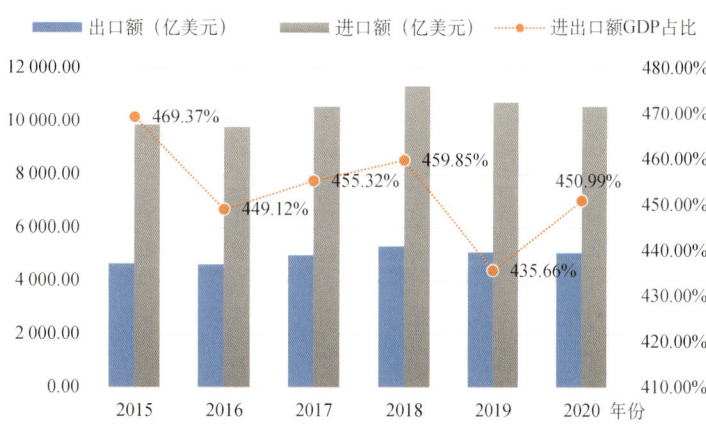

图 15　香港进出口贸易额及其 GDP 占比（2015—2020 年）

图 16　香港社会消费品零售总额及其 GDP 占比（2015—2020 年）

3.3 环境维度

香港空气质量优良率年均在90%以上(图17);年人均生活垃圾产生量为0.3~0.4吨;年人均污水产生量呈现上升趋势,为150~160吨,2020年污水处理率超过90%;一般工业固体废弃物综合利用率相对较低,年均为50%~60%;能源消耗总量为1 000~1 200万吨标煤;电力消费总量年均约450亿千瓦·时;2015—2019年,香港年人均二氧化碳排放量接近6吨,2020年下降至4.17吨(图18);碳排放强度呈现下降趋势,从2015年的约0.2吨/万美元下降至2020年的约0.17吨/万美元(图19)。香港依据其在国际金融市场上的重要地位,积极推动与气候变化和碳排放相关的绿色金融投融资(专栏1)。

图17 香港空气质量优良天数及优良率(2015—2020年)

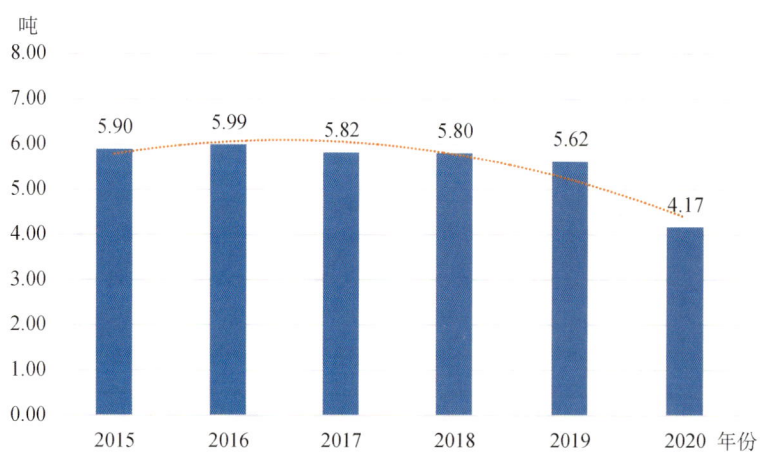

图18 香港人均二氧化碳排放量(2015—2020年)

图 19 香港碳排放强度（2015—2020 年）

香港绿色金融重点投资领域[1]

绿色金融体系是指由绿色信贷、绿色债券、绿色保险等绿色金融工具和绿色金融发展政策、绿色金融监管政策所构成的整体性制度安排。2018年年初，香港特区政府宣布推出"1 000亿香港主权绿色债券计划"。绿色债券所募集的资金主要投向环境保护与资源节约的绿色产业项目，从而促进绿色经济的发展。香港特区政府于2019年发布《绿色债券框架》，该框架对香港特区政府绿色债券的募资用途、项目评估与遴选、募资管理、信息披露等做出了详细规定，从而确保特区政府发行的绿色债券符合《绿色债券原则2018》《香港气候行动蓝图2030+》《巴黎协议》的要求。香港绿色债券重点投资领域包括以下八个。

（1）可再生能源。为政府建筑物、场地、基础设施设计、建造、安装、操作和接驳太阳能、光伏、风力及水力等可再生能源系统。

（2）能源效益和节约能源。为政府建筑物和物业设计、建造、安装和操作具有能源效益并节约能源的系统及装置；设计、建造和操作具有能源效益的基础设施，例如建设区域供冷系统。

1　节选自卢雁，唐士亚，吴瑕《香港绿色金融的政府主导发展模式及其启示》，亚太经济，2021.

（3）污染预防及管控。为改善空气质量而设的监测和处理系统及设施。

（4）废物管理及资源回收。废物处理、循环再造及资源回收项目；转废为能项目；有机废物循环再造。

（5）水及废水管理。建立配备分析仪器的智能网络管理系统，并进行相关工程以减少耗水量；经处理污水及雨水的收集、处理和循环再用设施；提供和修复用于收集和处理污水的排污基础设施；建造和维护有助于应对气候转变的供水基础设施。

（6）自然保护/生物多样性。保护和以可持续方式使用陆地、内陆淡水河海洋生态系统。

（7）清洁运输。建设或运营城市铁路、重型或轻型电轨、非机动、多式联运的运输项目；建造支持低碳运输的基础设施；建造促进使用单车的基础设施。

（8）绿色建筑。兴建预期会获得绿色建筑认证的新的政府建筑物/设施，翻新/改装已获得或预期会获得有关认证的现有政府建筑物/设施。

3.4 文化维度

香港非物质文化遗产数量约0.5个/万人；2017—2017年香港入境旅客超过1 400万人次，但2020年直接下降至不到100万人次；2015—2018年香港旅游收入年均达到320亿美元，其年均GDP占比约10%，2020年旅游收入只有约40亿美元，其GDP占比只有约1.2%。

3.5 治理维度

2016—2020年香港财政收入年均在760亿美元左右，2015—2019年财政支出年均约640亿美元，2020年财政支出增幅明显，超过1 000亿美元。2017年财政自给率高达约131%，2020年下降至71.5%(图20)；税收收入年均为400~500亿美元，2020年财政收入贡献率约65%(图21)；香港政府负债率相对较低，基本控制在40%~45%，债务余额维持在1 300~1 600亿美元(图22)；2015年移动电话普及率超过200部/百人，2019—2020年超过300部/百人；社会组织数量在15个/万人左右，香港的义工实践为全球城市积累了非常有价值的借鉴经验(专栏2)；香港每万人律师数量在13个左右，每万人刑事犯罪案件数量为80~100件。

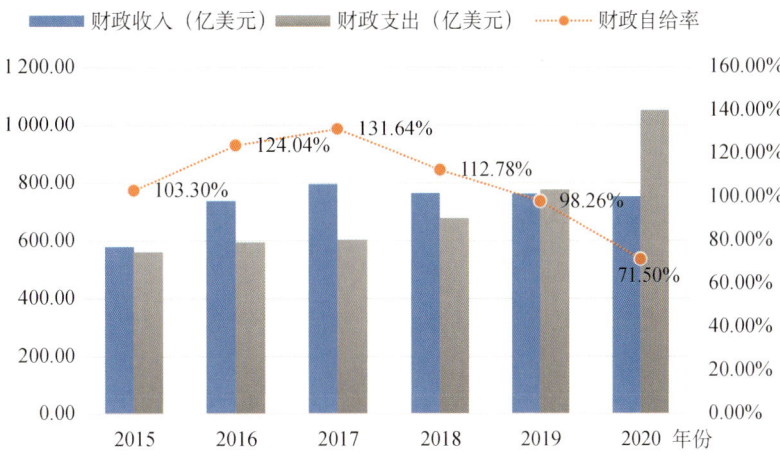

图20 香港财政收支及财政自给率（2015—2020年）

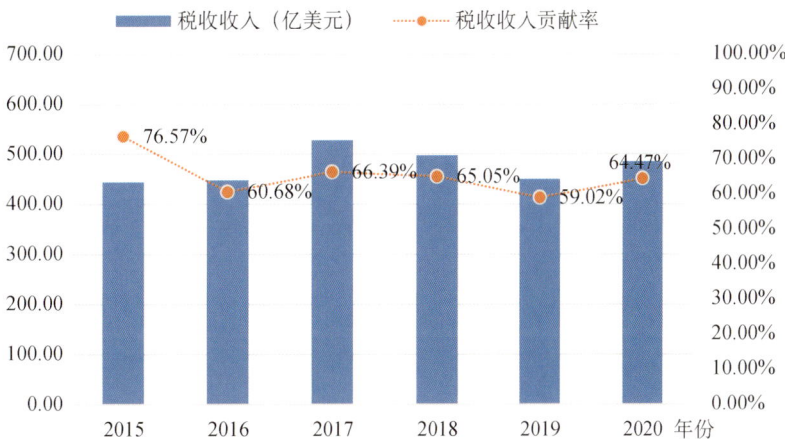

图21 香港税收收入及其对财政收入的贡献率（2015—2020年）

图22 香港政府债务余额及负债率（2015—2020年）

专栏 2　　香港义工实践经验[1]

义工又叫志愿者，联合国将其定义为"自愿进行社会公共利益服务而不获取任何利益、金钱、名利的活动者"，具体指那些主动承担社会责任而不获取报酬、奉献个人时间和行动的人。香港每5个人就有1名义工。截至2016年年底，在香港提供或参与义工服务的慈善机构共有2 927个，登记义工多达127万余人，约占全香港人口的1/5，全年共进行逾2 400万小时的义务工作。

为了有效地管理义工队伍，合理调配义工资源，香港实行义工登记制度，这也使得加入义工队伍比较便捷。不论年龄长幼，都可以向不同的公益机构申请，登记加入义工队伍。香港特区政府社会福利署在香港11个区设立了分区办事处，市民可拨打办事处电话直接报名，或在网上填写信息报名。近年来，为了保证志愿服务的质量，香港义务工作发展局开始实行注册会员制。

香港十分重视对义工的激励措施。如香港《税务条例》规定，民众捐100港元以上给慈善机构和信托团体，可以免税，多捐则多免。香港地区市民参加满8个小时的义务工作，就可得到一张迪士尼乐园门票。每年年底，香港都会举行一场盛大的义工嘉许典礼。此外，在香港还有服务交换，主要是通过"时分券"来实现。时分券共分为1小时、1/2小时、1/6小时、1/12小时四种面额，凭借时分券，就可换回相应时数的义工服务。

---

[1] 节选自李亦《香港人爱做义工》，沪港经济，2017.

土耳其
伊兹密尔
Izmir

上海指数
全球试点城市应用研究

Application of Shanghai Adapted Index to Global Pilot Cities

1 伊兹密尔概况

伊兹密尔(Izmir)是土耳其第三大城市,位于安纳托利亚高原西端的爱琴海边,是重要的工业、商业、外贸、海运中心,同时也是历史文化名城和旅游胜地[1]。伊兹密尔市是伊兹密尔省的省会城市,2020年人口约300万人,比2015年人口增加了约15万人,人口数量年均增速不到1%(图1)。伊兹密尔省面积约12 012平方公里,2020年人口数量在440万左右。伊兹密尔市人口占伊兹密尔省人口总数的约70%。由于目前官方公布的数据都是以伊兹密尔省为主统计得出的,考虑到数据的完整性和可获取性,本研究主要以伊兹密尔省作为主要研究对象。

图1 伊兹密尔人口数量及人口年均增长率(2015—2020年)

2020年土耳其GDP总量约7 200亿美元,GDP总量增速下降至1.8%,相比于2017年的7.5%,下降幅度超过75%(图2)。伊兹密尔的GDP占土耳其GDP总量的6%左右(图3)。伊兹密尔GDP总量从2015年的约510亿美元下降至2020年的430亿美元左右,人均GDP从2015年的1.23万美元下降至2020年的0.97万美元(图4)。

---

1 伊兹密尔文化和旅游局(IZMIR PROVINCIAL DIRECTORATE OF CULTURE AND TOURISM),https://izmir.ktb.gov.tr/EN-239196/general-information.html.

图 2　土耳其 GDP 总量及其年均增速（2015—2020 年）

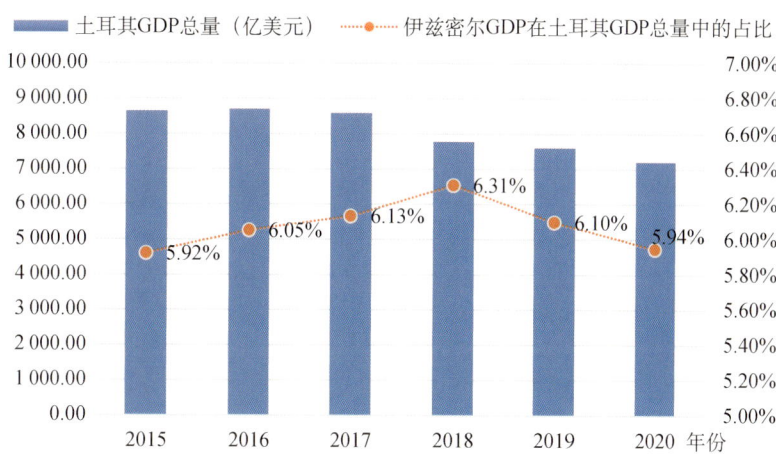

图 3　土耳其 GDP 总量及伊兹密尔 GDP 在土耳其 GDP 总量中的占比（2015—2020 年）

图 4　伊兹密尔 GDP 总量及人均 GDP（2015—2020 年）

2 伊兹密尔可持续发展绩效评估

2015—2020年伊兹密尔可持续发展综合指数如图5所示。2015—2020年伊兹密尔可持续发展社会、经济、环境、文化和治理子指数如图6至图10所示。

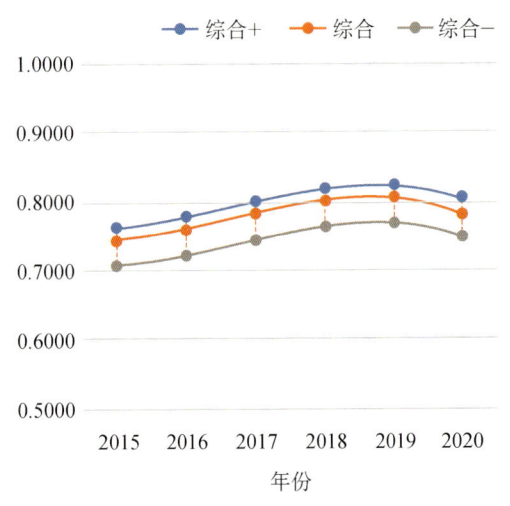

图5 伊兹密尔可持续发展综合指数
（2015—2020年）

图6 伊兹密尔可持续发展社会子指数
（2015—2020年）

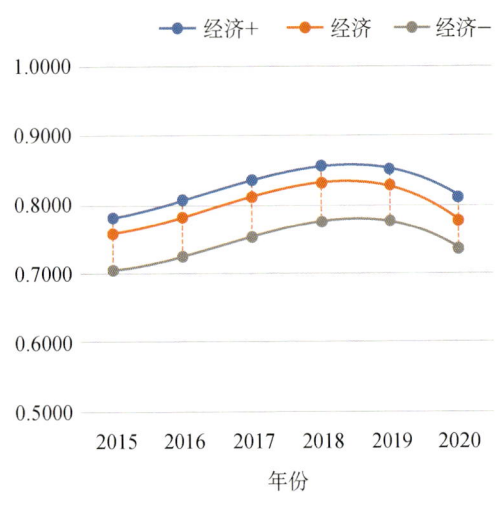

图7 伊兹密尔可持续发展经济子指数
（2015—2020年）

图8 伊兹密尔可持续发展环境子指数
（2015—2020年）

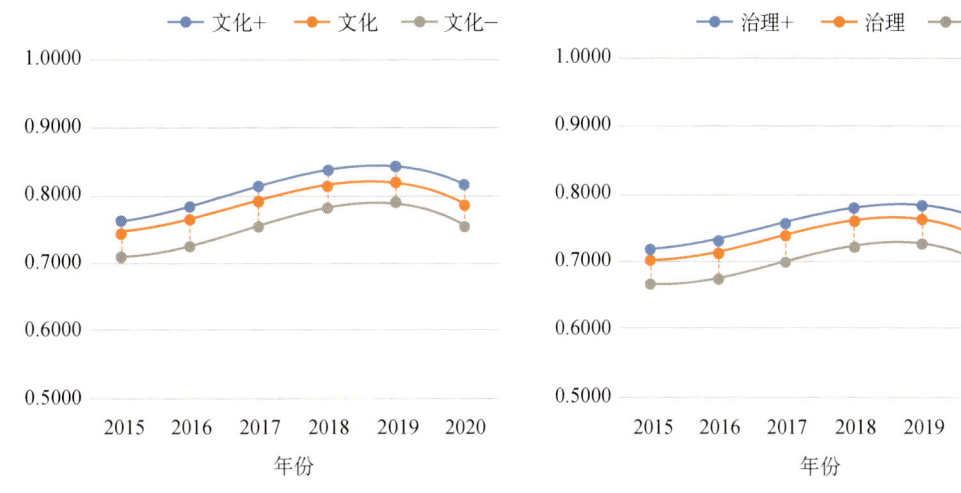

图 9　伊兹密尔可持续发展文化子指数（2015—2020 年）

图 10　伊兹密尔可持续发展治理子指数（2015—2020 年）

3　伊兹密尔可持续发展绩效分析

3.1　社会维度

伊兹密尔人口密度约 400 人/平方公里。5 岁以下儿童死亡率从 2015 年的 13‰ 下降至 2020 年的 10‰ 左右。死亡率维持在约 6‰，出生率从 2015 年的约 12‰ 下降至 2020 年的约 10‰，从而人口自然增长率从 2015 年的 5.8‰ 下降至 2020 年的 3.7‰（图 11）。伊兹密尔人口的平均预期寿命和土耳其整体水平相当，2020 年超过了 76 岁。从医疗资源来看，伊兹密尔的医院病床数为 11 000～13 000 张，到 2020 年每万人病床数量达约 30 张（图 12）。土耳其的公路里程数为 23～25 万公里，公路网密度为 30～32 公里/平方公里。

图 11　伊兹密尔人口出生率、死亡率及自然增长率（2015—2020 年）

图 12　伊兹密尔医院病床数量及每万人病床数量（2015—2020 年）

3.2　经济维度

伊兹密尔的 GDP 总量在 2020 年下降至 430 亿美元左右，人均 GDP 下降至不足 1 万美元。从图 3 我们可以看到，2015—2020 年伊兹密尔的 GDP 总量在土耳其 GDP 总量中的占比基本保持在 6% 左右，2018 年超过了 6.3%。

2015—2017 年伊兹密尔的进口额和出口额基本保持了贸易平衡，进出口总额为 190～210 亿美元，其 GDP 占比为 36%～42%。自 2017 年开始，出口额明显增长，进口额相对缩减。2018—2019 年出口额超过了 120 亿美元，2019—2020 年进出口额都有所下滑，但总体上其 GDP 占比维持在 44%～47%(图 13)。

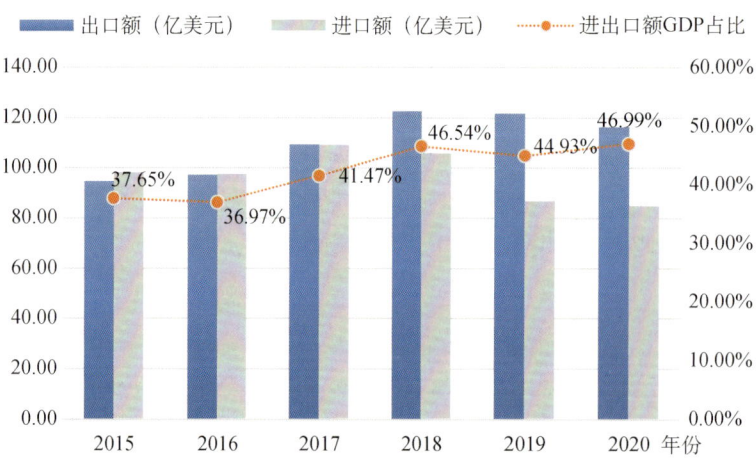

图 13　伊兹密尔进出口额及其 GDP 占比（2015—2020 年）

从产业结构来看,伊兹密尔的制造业增加值从 2015 年的 110 亿美元下降至 2020 年的不足 90 亿美元,但其 GDP 占比基本保持在 20%～22%(图 14)。服务业增加值在 2017 年超过 130 亿美元,到 2020 年下降至约 100 亿美元,制造业 GDP 占比从约 25%下降至约 23%(图 15)。

图 14　伊兹密尔制造业增加值及其 GDP 占比(2015—2020 年)

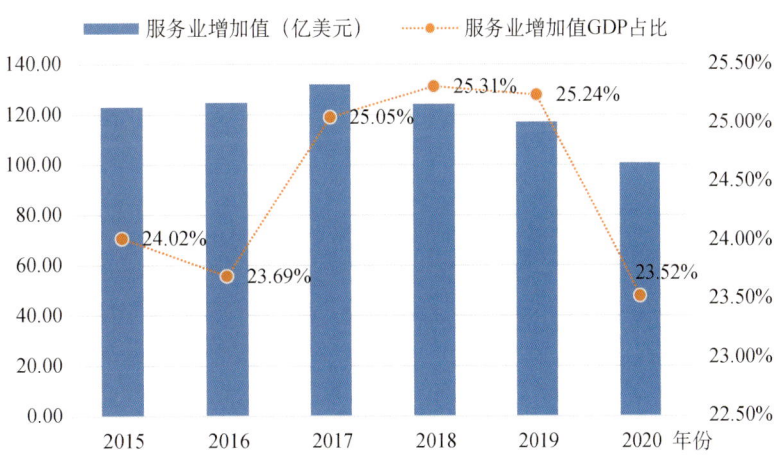

图 15　伊兹密尔服务业增加值及其 GDP 占比(2015—2020 年)

从劳动力失业状况来看,伊兹密尔的失业率略低于土耳其,但变化趋势基本保持一致。土耳其的失业率一直在处在高位,从 2015 年的约 10%上升至 2020 年的约 13%,其中女性失业率平均高出男性失业率 3%～4%(图 16)。2019—2020 年 15～25 岁的青年平均失业率超过 25%,其中 2020 年女性青年失业率更是高达 30%以上(图 17)。

图 16　土耳其失业率（2015—2020 年）

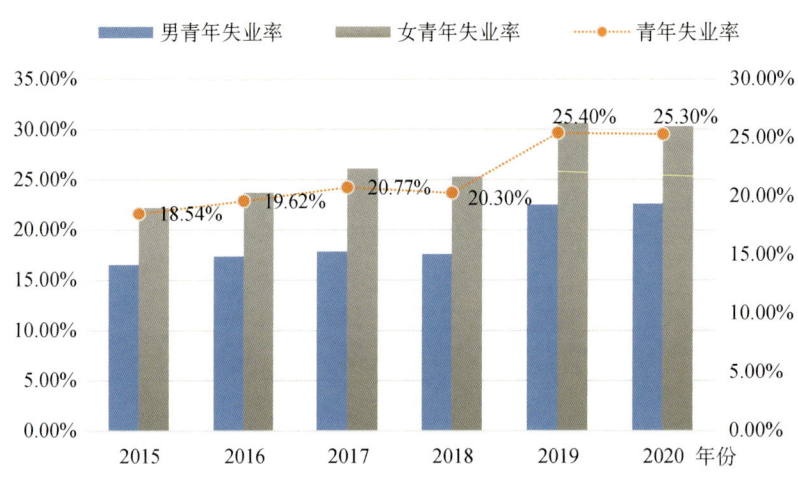

图 17　土耳其青年失业率（2015—2020 年）

3.3　环境维度

伊兹密尔的主要环境指标数据暂时参考土耳其的平均数据。年人均生活垃圾产生量为 0.4～0.45 吨；污水处理率为 70%～75%，为了更好地处理污水和保护环境，伊兹密尔开展了"大海湾工程"（专栏 1）；年人均用电量为 4 400～4 600 千瓦·时。可再生能源消耗量在总能耗中的占比增加明显，从 2015 年的约 12% 增加至 2020 年的 16% 以上（图 18）。年人均二氧化碳排放量为约 5 吨，2020 年下降至约 4.6 吨（图 19）。

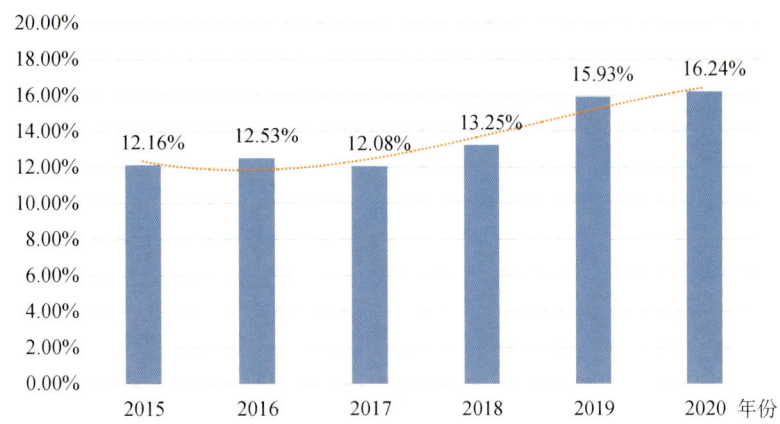

图 18　土耳其可再生能源消耗量在总能耗中的占比（2015—2020 年）

图 19　土耳其二氧化碳排放总量及人均排放量（2015—2020 年）

伊兹密尔的"大海湾工程"[1]

20 世纪 80 年代，伊兹密尔几乎将全部精力都放在了发展经济上，环境污染不断加剧。居民生活污水和农业污水不经任何处理，通过下水道和小溪流入伊兹密尔湾。污染更为严重的工业废水和过往轮船的废弃物也都直

---

[1] 节选自《伊兹密尔的环保实验课》，资源再生，2010.

接排入海湾。伊兹密尔港湾内水流舒缓、风速不快,污染物经年累月在湾内海水中堆积,造成生态灾难,大批鱼虾死亡,植物腐败,整个湾区环境日益恶化。伊兹密尔市政府决定对排入海湾的污水进行处理和控制。

伊兹密尔市政府拨出巨资上马污水治理工程,项目名称为"大海湾工程",目的是恢复伊兹密尔湾内部遭到破坏的生态系统,并在生态系统恢复正常后加以保持。"大海湾工程"包含建设一个总长度达 4 150 公里的污水处理管网、两个大型污水泵站以及污水处理厂,能实现市内所有生活、农业、工业污水在排放入海前的净化处理。伊兹密尔还在 20 世纪 90 年代与联合国及欧盟各国就污水处理技术和项目建设进行合作。21 世纪初,伊兹密尔市的污水处理工程开始大显成效。近海岸和海湾内水体已恢复正常,曾经濒临绝迹的鱼虾再度出现,海水也重现迷人的蓝色。

3.4 文化维度

伊兹密尔是土耳其文旅产业的重要推动者和贡献者。伊兹密尔古迹众多,举世闻名的有:埃菲斯希腊古城遗址、圣母玛利亚最后的隐居地等。依托独特旅游资源,伊兹密尔市政府每年都举办大型国际艺术节和国际商贸博览会,这两项活动的国际知名度也越来越高。土耳其政府 2015—2017 年每年拿出约 50 亿美元用于文化事业,其国家 GDP 占比不到 1%。2018 年开始,受经济整体下行和财政收入减少的影响,文化事业支出减少,到 2020 年减少至不到 40 亿美元,包括伊兹密尔在内的地方政府的文化支出只有约 10 亿美元,较 2017—2018 年的 25 亿美元高位下降了约 60%(图 20)。

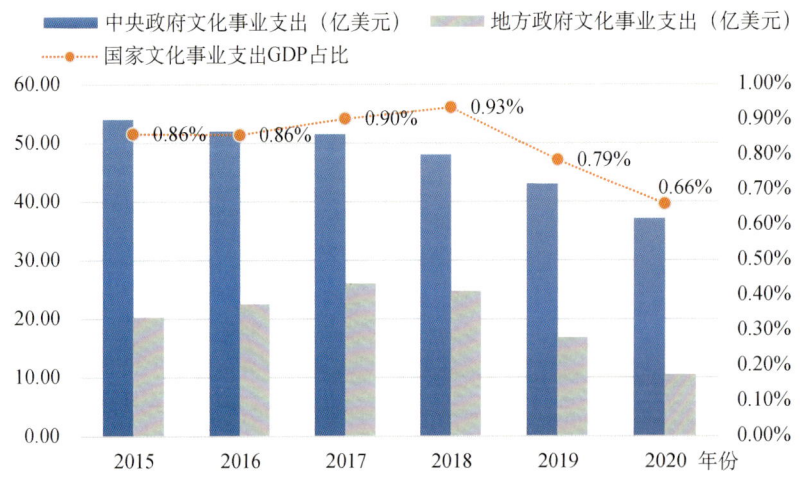

图 20 土耳其中央政府、地方政府的文化事业支出及国家文化事业支出 GDP 占比(2015—2020 年)

在进出口贸易中,土耳其文创产业增加值的贡献率从 2015 年的约 1.3% 上升至 2019 年的近 1.7%,但 2020 年直接下降至约 1%(图 21)。文化产业的就业人数保持在 60 万人左右。

图 21　土耳其文创进出口额及其 GDP 占比（2015—2020 年）

土耳其博物馆数量从 2015 年的约 400 个增加至 2020 年的 500 个左右,增加的博物馆主要为私人博物馆,公立博物馆数量基本保持在 200～210 个。博物馆的访问量在 2019 年超过了 4 000 万人次,2020 年下降至不足 1 400 万人次,年人均访问次数也从 0.62 次下降至 0.16 次(图 22)。电影院观影人次从 2017 年的接近 7 000 万人次下降至 2020 年的 1 700 万人次,年人均观影次数从 0.85 次下降至 0.21 次(图 23)。

图 22　土耳其博物馆访问量及人均访问量（2015—2020 年）

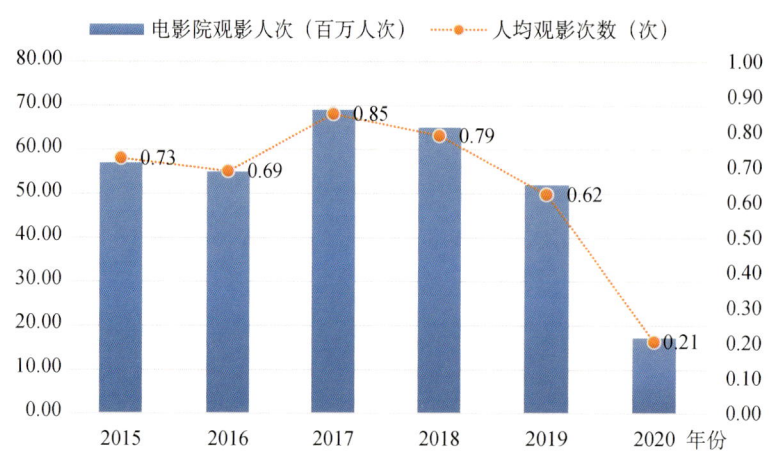

图 23　土耳其电影院观影人次及人均观影次数（2015—2020 年）

3.5　治理维度

伊兹密尔的财政自给率和土耳其的变化趋势基本一致。土耳其的财政自给率在 2015—2018 年基本保持在约 91%，2019—2020 年下降 3%～5%（图 24）。税收贡献率维持在 23%～26%（图 25），政府负债率在 2015—2019 年基本保持在 32%～35%，但 2020 年上升明显，约为 43%（图 26）。

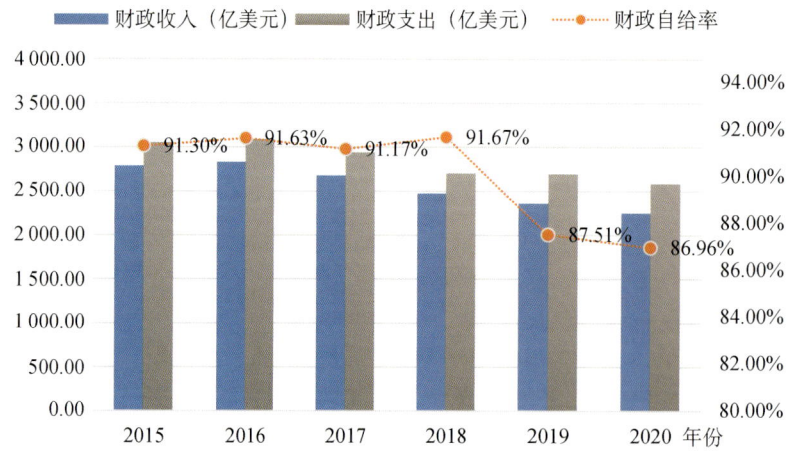

图 24　土耳其财政收支及财政自给率（2015—2020 年）

图 25　土耳其税收收入及其对财政收入的贡献率（2015—2020 年）

图 26　土耳其政府债务余额及负债率（2015—2020 年）

土耳其的互联网渗透率增幅较大，2015 年不到 70%，2020 年超过了 90%。移动电话普及率相对较低，2015 年只有 50 部/百人，2020 年上升至 80 部/百人左右。伊兹密尔 R&D 支出为 4～6 亿美元，其 GDP 占比基本保持在 1% 上下（图 27）。

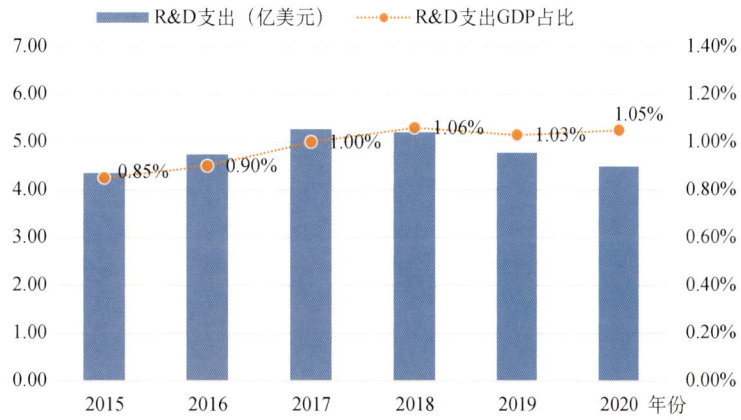

图 27　伊兹密尔 R&D 支出及其 GDP 占比（2015—2020 年）

经济合作与发展组织(Organization for Economic Co-operation Development, OECD)的调查数据显示,土耳其女性参政比例为14%～17%。政府的公信力平均水平为48%～60%,2020年只有约51%(图28)。公众满意度表现出持续下滑趋势,从2016年的60%下降至2020年的约48%(图29)。

图28　土耳其政府公信力（2015—2020年）

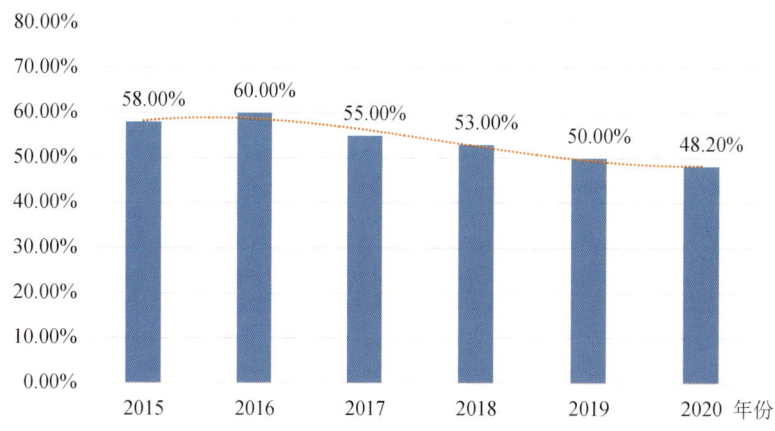

图29　土耳其公众满意度（2015—2020年）

科威特
科威特城
Kuwait City

上海指数
全球试点城市应用研究
Application of Shanghai Adapted Index to Global Pilot Cities

1 科威特城概况

科威特是一个位于西亚地区阿拉伯半岛东北部、波斯湾西北部的君主立宪国家,首都是科威特城。科威特石油和天然气资源储量丰富,已探明的石油储量达140亿吨,居世界第7位。天然气储量为1.78万亿立方米,居世界第18位。2020年科威特人口数量约427万人,首都科威特城人口约310万人,占全国人口约73%(图1)。考虑到数据的完整性和可获取性等客观因素,本研究重点聚焦科威特相关指标数据进行可持续发展的绩效研究,进而从宏观上反映科威特城的基本状况。2019年科威特GDP总量约1 360亿美元,2020年受新冠疫情影响下降至1 060亿美元,下降幅度达300亿美元(图2)。

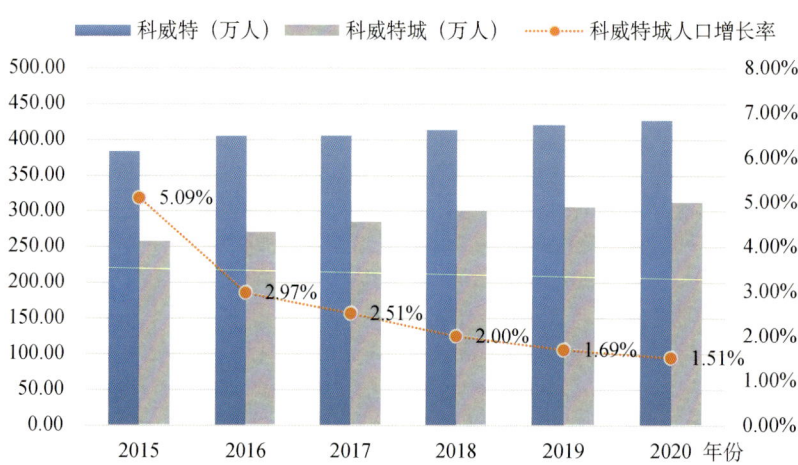

图1 科威特和科威特城人口数量及其年均增速(2015—2020年)

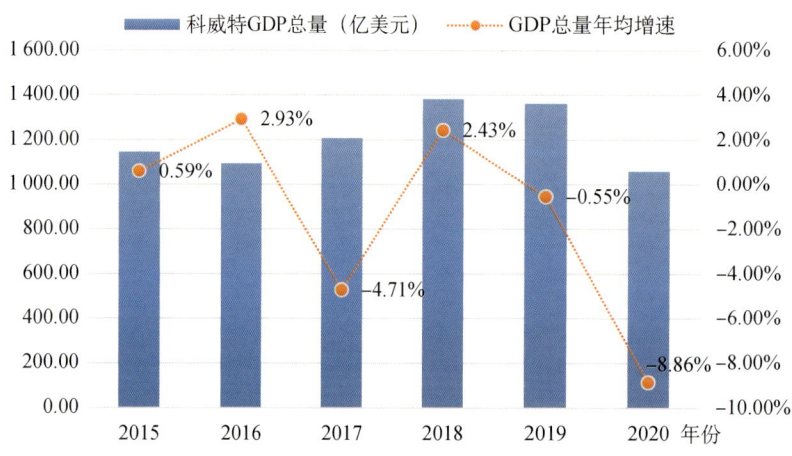

图2 科威特GDP总量及其年均增速(2015—2020年)

2 科威特城可持续发展绩效评估

2015—2020年科威特城可持续发展综合指数如图3所示。2015—2020年科威特城可持续发展社会、经济、环境、文化和治理子指数如图4至图8所示。

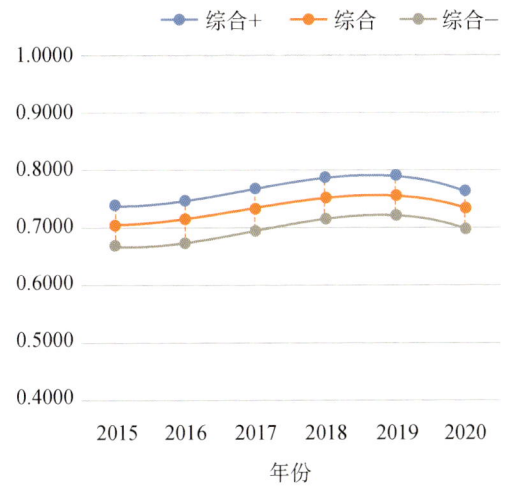

图3 科威特城可持续发展综合指数
（2015—2020年）

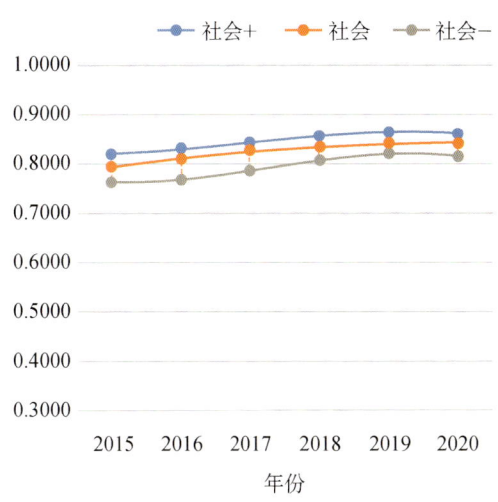

图4 科威特城可持续发展社会子指数
（2015—2020年）

图5 科威特城可持续发展经济子指数
（2015—2020年）

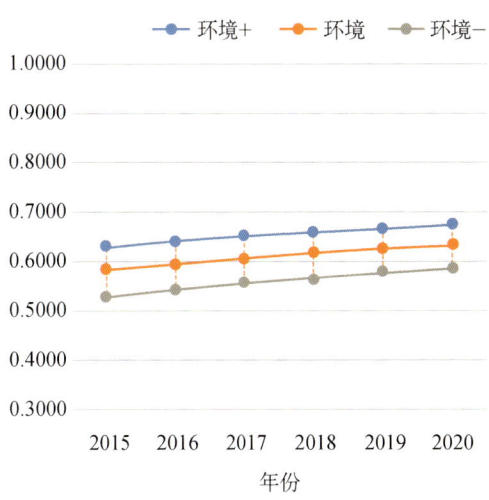

图6 科威特城可持续发展环境子指数
（2015—2020年）

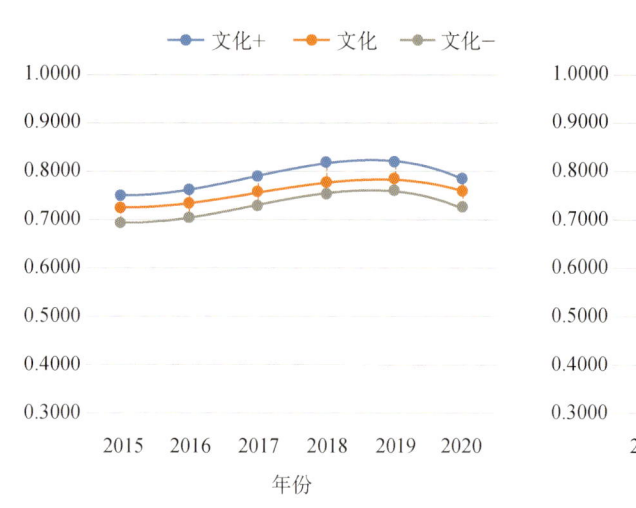
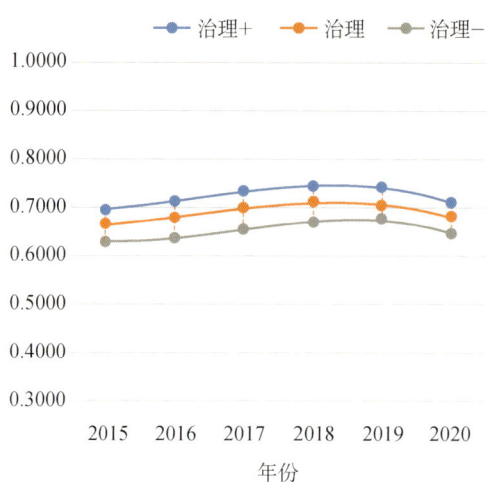

图7　科威特城可持续发展文化子指数
（2015—2020年）

图8　科威特城可持续发展治理子指数
（2015—2020年）

3　科威特城可持续发展绩效分析

3.1　社会维度

2015—2020年，科威特人口数量从约383万人增加至427万人，科威特城人口数量从256万人增加至310万人，累计增幅超过50万人；科威特人口平均预期寿命为75～75.5岁，其中，女性平均预期寿命为76～77岁（图9）；科威特人口自然增长率呈逐年下降趋势，从2015年的13.64‰下降至2020年的9.70‰（图10）；科威特5岁以下儿童死亡率年均为8‰～9‰，其中，男童的死亡率明显高于女童，为9‰～9.5‰（图11）；2020年科威特人的识字率超过96%，小学入学率在80%以上（图12）；每万人病床数从2015年的20.4张增加至2020年的26.5张（图13），2020年年人均医疗开支接近2 200美元（图14）。

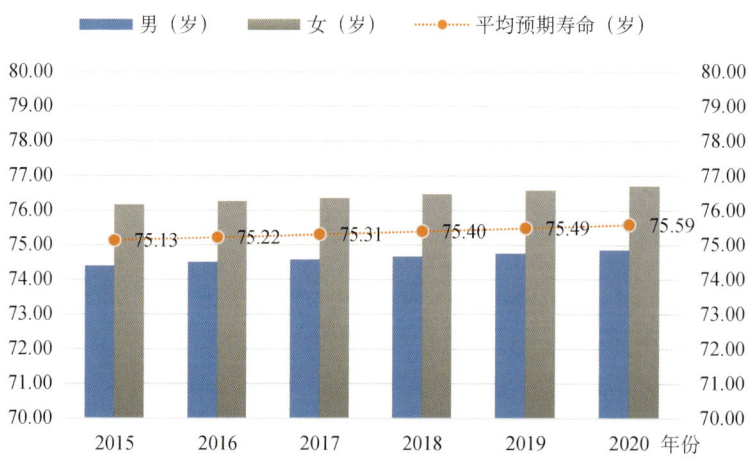

图9　科威特人口平均预期寿命（2015—2020年）

图10 科威特人口出生率、死亡率及自然增长率（2015—2020年）

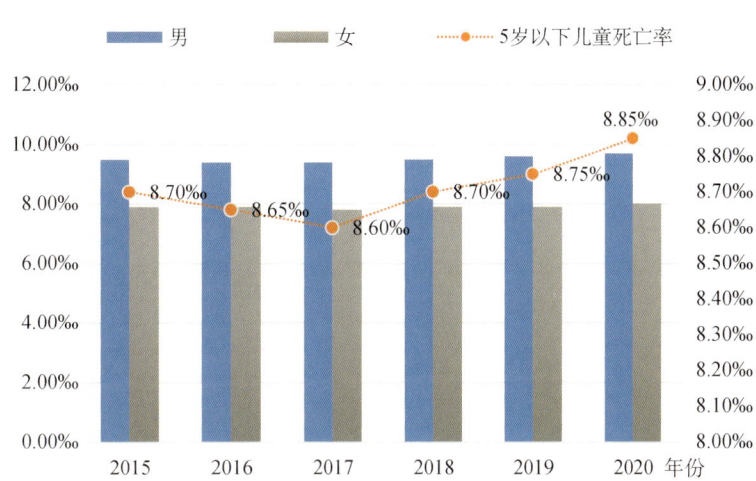

图11 科威特5岁以下儿童死亡率（2015—2020年）

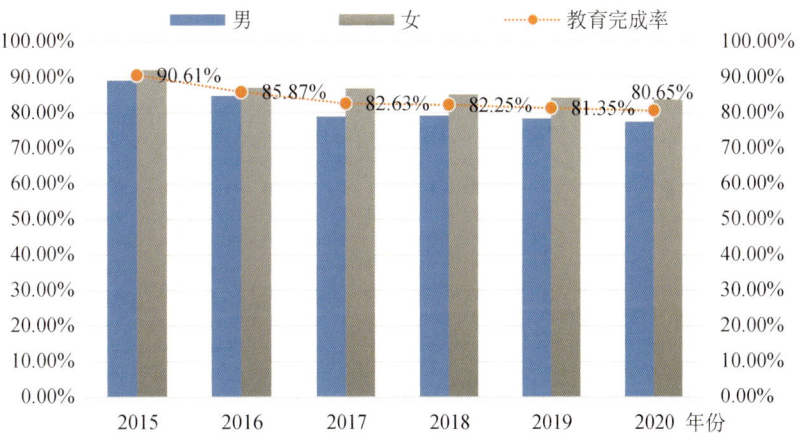

图12 科威特小学入学率及教育完成率（2015—2020年）

图 13　科威特每万人病床数量（2015—2020 年）

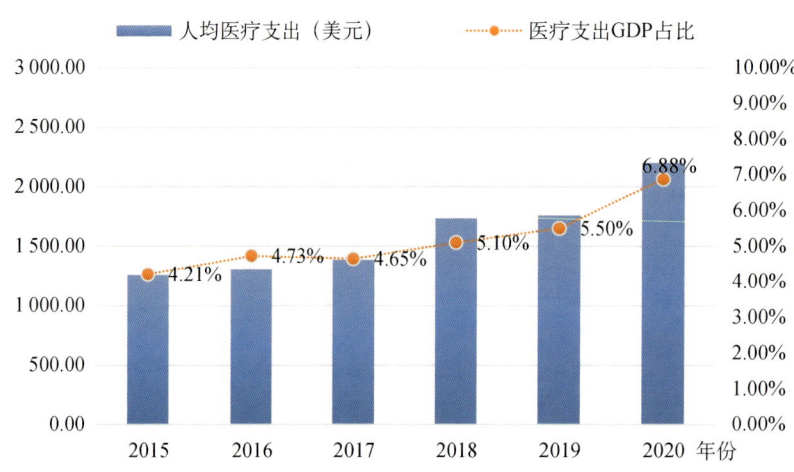

图 14　科威特人均医疗支出及医疗支出 GDP 占比（2015—2020 年）

3.2　经济维度

2015—2019 年科威特城 GDP 总量从约 1 150 亿美元增加至 1 360 亿美元，2020 年 GDP 增速接近－9%，2019 年人均 GDP 约 3.24 万美元，但 2020 年人均 GDP 跌幅超 22%，降至约 2.5 万美元(图 15)；居民消费价格指数波动较大，2015—2020 年波动空间在 120～130；2015—2019 年失业率年均保持在 2.2% 左右，但 2020 年超过了 3.5%。青年失业率很高，年均超过 15%，2020 年接近 20%(图 16)；科威特出口主要以石油为主，石油出口额在出口总额中的占比在 92% 以上(图 17)。科威特石油工业进行了长期的探索和改革，从而能更好地服务于国家战略和经济社会发展(专栏 1)。

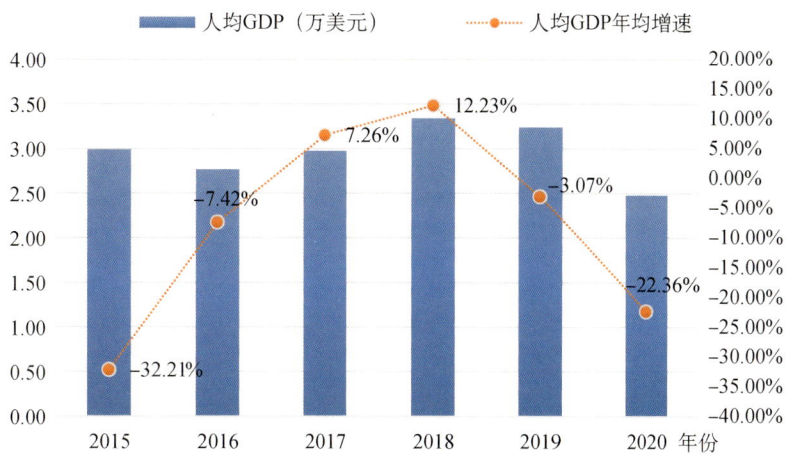

图 15 科威特城人均 GDP 及其年均增速（2015—2020 年）

图 16 科威特城失业率及青年失业率（2015—2020 年）

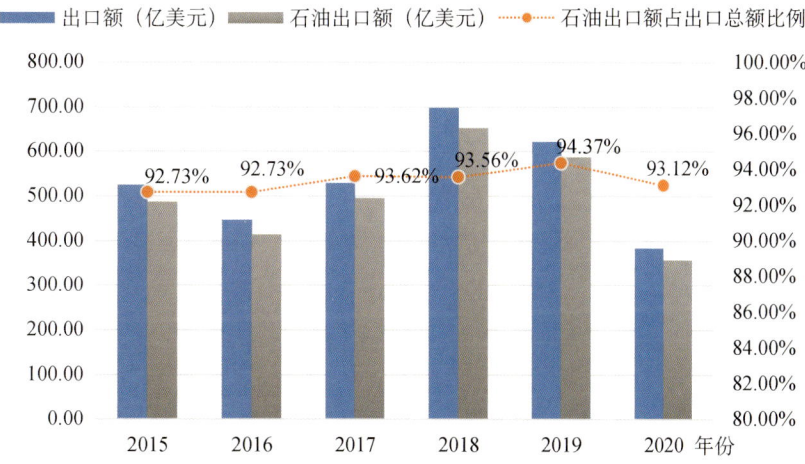

图 17 科威特石油出口额占出口总额比例（2015—2020 年）

科威特石油工业发展历程[1]

一、石油工业萌芽（1938—1960年）

1934年，美、英合资成立的"科威特石油公司"，在科威特取得了75年的石油开发权。1937年，该公司在科威特布尔甘地区进行了地质测量和油井钻探工作。1938年，该公司在科威特发现了石油。1946年6月30日，科威特原油第一次装船出口，从此开始正式开采石油。1957年科威特又把中立区中属于科威特的近海石油开采权租让给日本的阿拉伯石油公司。1960年科威特将本土的近海开采权租让给英国壳牌石油公司。

二、石油工业国有化（1961—1980年）

1961年科威特王国独立，政府逐渐收回了石油开采权，并开始组建本国的石油公司，在自己的土地上钻采石油。1973年1月根据"利雅得协定"，科威特政府决定对科威特石油公司参股25%的经营权，但是遭到了议会的反对。1974年科威特政府和科威特石油公司签定了科威特政府参股科威特石油公司60%经营权的新协定。至1980年，科威特政府收回了在海外公司的全部股份，并成立了科威特国营石油公司。

三、战争时期石油工业发展（1980—2004年）

在20多年的时间中，中东地区接连发生了两伊战争、伊拉克战争、海湾战争等战争，对石油工业造成了重创。在20世纪80年代，为了应对战争给石油工业带来的严重冲击，科威特采取了一系列举措，例如购买美英石油公司的部分下属企业、扩建改造原有的炼油厂、积极发展民族工业，尽可能地改变单一的经济结构、积极扩大对外投资等。

四、石油工业在平稳与动荡中负重前行（2005—2018年）

从2005—2014年，世界局势大体稳定，科威特的石油工业一直处于平

---

[1] 节选自马雨彤《科威特石油工业发展述略》，西安石油大学学报（社会科学版），2019.

稳发展时期，每年的石油产量为 1.3~1.6 亿吨。但 2014 年 6 月以来，新一轮的油价下跌开始，多个产油国饱受油价下跌的冲击，石油输出国组织（Organization of the Petroleum Exporting Counties，OPEC）近 20 年来首次出现集体预算赤字，成员国石油出口收入跌至近 10 年来最低水平。2016 年 11 月 30 日，OPEC 国家终于达成一致协议，决定共同减少 120 万桶/日的原油产量。

3.3 环境维度

2020 年科威特污水处理率超过 90%，污水产生量接近 4 亿吨（图 18）；年人均生活垃圾产生量为 0.39~0.44 吨（图 19）；2020 年人均一般工业固体废弃物产生量约 3.4 吨（图 20）；年人均二氧化碳排放量虽然有逐年略微下降趋势，但数值仍然居高不下，2020 年人均二氧化碳排放量仍然在 20 吨以上（图 21）。

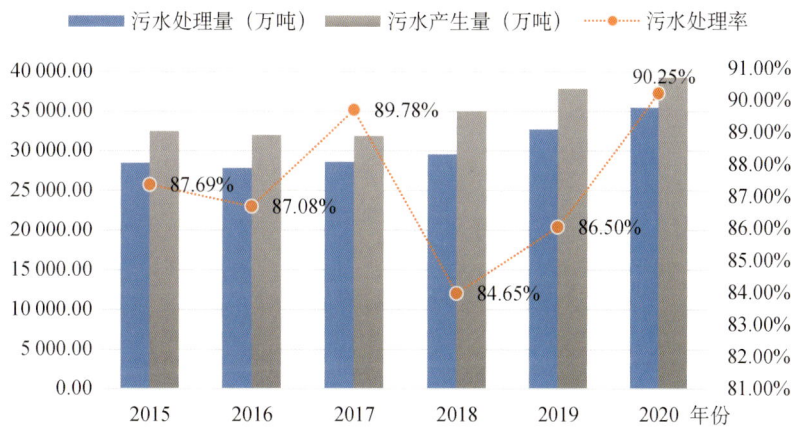

图 18　科威特污水产生量、处理量及处理率（2015—2020 年）

图 19　科威特生活垃圾产生量及年人均生活垃圾产生量（2015—2020 年）

图 20　科威特一般工业固体废弃物产生量及人均产生量（2015—2020 年）

图 21　科威特二氧化碳排放总量及人均排放量（2015—2020 年）

3.4　文化维度

2015—2019 年科威特国际旅客数量逐年增加，从 2015 年的约 700 万人次上升至 2019 年的近 850 万人次，累计增幅超 150 万人次。但 2020 年受新冠疫情影响，国际旅客数量下降至约 216 万人次（图 22）；2019 年国际旅游收入约 12 亿美元，但对 GDP 的贡献率不到 1%（图 23）。

图 22　科威特国际旅客人次（2015—2020 年）

图 23　科威特国际旅游收入及其 GDP 占比（2015—2020 年）

3.5　治理维度

2015—2019 年科威特财政收入总体上呈现逐年增加的趋势，到 2019 年，财政收入约 770 亿美元，财政自给率约 100%。2020 年财政收入缩水至 600 亿美元左右，财政自给率随之也下降至约 85%（图 24）；2015 年税收收入对财政收入的贡献率约为 82%；2015—2017 年政府债务余额增幅非常明显，负债率基本上是每年翻一番，2017 年达到了约 20%。随后负债率处于下降态势，2020 年下降至 11%～12%（图 25）。

科威特互联网渗透率在 2018 年就基本实现了 100%（图 26）；2020 年移动电话普及率约 160 部/百人（图 27）；2019 年 R&D 支出不到 3 亿美元，其 GDP 占比只有约 0.2%（图 28）。2017—2020 年，每万人 R&D 人员全时当量为 5～6 人年（图 29）；2020 年地方政府女性公务员数量约 24.5 万人，男性公务员数量约 19.2 万人，女性公务员数量占公务员总数的约 56%；2015—2020 年，非营利性组织和社会团体数量从 215 个增加至近 300 个。

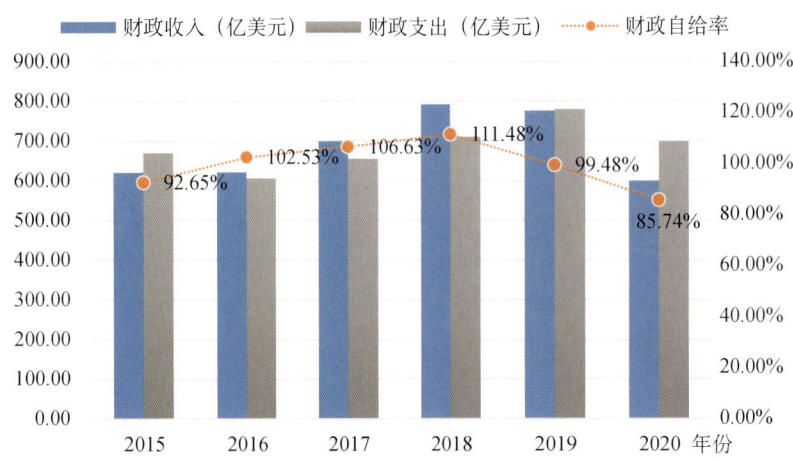

图 24　科威特政府财政收支及财政自给率（2015—2020 年）

图 25　科威特政府债务余额及负债率（2015—2020 年）

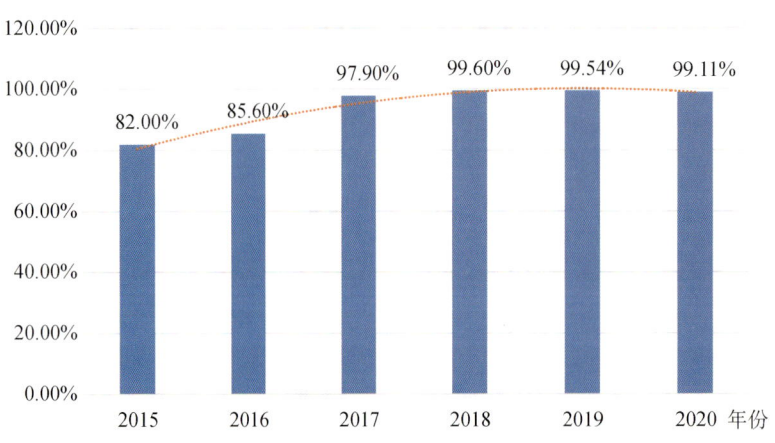

图 26　科威特互联网渗透率（2015—2020 年）

图 27 科威特移动电话用户数量及普及率（2015—2020 年）

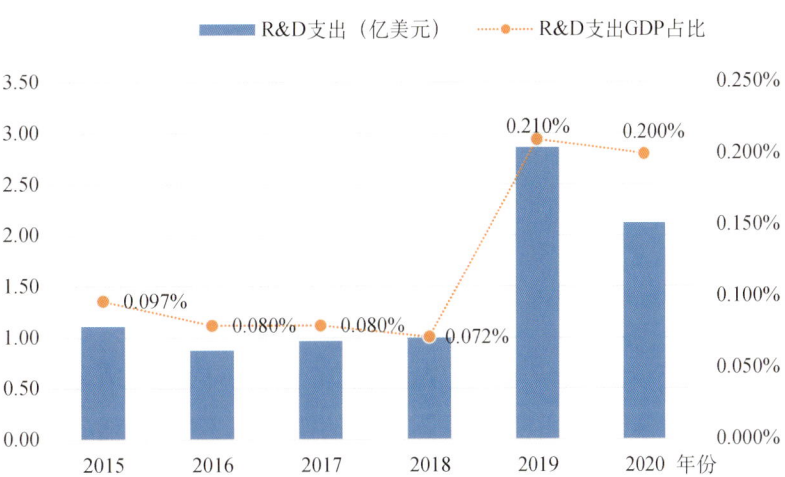

图 28 科威特 R&D 支出及其 GDP 占比（2015—2020 年）

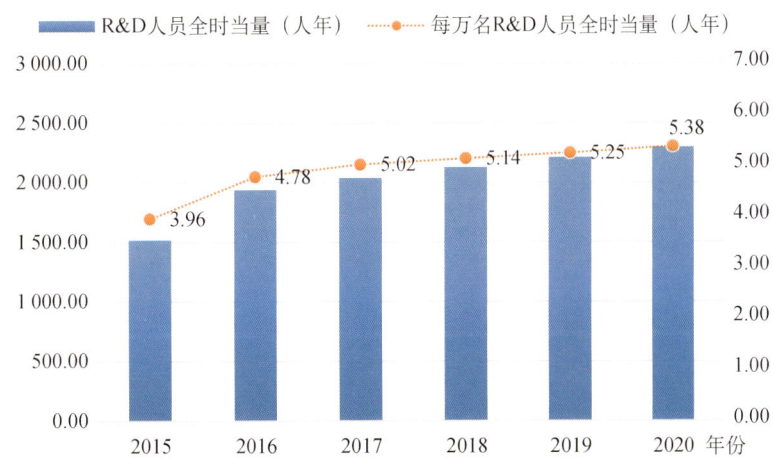

图 29 科威特 R&D 人员全时当量及每万人全时当量（2015—2020 年）

玻利维亚
拉巴斯
La Paz

上海指数
全球试点城市应用研究

Application of
Shanghai Adapted Index
to Global Pilot Cities

1 拉巴斯概况

拉巴斯(La Paz)是南美洲国家玻利维亚的行政首都,议会和政府机构所在地(法定首都和最高法院所在地是苏克雷),是该国最大城市,政治、经济、文化中心和交通枢纽,亦是拉巴斯省首府。拉巴斯被称为海拔最高的首都,整个城市的平均海拔超过 3 500 米。2020 年拉巴斯人口数量约 185 万人,占玻利维亚人口总数的约 15%(图 1)。2020 年玻利维亚 GDP 总量约 366 亿美元,拉巴斯 GDP 总量约 64 亿美元,拉巴斯 GDP 占玻利维亚 GDP 总量约 17.5%(图 2)。

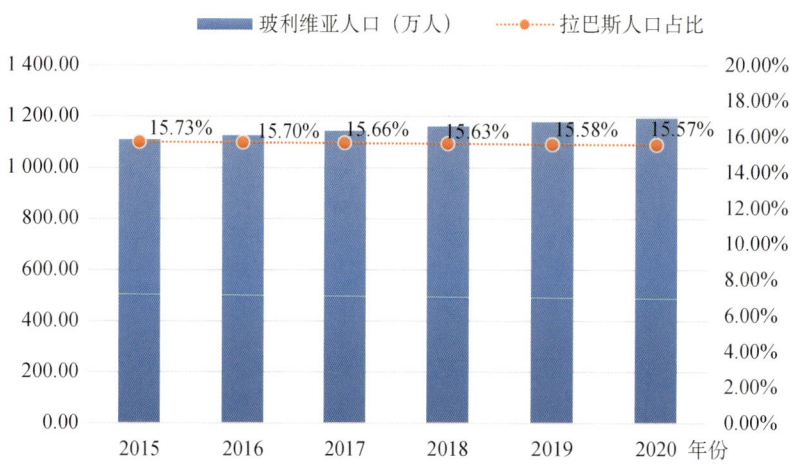

图 1 玻利维亚人口数量及拉巴斯人口全国占比(2015—2020 年)

图 2 玻利维亚 GDP 总量及拉巴斯 GDP 在全国 GDP 中的占比(2015—2020 年)

2 拉巴斯可持续发展绩效评估

2015—2020年拉巴斯可持续发展综合指数如图3所示。2015—2020年拉巴斯可持续发展社会、经济、环境、文化和治理子指数如图4至图8所示。

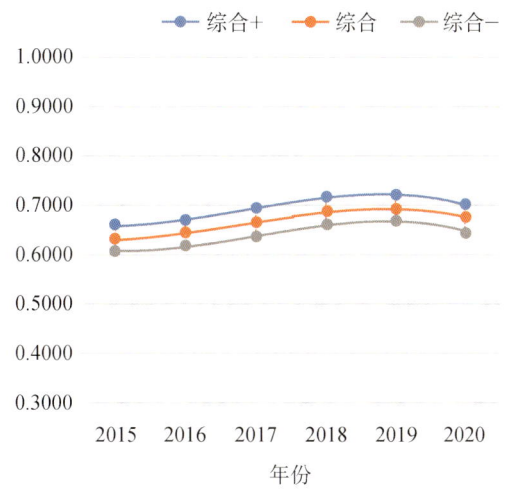

图3 拉巴斯可持续发展综合指数
（2015—2020年）

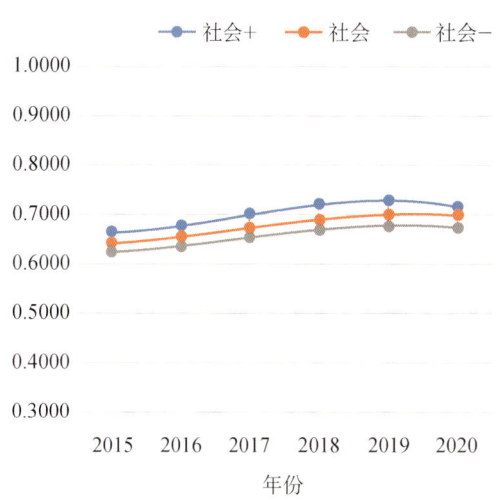

图4 拉巴斯可持续发展社会子指数
（2015—2020年）

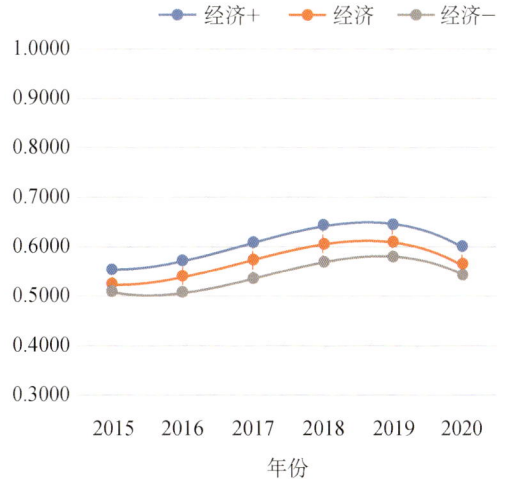

图5 拉巴斯可持续发展经济子指数
（2015—2020年）

图6 拉巴斯可持续发展环境子指数
（2015—2020年）

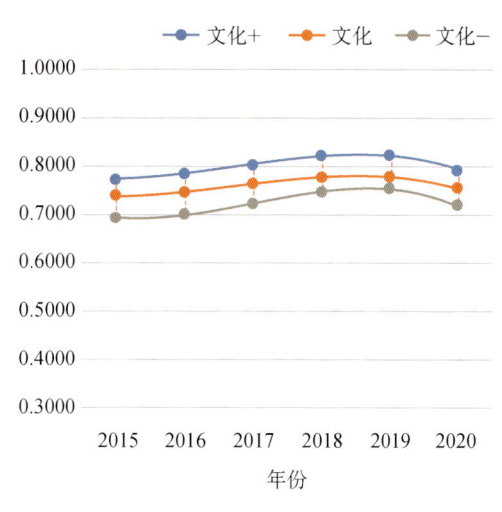

图7 拉巴斯可持续发展文化子指数
（2015—2020年）

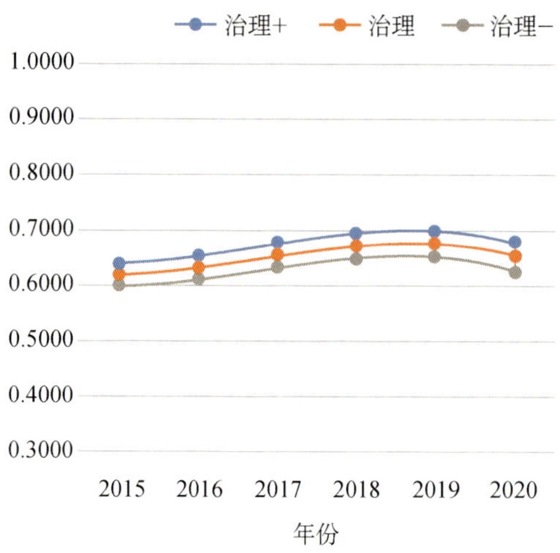

图8 拉巴斯可持续发展治理子指数
（2015—2020年）

3 拉巴斯可持续发展绩效分析

3.1 社会维度

2015—2020年玻利维亚人口数量从约1 100万人增加至约1 200万人，拉巴斯人口数量从175万人增加至185万人左右，总体上占玻利维亚人口数量的约15%；拉巴斯人口平均预期寿命从2015年的70.28岁增加至2020年的71.77岁，累计增加近1.5岁（图9）；拉巴斯5岁以下儿童死亡率相比于其他城市处于高位，虽然呈现逐年下降趋势，但2020年仍然在25‰以上（图10）；玻利维亚幼儿园、小学和初中的师生比分别约为32∶1、17∶1、18∶1（图11）；中小学教育完成率在80%以上（图12）。

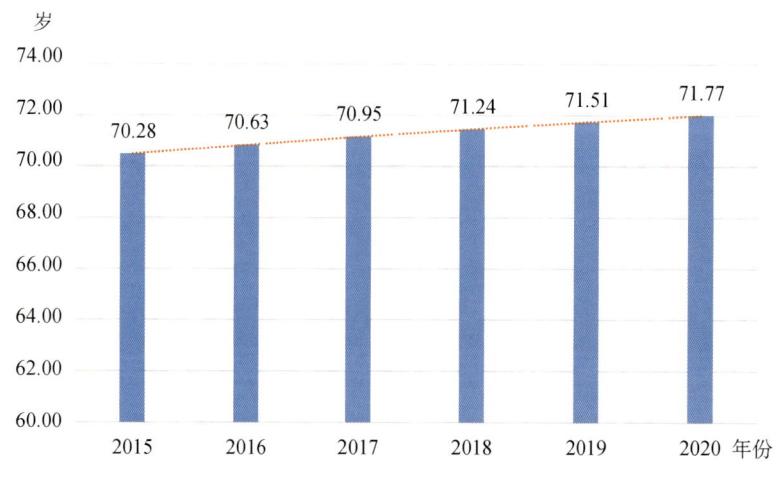

图9 拉巴斯人口平均预期寿命（2015—2020年）

图10 拉巴斯5岁以下儿童死亡率（2015—2020年）

图11 玻利维亚幼小初学校师生比（2015—2020年）

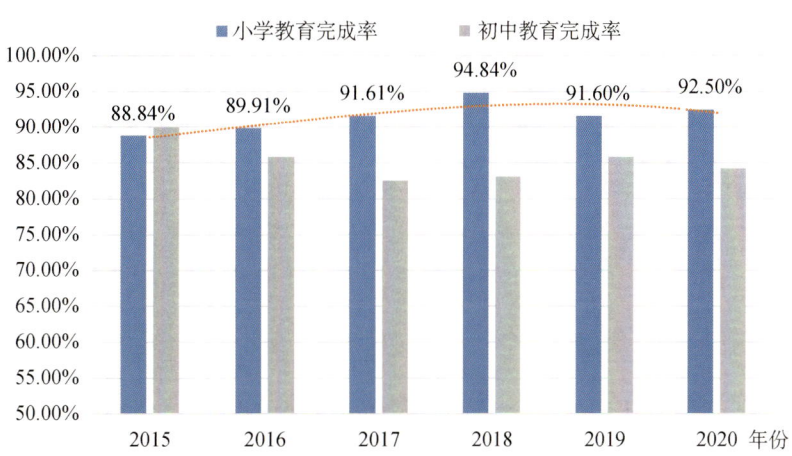

图12 玻利维亚中小学教育完成率（2015—2020年）

3.2 经济维度

2015—2018年拉巴斯GDP总量从约55亿美元增加至70亿美元,年均增速约5.5%。2019年GDP增速放缓至1.38%,2020年下降至-12%附近(图13);2019年拉巴斯人均GDP约3 900美元,但2020年下降至3 440美元左右;贫困人口占比逐年下降,2020年生活水平为每天1.9美元、3.2美元和5.5美元标准的人口占比分别为1.5%、3.5%和8.2%(图14)。

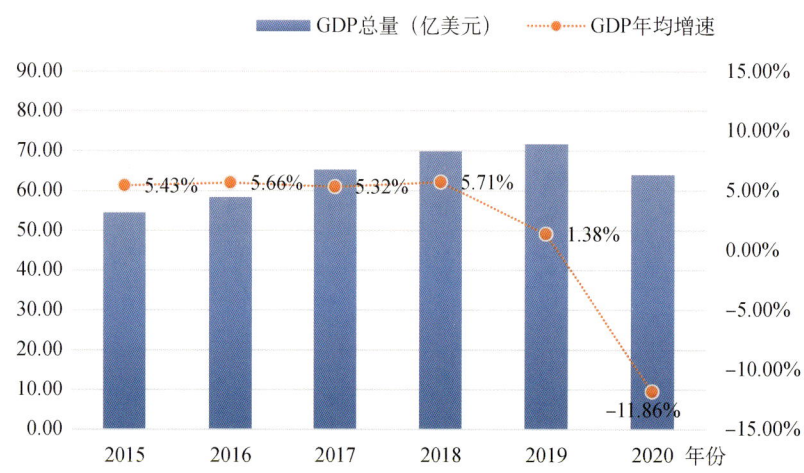

图13 拉巴斯GDP总量及其年均增速(2015—2020年)

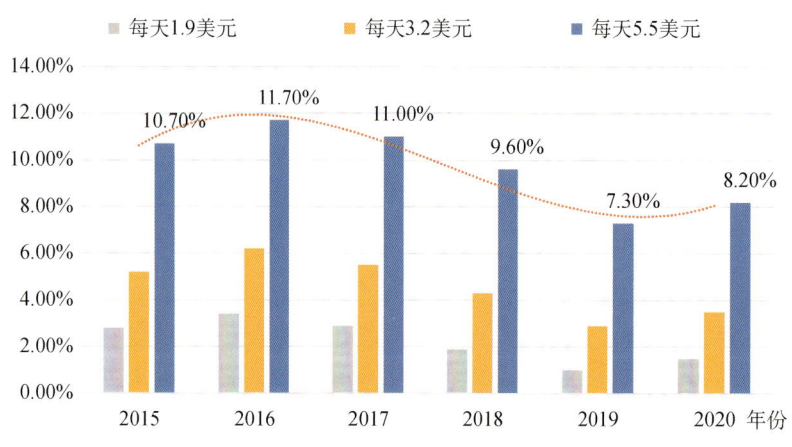

图14 玻利维亚贫困人口占比(2015—2020年)

拉巴斯居民消费价格指数波动很大,2015—2020年波动空间在130~150;2015—2019年玻利维亚失业率年均为3%~4%,但2020年上升至8%左右。青年失业率居高不下,2020年达到16%(图15);2020年玻利维亚制造业增加值约40亿美元,其GDP占比约11%(图16);2015—2019年玻利维亚进出口额年均约220亿美元,其GDP占比年均接近

60%。2020年进出口额下降至166亿美元,其GDP占比也下降至约45%(图17)。

图15 玻利维亚失业率及青年失业率（2015—2020年）

图16 玻利维亚制造业增加值及其GDP占比（2015—2020年）

图17 玻利维亚进出口额及其GDP占比（2015—2020年）

3.3 环境维度

玻利维亚年人均用电量约 8 000 千瓦·时,2020 年电力覆盖率超过 97%(图 18);2015—2019 年人均年二氧化碳排放量约 2 吨,2020 年下降至约 1.8 吨(图 19);2015—2020 年玻利维亚基本卫生服务覆盖率从约 57% 上升至约 66%(图 20),2020 年基本饮用水覆盖率约 94%(图 21)。

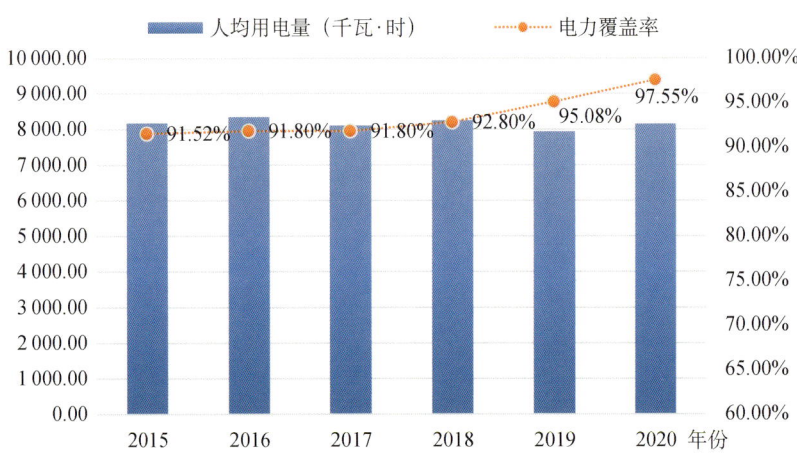

图 18　玻利维亚电力覆盖率及人均用电量(2015—2020 年)

图 19　玻利维亚人均二氧化碳排放量(2015—2020 年)

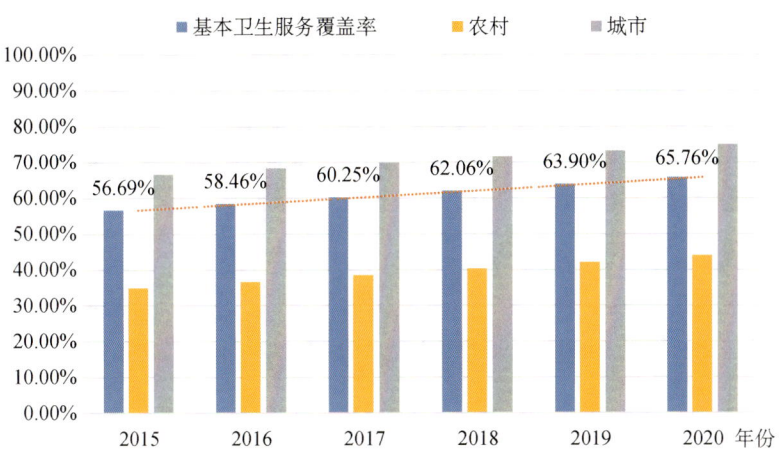

图 20　玻利维亚基本卫生服务覆盖率（2015—2020 年）

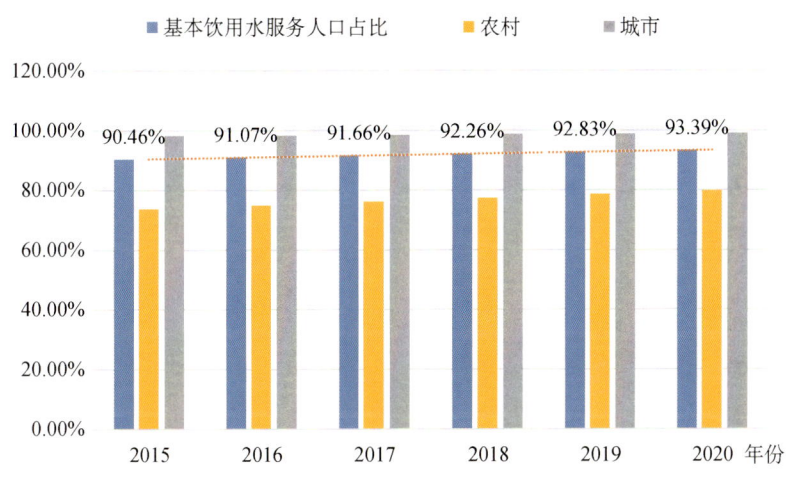

图 21　玻利维亚基本饮用水覆盖率（2015—2020 年）

3.4　文化维度

2015—2018 年拉巴斯国际旅客数量总体上逐年上升，2018 年接近 55 万人次；2015—2019 年玻利维亚旅游收入逐年上升，2019 年约 28 亿美元，其 GDP 占比接近 7%。2020 年旅游收入下滑明显，只有不到 13 亿美元，其 GDP 占比约 3.5%（图 22）；2015—2019 年玻利维亚旅游产业就业人数呈现逐年增加趋势，从约 25 万人增加至约 30 万人，2020 年下滑至约 18 万人（图 23）。拉巴斯蒂亚瓦纳科古城的"太阳门"每年都会吸引全球众多游客参观（专栏 1）。

图 22　玻利维亚旅游收入及其 GDP 占比（2015—2020 年）

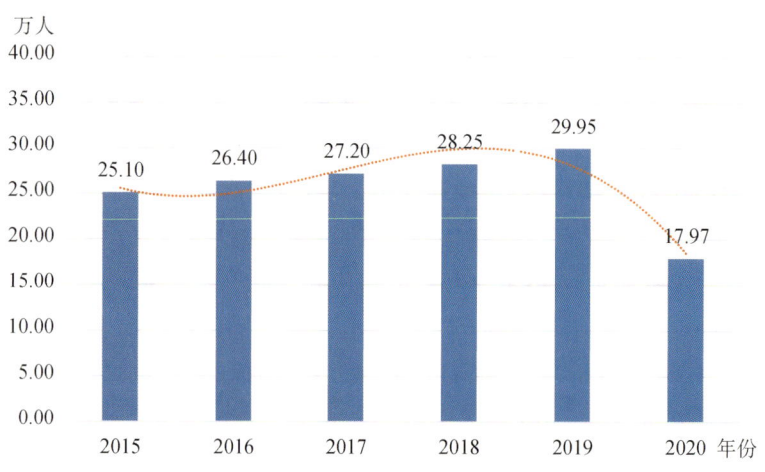

图 23　玻利维亚旅游产业就业人数（2015—2020 年）

太阳城蒂亚瓦纳科[1]

对于拉巴斯蒂亚瓦纳科古城，当地的印第安人有个十分动人的传说：在很久很久以前，有一天，的的喀喀湖突然洪水泛滥，淹没了高原上的所有地方，这次大洪水退去之后，高原上来了一批背叛太阳神的巨人，蒂亚瓦纳科

---

[1]　节选自廖茂财《太阳城蒂亚瓦纳科之谜》，科学之友，2010.

就是由这些巨人在一夜之间建造起来的。这些巨人不相信太阳神的威力,第二天早晨,当太阳升起的时候,这些巨人连同他们的宫殿一起被太阳光化为了灰烬。据一些印第安老人讲,比他们祖先早100多年来到这里的印加人所看到的蒂亚瓦纳科古城就已经是一座满是残垣断壁的废城了。

在蒂亚瓦纳科古城中,有一座驰名世界的"太阳门",被称为南美洲的一大奇迹。"太阳门"由一块完整的高3米、宽5米的安山岩雕凿而成,重约10吨,在门的两侧,刻有3排48幅神秘的方块图形,中间是一个奇特的飞神像浮雕。太阳升起的时候,"太阳门"会发出异样的光彩,全城都会被笼罩在一片金色之中,非常壮观。

3.5 治理维度

2015—2019年玻利维亚财政自给率年均约80%,财政收入年均不到120亿美元,财政支出年均超过140亿美元。2020年财政收入缩水明显,不到100亿美元,财政自给率也相应地下降至约73%(图24);税收收入约100亿,其税收贡献率在85%左右(图25);2015—2020年玻利维亚政府负债率节节攀升,从2015年的约41%上升至2020年的约67%(图26);2020年玻利维亚互联网渗透率约60%(图27),移动电话覆盖率约105部/百人(图28)。

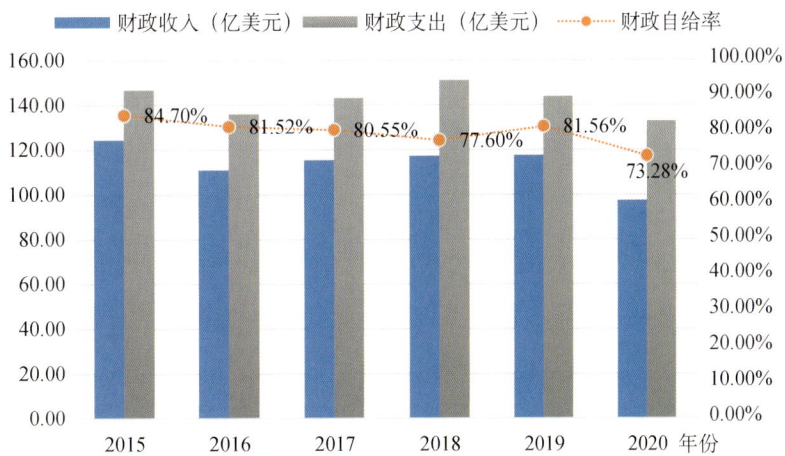

图24 玻利维亚政府财政收支及财政自给率(2015—2020年)

图 25　玻利维亚税收收入及其财政收入贡献率（2015—2020 年）

图 26　玻利维亚政府债务余额及负债率（2015—2020 年）

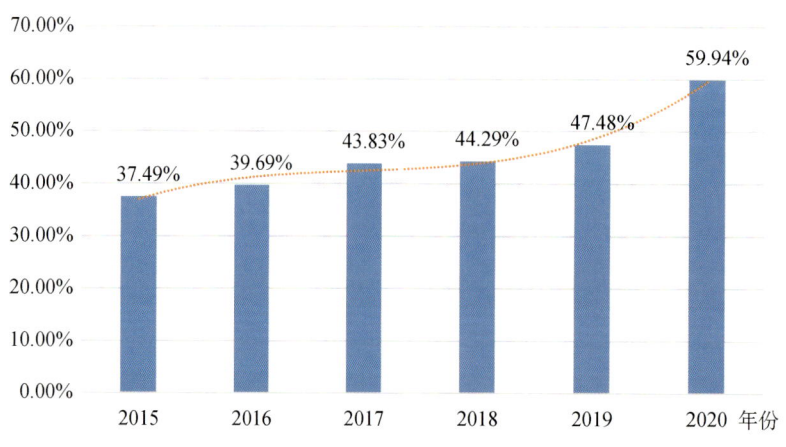

图 27　玻利维亚互联网渗透率（2015—2020 年）

图 28　玻利维亚移动电话普及率（2015—2020 年）

英国
伦敦
London

上海指数
全球试点城市应用研究
Application of Shanghai Adapted Index to Global Pilot Cities

1 伦敦概况

伦敦是英国的政治、经济、文化、金融中心,也是世界金融中心,也是全球最大的银行、保险、期货和航运中心。伦敦面积约 1 594.7 平方公里,2020 年人口数量约 900 万人(图 1),人口密度约 5 660 人/平方公里,GDP 总量约为 5 350 亿美元(图 2)。

图 1　伦敦人口数量（2015—2020 年）

图 2　伦敦 GDP 总量及其年均增速（2015—2020 年）

2 伦敦可持续发展绩效评估

2015—2020 年伦敦可持续发展综合指数如图 3 所示。2015—2020 年伦敦可持续发展社会、经济、环境、文化和治理子指数如图 4 至图 8 所示。

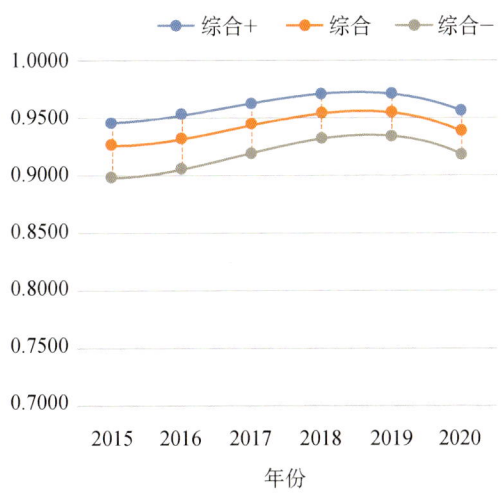

图 3　伦敦可持续发展综合指数
（2015—2020 年）

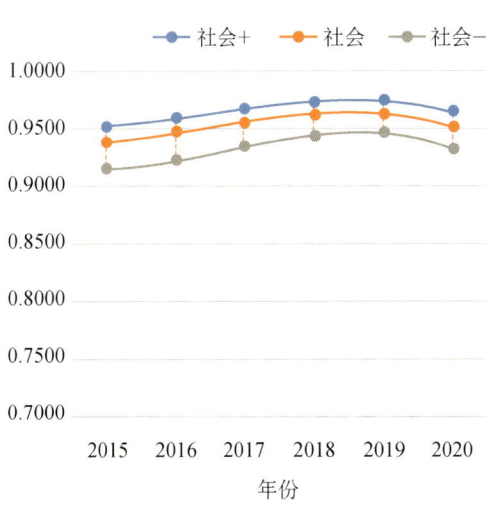

图 4　伦敦可持续发展社会子指数
（2015—2020 年）

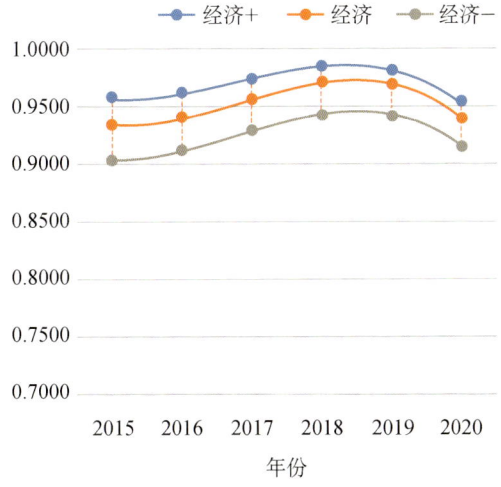

图 5　伦敦可持续发展经济子指数
（2015—2020 年）

图 6　伦敦可持续发展环境子指数
（2015—2020 年）

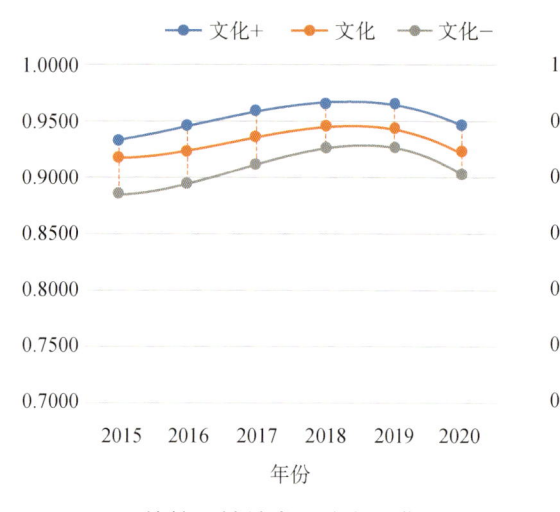
图7 伦敦可持续发展文化子指数
（2015—2020年）

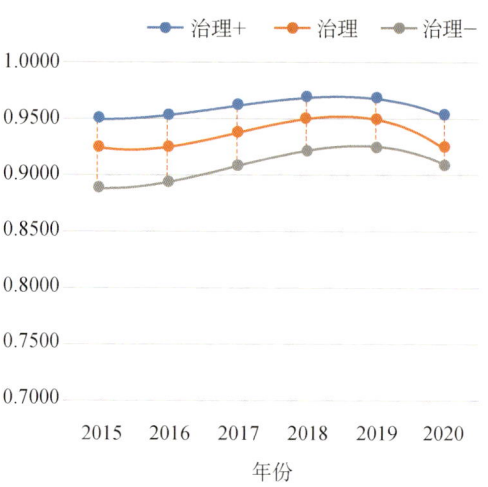
图8 伦敦可持续发展治理子指数
（2015—2020年）

3 伦敦可持续发展绩效分析

3.1 社会维度

伦敦人口从2015年的866万人增加至2020年的902万人，累计增加约36万人；人口自然增长率为6‰～7‰；英国人口平均预期寿命为80～81岁；每万人医疗机构床位数为30～35张；5岁以下儿童死亡率为4‰～5‰；人均住房面积为31～36平方米(图9)；2015—2019年公共交通客运总量年均36亿人次，年人均搭乘量超过400次。2020年受新冠疫情影响，人年均搭乘量下降至约260次(图10)。

图9 伦敦人均住房面积（2015—2020年）

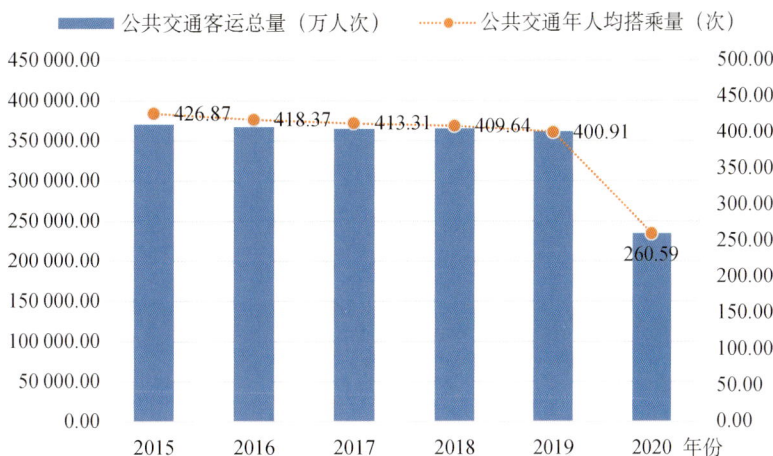

图 10　伦敦公共交通客运总量及年人均搭乘量（2015—2020 年）

3.2　经济维度

2015—2019 年伦敦年均 GDP 总量约 5 800 亿美元，年均增速在 3% 左右。2020 年受新冠疫情影响，GDP 增速下降至 −9.5%，人均 GDP 约 6 万美元；2020 年以前，失业率稳中有降，2019 年约为 4.6%，2020 年上升至约 6%（图 11）；居民消费价格指数波动较大，2020 年达到约 108；外商直接投资 GDP 占比约 5%～6%；2019 年航空年吞吐量接近 1.9 亿人次，2020 年下降 2/3，约为 6 600 万人次（图 12）。

图 11　伦敦失业率（2015—2020 年）

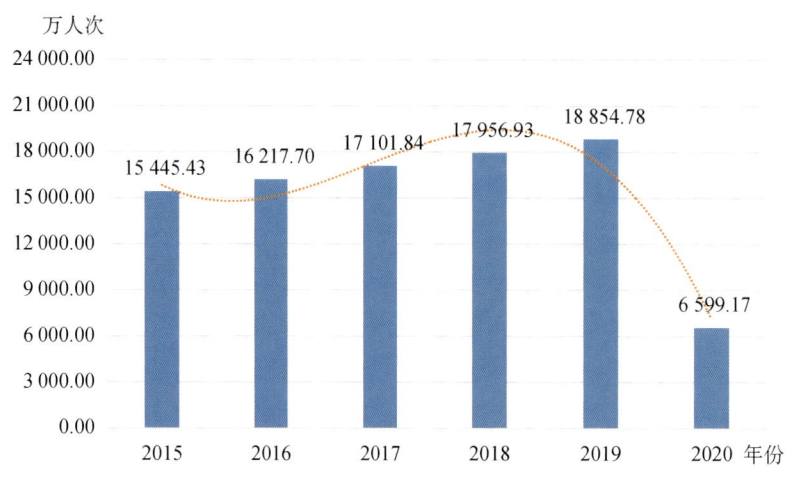

图 12　伦敦航空年吞吐量（2015—2020 年）

3.3　环境维度

伦敦人均污水产生量约 100 吨/年；人均生活垃圾产生量为 0.3～0.4 吨/年；能耗强度为 1.7～1.9 吨/万美元；人均公园绿地面积超过 30 平方米，伦敦在国家公园建设中积累了非常多有价值的经验(专栏 1)；可再生能源消耗量在总能耗中的占比显著增加，从 2015 年的约 15% 上升至 2020 年的约 22%(图 13)；英国人均二氧化碳排放量逐年下降，从 2015 年的约 6.4 吨年下降至 2020 年的 4.85 吨(图 14)；环保支出占财政支出比例为 1%～1.5%。

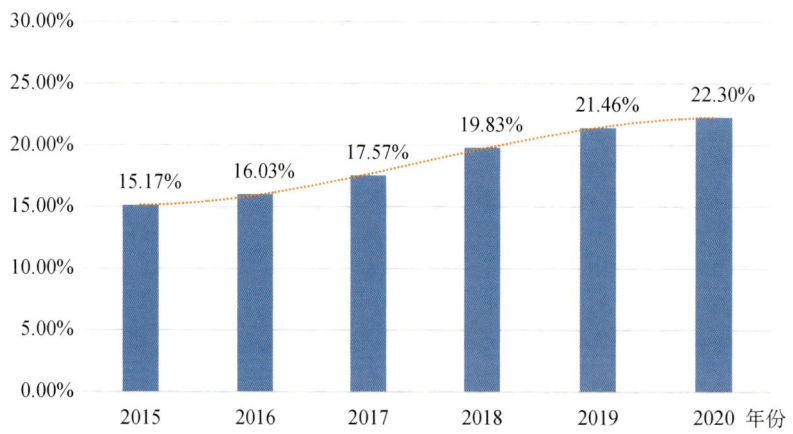

图 13　伦敦可再生能源消耗量在总能耗中的占比（2015—2020 年）

图 14　英国人均二氧化碳排放量（2015—2020 年）

伦敦国家公园城市建设经验[1]

2013 年伦敦国家公园城市概念正式提出。2019 年 7 月 22 日，伦敦正式宣告成为全球第一座国家公园城市，标志着国家公园城市运动阶段性成功并开始迈向新的征程。

经验借鉴

（1）多方路径激发全民自然保护。价值观与由国家意志、政府意志推动的保护运动有着本质不同，伦敦国家公园城市建设实质上是一场由数百万市民参与的社区基层运动，其核心在于激发全民的自然保护价值观念。

（2）自下而上发动全民参与。在法律、政策保障和政府资金等缺位的前提下，伦敦国家公园城市运动得以最终实现的根本原因是发动了自下而上的全民参与。锐意改变现状但接受既有体制，最大化降低改革成本。伦敦虽已宣布成为国家公园城市，但一切举措都完全依靠全民乃至政府的自发、自觉参与。

1　节选自钟乐，章政，张婧雅《城市与自然共生的新理念——伦敦国家公园城市建设的启示》，北京林业大学学报（社会科学版），2021.

（3）创造人与自然联结的机会。以"创造让人、场所和自然实现更好联结的城市"为愿景，让人类更多地感受、体验自然是国家公园城市建设的要旨之一。伦敦国家公园城市的建设过程中鼓励户外活动，明确提出确保所有伦敦人便捷使用高质量绿地。

3.4 文化维度

伦敦每万人文化设施数量为 0.8～0.9 个；2015—2019 年国际旅客数量稳步增加，2019 年约 2 200 万人次，但 2020 年受新冠疫情影响，下降 75% 以上（图 15）；文创产业增加值 GDP 占比为 7%～9%（图 16）；伦敦博物馆年人均访问量约 2.5 次（图 17）；年人均观影人次约 4.5 人次；伦敦多年来致力于建设成为文体之城，通过多年的努力从政策到实践过程都积累了丰富的经验（专栏 2）。

图 15　伦敦国际旅客数量（2015—2020 年）

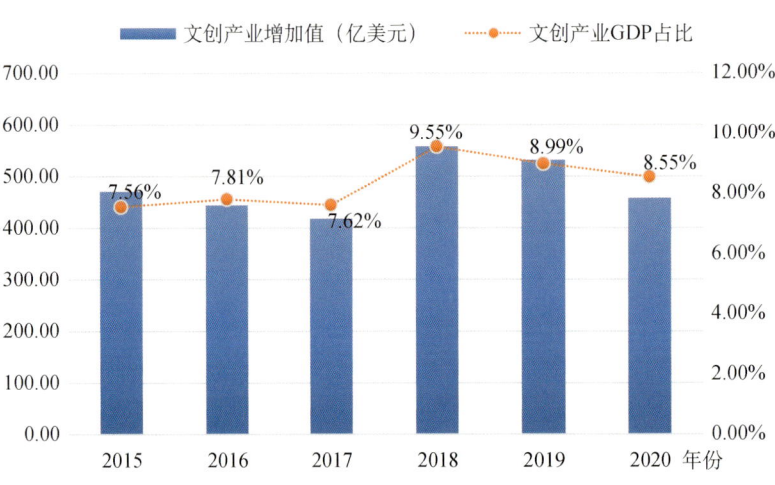

图 16　伦敦文创产业增加值及其 GDP 占比（2015—2020 年）

图 17　伦敦博物馆访问量及年人均访问量（2015—2020 年）

伦敦全球体育城市建设历程及经验[1]

发展历程

伦敦于 20 世纪 80 年代末确立打造世界级文化之都的目标，注重文化体育在基础设施建设、社区开发和城市更新中的重要作用，制定了体育文化"多样性"的发展方向和"卓越、创新和参与"的发展目标。2002 年伦敦出台"奥运计划"，确立"体育文化中心城市"的发展目标。2012 年，伦敦市政府将"可持续"列为城市发展的核心准则，高度重视文化对经济增长和城市发展的独特作用，明确建设"全球卓越的文化中心"的战略目标。

经验借鉴

（1）理念上高度重视体育文化对城市复兴的重要作用。从伦敦全球体育城市发展的历程来看，伦敦高度重视体育文化在城市复兴中的特殊作用与地位，在历次城市规划和相关文化发展规划中都曾提到体育文化对城市复兴的重要作用。

---

[1] 节选自陈林华，罗玉婷，徐晋妍《伦敦打造全球体育城市经验及启示》，体育文化导刊，2020.

（2）坚持社会效益与经济效益相协调的发展原则。伦敦通过对区域体育文化资源的挖潜，通过体育场馆设施建设对区域进行美化和提升，从而拓展城市功能、提升文化自信和凝聚力，进而促进文化包容性和多样化。

（3）机制上致力于多元参与和合作共享的实现。在城市更新或者复兴背景下，体育文化发展的首要目标是推动社区发展，并且城市复兴本身也涵盖社会公正和社区参与，因此体育文化发展需要建立行之有效的管治模式，致力于构建多元参与和合作共享的实施机制。

3.5 治理维度

伦敦财政收入年均在2 000亿美元以上，财政支出年均超过1 600亿美元，财政自给率年均超过120%（图18）；2018—2020年税收收入年均达到了1 600亿美元，税收对财政收入贡献率约为75%（图19）。

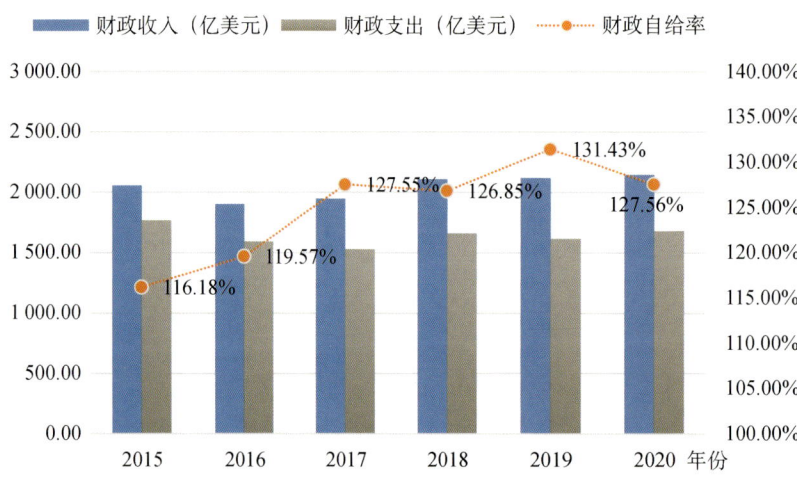

图18 伦敦政府财政收支及财政自给率（2015—2020年）

图19 伦敦税收收入及其财政收入贡献率（2015—2020年）

伦敦每万人刑事犯罪案件数量为150～200件;每万人律师数量年均为18～20人;每万人社会组织数量也在20个以上;女性参政比为29%～33%(图20);2020年移动电话普及率达到130部/百人(图21);R&D支出GDP占比保持在1.3%～1.5%(图22)。

图20 英国女性参政比例（2015—2020年）

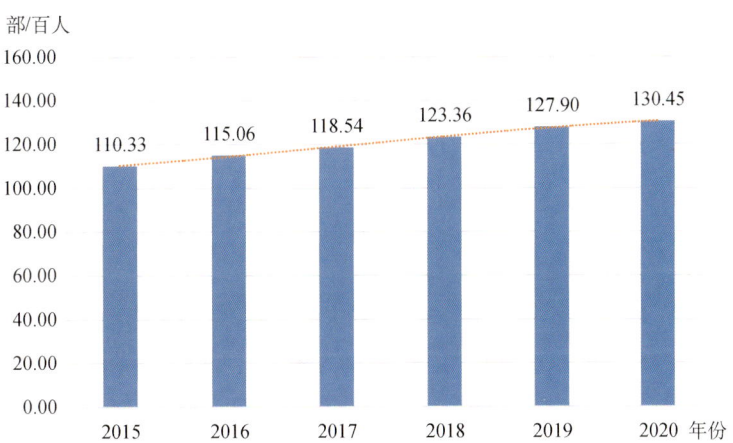

图21 伦敦移动电话普及率（2015—2020年）

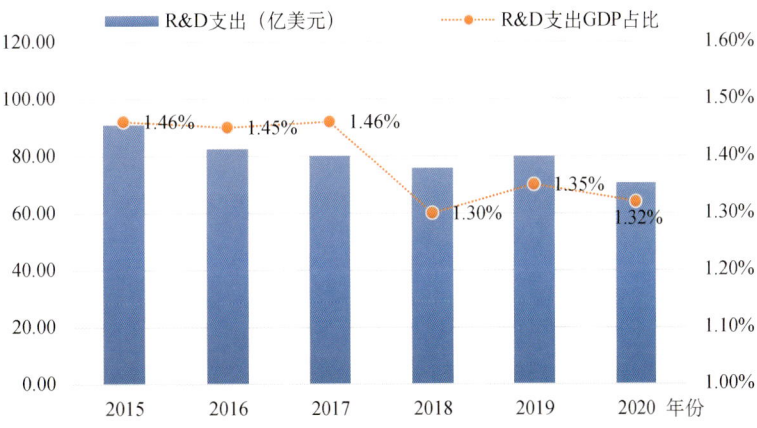

图22 伦敦R&D支出及其GDP占比（2015—2020年）

1 墨西哥城概况

墨西哥城,是墨西哥合众国的首都,政治、经济、文化和交通中心。墨西哥城位于墨西哥中南部高原的山谷中,海拔 2 240 米。墨西哥城行政辖区面积约 1 494.3 平方公里,2020 年人口数量约 920 万人,人口密度约 6 160 人/平方公里(图 1)。2019 年墨西哥城 GDP 总量接近 1 630 亿美元,2020 年下降至约 1 325 亿美元(图 2)。

图 1　墨西哥城人口数量及人口密度（2015—2020 年）

图 2　墨西哥城 GDP 总量及其年均增速（2015—2020 年）

2 墨西哥城可持续发展绩效评估

2015—2020 年墨西哥城可持续发展综合指数如图 3 所示。2015—2020 年墨西哥城可持续发展社会、经济、环境、文化和治理子指数如图 4 至图 8 所示。

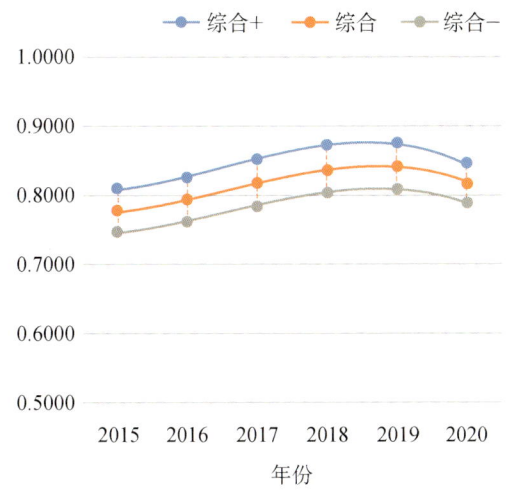

图 3 墨西哥城可持续发展综合指数
（2015—2020 年）

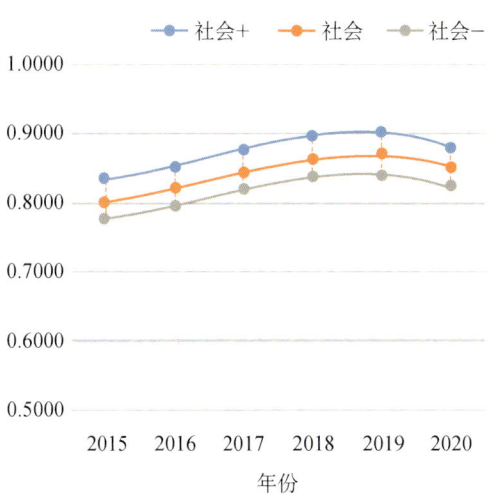

图 4 墨西哥城可持续发展社会子指数
（2015—2020 年）

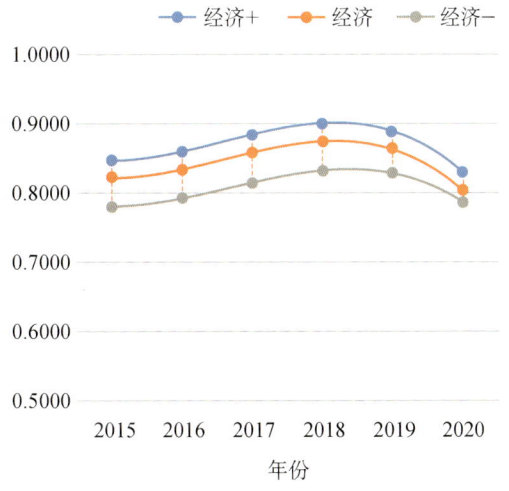

图 5 墨西哥城可持续发展经济子指数
（2015—2020 年）

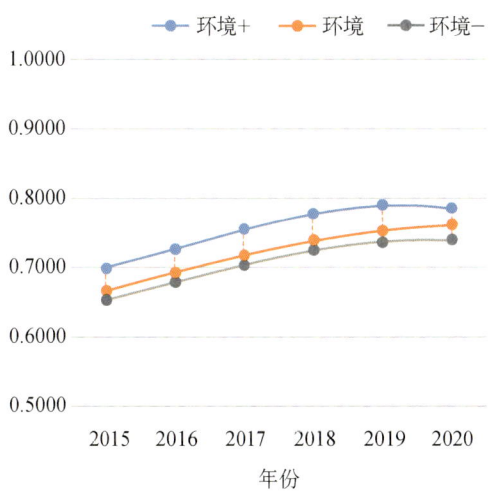

图 6 墨西哥城可持续发展环境子指数
（2015—2020 年）

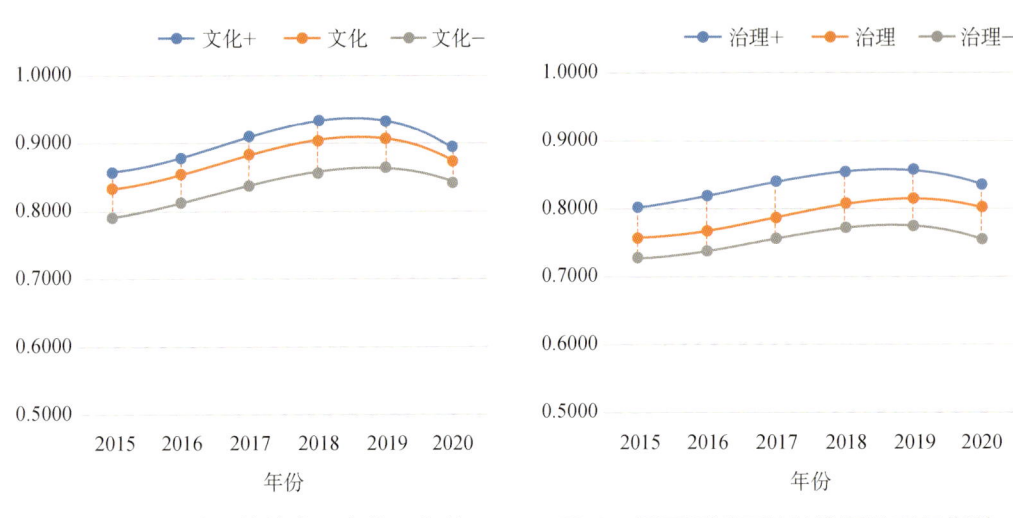

图7　墨西哥城可持续发展文化子指数
（2015—2020年）

图8　墨西哥城可持续发展治理子指数
（2015—2020年）

3　墨西哥城可持续发展绩效分析

3.1　社会维度

2015—2020年墨西哥城人口累计增加了约20万人；2020年墨西哥人口自然增长率约为11‰（图9）；人口平均预期寿命约72.4岁（图10）；墨西哥城每万人医院病床数约25张（图11），每万人医生数约24人（图12）。墨西哥城在公共交通网络建设方面积累了丰富的经验，关键体现在其普惠性（专栏1）。

图9　墨西哥人口出生率、死亡率及自然增长率（2015—2020年）

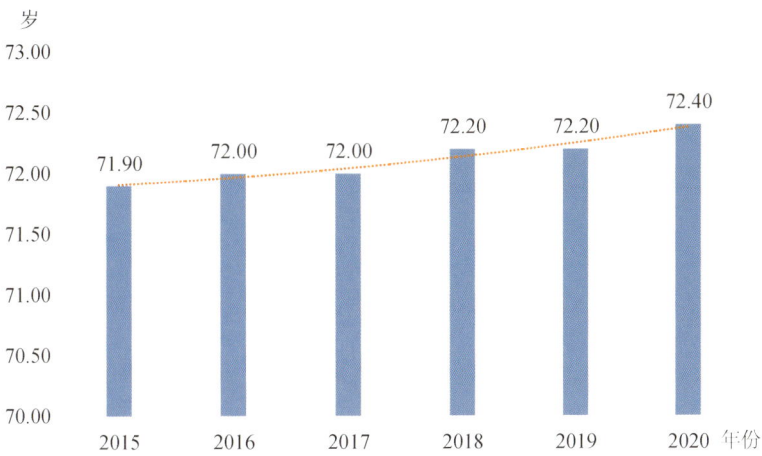

图 10　墨西哥人口平均预期寿命（2015—2020年）

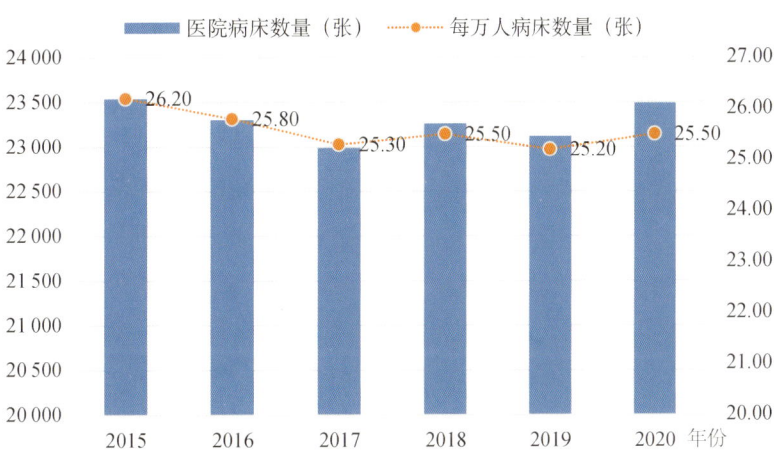

图 11　墨西哥城医院病床数量及每万人病床数量（2015—2020年）

图 12　墨西哥城医生数量及每万人医生数量（2015—2020年）

专栏 1　墨西哥城公共交通网络的普惠性政策[1]

地铁

墨西哥城于1967年修建地铁，1969年9月4日开通了第一条线路。到20世纪90年代初，已建成了10条线路，总长202公里，共175个车站，日客运量500多万人次。墨西哥城的地铁票价曾被誉为"世界上最便宜的票价"，2015年前后也只有2比索（约0.1美元）。最便宜的是1986—1996年的10年间，1张地铁票价仅1比索。不仅如此，对持老年证（60岁以上）、残疾证的乘客和5岁以下的儿童均予免票。

公共汽车

墨西哥城的公共汽车分为两种：一种是市政府经营的、公办的公共汽车，一般是大轿车，票价比较便宜，只需1比索。但是，这种大公共汽车路线有限。另一种是私人经营的小公共汽车。因多年来它的票价一直是1比索，因此，被称之为"比塞罗"，意即"1比索的汽车"。"比塞罗"的车票根据路程的远近，分为1比索、1.5比索、2比索3种。通往郊区及其他邻近州的票价，也不过4比索或5比索。

3.2　经济维度

2019年墨西哥GDP总量约1.27万亿美元，2020年下降至1.09万亿美元，GDP增速降至−8.2%（图13）。2020年墨西哥城的GDP总量约1 325亿美元，占墨西哥GDP总量的12%左右。2019年墨西哥人均GDP约1万美元，但2020年人均GDP增速降至约−15%（图14）。2016—2019年，墨西哥城的人均GDP为1.7~1.8万美元（图15）；2020年墨西哥城劳动者平均月薪约1 866美元（图16）。

---

[1] 节选自老海《墨西哥城治理交通拥堵：公共交通优先》，交通与运输，2014.

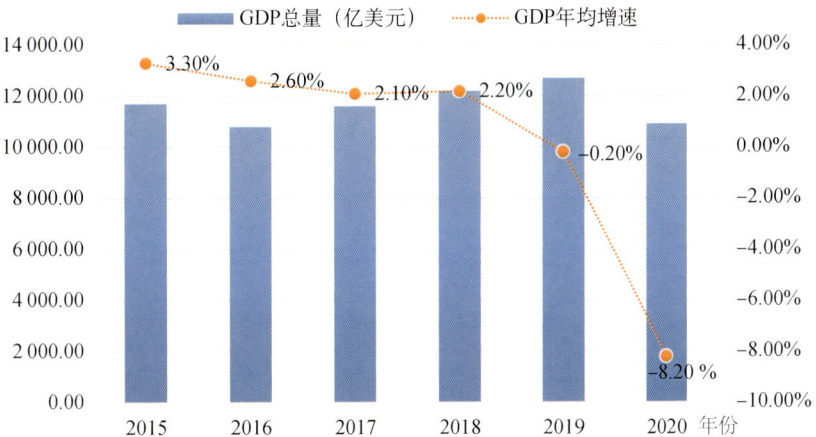

图 13　墨西哥 GDP 总量及其年均增速（2015—2020 年）

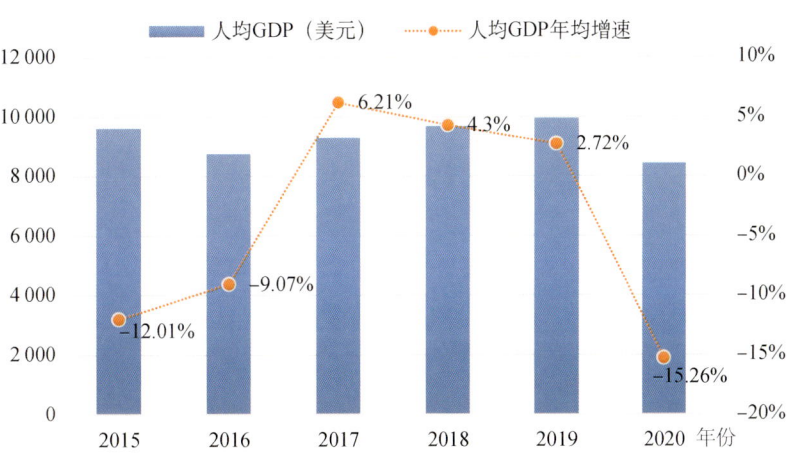

图 14　墨西哥人均 GDP 及其年均增速（2015—2020 年）

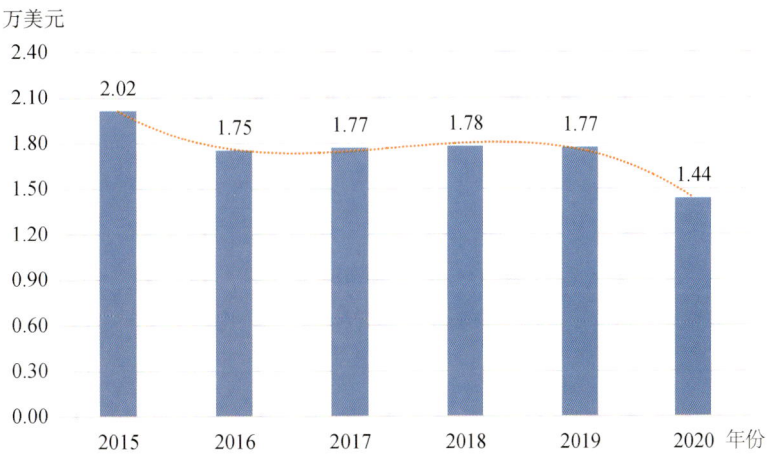

图 15　墨西哥城人均 GDP（2015—2020 年）

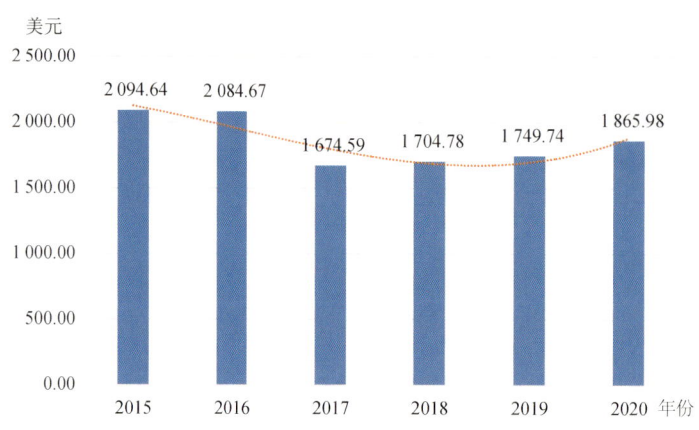

图 16　墨西哥城劳动力平均月薪（2015—2020 年）

2015—2019 年墨西哥城失业率年均保持在 5% 左右，2020 年上升至 6.64%（图 17）；居民消费价格指数波动较大，波动空间在 100～130；2018 年墨西哥外商直接投资 GDP 占比超过 5%，2020 年下降至约 2.4%（图 18）；墨西哥固定资产投资 GDP 占比年均约 4.5%（图 19）；进出口贸易 GDP 占比年均约 77%（图 20）。

图 17　墨西哥城失业率（2015—2020 年）

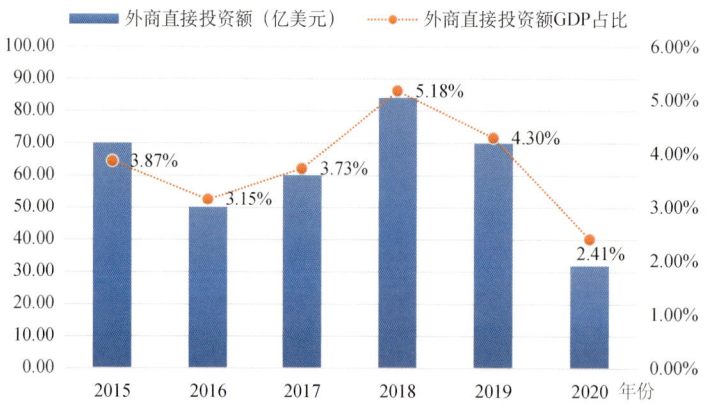

图 18　墨西哥外商直接投资额及其 GDP 占比（2015—2020 年）

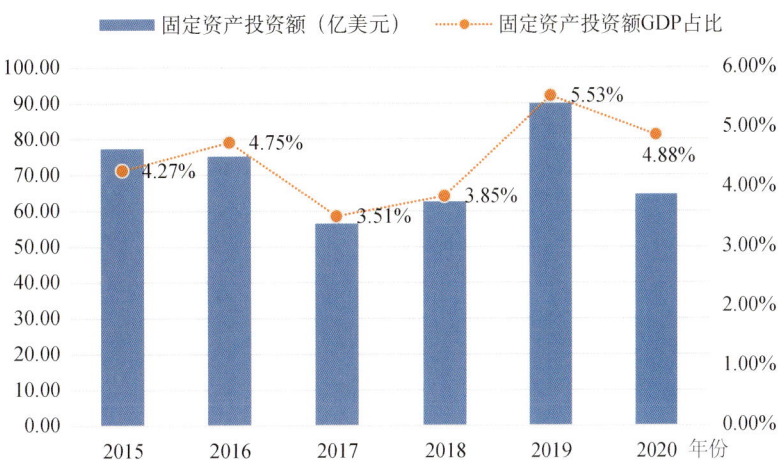

图 19　墨西哥固定资产投资额及其 GDP 占比（2015—2020 年）

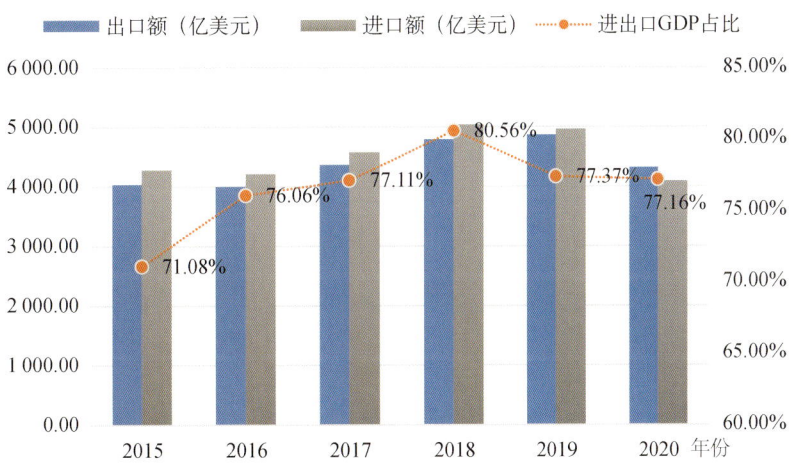

图 20　墨西哥进出口贸易额及其 GDP 占比（2015—2020 年）

3.3　环境维度

墨西哥城年人均生活垃圾产生量为 0.4～0.5 吨；年人均污水排放量为 130～150 吨，墨西哥污水处理率不到 70%（图 21）；墨西哥人均耗电量为 2 500～2 600 千瓦·时（图 22）；人均二氧化碳排放量从 2015 年的约 4 吨下降至 2020 年的约 2.8 吨（图 23）。墨西哥城在空气污染治理方面采取了一系列重要举措，取得了显著的效果（专栏 2）。

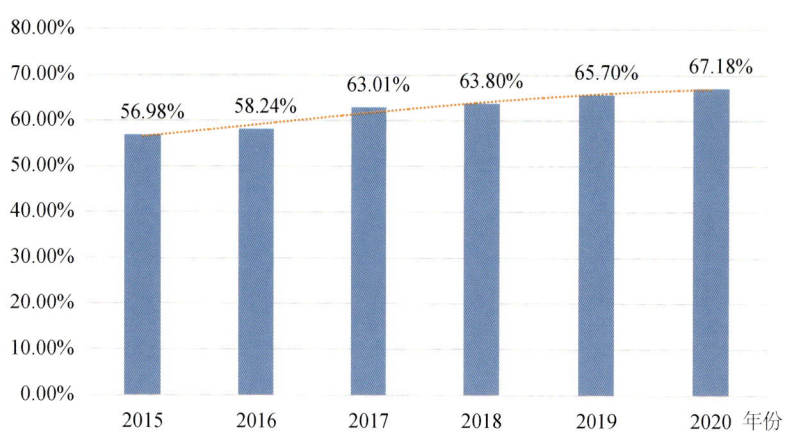

图 21　墨西哥污水处理率（2015—2020 年）

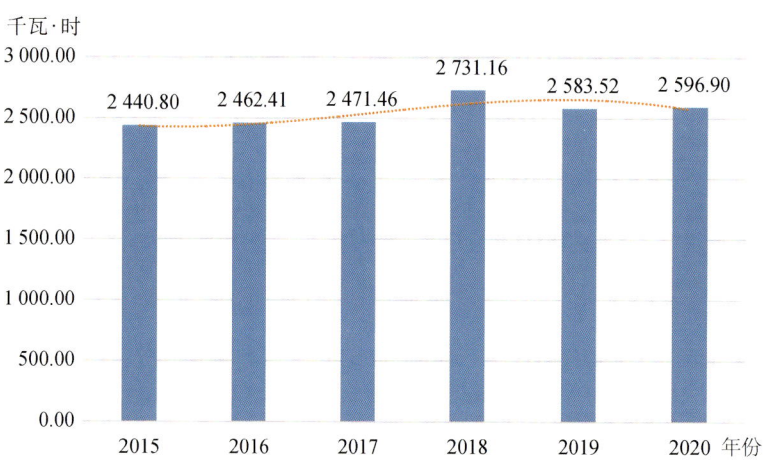

图 22　墨西哥人均电力消费量（2015—2020 年）

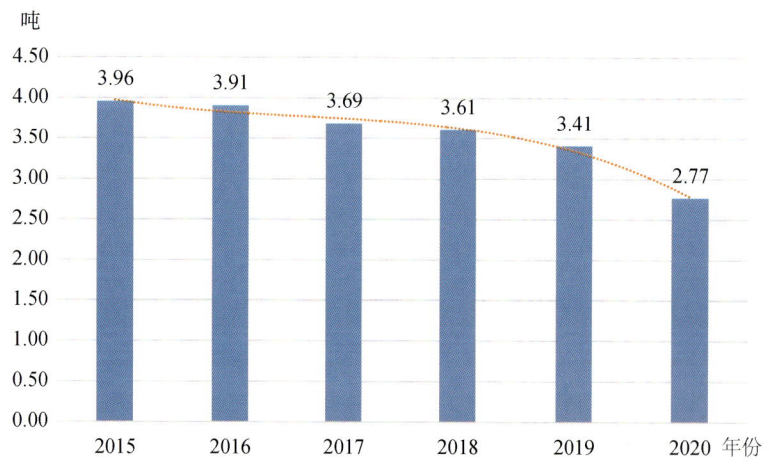

图 23　墨西哥人均二氧化碳排放量（2015—2020 年）

专栏 2 墨西哥城城市空气污染治理[1]

20世纪90年代,墨西哥城的空气污染已经非常严重。当地政府先后出台了《生态平衡与环境保护法》以及针对墨西哥城污染情况的《反污染总体规划》。此外,当地政府还制定了45个控制大气污染的方案。除了推行车辆限行、大面积植树造林之外,政府还在城市管理上下功夫,力求标本兼治地解决首都的大气污染问题。政府将炼油厂、设备陈旧的汽车厂和高污染工厂或关闭或搬迁,同时,向首都经济圈内的企业提供天然气、低硫汽油,替换了以前使用的重油。墨西哥城还推出了一项永久有效的环境污染紧急计划。按照国际标准,大城市的空气质量指数应在100点以下。当地政府规定,当空气指数达到250点时,将要求部分工厂停工、加油站停业;当指数突破350点时,所有的生产和商业活动将基本停止。这个计划得到了非常严格的执行,也收到了良好的成效。

3.4 文化维度

墨西哥城每万人文化设施数量为0.4~0.5;2019年国际旅客数量超过300万人次,但2020年下降至62万人次(图24);2015—2019年旅游收入GDP占比保持在8%左右,但2020年下降至约6.3%(图25)。

图24 墨西哥城国际旅客数量(2015—2020年)

---

[1] 节选自刘莉莉《墨西哥城如何"守得霾开见蓝天"》,决策探索(上半月),2014.

图 25　墨西哥城旅游收入及其 GDP 占比（2015—2020 年）

3.5　治理维度

2020 年墨西哥政府财政自给率约 100%，但财政收入和支出都出现了较大幅度下降，下降至约 2 700 亿美元左右（图 26）；税收贡献率保持在年均 70% 左右（图 27）；2019 年以前负债率基本保持在年均 50% 左右，2020 年上升至约 60%（图 28）。

图 26　墨西哥政府财政收支及财政自给率（2015—2020 年）

图 27　墨西哥税收收入及其财政收入贡献率（2015—2020 年）

图 28　墨西哥政府债务余额及负债率（2015—2020 年）

墨西哥女性参政比例相对较高，2020 年接近 50%（图 29）；2020 年互联网渗透率超过 70%，移动电话普及率接近 80 部/百人（图 30）。墨西哥城在数字化建设方面进行了积极的探索，为城市数字化治理积累了丰富的经验（专栏 3）。

图 29　墨西哥女性参政比例（2015—2020 年）

图 30　墨西哥城互联网渗透率及移动电话普及率（2015—2020 年）

专栏 3　墨西哥城的数字化服务建设[1]

墨西哥城是墨西哥数字化发展程度最高的城市。2019年3月，墨西哥城市政府推出"人人享有数字互联网"项目。目前全城免费Wi-Fi接入点从最初不到100个增至2.15万个，用户数量从77.2万增长到1 120万。墨西哥城政府每年为公共网络接入服务支付的费用约为7亿比索（约3 200万美元）。

墨西哥城市政府积极利用互联网提供便民服务。现在，从墨西哥城门户网站和应用程序上可以办理更换驾照和车辆流通卡等多项手续，包括纳税申报以及在当地注册的出生或结婚证书的核证副本等。2020年受新冠疫情影响，墨西哥城的学校停课一年多，许多学生充分利用免费Wi-Fi上网课。

墨西哥城计划未来进一步提高网络接入点的密度，尤其是学校所在地和贫困社区。墨西哥城接下来将向基础、高中和高等教育的公立学校提供免费Wi-Fi，还将为上千个住房单元提供免费Wi-Fi连接点。预计到2024年，墨西哥城将为千余个社区安装3万多个免费Wi-Fi接入点，覆盖约97%的人口。

---

[1] 节选自彭敏《墨西哥城加快推进数字化服务》，人民日报，2021.

肯尼亚
蒙巴萨
Mombasa

上海指数
全球试点城市应用研究

Application of Shanghai Adapted Index to Global Pilot Cities

1 蒙巴萨概况

蒙巴萨(Mombasa)是肯尼亚第二大城,东非最大港口,滨海省首府。蒙巴萨是肯尼亚最重要的港口,蒙巴萨港位于非洲东岸中部,也是非洲东岸最大的港口。蒙巴萨行政辖区面积约230平方公里,2020年人口数量约130万人(图1)。2019—2020年,蒙巴萨GDP总量年均约48亿美元(图2)。

图1 蒙巴萨人口数量及人口密度(2015—2020年)

图2 蒙巴萨GDP总量及其年均增速(2015—2020年)

2 蒙巴萨可持续发展绩效评估

2015—2020 年蒙巴萨可持续发展综合指数如图 3 所示。2015—2020 年蒙巴萨可持续发展社会、经济、环境、文化和治理子指数如图 4 至图 8 所示。

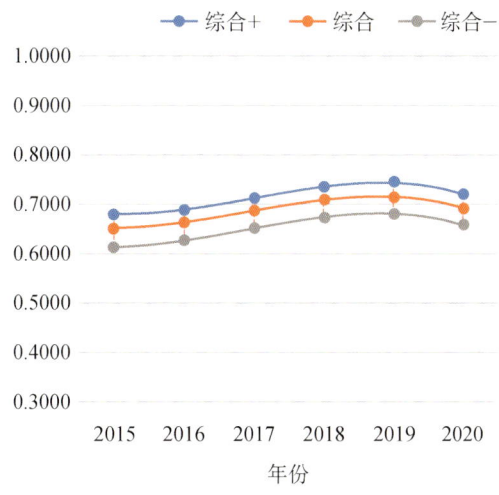

图 3　蒙巴萨可持续发展综合指数
（2015—2020 年）

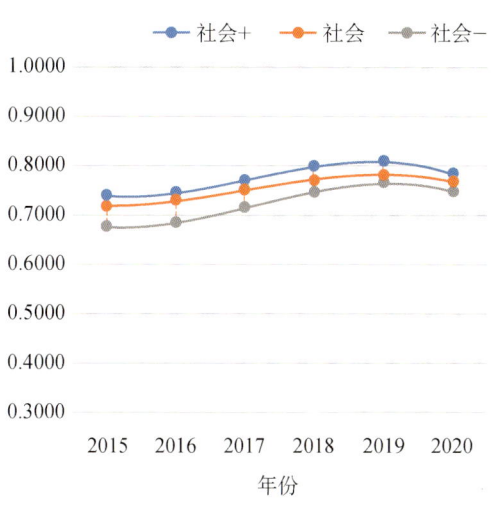

图 4　蒙巴萨可持续发展社会子指数
（2015—2020 年）

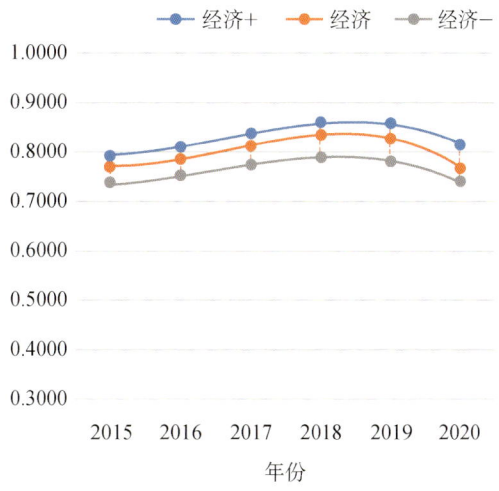

图 5　蒙巴萨可持续发展经济子指数
（2015—2020 年）

图 6　蒙巴萨可持续发展环境子指数
（2015—2020 年）

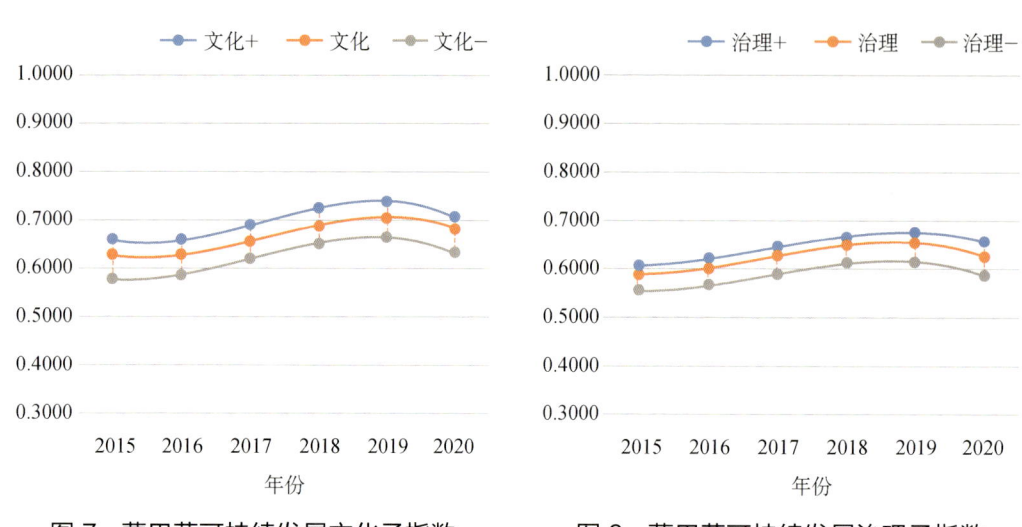

图7 蒙巴萨可持续发展文化子指数
（2015—2020年）

图8 蒙巴萨可持续发展治理子指数
（2015—2020年）

3 蒙巴萨可持续发展绩效分析

3.1 社会维度

2015—2020年蒙巴萨人口数量从110万人增加至130万人，累计增加约20万人；2020年肯尼亚人口数量约为5 200万人，人口年间增速约2%（图9）；人口平均预期寿命从2015年的64.8岁增加至2020年的66.75岁（图10）；人口自然增长率年均在23‰以上（图11）；2020年肯尼亚5岁以下儿童死亡率约42‰（图12）；2020年肯尼亚医疗支出和教育开支都超过50亿美元，二者GDP占比都超过5%（图13，图14）；2015—2020年蒙巴萨对超过100公里的道路安装了路灯；2015—2020年设立了一系列奖学金，为25 000名学生提供了奖学金、为97所公立学校近30 000名学生提供了牛奶。

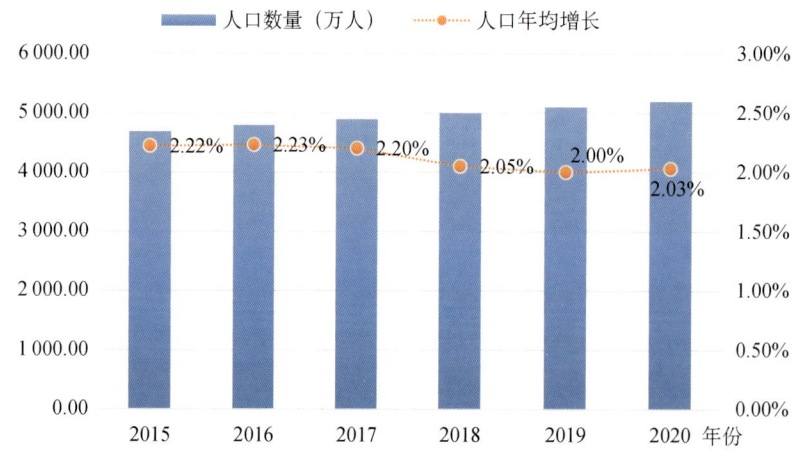

图9 肯尼亚人口数量及其年均增速（2015—2020年）

图 10　肯尼亚人口平均预期寿命（2015—2020 年）

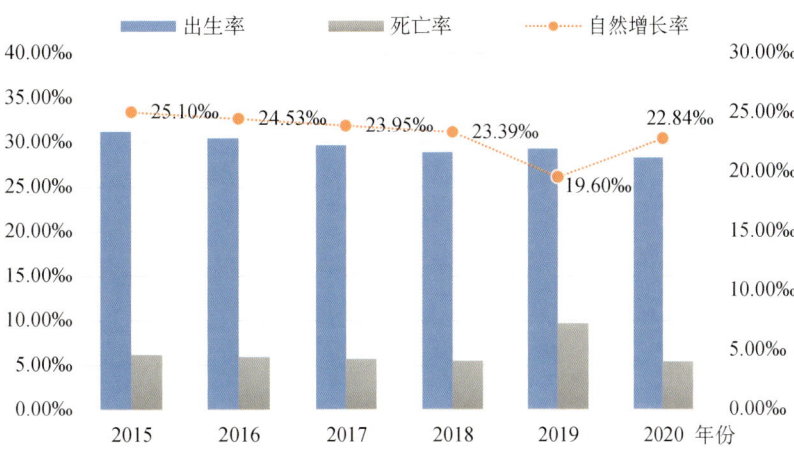

图 11　肯尼亚人口出生率、死亡率及自然增长率（2015—2020 年）

图 12　肯尼亚 5 岁以下儿童死亡率（2015—2020 年）

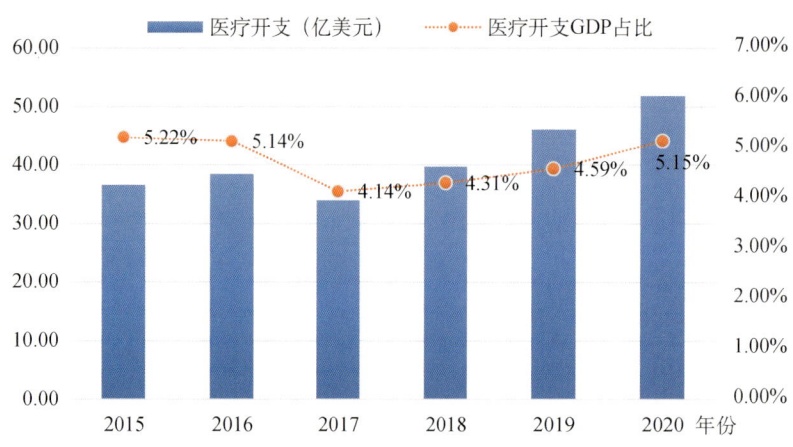

图 13　肯尼亚医疗开支及其 GDP 占比（2015—2020 年）

图 14　肯尼亚教育开支及其 GDP 占比（2015—2020 年）

3.2　经济维度

2015—2019 年,肯尼亚 GDP 年均增速约 5%,GDP 总量从 700 亿美元增加至约 1 000 亿美元,2020 年肯尼亚 GDP 增速放缓至－0.25%(图 15)。2019 年肯尼亚人均 GDP 约 1 780 美元,人均 GDP 增速约 6.4%(图 16)。2019 年蒙巴萨 GDP 总量约 48.2 亿美元,GDP 增速约 6.9%。人均 GDP 约 3 840 美元,人均 GDP 增速 5.4%(图 17)。

图 15　肯尼亚 GDP 总量及其年均增速（2015—2020 年）

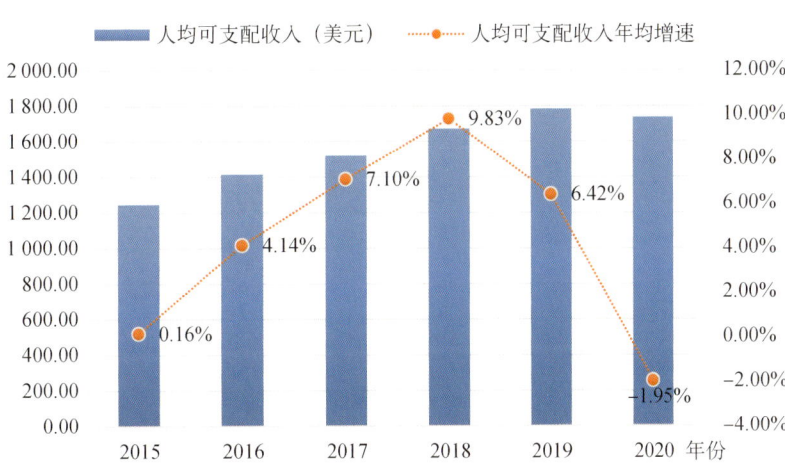

图 16　肯尼亚人均可支配收入及其年均增速（2015—2020 年）

图 17　蒙巴萨人均 GDP 及其年均增速（2015—2020 年）

2020年肯尼亚失业率接近6%,青年失业率接近14%;2015—2020年肯尼亚进出口贸易GDP占比逐年下降,从约40%下降至约27%。2020年进出口贸易额分别约为177亿美元和97亿美元(图18);2017年外商直接投资GDP占比达到1.64%,2019—2020年下降至0.5%以下(图19);工业增加值GDP占比年均约17.7%(图20);制造业增加值GDP占比呈现逐年下降趋势,从2015年的约10%下降至2020年的约7.6%(图21);服务业增加值GDP占比年均在50%以上(图22)。

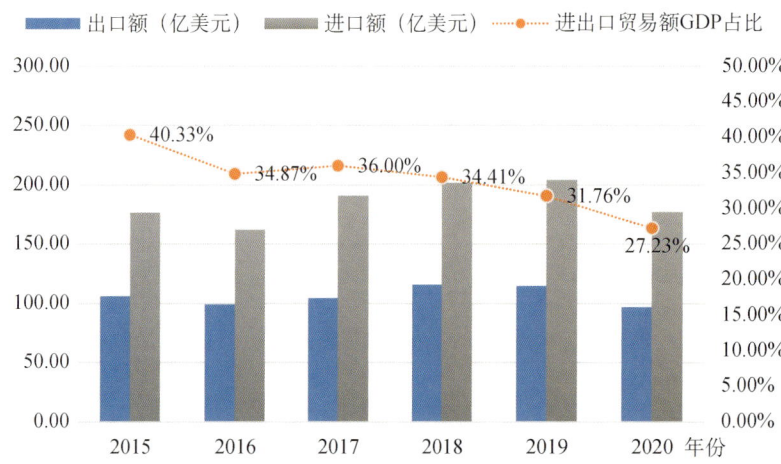

图18 肯尼亚进出口贸易额及其GDP占比(2015—2020年)

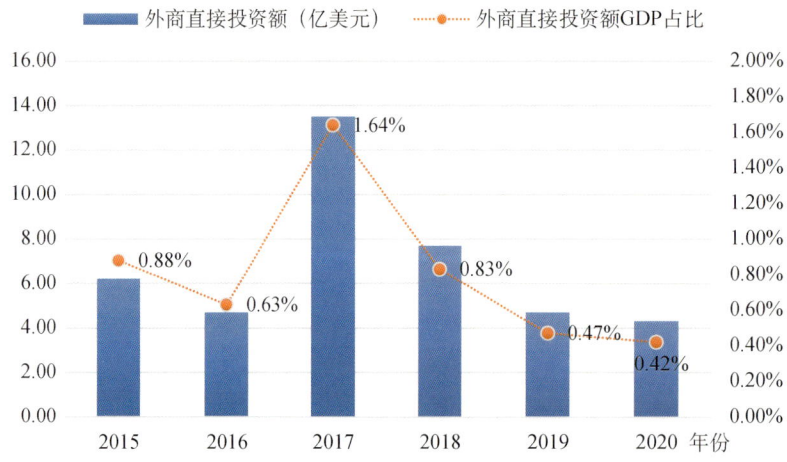

图19 肯尼亚外商直接投资额及其GDP占比(2015—2020年)

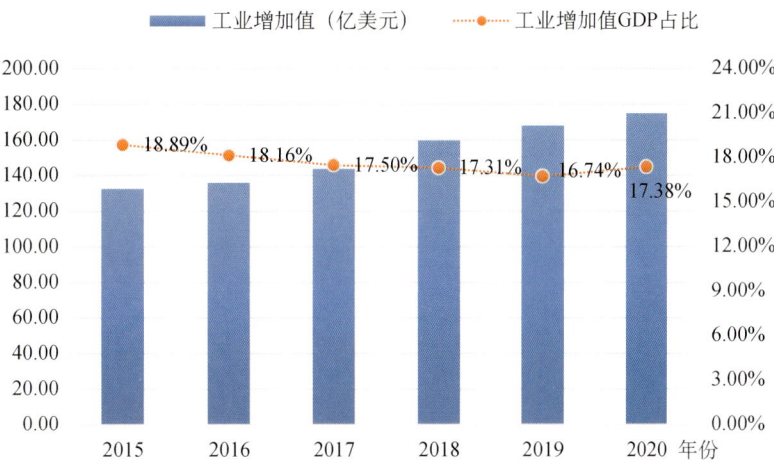

图 20 肯尼亚工业增加值及其 GDP 占比（2015—2020 年）

图 21 肯尼亚制造业增加值及其 GDP 占比（2015—2020 年）

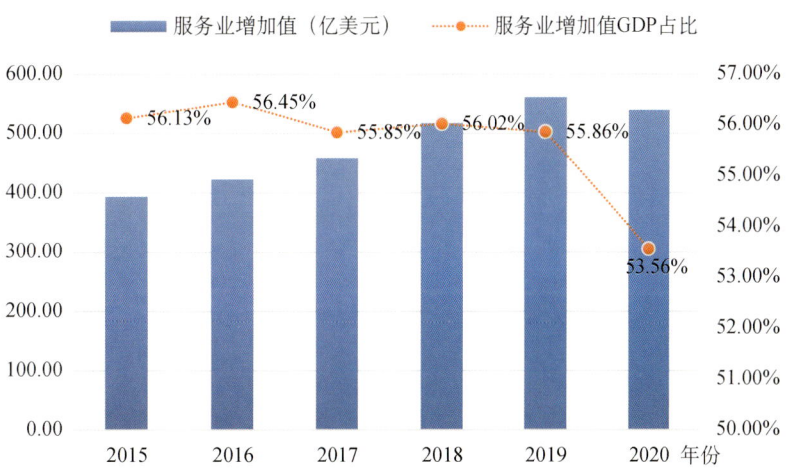

图 22 肯尼亚服务业增加值及其 GDP 占比（2015—2020 年）

3.3 环境维度

蒙巴萨每天产生近1 000吨垃圾,年人均垃圾产生量约0.3吨。2017—2018年,政府投入了多辆垃圾回收车,2018年垃圾回收率从之前的20%左右明显提升至52%左右,2019年上升至约60%。淡水资源紧缺是蒙巴萨面临的严峻挑战,但政府也在铺设供水管道等设施,例如为蒙巴萨严重缺水地区利克尼(Likoni)修建了5公里的供水管道和6个供水亭,基本解决了该地区1 200户家庭的用水问题。近几年,蒙巴萨耗资约6 000万先令(约50万美元)打了22口水井。肯尼亚森林覆盖率只有6.3%左右;年人均二氧化碳排放量只有0.3~0.35吨(图23);基本饮用水覆盖率在60%左右(图24);基本卫生服务覆盖率在33%以下(图25)。

图23 肯尼亚人均二氧化碳排放量(2015—2020年)

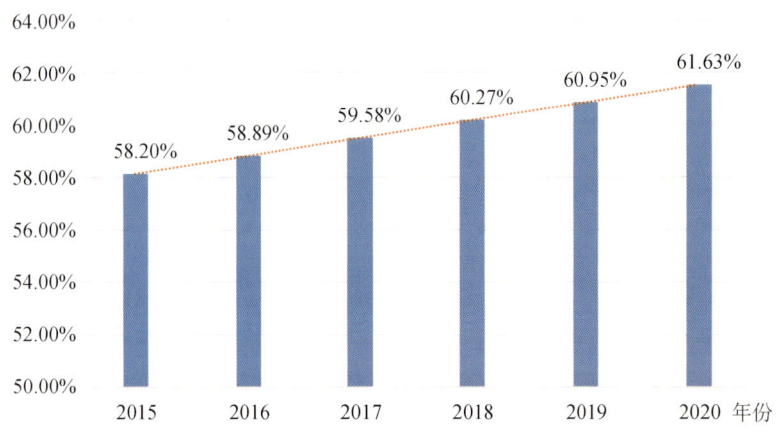

图24 肯尼亚基本饮用水覆盖率(2015—2020年)

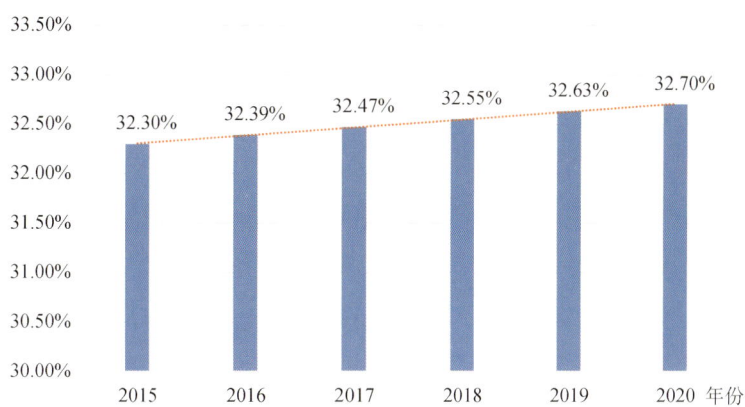

图 25　肯尼亚基本卫生服务覆盖率（2015—2020 年）

3.4　文化维度

2019 年肯尼亚旅游收入约 9 亿美元，其 GDP 占比约 0.9%。2020 年旅游收入下降至 3.5 亿美元，其 GDP 占比也只有 0.35%（图 26）。蒙巴萨世界文化遗产耶稣堡是众多游客重要的参访地之一，为蒙巴萨的文旅产业作出了重要贡献（专栏 1）。

图 26　肯尼亚旅游收入及其 GDP 占比（2015—2020 年）

专栏 1　　蒙巴萨世界文化遗产——耶稣堡[1]

耶稣堡位于肯尼亚南部海港城市蒙巴萨，是葡萄牙人于 1593—1596 年

---

[1]　节选自刘志雄《耶稣堡 东非四百年的缩影》，中国投资，2019.

为腓力二世修建的一座城堡，用于保护蒙巴萨港口。该城堡由乔瓦尼·巴蒂斯塔·凯拉迪（Giovanni Battista Cairati）设计，是16世纪葡萄牙军事要塞建筑中最出色的作品之一，代表着此类建筑物历史上的一个里程碑，受到了良好的保护。2011年被联合国教科文组织列入世界文化遗产名录。

蒙巴萨对耶稣堡进行旅游开发，以带动旅游业的发展。每年都有大量游客慕名而来，给当地政府带来了大量的旅游收入。当地政府在进行开发的同时，也没有忘记对耶稣堡进行保护，肯尼亚政府对其的保护投入了大量的精力、资金。在对耶稣堡进行保护的时候，工作人员充分地遵循了遗产保护的要求，使得该文化遗产得到良好的保存。为了保护其真实性，保护人员在维护的时候采用与该城堡原材料一样的材料，并且采用传统的方式进行修复和保护工作。同时还注重遗产周围环境的真实性，划定遗产区保护区，最大程度上保持其原貌。耶稣堡位于海岸地带，其珊瑚岩基座常年受到海水侵蚀，遗产保护人员考虑到这一情况，加强了对沿岸岩石的控制。更进一步，肯尼亚政府制定遗产保护法，用法律的手段对遗产进行保护。

3.5 治理维度

2015—2019年肯尼亚财政收入稳步增加，从135亿美元增加至约190亿美元，2018年财政支出接近220亿美元(图27)；税收贡献率稳步增加，2020年接近83%(图28)；肯尼亚负债率从2015年的49.8%上升至2020年67.6%(图29)；2020年肯尼亚的互联网渗透率只有约30%(图30)，移动电话普及率达到了约114部/百人(图31)。

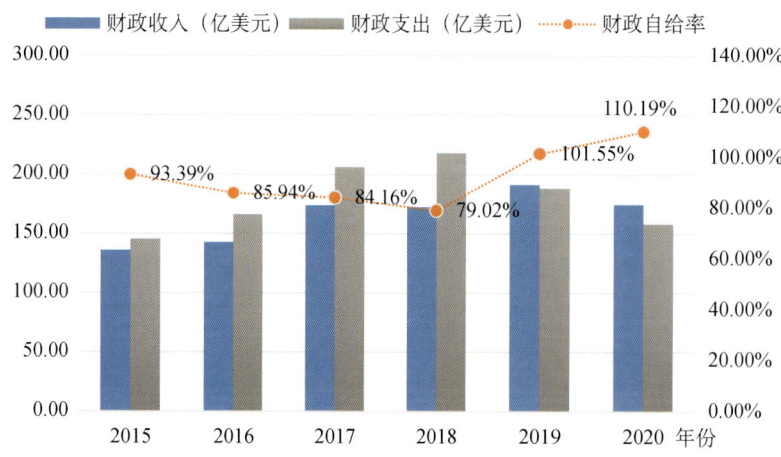

图27　肯尼亚政府财政收支及财政自给率（2015—2020年）

图 28　肯尼亚税收收入及其财政收入贡献率（2015—2020年）

图 29　肯尼亚债务余额及负债率（2015—2020年）

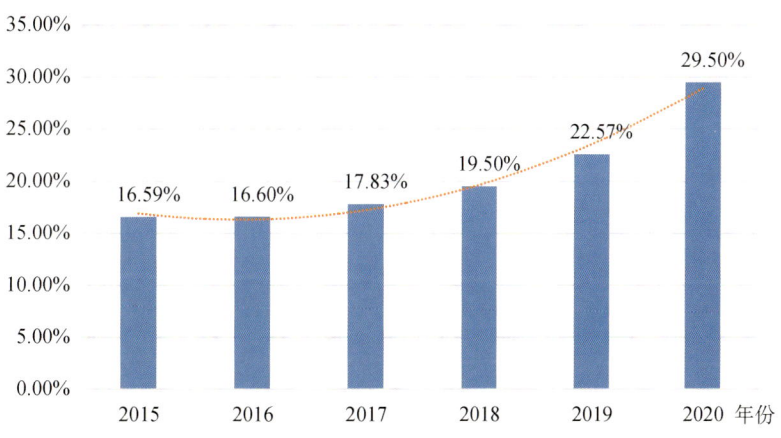

图 30　肯尼亚互联网渗透率（2015—2020年）

图 31　肯尼亚移动电话普及率（2015—2020 年）

俄罗斯
莫斯科
Moscow

上海指数
全球试点城市应用研究

Application of Shanghai Adapted Index to Global Pilot Cities

1 莫斯科概况

莫斯科是俄罗斯联邦首都,俄罗斯的政治、经济、文化、金融、交通中心以及最大的综合性城市。莫斯科地处俄罗斯欧洲部分中部、东欧平原中部,跨莫斯科河及支流亚乌扎河两岸。莫斯科行政辖区面积约 1 561.5 平方公里,2020 年人口数量约 1 253 万人,人口密度接近 4 900 人/平方公里(图 1)。2019 年 GDP 总量约 800 亿美元,2020 年受新冠疫情影响,GDP 总量下降至 730 亿美元(图 2)。

图 1 莫斯科人口数量及人口密度(2015—2020 年)

图 2 莫斯科 GDP 总量及人均 GDP(2015—2020 年)

2 莫斯科可持续发展绩效评估

2015—2020年莫斯科可持续发展综合指数如图3所示。2015—2020年莫斯科可持续发展社会、经济、环境、文化和治理子指数如图4至图8所示。

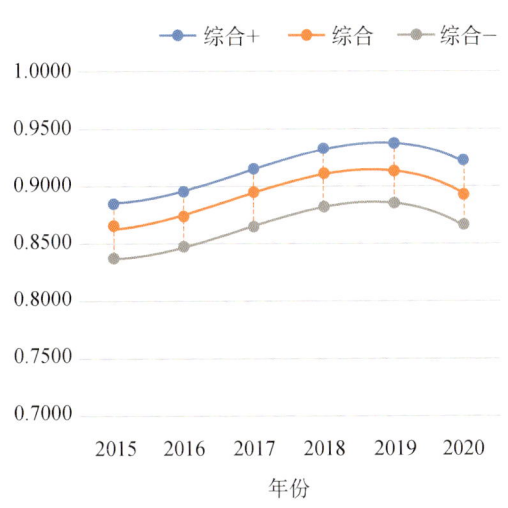

图3 莫斯科可持续发展综合指数
（2015—2020年）

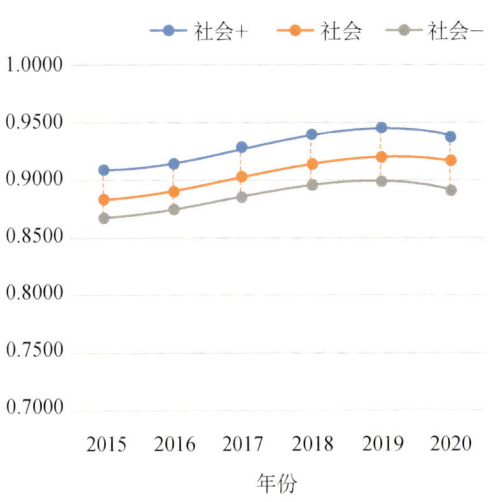

图4 莫斯科可持续发展社会子指数
（2015—2020年）

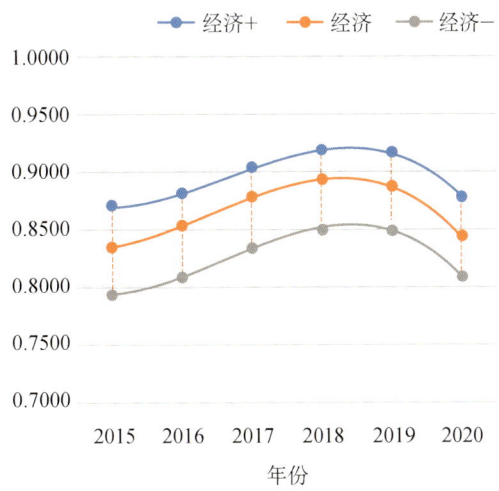

图5 莫斯科可持续发展经济子指数
（2015—2020年）

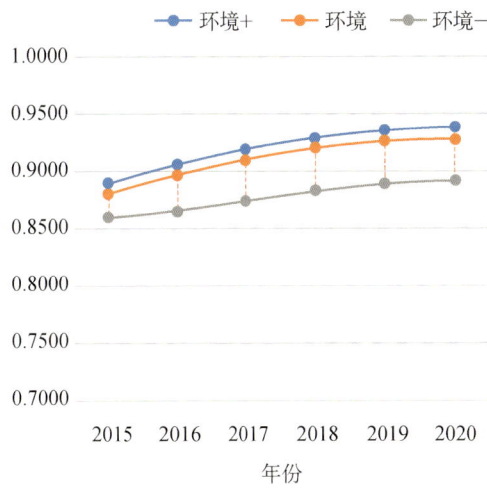

图6 莫斯科可持续发展环境子指数
（2015—2020年）

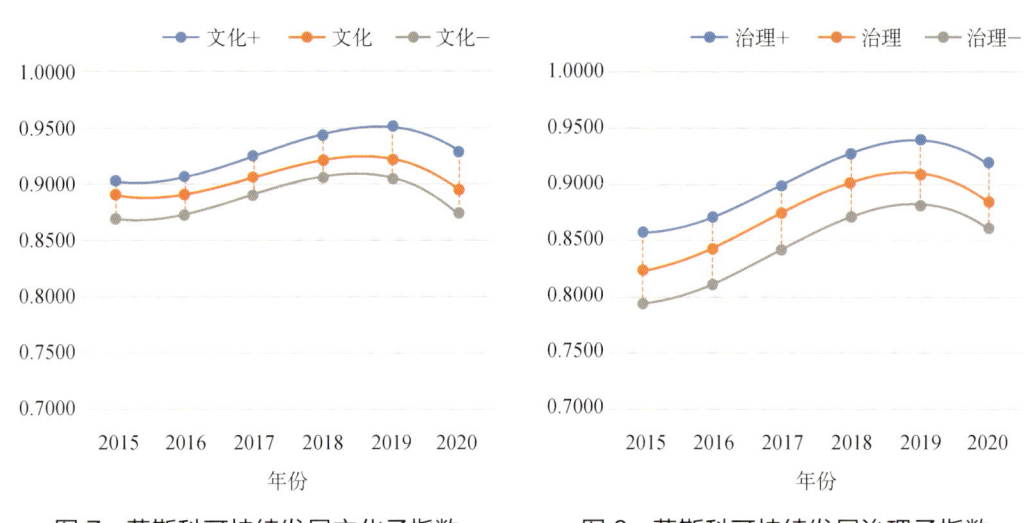

图 7　莫斯科可持续发展文化子指数
（2015—2020 年）

图 8　莫斯科可持续发展治理子指数
（2015—2020 年）

3　莫斯科可持续发展绩效分析

3.1　社会维度

2020 年俄罗斯人口总量约 1.45 亿人（图 9），莫斯科约 1 253 万人，莫斯科人口占俄罗斯人口总数约 8.6%；2019 年俄罗斯人口平均预期寿命约 73.3 岁，人口自然增长率下降至 −4.4‰（图 10）；俄罗斯和莫斯科 5 岁以下儿童死亡率呈现逐年下降趋势，2020 年分别为 5.5‰ 和 4‰ 左右（图 11）；2020 年莫斯科每万人医院病床数量超过 50 张（图 12）；2020 年莫斯科人均住房面积超过 36 平方米（图 13）。

图 9　俄罗斯人口数量及其年均增速（2015—2020 年）

图 10　俄罗斯人口出生率、死亡率及自然增长率（2015—2020年）

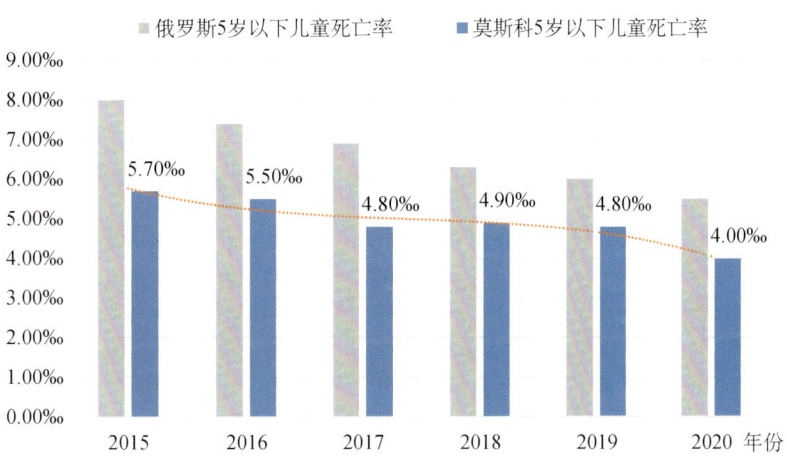

图 11　俄罗斯和莫斯科 5 岁以下儿童死亡率（2015—2020年）

图 12　莫斯科医院病床数量及每万人病床数量（2015—2020年）

图 13　莫斯科人均住房面积（2015—2020 年）

3.2　经济维度

2015—2019 年俄罗斯 GDP 总量从 1.08 万亿美元增加至 1.47 亿美元，2017—2019 年 GDP 年均增速约 2.3%（图 14）。2015—2019 年莫斯科 GDP 总量从 520 亿美元增加至 800 亿美元。2019 年俄罗斯人均 GDP 超过 1 万美元，但 2020 年人均 GDP 增速下降约 −12%，人均 GDP 下降至 9 000 美元以下（图 15）；2019 年莫斯科人均月收入约 730 美元，俄罗斯人均月收入约为 545 美元（图 16）。

图 14　俄罗斯 GDP 总量及其年均增速（2015—2020 年）

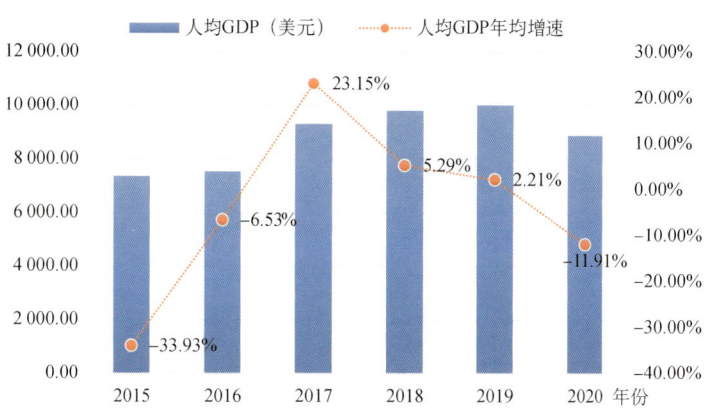

图 15　俄罗斯人均 GDP 及其年均增速（2015—2020 年）

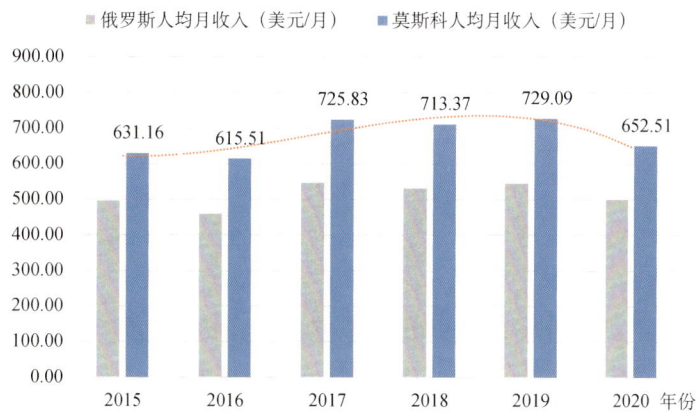

图 16　俄罗斯和莫斯科人均月收入（2015—2020 年）

俄罗斯有超过 1 000 万人就业于小微企业,莫斯科约有超过 60 万人就业于小微企业（图 17）;2020 年俄罗斯进出口贸易额 GDP 占比约 40%,出口额有所下降,不到 3 500 亿美元（图 18）;俄罗斯石油价格波动较大,2016 年跌至约 136 美元/吨,2018—2019 年上升至约 230 美元/吨,2020 年又跌至 2015 年的水平,约 167 美元/吨,2021 年上升至约 286 美元/吨（图 19）。

图 17　俄罗斯和莫斯科小微企业就业人数（2015—2020 年）

图 18　俄罗斯进出口贸易额及其 GDP 占比（2015—2020 年）

图 19　俄罗斯石油价格（2015—2020 年）

3.3　环境维度

俄罗斯一般工业固体废弃物综合利用在50%左右(图20);可再生能源消耗占总能耗的2%～3%;莫斯科年人均生活垃圾产生量为0.4～0.5吨;年人均污水排放量为120～130吨;年人均二氧化碳排放量在13吨以上(图21)。

图 20　俄罗斯一般工业固体废弃物产生量、处理量及综合利用率（2015—2021 年）

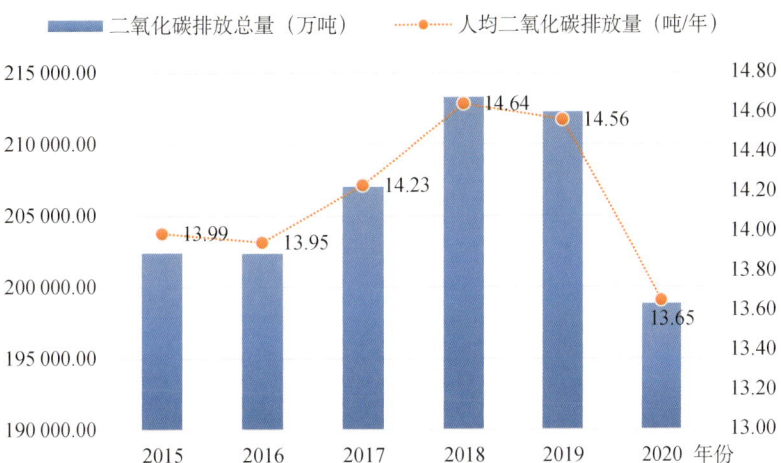

图 21　俄罗斯二氧化碳排放总量及人均排放量（2015—2020 年）

3.4　文化维度

莫斯科每万人文化设施数量为 0.7～0.8 个；俄罗斯和莫斯科在文化建设中尤为重视青少年群体。2015—2017 年，莫斯科公共图书馆注册用户中 14 岁以下用户占 35% 以上（图 22）；博物馆参访人群中 16 岁以下人群接近 50%（图 23）；剧院活动中儿童演出超 60%（图 24）；2019 年莫斯科游客数量超过 2 500 万人次，其中，国际游客占比约 23%（图 25）。

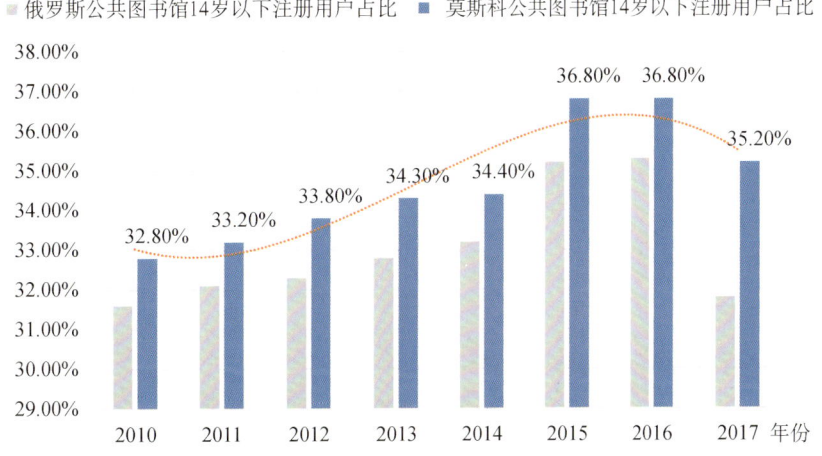

图 22　俄罗斯和莫斯科公共图书馆 14 岁以下注册用户占比（2010—2017 年）

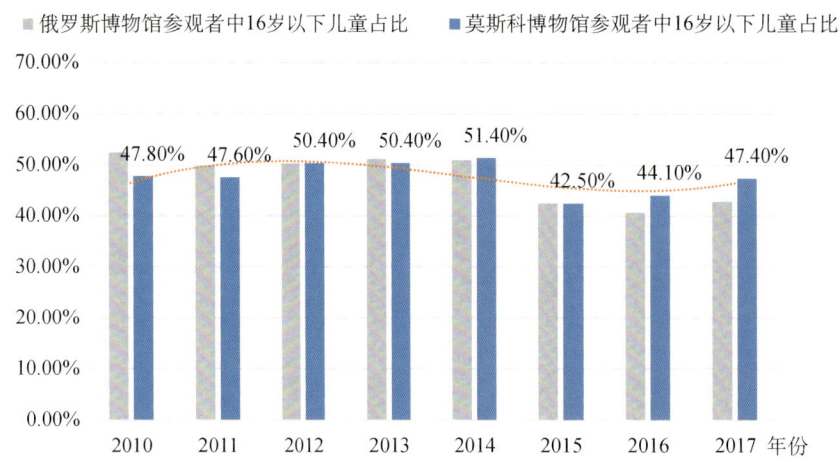

图 23　俄罗斯和莫斯科博物馆参观者中 16 岁以下儿童占比（2010—2017 年）

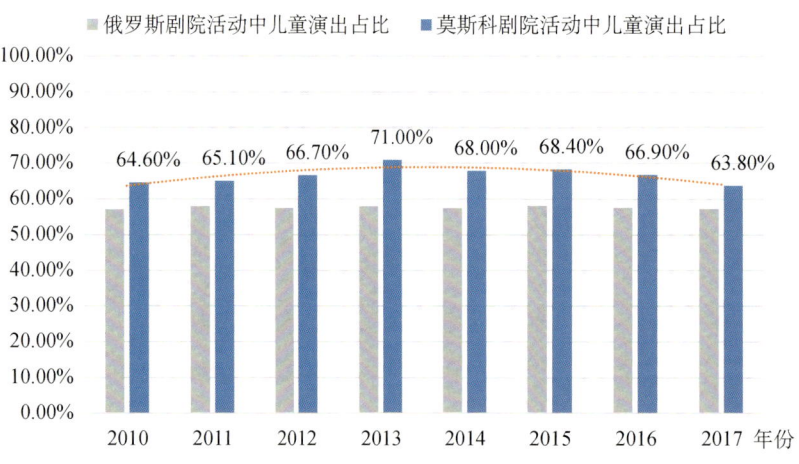

图 24　俄罗斯和莫斯科剧院活动中儿童演出占比（2010—2017 年）

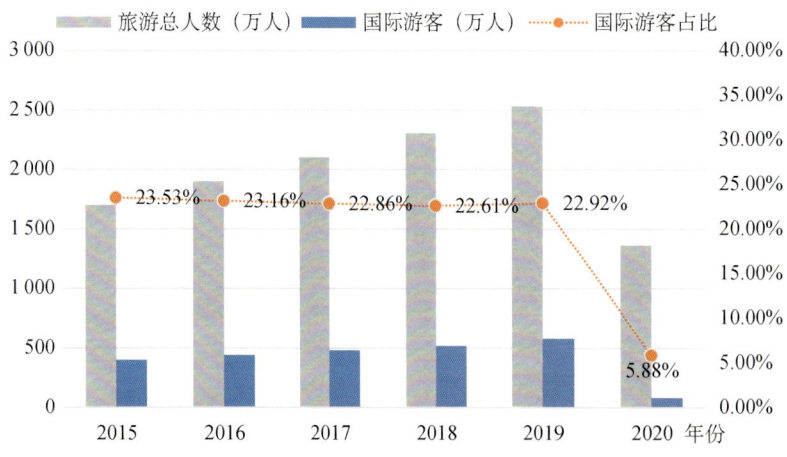

图 25　莫斯科旅游总人数及国际游客占比（2015—2020 年）

3.5 治理维度

俄罗斯财政自给率波动较大,2015—2019年从约100%下降至约81%,2020年又上升至111%以上(图26);税收贡献率相对较低,在30%左右(图27);2017年开始,俄罗斯的负债率基本保持在30%左右(图28)。

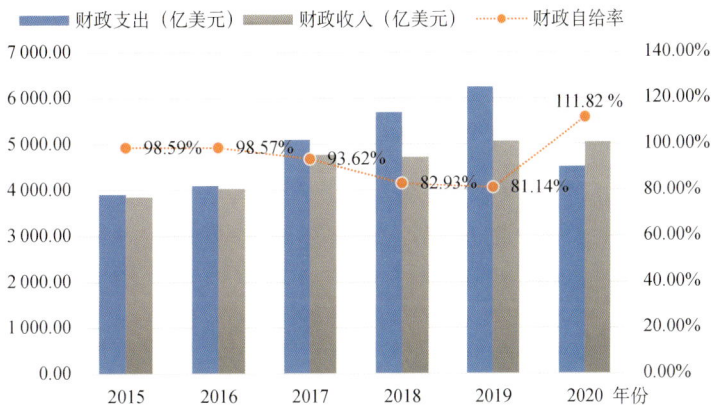

图26 俄罗斯财政收支及财政自给率（2015—2020年）

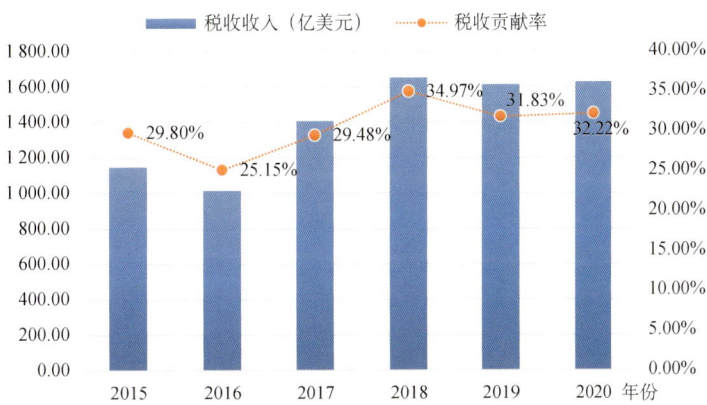

图27 俄罗斯税收收入及其财政收入贡献率（2015—2020年）

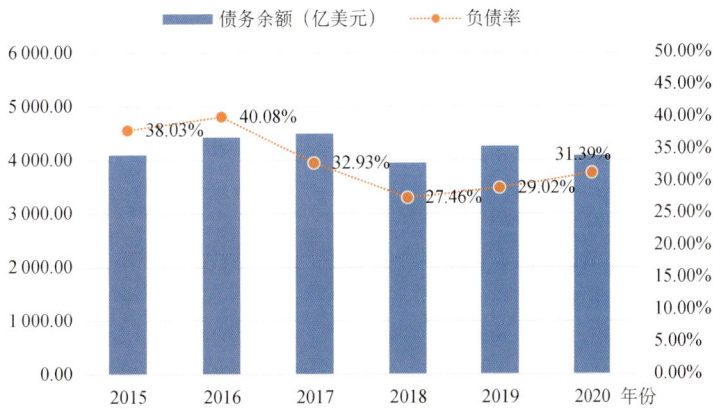

图28 俄罗斯政府债务余额及负债率（2015—2020年）

俄罗斯政府公职人员数量较为庞大,2020年每万人公职人员数量接近110人(图29);2020年俄罗斯社会组织数量接近15万个,每万人社会组织数量约10个。莫斯科社会组织数量接近5 400个,每万人社会组织数量约4个(图30)。

图29　俄罗斯政府公职人员数量及每万人政府公职人员数量(2015—2020年)

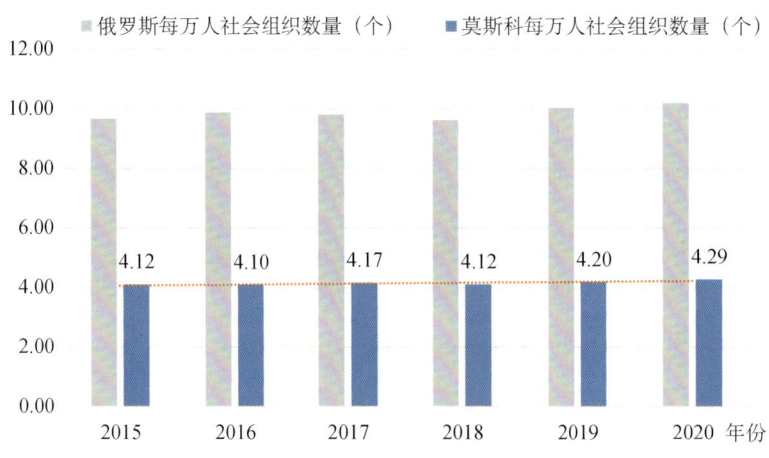

图30　俄罗斯和莫斯科每万人社会组织数量(2015—2020年)

俄罗斯在低收入人群社会保障政策方面有非常详尽的制度安排。2020年俄罗斯和莫斯科的最低生活保障水平分别是约160美元/月·人和约187美元/月·人(图31)。2020年俄罗斯低保人口占比约12%(图32),其中儿童占比约25%(图33)。2020年莫斯科低保人口占比约4%(图34),其中儿童占比约4%(图35)。

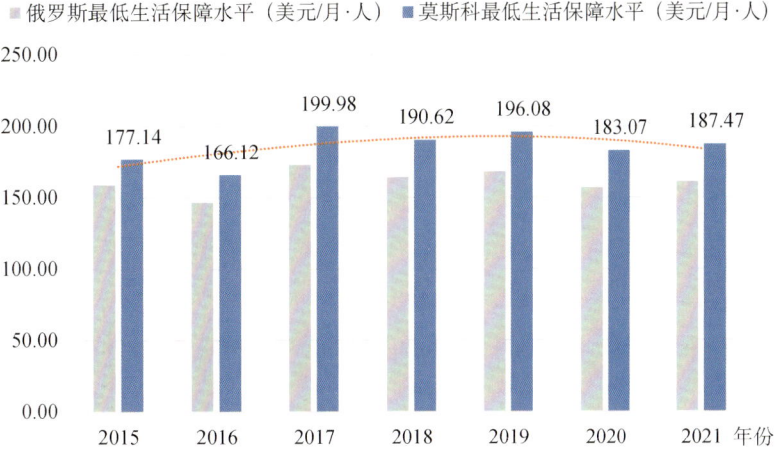

图 31　俄罗斯和莫斯科最低生活保障水平（2015—2021 年）

图 32　俄罗斯低保人口数量及其在总人口中的占比（2015—2020 年）

图 33　俄罗斯儿童总数及领取儿童津贴的人数占比（2015—2021 年）

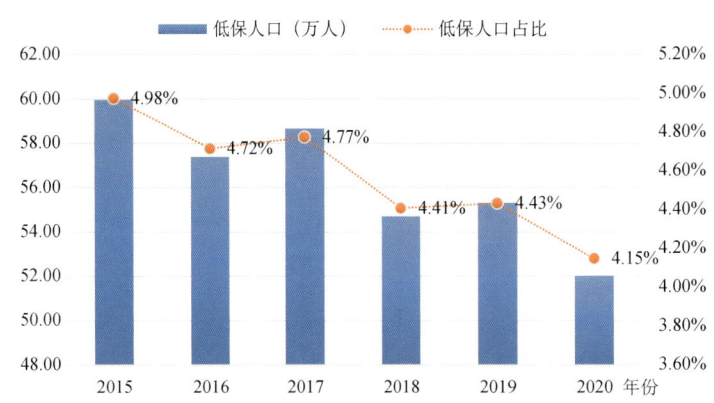

图 34　莫斯科低保人口数量及其在总人口中的占比（2015—2020 年）

图 35　莫斯科儿童总数及领取儿童津贴的人数占比（2015—2021 年）

俄罗斯互联网渗透率已超过 96%，莫斯科接近 100%（图 36）；莫斯科移动电话普及率超过 200 部/百人（图 37）；俄罗斯 R&D 支出 GDP 占比年均为 1.2%～1.3%（图 38），莫斯科年均为 2.5%～3%（图 39）。2020 年，俄罗斯和莫斯科 R&D 人员全时当量分别约为 46 人年/万人（图 40）和 70 人年/万人（图 41）。莫斯科制定了 2035 城市规划，为莫斯科未来的整体发展目标和重点做了明确的勾勒（专栏 1）。

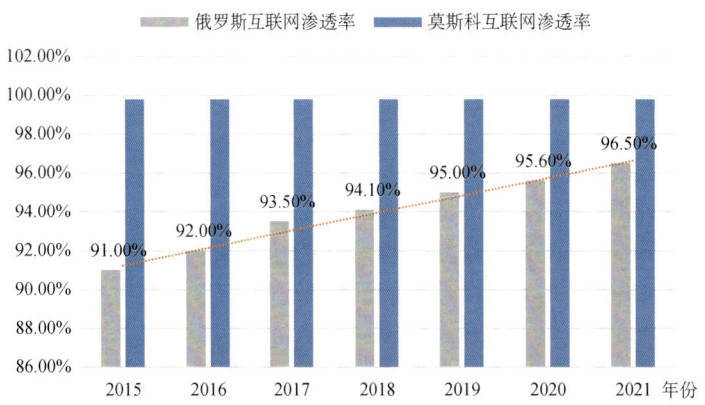

图 36　俄罗斯和莫斯科互联网渗透率（2015—2021 年）

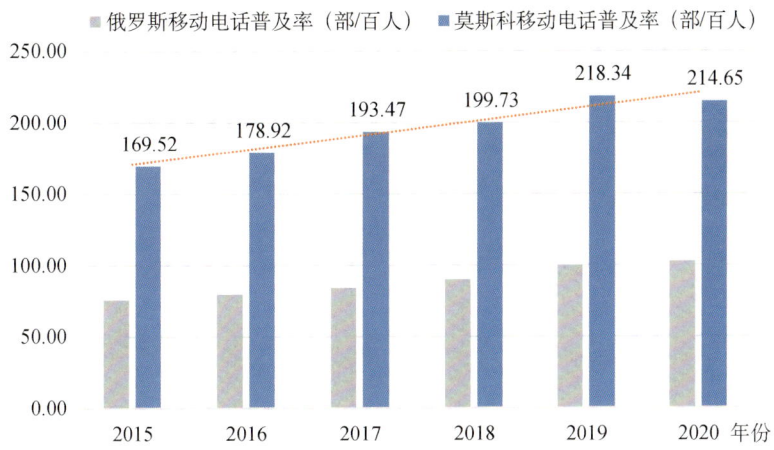

图 37 俄罗斯和莫斯科移动电话普及率（2015—2020 年）

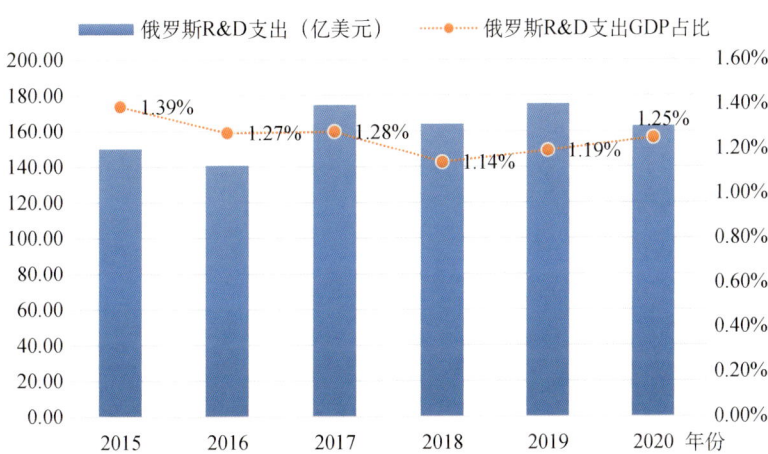

图 38 俄罗斯 R&D 支出及其 GDP 占比（2015—2020 年）

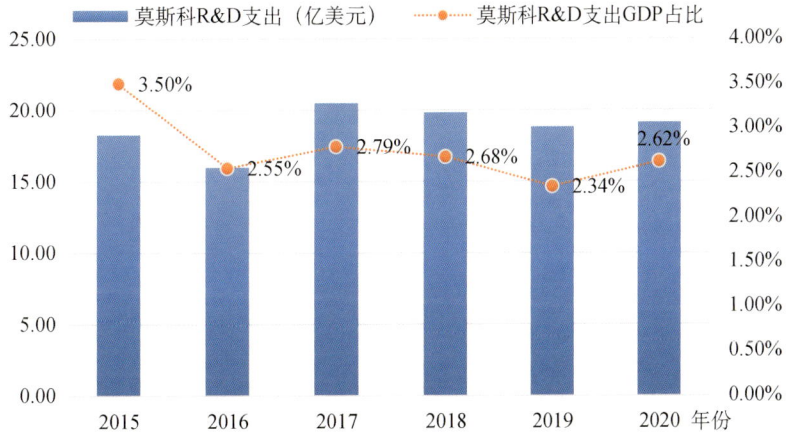

图 39 莫斯科 R&D 支出及其 GDP 占比（2015—2020 年）

图 40 俄罗斯 R&D 人员全时当量及每万人全时当量（2015—2020 年）

图 41 莫斯科 R&D 人员全时当量及每万人全时当量（2015—2020 年）

专栏 1　莫斯科 2035 城市总体规划焦点关注[1]

2017 年《莫斯科 2035 总体规划》正式发布。主要内容包括三个方面：一是城市核心区域即莫斯科旧城区发展和治理；二是莫斯科市在不断发

---

[1] 节选自李锡奎《〈莫斯科 2035 年前城市总体规划〉内容、社会反响及相关启示》，欧亚人文研究（中俄文），2021.

展过程中与莫斯科州之间的统筹协调发展问题；三是新并入区域的开发和发展。

关注焦点

（1）关注历史文化保护，打造多中心格局以疏解城区压力。2035年将莫斯科打造成为以首都"历史中心"为核心，其他多个"中心"环绕的多中心、多功能城市格局。历史中心以克里姆林宫为标志，汇聚历史悠久的古建筑、著名影剧院及行政机构，是莫斯科最为核心的地区。莫斯科拥有近900年历史，保存有大量历史文化遗迹，仅国家级文物建筑就有1 000多座。规划中，对于首都历史文化中心功能和文化遗产的保护给予了充分重视，强调优先解决莫斯科中心区历史建筑物改造和修缮问题，保持城市中心区历史文脉的延续。

（2）莫斯科城市发展不再各自为政，城乡区域协调发展理念得以体现。将周边地区卫星城带纳入整体规划发展策略中，在莫斯科市和莫斯科州的景观综合体之间建立自然联系，建造统一的莫斯科地铁枢纽系统，工程基础设施捆绑发展，统筹兼顾市政交通、经济商贸、休闲娱乐、人文教育及住房建设等有序发展。

（3）将所有的原则和理念都聚焦在具体的数字之上。计划到2035年，莫斯科新并入区域新增就业岗位将达100万个，建设多达2 000万平方米的公共设施，其中包括110所学校、300所幼儿园、30个综合诊所、20所医院和100个文化休闲场地；规划内容还包括公路和铁路网络的发展，新区境内公路总长度将超过2 000公里，铁路线密集度将增加到每平方公里3.8公里；新建87个交通站点，包括横跨铁路的12座立交桥，修建72公里地铁线路和33个地铁站、25个交通枢纽换乘站；对新区内现有供水和污水处理系统，热电和煤气供应等基础设施进行大规模开发和现代化改造，具体包括：改建和重建714公里供水系统和101个供水设施，建造11个污水泵站，建造和搬迁508公里污水管道，新建污水处理厂，修建380处地表径流处理设施和500公里雨水排水系统等。

1 纽约概况

纽约位于美国纽约州东南部大西洋沿岸,是美国第一大城市及第一大港口,纽约都市圈为世界上最大的都市圈之一。纽约是一座世界级城市,包括联合国总部在内的世界上很多国际机构和跨国公司及银行的总部都设在纽约。纽约市总面积达 1 214.4 平方公里,陆地面积约为 783.7 平方公里。人口数量基本保持在 840~850 万人(图 1),人口密度为 10 000~11 000 人/平方公里。2015—2020 年纽约 GDP 总量为 8 000~8 500 亿美元(图 2)。

图 1 纽约人口数量(2015—2020 年)

图 2 纽约 GDP 总量及其年均增速(2015—2020 年)

2 纽约可持续发展绩效评估

2015—2020年纽约可持续发展综合指数如图3所示。2015—2020年纽约可持续发展社会、经济、环境、文化和治理子指数如图4至图8所示。

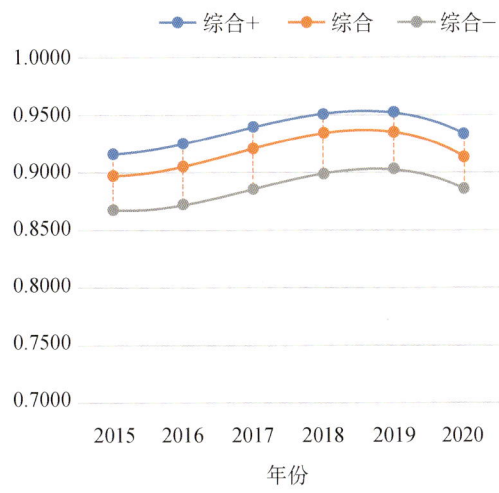

图3 纽约可持续发展综合指数
（2015—2020年）

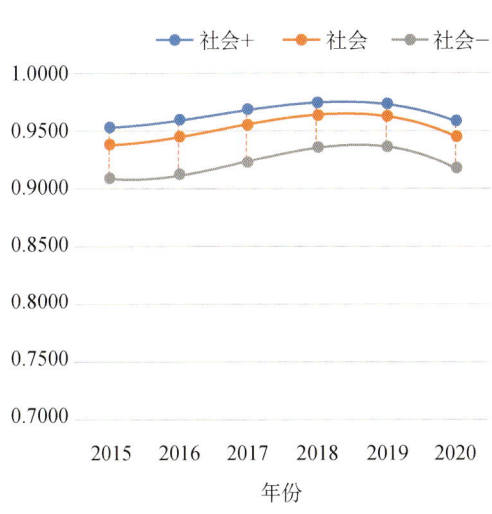

图4 纽约可持续发展社会子指数
（2015—2020年）

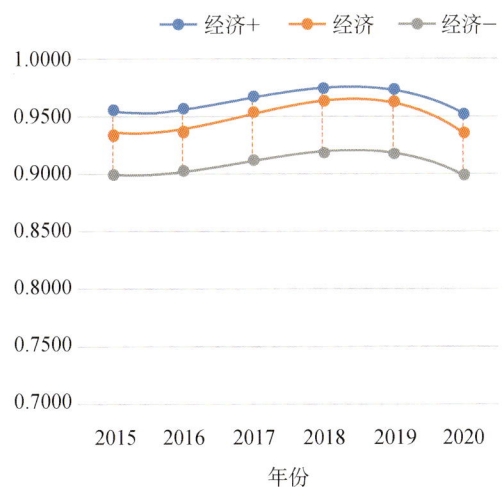

图5 纽约可持续发展经济子指数
（2015—2020年）

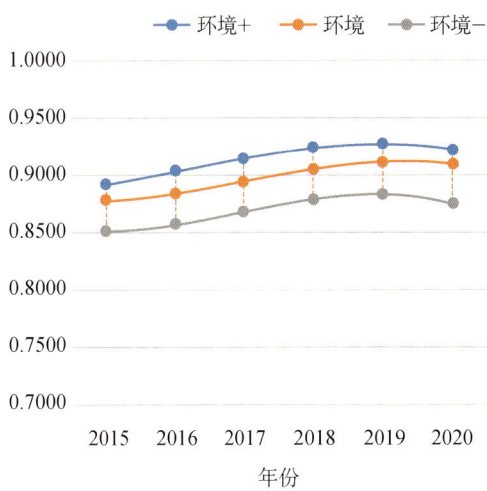

图6 纽约可持续发展环境子指数
（2015—2020年）

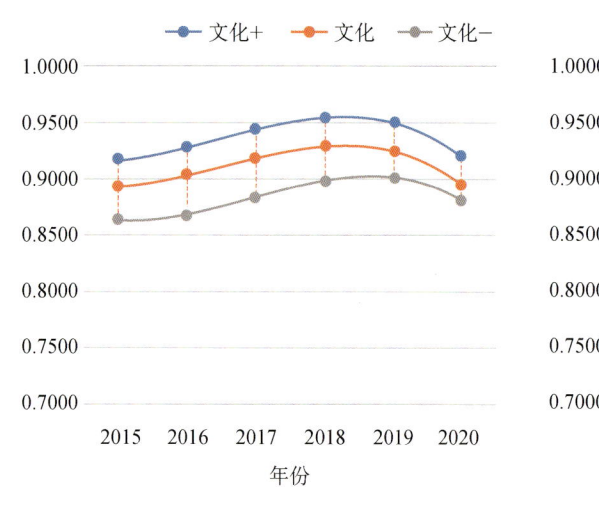

图7　纽约可持续发展文化子指数
（2015—2020年）

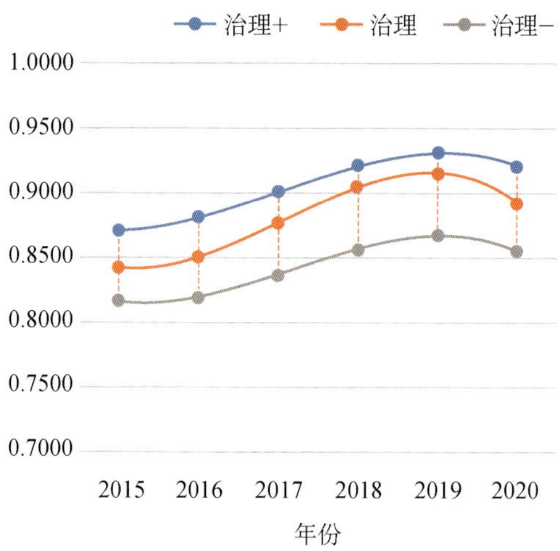

图8　纽约可持续发展治理子指数
（2015—2020年）

3　纽约可持续发展绩效分析

3.1　社会维度

2020年纽约人口接近850万，人口密度接近11 000人/平方公里。人口平均预期寿命为81~82岁；人口自然增长率稳中有降，2020年约为6‰；5岁以下儿童死亡率为4‰~6‰；每万人医护人员数量年均约80人；幼小初学生数量约100万人，每万人教师数量年均为90人（图9）；2015—2019年公共交通年人均搭乘量为280~310人次，2020年下降至约85人次（图10）。

图9　纽约幼小初教师总人数及每万人幼小初教师人数（2015—2020年）

图 10　纽约公共交通年人均搭乘量（2015—2020 年）

3.2　经济维度

2020 年纽约 GDP 总量约 8 527 亿美元,年均增速为－2.27%。人均可支配收入从 2015 年的约 6.4 万美元上升至 2020 年的约 8.3 万美元,累计增加近 2 万美元,年均增速超过了 5%（图 11）；2015—2019 年纽约失业率稳中有降,从 5.6% 下降至 3.9%,但 2020 年受新冠疫情影响,失业率大幅攀升,超过了 12%（图 12）；2015—2019 年纽约外商直接投资额稳中有升,其 GDP 占比从约 9% 上升至约 11%,2020 年受新冠疫情影响下降至约 9.6%（图 13）；2015—2019 年固定资产投资额 GDP 占比年均约 9%,但稳中有升,2020 年接近 10%（图 14）。

图 11　纽约居民可支配收入及其年均增速（2015—2020 年）

图 12　纽约失业率（2015—2020 年）

图 13　纽约外商直接投资额及其 GDP 占比（2015—2020 年）

图 14　纽约固定资产投资额及其 GDP 占比（2015—2020 年）

3.3 环境维度

纽约人均污水产生量逐年增加,年均在 160 吨以上;2020 年人均一般工业固体废弃物产生量接近 1 吨;生活垃圾产生量为 0.5～0.6 吨/人年;人均公园绿地面积为 12～13 平方米,以纽约高线公园为代表的绿地公园建设,为城市绿色发展提供了宝贵的经验(专栏 1);2015—2020 年美国可再生能源消耗在总能耗中的占比逐年提升,从约 7% 上升至 8.5% 左右。纽约的可再生能源消耗在总能耗中的占比从约 17.7% 上升至 25.1%(图 15);2015—2018 年美国年人均二氧化碳排放量一直在 16 吨以上,2019 年下降至 16 吨以下,2020 年下降至 15 吨以下(图 16)。从纽约能源消耗来看,其年人均二氧化碳排放量远高于全国平均水平。

图 15　美国和纽约可再生能源消耗在总能耗中的占比（2015—2020 年）

图 16　美国人均二氧化碳排放量（2015—2020 年）

专栏 1　　纽约高线公园实践经验借鉴[1]

高线公园位于纽约曼哈顿西切尔西区，是一座高架铁路建筑，建于1929—1934年间，为曼哈顿西侧的工业和制造业区提供服务。高线公园曾一度是切尔西工业片区的"交通生命线"。随着州际运输交通需求的增长，州内轨交和高线铁路运量下降，高线逐渐失去运输作用。1999年，非营利性组织提出了将废弃高线更新为城市开放空间的策略，改变了高线的命运。2002年，改造高线的设想得到了纽约市议会的支持。2009年高架一期建设完成，开放从甘斯沃尔特街至西二十街约0.8千米的第一区段；2011年第二期工程完工，开放约0.8千米的西二十街到西三十街区段；2014年开放约0.7千米长的西三十街到西三十四街区段。现在高线公园由纽约市政府所有，管辖权则归纽约市公园管理局，实际运营由高线之友负责，每年都会举办各种展览及演出，并吸引大量私人投资，成为纽约最具活力的区域之一。

经验借鉴

（1）空间营建制度创新——开发权转移。将因高线公园建设而无法兑现的开发权转移至精心选定的区域，转入的开发权可转为居住和商业功能使用，使其所创造的价值高于原作为制造业用地的价值，既保障了高线再开发的顺利进行，也保证了公园景观。

（2）空间再生机制创新——公私合营共同建设。在高线公园漫长而艰难的建设过程中，公私合营的共建模式起到了重要作用。在此期间，共有五个决议主体参与：高线之友、城市经济发展公司、城市规划部、公园部和市长办公室。

（3）空间环境设施创新——废旧铁轨改造。高线公园第一期改造由混凝土和绿化景观带组成，改造时留下了生长繁茂的野花野草，某些区域还保留着原先纵横交错的铁轨。二期工程设计了一系列景观小品造福公众。

（4）空间活力多彩创新——多元环境塑造。高线公园开展了丰富的活动项目。成人项目包括面向游客的游览解说、现场活动、表演、纪录片放

---

[1] 节选自《上海手册：21世纪城市可持续发展指南·2019年度报告》，收录案例由彭震伟等人撰写完成。

映。儿童项目则集中在暑假期间（每年 7~8 月），如每周的"狂野星期三"会介绍高线公园里的动物和植物。

3.4 文化维度

纽约每万人文化设施数量约 0.8 个；纽约文创产业增加值 GDP 占比年均在 6% 左右；2019 年国际旅客数量接近 1 400 万人次，但 2020 年出现了 80% 以上的降幅；2015—2019 年年人均博物馆访问量约 2~2.5 人次，2020 年下降至约 0.8 人次。

3.5 治理维度

2015—2020 年纽约财政收支基本在 800~1 000 亿美元，年均财政自给率保持在 96% 左右(图 17)；2019—2020 年纽约税收收入超过 620 亿美元，其财政收入贡献率在 65% 以上(图 18)。

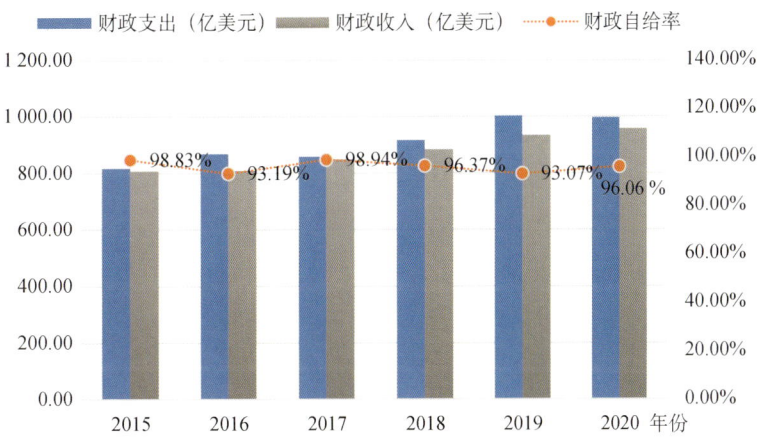

图 17　纽约财政收支及财政自给率（2015—2020 年）

图 18　纽约税收收入及其财政收入贡献率（2015—2020 年）

纽约每万人刑事犯罪案件数量从 2015 年的约 575 件下降至 2020 年的约 413 件（图 19），其中，按照美国划分的七类重罪和非七大重罪统计，纽约 2020 年每万人重罪案件数量约 160 件（图 20）；纽约每万人律师数量在全球城市中处于前列，接近 40 人。

图 19　纽约刑事犯罪案件数量及每万人刑事犯罪案件数量（2015—2020 年）

图 20　纽约重罪案件数量及每万人重罪案件数量（2015—2020 年）

纽约每万人社会组织数量为 20～30 个；互联网渗透率超过 90%，移动电话普及率接近 140 部/百人；根据 OECD 的调查，美国女性参政比从 2015 年的约 20% 上升至 2020 年的约 26%（图 21）；美国政府公信力较低，2016 年低至约 30%，2020 年在 50% 以下（图 22）。纽约多元化发展的城市治理实践为全球城市治理提供了宝贵经验（专栏 2）。

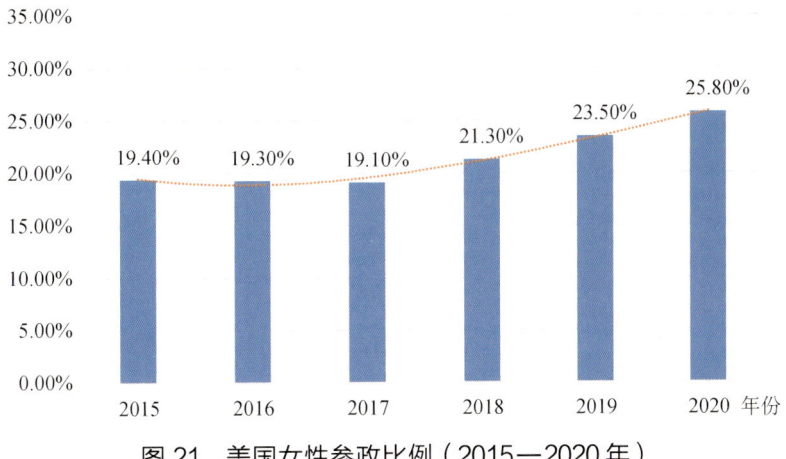

图 21 美国女性参政比例（2015—2020 年）

图 22 美国政府公信力（2015—2020 年）

纽约多元化城市治理经验[1]

对城市贫民区的治理

在纽约的贫民区改造过程中，社区发展公司（Community Development Corporations）扮演着重要角色。在这个社会企业的带动下，其他各种社

1　节选自古明明《国际大都市社会治理的做法与经验——以美国纽约市为例》，社会治理，2017.

会组织也积极协助，使全美最大的纽约市属住房修缮工程得以实施。在对居民的帮助与提升方面，强调社会组织的带动作用。强调对贫困者个人的直接救助，鼓励他们经过培训、实习等环节后，可留在本地区建设家园，也可向更好的地方流动。

降低犯罪率的治理探索

过去纽约一度给市民及游客带来较强的不安全感，治安问题较为突出。为了降低犯罪率，纽约进行了一系列有效的尝试。例如，社会组织共同参与犯罪问题的研究，为政府控制犯罪提供一定参考。纽约设立了不同类型的犯罪研究机构。此外，有力的社区矫治作为惩罚犯罪的重要补充，不但可以降低刑罚成本，还有利于减少犯罪人因监禁而受到的负面影响。

社区参与和志愿者服务

纽约的社区力量较为强大，共有 59 个社区，社区建设是在政府、社区组织、非营利组织三位一体的工作格局基础上展开的。每个社区委员会由 50 名社区成员组成，其任职资格由《纽约市社区委员会章程》规定：必须是居住在本社区的居民，或者是在本社区工作、在本社区有着重大利益关系的市民。

法国
巴黎
Paris

上海指数
全球试点城市应用研究
Application of Shanghai Adapted Index to Global Pilot Cities

1 巴黎概况

巴黎是法兰西共和国的首都和最大城市,也是法国的政治、经济、文化和商业中心。巴黎位于法国北部巴黎盆地的中央,横跨塞纳河两岸。广义的巴黎有小巴黎和大巴黎之分。小巴黎指大环城公路以内的巴黎城市内,面积105.4平方公里。大巴黎包括城区周围的上塞纳省、瓦勒德马恩省、塞纳—圣但尼省、伊夫林省、瓦勒德瓦兹省、塞纳—马恩省和埃松省七个省。本书中所聚焦的"巴黎"主要是指大巴黎地区,而不是巴黎市中心约105平方公里的范围。大巴黎地区辖区面积约12 012平方公里,2015—2020年人口总量为1 200~1 230万,人口密度为1 005~1 025人/平方公里(图1)。2019年巴黎GDP总量约8 340亿美元,2020年受新冠疫情影响GDP增速为-8.3%,GDP总量下降至7 740亿美元左右(图2)。

图1 巴黎人口数量及人口密度(2015—2020年)

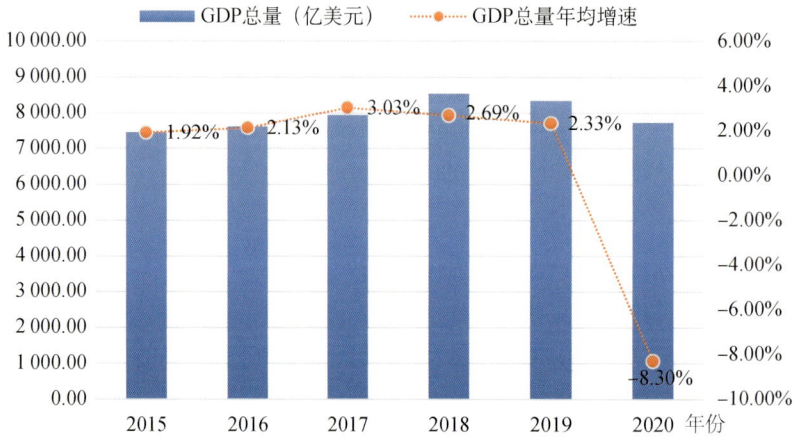

图2 巴黎GDP总量及其年均增速(2015—2020年)

2 巴黎可持续发展绩效评估

2015—2020年巴黎可持续发展综合指数如图3所示。2015—2020年巴黎可持续发展社会、经济、环境、文化和治理子指数如图4至图8所示。

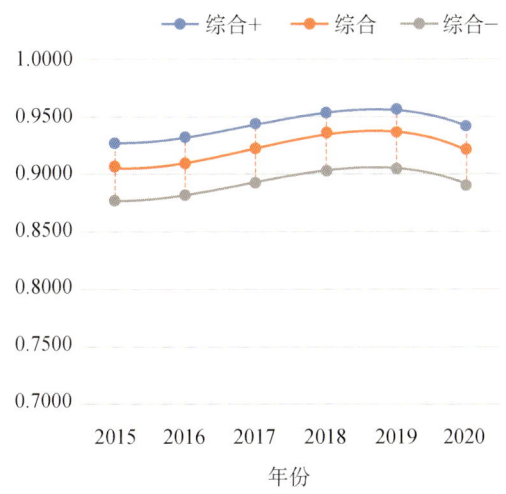

图3 巴黎可持续发展综合指数
（2015—2020年）

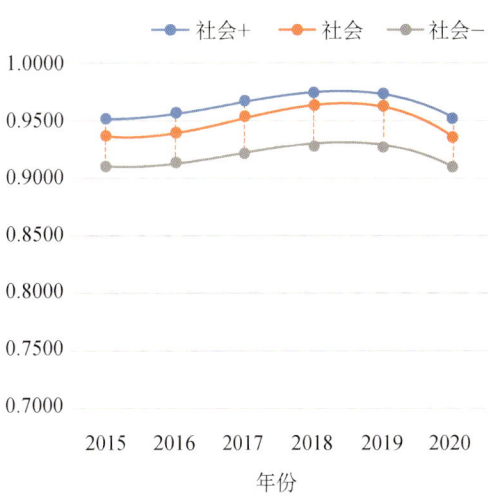

图4 巴黎可持续发展社会子指数
（2015—2020年）

图5 巴黎可持续发展经济子指数
（2015—2020年）

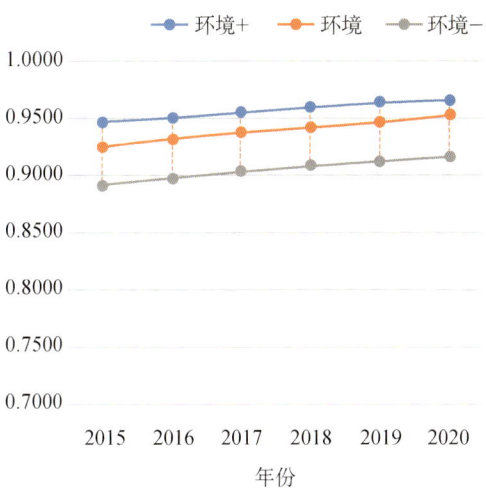

图6 巴黎可持续发展环境子指数
（2015—2020年）

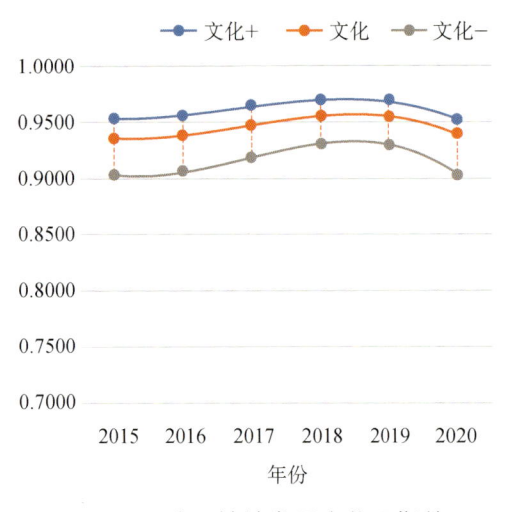

图7 巴黎可持续发展文化子指数
（2015—2020年）

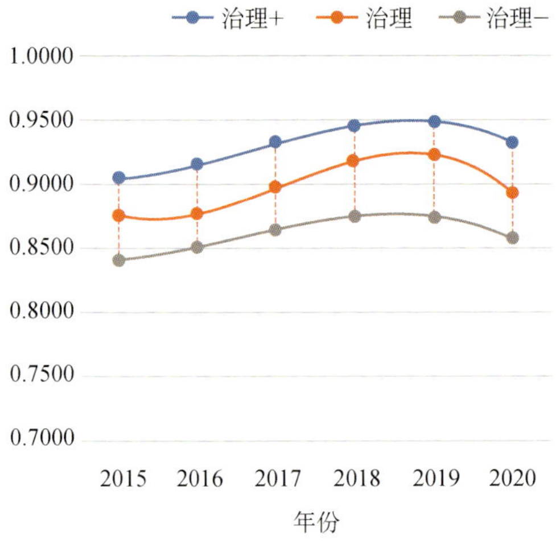

图8 巴黎可持续发展治理子指数
（2015—2020年）

3 巴黎可持续发展绩效分析

3.1 社会维度

巴黎人口数量年均变化不大，基本保持在 1 200~1 230 万人，人口密度约 1 000 人；人口自然增长率为 8‰~9‰；人口平均预期寿命在 83 岁以上（图9）；人均住房面积 34~36 平方米；每万人医生数量年均约 39 人（图10），每万人医院病床数量为 50~60 张（图11）；2015—2019 年公共交通客运总量年均超过 47 亿人次，年人均搭乘量为 366~389 人次。2020 年受新冠疫情影响，年人均搭乘量下降至约 250 人次（图12）。

图9 巴黎人口平均预期寿命（2015—2020年）

图 10 巴黎医生数量及每万人医生数量（2015—2020 年）

图 11 巴黎医院病床数及每万人病床数量（2015—2020 年）

图 12 巴黎公共交通客运总量及年人均搭乘量（2015—2020 年）

3.2 经济维度

2015—2019年巴黎GDP总量年均增速约2.4%,2019年GDP总量达到约8 340亿美元。2020年受新冠疫情影响GDP增速为－8.3%,总量也下降至7 740亿美元左右,人均GDP约为6.3万美元;巴黎年均失业率为8%~9%;居民消费价格指数相对较为稳定,2020年平均约为105;2019年巴黎航空吞吐量超过1.1亿人次,2020年下滑超60%(图13);法国外商直接投资GDP占比年均约2%(图14);固定资产投资自2018年起明显下降,2020年固定资产投资GDP占比约2.2%(图15)。

图13　巴黎航空年吞吐量(2015—2020年)

图14　法国外商直接投资额及其GDP占比(2015—2020年)

图 15 法国固定资产投资额及其 GDP 占比（2015—2020 年）

3.3 环境维度

巴黎人均生活垃圾产生量约 0.35 吨/年；人均污水产生量为 180～200 吨/年；人均一般工业固体废弃物产生量为 0.6～0.8 吨/年；可再生能源消耗在总能耗中的占比在逐年增加，从 2015 年的 15％上升至 2020 年的 17.6％（图 16）；法国人均二氧化碳排放量约 5 吨/年（图 17）。2015 年在巴黎签署的《巴黎协定》是目前全球各国和地区应对气候变化的纲领性文件（专栏 1）。

图 16 巴黎可再生能源消耗在能源消耗总量中的占比（2015—2020 年）

图 17　法国人均二氧化碳排放量（2015—2020 年）

专栏 1　　《巴黎协定》[1]

2015 年 12 月 12 日，《联合国气候变化框架公约》近 200 个缔约方在巴黎气候变化大会上达成《巴黎协定》，这是继《京都议定书》后第二份有法律约束力的气候协议，为 2020 年后全球应对气候变化行动作出了安排。

本协定加强了《联合国气候变化框架公约》，包括其目标的执行方面，旨在联系可持续发展和消除贫困的努力，加强对气候变化威胁的全球应对，包括：

（a）把全球平均气温升幅控制在工业化前水平以上 2 ℃之内，并努力将气温升幅限制在工业化前水平以上 1.5 ℃之内，同时认识到这将大大减少气候变化的风险和影响。

（b）提高适应气候变化不利影响的能力并以不威胁粮食生产的方式增强气候抗御力和温室气体低排放发展。

（c）使资金流动符合温室气体低排放和气候适应型发展的路径。

本协定的执行将按照不同的国情，体现平等以及共同但有区别的责任和各自的原则。

1　节选自联合国《巴黎协定》，2016.

为了实现长期气温目标，缔约方旨在尽快达到温室气体排放的全球峰值，同时认识到达峰对发展中国家缔约方来说需要更长的时间；此后利用现有的最佳科学迅速减排，以联系可持续发展和消除贫困，在平等的基础上，在21世纪下半叶实现温室气体源的人为排放与汇的清除之间的平衡。

发达国家缔约方应当继续带头，努力实现全经济绝对减排目标。发展中国家缔约方应当继续加强它们的减缓努力，应鼓励它们根据不同的国情，逐渐实现全经济绝对减排或限排目标。

应向发展中国家缔约方提供支助，同时认识到增强对发展中国家缔约方的支助，将能够加大它们的行动力度。

最不发达国家和小岛屿发展中国家可编制和通报反映它们特殊情况的关于温室气体低排放发展的战略、计划和行动。

从缔约方的适应行动和/或经济多样化计划中获得的减缓共同收益，能促进本条下的减缓成果。

缔约方应核算它们的国家自主贡献。在核算相当于它们国家自主贡献中的人为排放量和清除量时，缔约方应促进环境完整性、透明、精确、完整、可比和一致性，并确保根据作为《巴黎协定》缔约方会议的《联合国气候变化框架公约》缔约方会议通过的指导避免双重核算。

缔约方在执行本协定时，应考虑那些经济受应对措施影响最严重的缔约方，特别是发展中国家缔约方关注的问题。

如果缔约方在一个其本身是本协定缔约方的区域经济一体化组织的框架内与该组织一起，采取联合行动开展这项工作，那么该区域经济一体化组织的各国单独并与该区域经济一体化组织一起，按协定为它规定的排放量承担责任。

3.4 文化维度

巴黎每万人文化设施数量为0.8~0.9个；国际旅客数量在2019年达到2290万人次，2020年受新冠疫情影响锐减超75%（图18）；2015—2019年法国旅游收入GDP占比为7%~7.6%（图19），巴黎是法国旅游产业的主要贡献城市，其旅游收入GDP占比在16%以上；巴黎文创产业GDP贡献率为8%~9%；2015—2019年巴黎博物馆访问总量接近3000万人次，年人均博物馆访问量约2.3人次（图20）；电影院观影量年均约4700万人次，年人均观影约4次（图21）。巴黎是世界文化之都，其在文化建设方面积累的丰富的经验值得全球借鉴（专栏2）。

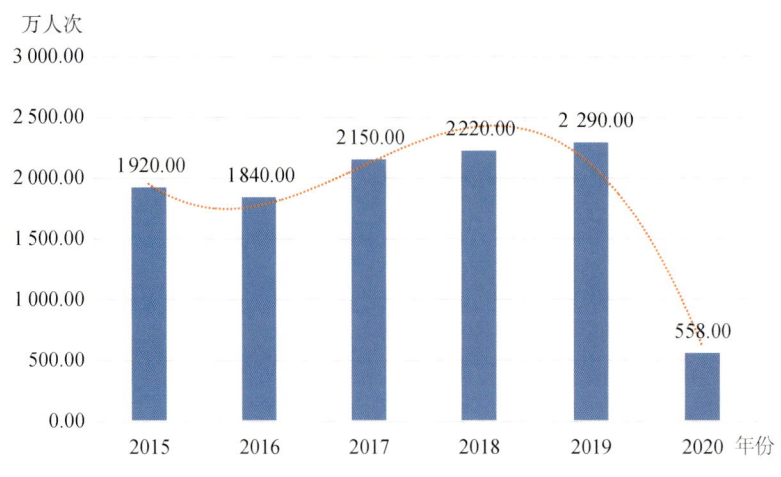

图 18　巴黎国际游客数量（2015—2020 年）

图 19　法国旅游收入及其 GDP 占比（2015—2020 年）

图 20　巴黎博物馆访问量及人均博物馆访问量（2015—2020 年）

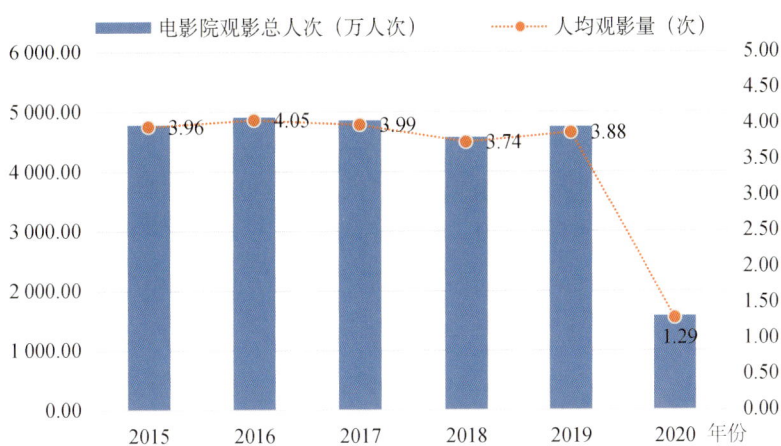

图 21　巴黎电影院观影总人次及人均观影人次（2015—2020 年）

巴黎文化建设经验[1]

自 2001 年以来，巴黎市政府每年发布《文化政策》作为文化行动纲领，有计划有步骤地推动"全球文化与创意之都"的建设目标。2011 年确立了"活力、民主和空间"三大战略。

（1）加强文化活力推动了巴黎文化产业的转型。传统工艺和奢侈品历来是巴黎引以为荣的产业，也是城市悠久历史的一部分，除了高附加值的经济特性，也具有丰富的文化内涵，属于法国传统的文化产业。然而，面对全球城市竞争，巴黎市政府意识到必须拓展文化产业中新的优势领域。

（2）降低进入文化资源的门槛。"让所有人都能进入文化资源"有助于提高全民素质，刺激文化产品的生产和消费。更重要的是，对于巴黎这样一座移民城市，"文化民主"政策的受益者首先是那些来自发展中国家的低收入移民，文化资源的开放能够帮助他们更好地融入法国社会。同时，这些移民群体往往是移出地区文化的继承者，在享受巴黎文化的同时，也为巴黎提供着多元文化。

（3）丰富的文化艺术活动让城市空间更有魅力，也更具吸引力。历史与文化需要物质空间来承载，法国历来重视遗产空间的保护。在巴黎市

---

[1]　节选自杨辰，周俭，弗朗索瓦丝·兰德《巴黎全球城市战略中的文化维度》，国际城市规划，2015.

区，75%的建筑建于1914年前，85%的建筑建于1975年前，受到保护的古建筑有3 816座，法定保护区的面积达到全市用地的90%；在大巴黎地区，城市建成区也被各类保护区覆盖，且覆盖面积仍在扩大。

3.5 治理维度

法国财政收入为14 000～16 000亿美元，财政支出为12 000～14 000亿美元，财政收支GDP占比年均约55%(图22)；2018—2019年巴黎财政收入超过5 000亿美元，财政自给率保持在100%～106%(图23)；2020年巴黎税收收入约3 500亿美元，对财政收入的贡献率约74%(图24)。

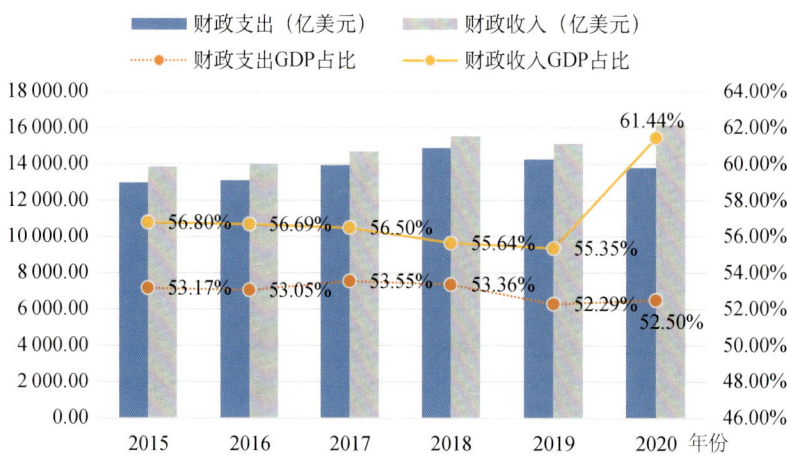

图22 法国财政收支及其GDP占比（2015—2020年）

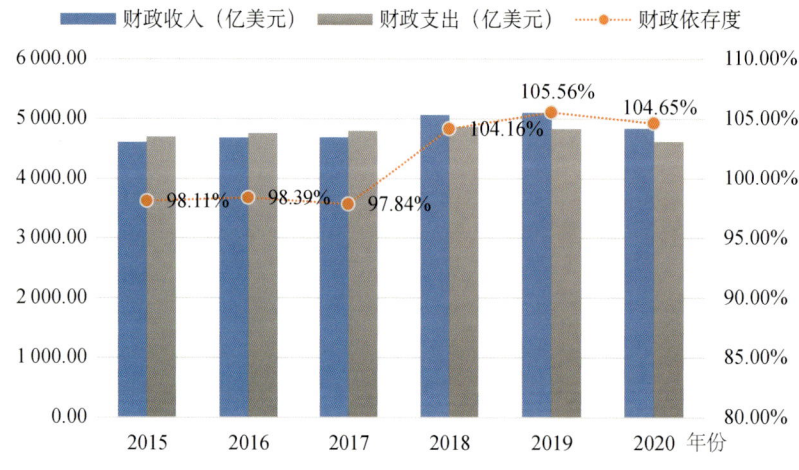

图23 巴黎政收支及其GDP占比（2015—2020年）

图 24　巴黎税收收入及其财政收入贡献率（2015—2020 年）

巴黎每万人刑事犯罪案件数量逐年增加,从 2015 年的约 160 件增加至 2020 年的约 212 件(图 25);每万人律师数量为 20～22 人;每万人社会组织数量为 20～25 个;2020 年巴黎互联网渗透率超过 90%,手机普及率接近 130 部/百人;R&D 支出 GDP 占比年均为 2.9%(图 26),每万人 R&D 人员全时当量为 90～100 人年;2020 年法国女性参政比例为 31.2%(图 27);2020 年法国政府公信力为 41%(图 28)。

图 25　巴黎刑事犯罪案件数量及每万人刑事犯罪案件数量（2015—2020 年）

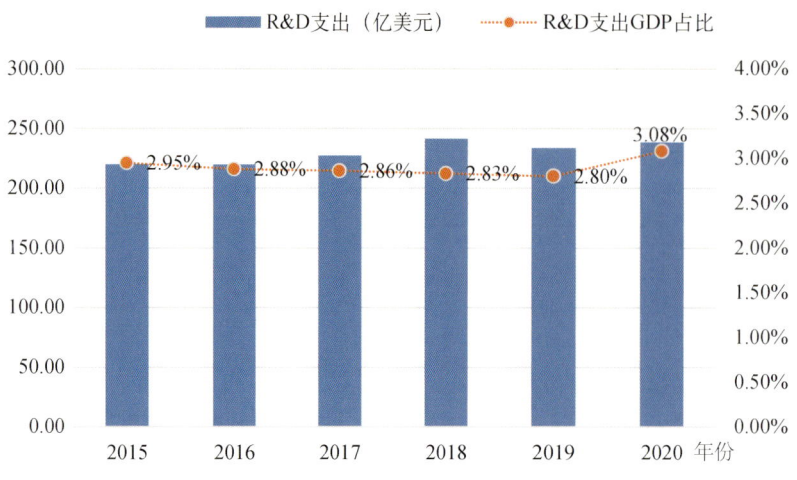

图 26　巴黎 R&D 支出及其 GDP 占比（2015—2020 年）

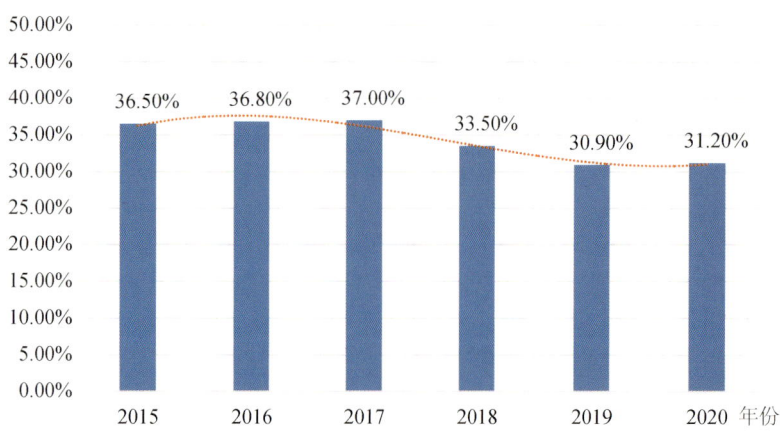

图 27　法国女性参政比例（2015—2020 年）

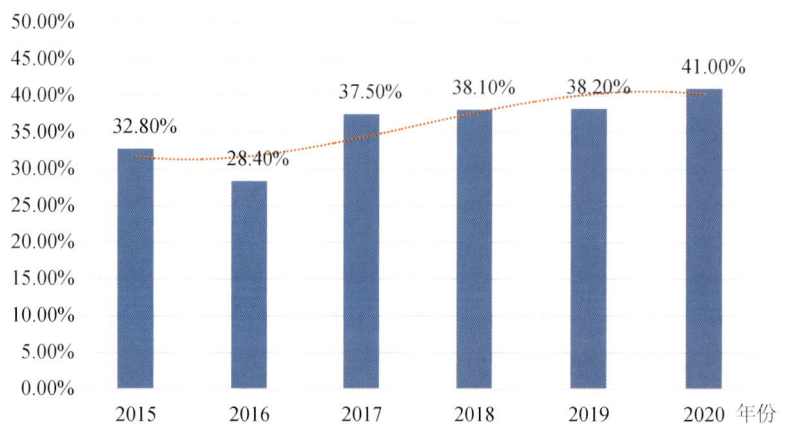

图 28　法国政府公信力（2015—2020 年）

1 槟城概况

槟城一般指槟城州,是马来西亚十三个联邦州之一,位于马来西亚西北部,在马来西亚对外经济中发挥着重要作用。槟城行政辖区面积1 032平方公里,2020年人口数量约180万人,人口密度约1 749人/平方公里(图1),GDP总量约220亿美元(图2)。

图1 槟城人口数量及人口密度(2015—2020年)

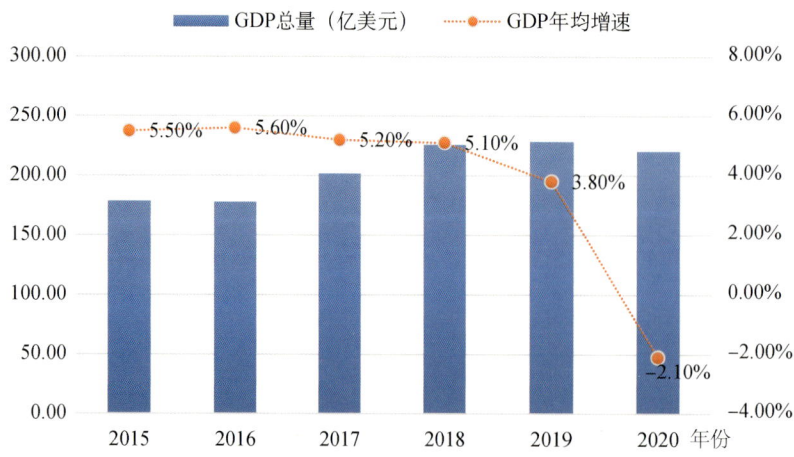

图2 槟城GDP总量及其年均增速(2015—2020年)

2 槟城可持续发展绩效评估

2015—2020年槟城可持续发展综合指数如图3所示。2015—2020年槟城可持续发展社会、经济、环境、文化和治理子指数如图4至图8所示。

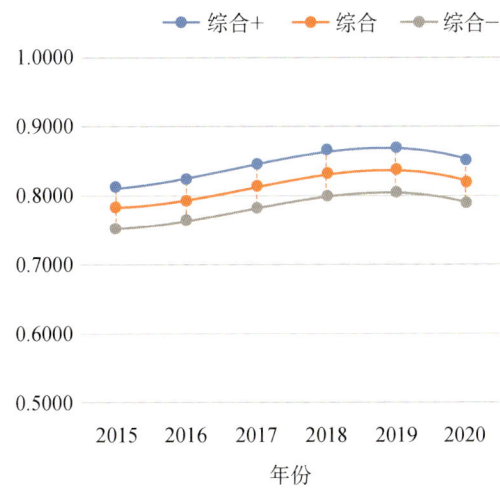

图3 槟城可持续发展综合指数
（2015—2020年）

图4 槟城可持续发展社会子指数
（2015—2020年）

图5 槟城可持续发展经济子指数
（2015—2020年）

图6 槟城可持续发展环境子指数
（2015—2020年）

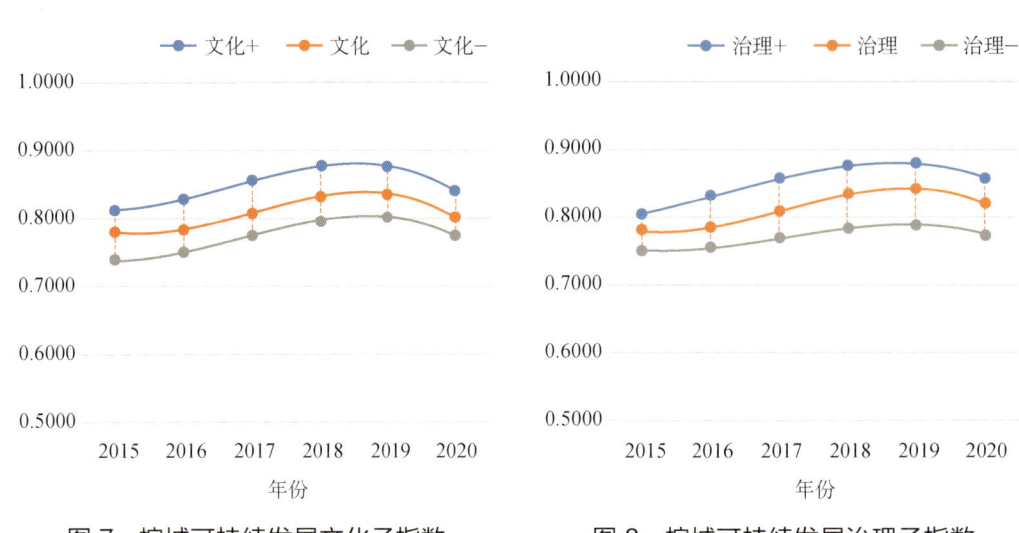

图7　槟城可持续发展文化子指数
（2015—2020年）

图8　槟城可持续发展治理子指数
（2015—2020年）

3　槟城可持续发展绩效分析

3.1　社会维度

2015—2020年，马来西亚人口从3 100万人增加至3 320万人，年均增速约1.3%（图9）。槟城人口数量从2015年的约170万人增加至2020年的约180万人，累计增加约10万人。槟城人口占马来西亚总人口约5.4%；幼小初学生数量约30万人；人口平均预期寿命为75.5~76.2岁；槟城5岁以下儿童死亡率逐年稳步下降，从2015年的8.4‰下降至2020年的6.9‰左右；2020年人口自然增长率为6‰（图10）。医院病床数从2015年的3 700张增加至2020年的近5 000张，每万人病床数约27张（图11）。槟城正在构建智慧交通网络，有研究机构也对此提出了针对性的措施来不断优化其服务能级（专栏1）。

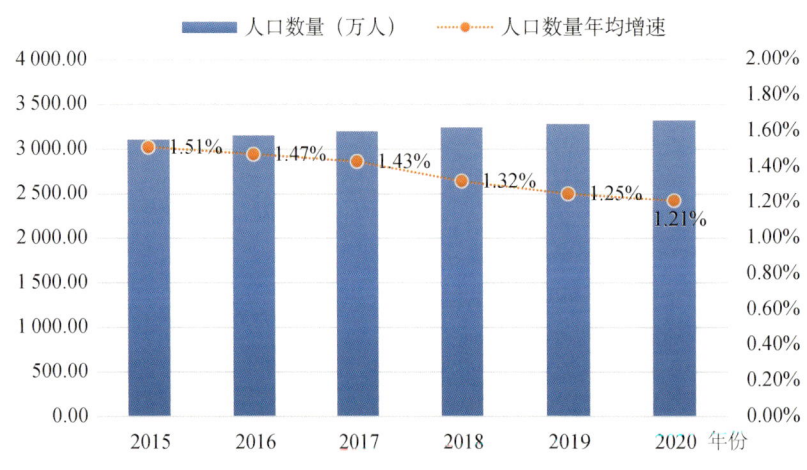

图9　马来西亚人口数量及其年均增速（2015—2020年）

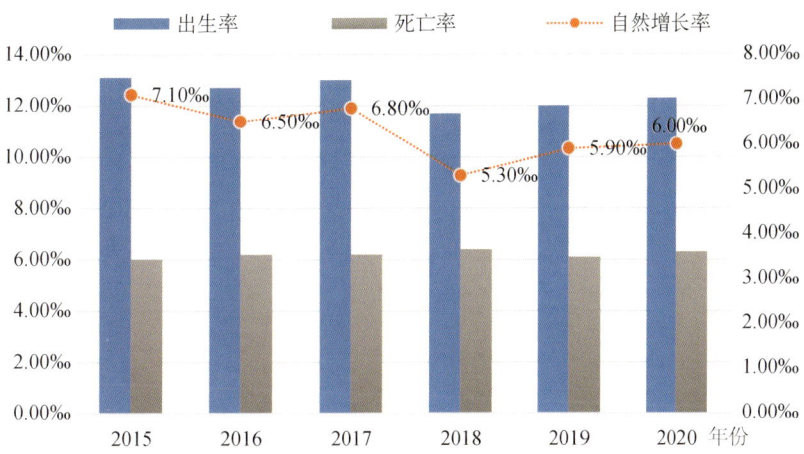

图 10　槟城人口出生率、死亡率及自然增长率（2015—2020 年）

图 11　槟城医院病床数量及每万人病床数量（2015—2020 年）

槟城智慧交通建设[1]

为了提高槟城的宜居性、经济水平、公民参与和平衡发展，槟城政府于 2018 年 8 月启动了"槟城 2030 愿景：一个以家庭为中心的绿色和智慧城市"（Penang2030： A Family-focused Green and Smart State）。槟城在智慧交通领域也正在进行积极探索。

1　节选自 Tan Lii Inn *Penang： Becoming A Smart State*，Penang Institute，2019.

槟城推出的"槟城智能交通运输系统"（Penang Intelligent Traffic System，PITS）允许公众通过移动应用程序搜索公交车并规划出行。然而，槟城公交车运营商（Rapid Penang）的"我的公交车在哪里"（Where's My Bus）功能仍然需要改进。该应用程序的潜在升级应包括提供实时信息，例如使用户能够实时跟踪公交车的移动、到达时间以及计算准确的公交车票价。类似地，应用程序可以实时通知用户交通状况，例如，公交车处于拥堵之中或发生事故。

"Touch'n Go"卡已广泛用于吉隆坡的公共交通，无论是轻轨交通（LRT）、大众快速交通（MRT）、快速公交（BRT）等。然而该卡在马来西亚全国范围内的使用受到限制。目前，RapidKL公交车上可使用的Touch'n Go卡不能用于Rapid Penang公交车，即使这两种公交车服务均由同一家公司——马来西亚Prasarana拥有和运营。在槟城，市民和游客在乘坐快速公交车时支付现金，这并不理想，尤其是当乘客在上车时必须提供准确金额的零钱时。然而，这可以通过购买用于快速槟城公交车的快速旅行卡来抵消。无缝对接Touch'n Go自然会为槟城、吉隆坡和各地的公民和游客带来更便捷的旅行体验，这肯定有助于槟城成为其所向往的国际智慧城市。

3.2 经济维度

2015—2019年马来西亚GDP总量从约3 000亿美元增加至3 650亿美元，2020年GDP增速约－5.65%，GDP总量下降至3 370美元（图12）。同期，槟城GDP总量从约180亿美元增加至230亿美元，GDP年均增速约5%，但2020年GDP增速下降至－2.1%，GDP总量下降至220亿美元左右；2020年，马来西亚和槟城的人均GDP分别约为1.06万美元和1.22万美元（图13）；2020年槟城家庭的平均年收入为1.72万美元（图14）。

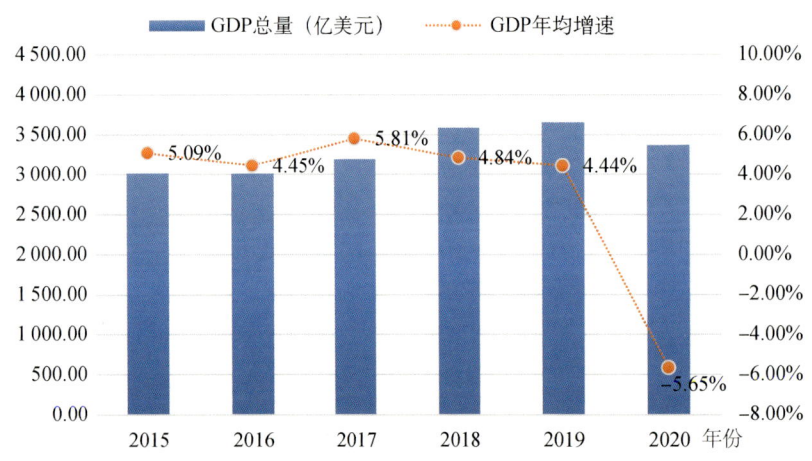

图12　马来西亚GDP总量及其年均增速（2015—2020年）

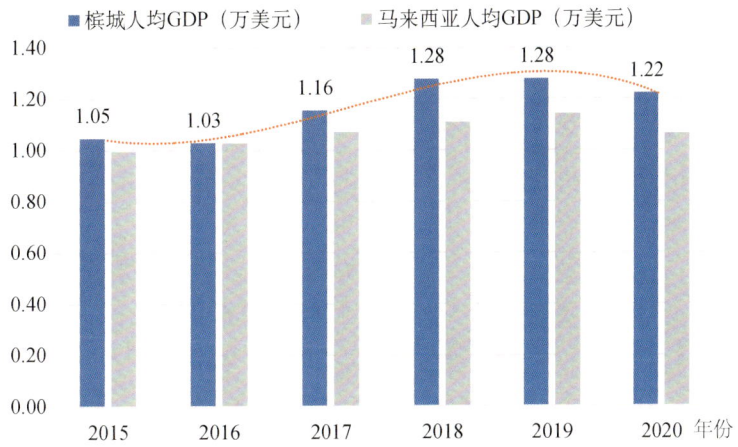

图 13　马来西亚和槟城人均 GDP（2015—2020 年）

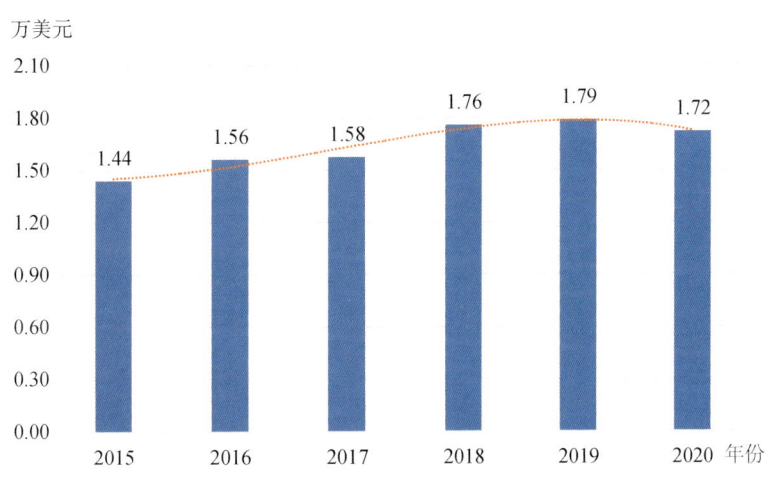

图 14　槟城家庭平均年收入（2015—2020 年）

2015—2019 年槟城的平均失业率为 2%，2020 年上升至 3.5%。2015—2019 年槟城青年(15～24 岁)失业率平均约 6.4%，2020 年超过了 10%(图 15)；居民消费价格指数变动较大，从 2015 年的约 113 上升至 2019 年的约 123，2020 年回落至约 120(图 16)。

2020 年马来西亚进出口额约 3 900 亿美元，其国家 GDP 占比约 117%(图 17)；2020 年槟城进出口贸易额约 1 500 亿美元，其槟城 GDP 占比约 675%(图 18)；槟城进出口额占马来西亚进出口总额的约 38%(图 19)。槟城制造业增加值波动较大，2019 年槟城制造业增加值约 40 亿美元，其 GDP 占比约 17%(图 20)。

图 15　槟城失业率及青年失业率（2015—2020 年）

图 16　槟城年均消费价格指数（2015—2020 年）

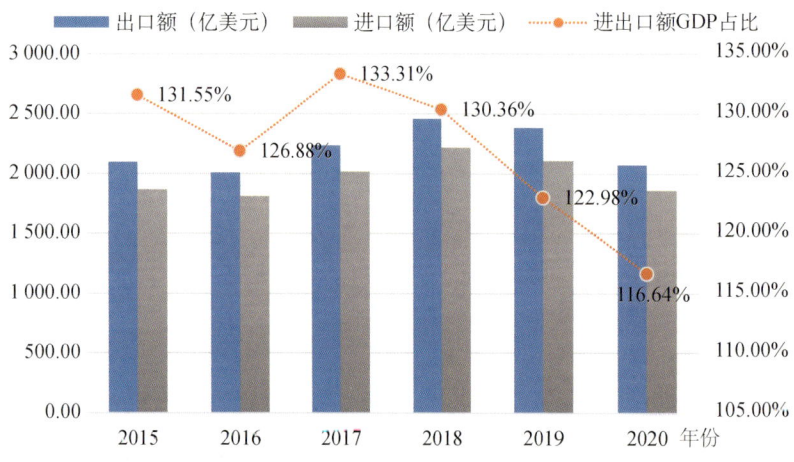

图 17　马来西亚进出口贸易额及其 GDP 占比（2015—2020 年）

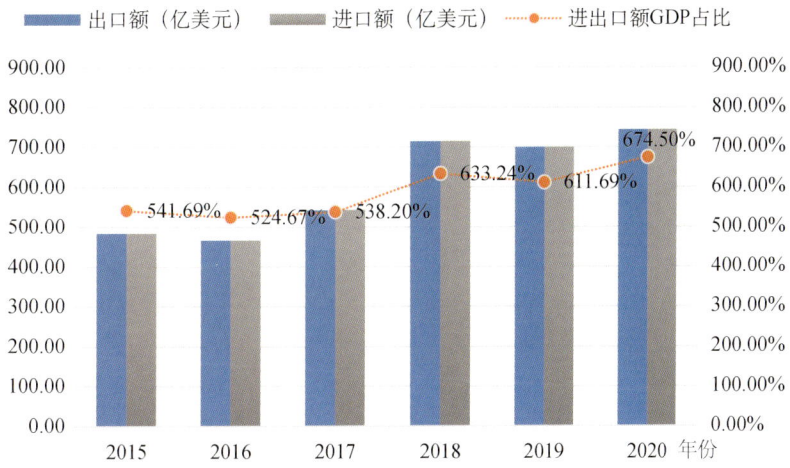

图 18　槟城进出口贸易额及其 GDP 占比（2015—2020 年）

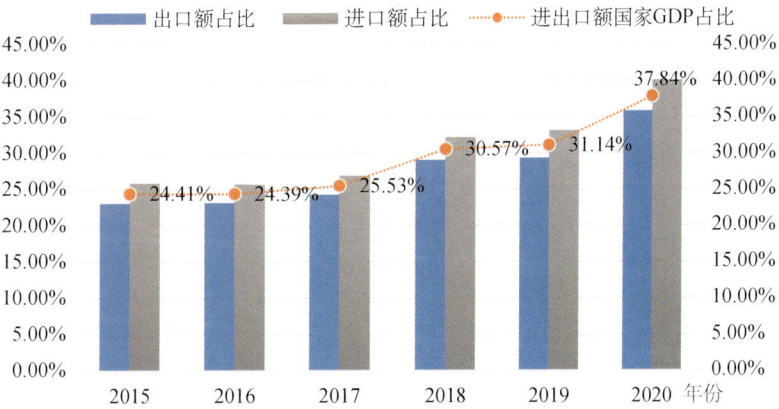

图 19　槟城进出口贸易额国家 GDP 占比（2015—2020 年）

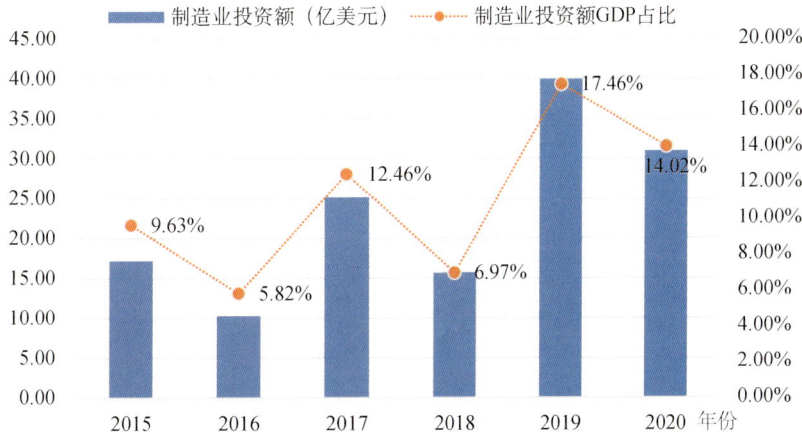

图 20　槟城制造业投资额及其 GDP 占比（2015—2020 年）

3.3 环境维度

2020年槟城水资源供给量达到了4亿吨,其消费总量约3.1亿吨,水资源使用率约77%(图21)。年人均水资源消费量在170吨以上(图22);年人均生活垃圾产生量增幅明显,从2015年的0.57吨增加至2020年的约0.9吨(图23),2020年循环利用率接近50%(图24)。

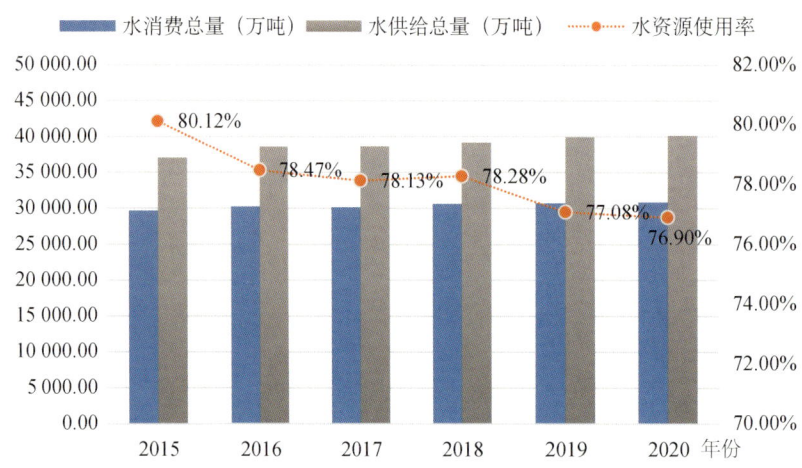

图21 槟城水资源供需量及使用率(2015—2020年)

图22 槟城水资源消费总量及人均水资源消费量(2015—2020年)

图 23　槟城生活垃圾产生量及人均生活垃圾产生量（2015—2020 年）

图 24　槟城生活垃圾循环利用率（2015—2020 年）

马来西亚可再生能源的消耗逐年增加，从 2015 年的约 3.4% 上升至 2020 年的约 6%（图 25）；森林覆盖率略有下降，从 2015 年的 59.24% 下降至 2020 年的 58.18%（图 26）；年人均二氧化碳排放量略有上升，从 7.66 吨增加至 8.42 吨（图 27）。

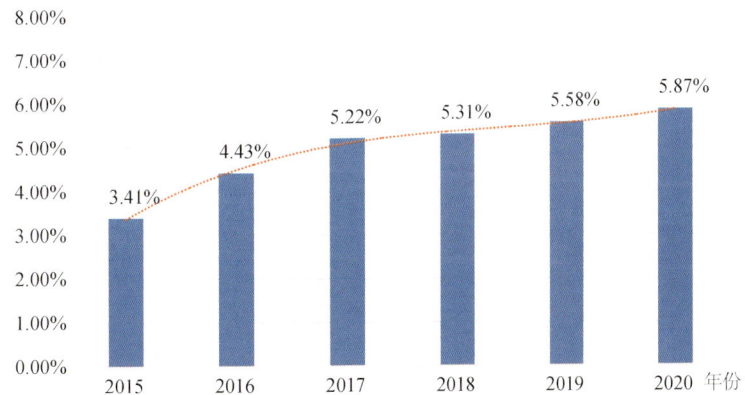

图 25　马来西亚可再生能源消耗在总能耗中的占比（2015—2020 年）

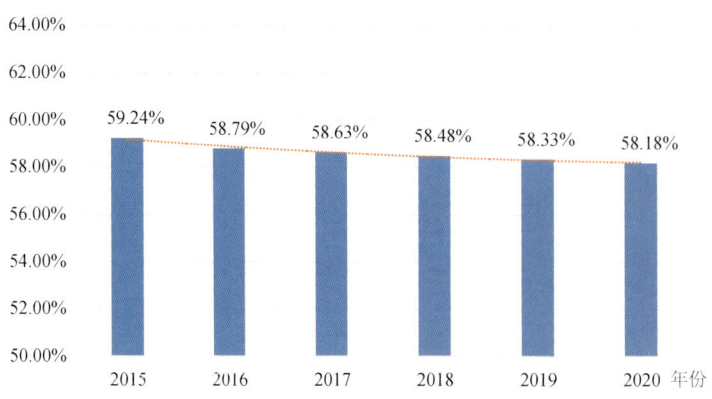

图 26　马来西亚森林覆盖率（2015—2020 年）

图 27　马来西亚人均二氧化碳排放量（2015—2020 年）

3.4　文化维度

2015—2019 年槟城康养旅游产业的旅客数量从 32 万人增加至 41 万人，旅游收入也从 1.07 亿美元增加至 1.62 亿美元。2020 年受新冠疫情影响，旅客数量下降至约 13 万人，旅游收入也降至约 3 800 万美元(图 28)。

图 28　槟城康养旅游旅客数量及收入（2015—2020 年）

3.5 治理维度

2020年马来西亚财政收入和支出基本持平,约550亿美元,财政自给率约100%(图29);2019年马来西亚税收收入接近440亿美元,但2020年下降至380亿美元左右,税收收入对财政收入的贡献率约70%(图30)。

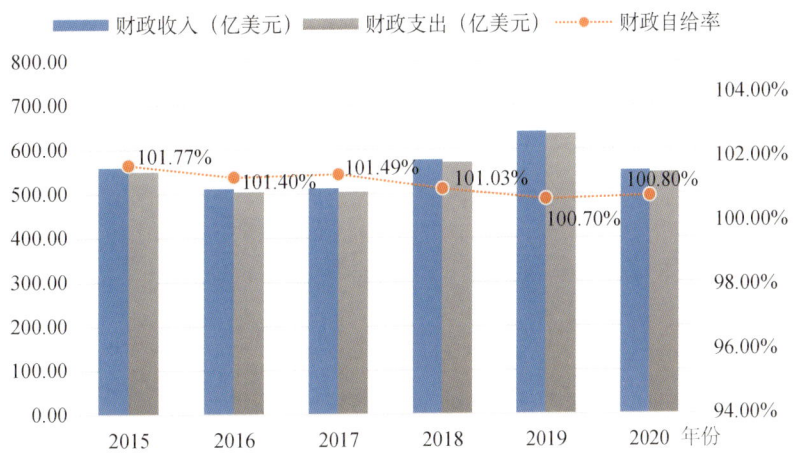

图29 马来西亚财政收支及财政自给率(2015—2020年)

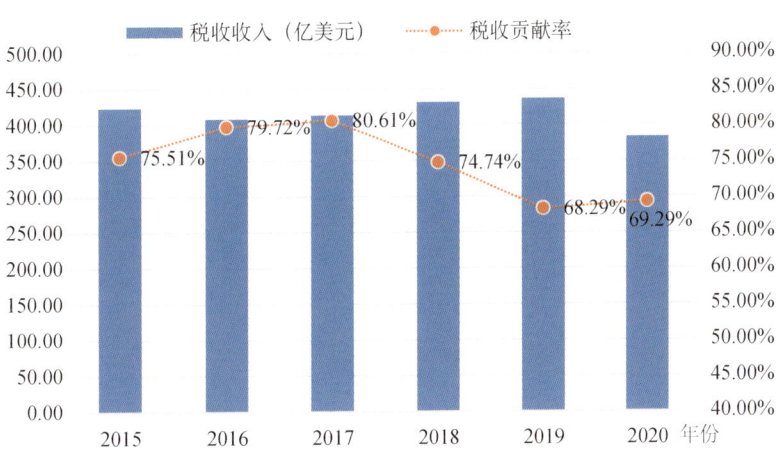

图30 马来西亚税收收入及其财政收入贡献率(2015—2020年)

马来西亚R&D支出年均约40亿美元,其GDP占比年均约1.2%(图31);R&D人员全时当量约7万人年,每万人R&D人员全时当量约22人年(图32)。2015年槟城刑事犯罪案件数量为2 051件,每万人刑事犯罪案件数量约11.4件。但2016年,官方统计的刑事犯罪案件数量下降至1 041件,2018年下降至890件。研究发现,自2016年开始,槟城对骚扰(molest)、非持枪抢劫(robbery without arms)、敲诈勒索(blackmail)、犯罪威胁(crime threat)、骚乱(riot)等罪行暂未统计。

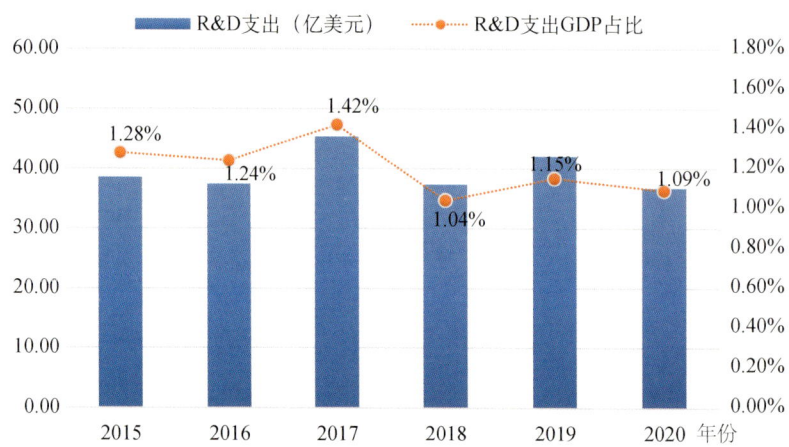

图 31　马来西亚 R&D 支出及其 GDP 占比（2015—2020 年）

图 32　马来西亚 R&D 人员全时当量及每万人全时当量（2015—2020 年）

1 首尔概况

首尔是韩国首都,韩国的政治、经济、科技、教育、文化中心。首尔全市下辖25区,首尔行政辖区面积约605平方公里,2015—2020年人口数量从约1 030万下降至约991万(图1),2015年人口密度高达约17 000人/平方公里。首尔GDP总量从2015年的3 270亿美元上升至2020年的3 620亿美元(图2)。

图1 首尔人口数量(2015—2020年)

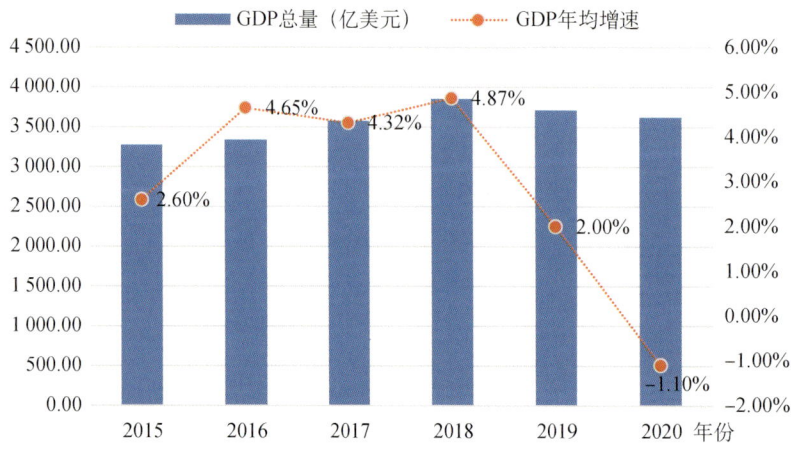

图2 首尔GDP总量及其年均增速(2015—2020年)

2 首尔可持续发展绩效评估

2015—2020年首尔可持续发展综合指数如图3所示。2015—2020年首尔可持续发展社会、经济、环境、文化和治理子指数如图4至图8所示。

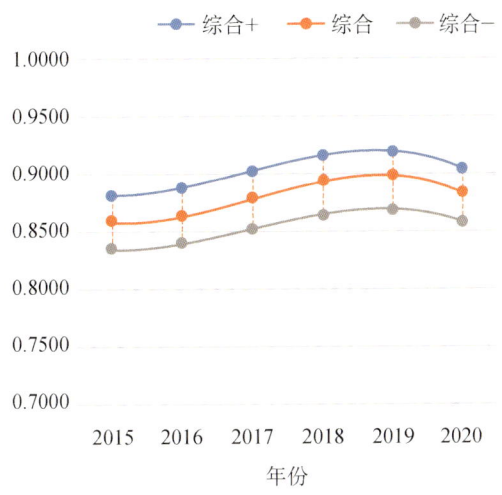

图3 首尔可持续发展综合指数
（2015—2020年）

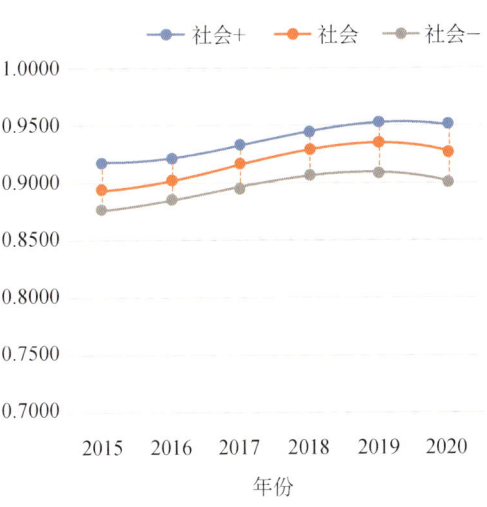

图4 首尔可持续发展社会子指数
（2015—2020年）

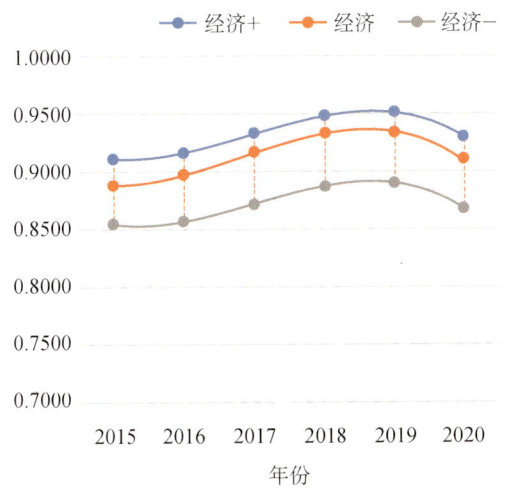

图5 首尔可持续发展经济子指数
（2015—2020年）

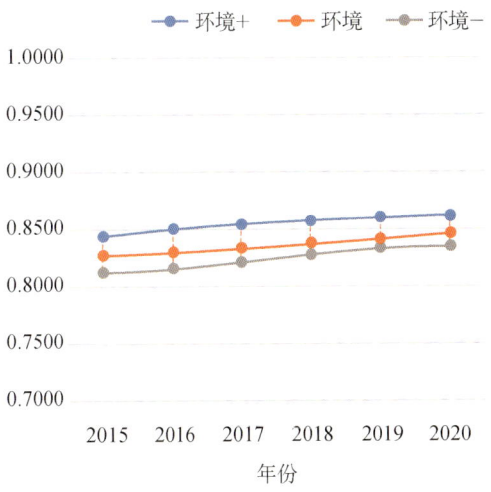

图6 首尔可持续发展环境子指数
（2015—2020年）

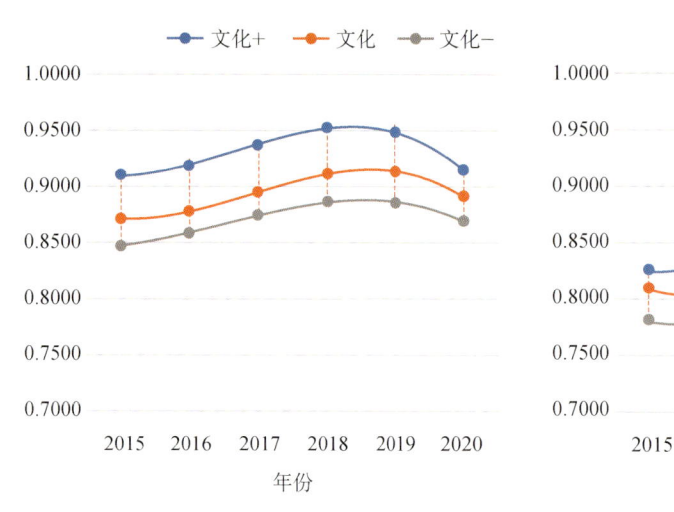

图7 首尔可持续发展文化子指数（2015—2020年）

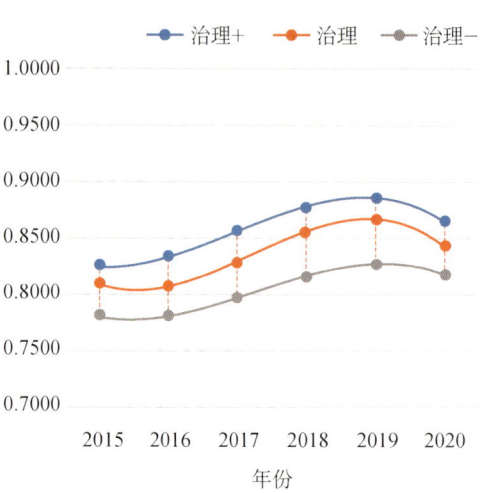

图8 首尔可持续发展治理子指数（2015—2020年）

3 首尔可持续发展绩效分析

3.1 社会维度

首尔人口数量处于缓慢下降趋势，从2015年的1 030万人下降至2020年约991万人。首尔的人口密度是全球城市中相对较高的，2015年人口密度超过17 000人/平方公里，2020年人口密度也接近16 400人/平方公里。首尔人口的平均预期寿命从2015年的82.1岁增加至2020年的83.1岁；5岁以下儿童死亡率年均为3‰～3.5‰；幼小初学生数量从2015年的80余万人下降至不足70万人；每万人病床数量为80～91张（图9）。

图9 首尔医院病床数量及每万人病床数量（2015—2020年）

2015—2019年首尔公共交通客运总量接近12亿人次,年人均搭乘量为410～440人次;2020年受新冠疫情影响公共交通客运总量及人均搭乘量下降明显,年人均搭乘量只有约180次(图10)。近年来,首尔公共交通政策也在不断改革和优化(专栏1)。

图10 首尔公共交通客运总量及年人均搭乘量（2015—2020年）

首尔公共交通改革措施[1]

首尔公共交通改革措施大致可分为五个部分,包括"准公营制"、公交票价改革、采用公交卡及全球定位系统（GDP）为代表的新技术、中央公交专用道以及调整公交路线等。

（1）把民营制的公交运营体系转变为"收入共同管理式准公营制"（简称"准公营制"）。"准公营制"是公营制与民营制的折中方案,维持民营企业继续参与公交运营,但是主要事务由地方政府或政府下属国营企业来经营,包括规划公交路线、协调时间安排与确定票价等,以提高公交运营的公益性。

（2）公交票价改革。2004年之前采用单一收费制,每次乘坐公交支付相同的费用。为了减轻乘客出行的财政负担,2004年之后开始实施"距离比例票价"制度。如果只乘坐一趟公交则采用单一收费,而换乘时若超

---

1 节选自崔秀向,冯苏苇,黎锦霖《首尔与上海公交改革比较研究》,公共治理评论,2019.

过10公里，则每5公里收取100韩币（约0.07美元）附加费。改革之后，公交起步价变高，但乘客负担的出行总费用下降。

（3）采用新技术。通过使用达到国际标准的公交卡，提升公交效率。采用公交卡之后，通过票价打折、免费换乘等优惠措施，吸引更多的乘客使用公交卡。此外，还采用了全球定位系统（GPS）。在每辆车上安装定位器，乘客可以在车站或网站上查看公交车的实时位置，以便合理安排行程计划。

（4）建设中央公交专用道，扩建路边公交专用道。改革之前，建设路边专用道没有取得成功，原因在于路边专用车道上很多车辆为了接客、右转、停车等，无法保障公交车的优先通行权。首尔增设了中央公交专用道，实施安全的快速公交系统（BRT），使中央公交车道从2004年的36.1公里增加至2018年的128.8公里。

（5）调整公交线路。政府通过回收线路权，重新调整公交线路，让乘客更方便地换乘地铁或其他交通工具，提高偏远地区公交服务覆盖率。公交车颜色分为红（R）、蓝（B）、绿（G）、黄（Y）四种。红线为广域线，连接首都圈与首尔市中心；蓝线为干线，连接首尔市中心、副中心与郊区，确保快捷与准点性；绿线为干线公交或地铁的换乘支线；黄线为环线，是在市中心或副中心内循环的路线。

3.2 经济维度

2020年首尔的GDP总量约3 620亿美元，相比于2018年3 850亿美元的高位下降超200亿美元。2016—2018年首尔GDP年均增速在4%以上，但2020年下降至－1.1%。2015—2020年首尔人均GDP从2015年的3.18万美元上升至2020年的3.65万美元。居民的人均可支配收入约为人均GDP的一半，2020年约为1.9万美元，可支配收入年均增速在2019—2020年也明显放缓，相比于2017—2018年的增速下降近一半（图11）；首尔的失业率相对比较稳定，2015—2020年基本维持在4%~5%；2019—2020年首尔的外商直接投资额在100亿美元左右，其GDP占比约2.74%（图12）；2020年进出口贸易额超过2 000亿美元，其GDP占比接近60%（图13）。

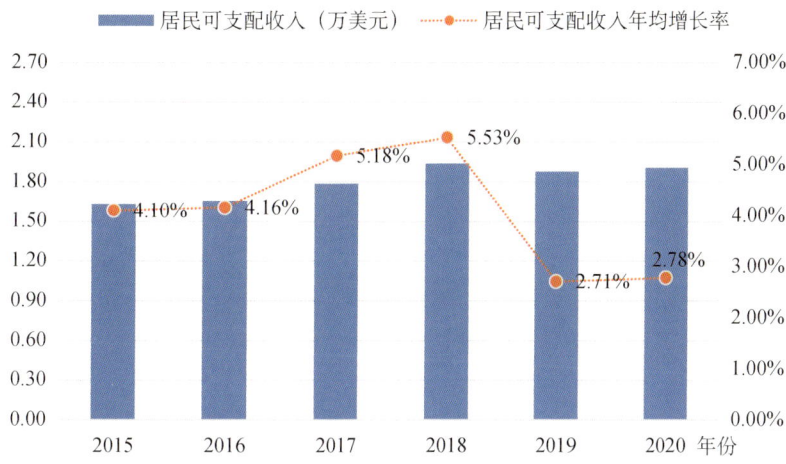

图 11　首尔居民可支配收入及其年均增速（2015—2020 年）

图 12　首尔外商直接投资额及其 GDP 占比（2015—2020 年）

图 13　首尔进出口贸易额及其贸易贡献率（2015—2020 年）

3.3 环境维度

首尔年人均污水排放量逐年增加,从 2015 年的 107 吨增至 2020 年的 125 吨,污水处理率在 93% 以上;年人均固废产生量为 1.3~1.5 吨;年人均生活垃圾产生量为 0.3~0.4 吨;能耗强度为 0.4~0.5 吨标煤/万元 GDP;2015—2020 年首尔的可再生能源消耗在总能耗中的占比为 2%~3%(图 14);2015—2019 年韩国年人均二氧化碳排放量维持在 12~13 吨,2020 年下降至 12 吨以下(图 15)。

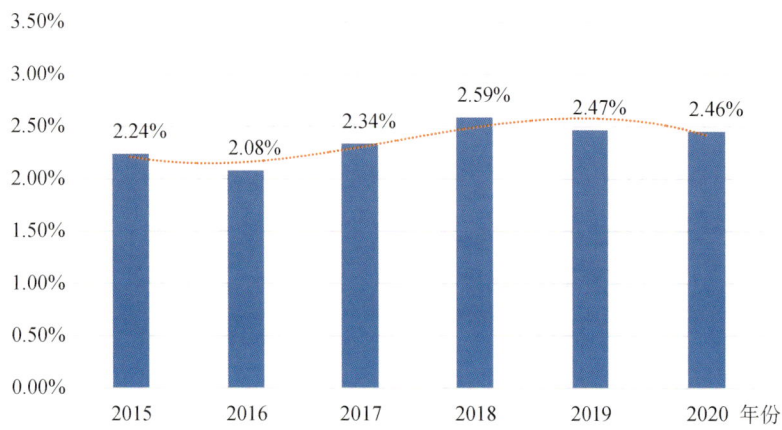

图 14　首尔可再生能源消耗在总能耗中的占比(2015—2020 年)

图 15　韩国人均二氧化碳排放量(2015—2020 年)

3.4 文化维度

2015—2019年首尔旅游产业发展稳中有升,旅游收入从2015年的约280亿美元上升至2018年的近400亿美元,其GDP占比也从8.75%上升至10.23%。但2019年开始,旅游收入出现了大幅下滑,缩水至100亿美元左右,其GDP占比不到3%。2020年受新冠疫情影响,旅游收入和GDP占比在2019年的基础上又下浮约50%(图16)。首尔航空年吞吐量在2019年达到约9 600万人次,2020年受新冠疫情影响下降至约3 300万人次(图17)。首尔的文创产业发展潜力很大,2015—2020年各年文创产业增加值都在100亿美元以上,2018年更是达到了115亿美元左右,其GDP占比基本保持在3%左右(图18)。

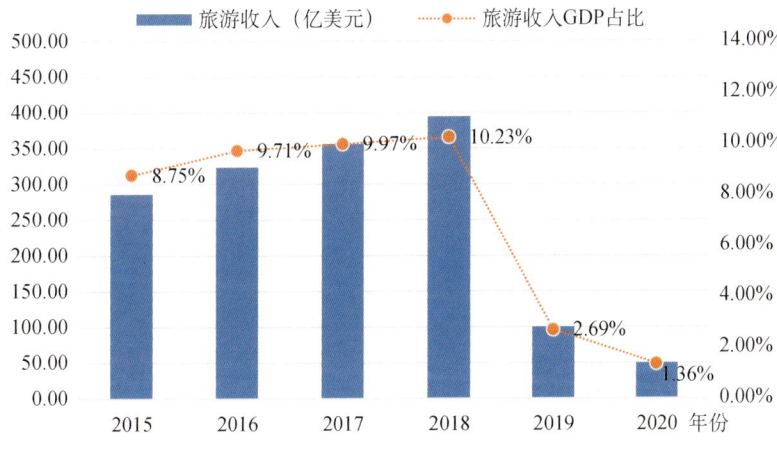

图16　首尔旅游收入及其GDP占比(2015—2020年)

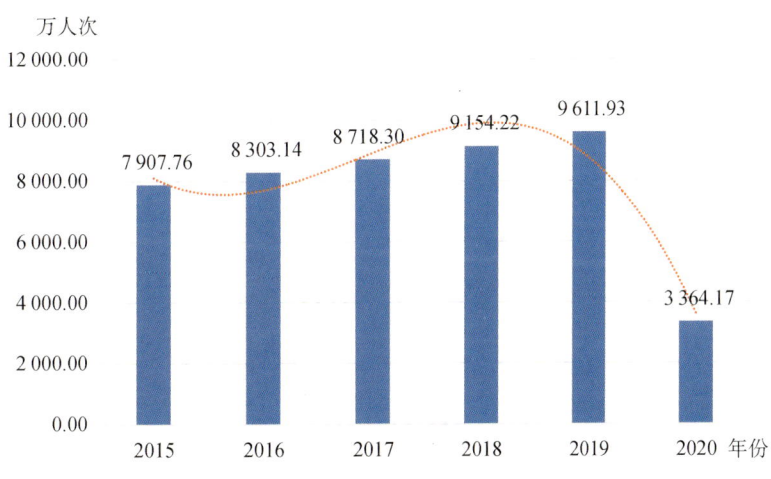

图17　首尔航空年吞吐量(2015—2020年)

图 18　首尔文创产业增加值及其 GDP 占比（2015—2020 年）

3.5　治理维度

首尔财政收支逐年同步增加,2015—2020 年首尔的财政收入从 270 亿美元上升至 370 亿美元,累计增加 100 亿美元,财政支出从约 270 亿美元增加至 420 亿美元。2015—2018 年首尔财政自给率为 97%～98%,2019 年开始下降至 90% 附近(图 19);税收对财政收入的贡献率基本保持在 55% 左右(图 20)。

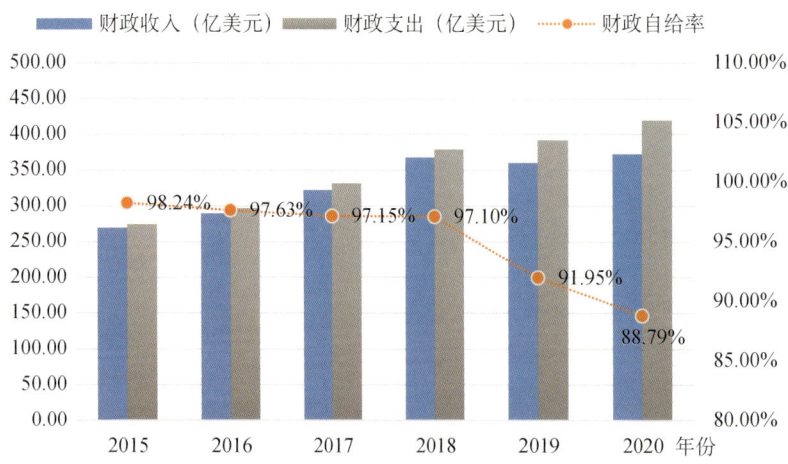

图 19　首尔财政收支及财政自给率（2015—2020 年）

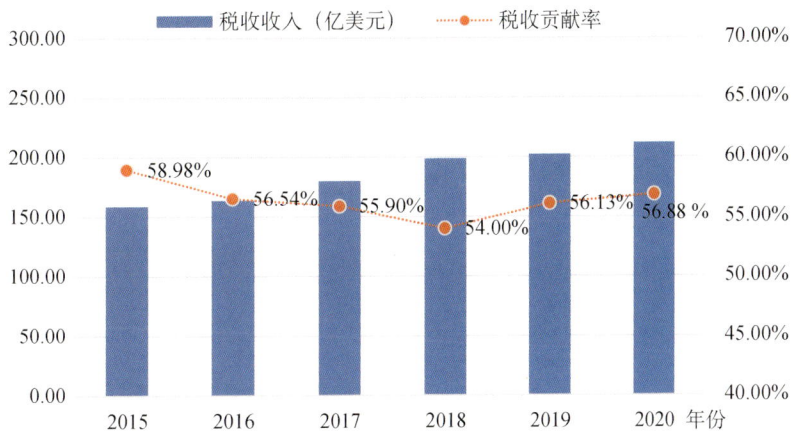

图 20　首尔税收收入及其财政收入贡献率（2015—2020年）

首尔在科技研发方面的投入与全球很多城市相比都更具竞争力，2020年，其R&D支出GDP占比约5%，R&D人员全时当量也超过140人年/万人(图21)；首尔每年的专利申请数相对其他城市有明显的优势，2020年每万人专利申请数量超过160件(图22)；首尔互联网渗透率从2015年的90%上升至2020年的96%以上；2020年首尔移动电话普及率接近140部/百人(图23)。

首尔律师数量增速明显，每万人律师数量从2015年的约20人增加至2020年的约27人(图24)；2015—2018年首尔每万人刑事犯罪案件数量稳步减少，但2019年略有增加，2020年又出现了较大的增幅，超过了330件(图25)。

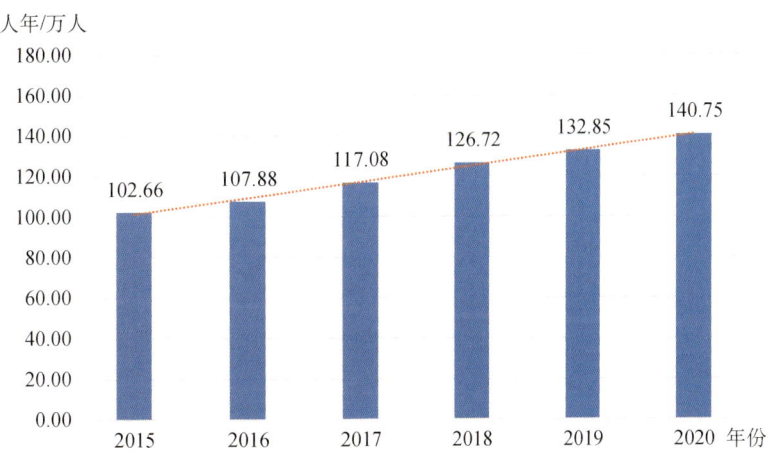

图 21　首尔R&D人员全时当量（2015—2020年）

图 22　首尔专利申请数及每万人专利申请数（2015—2020 年）

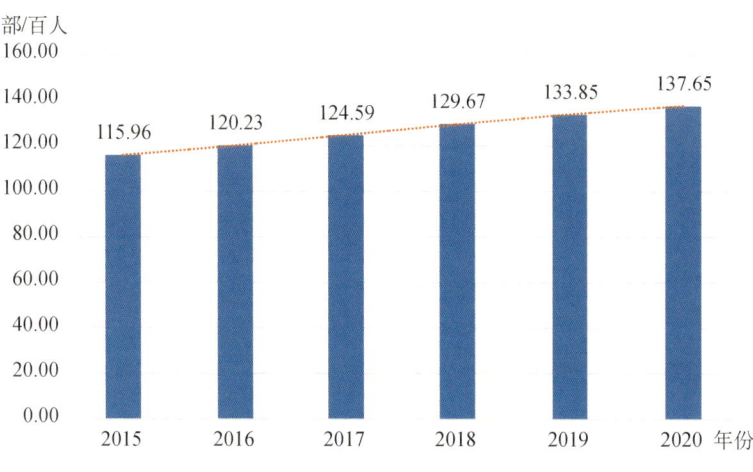

图 23　首尔移动电话普及率（2015—2020 年）

图 24　首尔律师总数量及每万人律师数量（2015—2020 年）

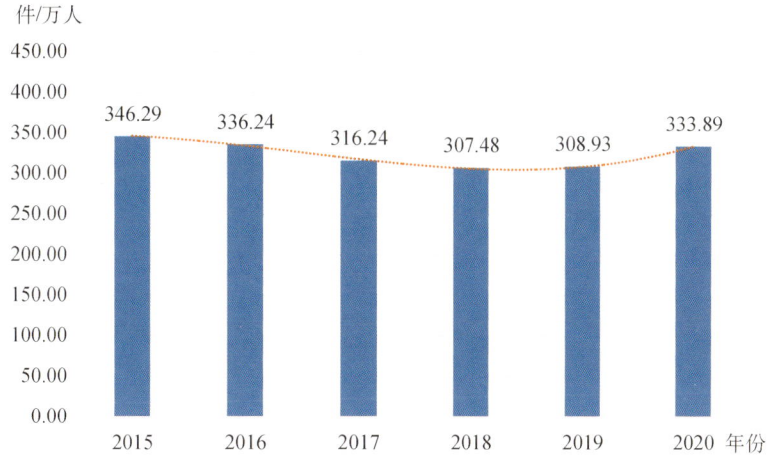

图 25　首尔每万人刑事犯罪案件数量（2015—2020 年）

自 2015 年以来，OECD 的调查显示，韩国政府公信力虽然稳步上升，但总体上处于较低水平，2020 年约为 45%（图 26）；每万人社会组织数量从 2015 年的约 5 个增加至 6.5 个。

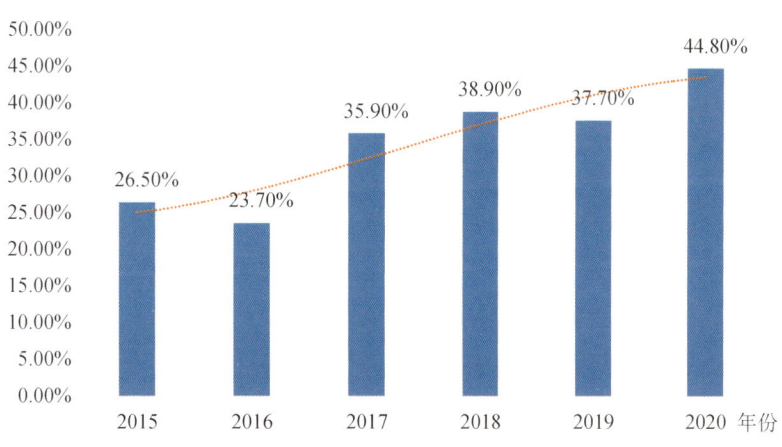

图 26　韩国政府公信力（2015—2020 年）

中国
上海
Shanghai

上海指数
全球试点城市应用研究

Application of Shanghai Adapted Index to Global Pilot Cities

1 上海概况

上海行政辖区面积约 6 340.5 平方公里，2020 年人口接近 2 500 万人（图 1），人口密度超过 3 900 人/平方公里，GDP 总量超过 5 600 亿美元（图 2）。近年来，上海大力推动经济高质量发展，强化全球资源配置、科技创新策源、高端产业引领、开放枢纽门户"四大功能"，加快建设具有世界影响力的社会主义现代化国际大都市。

图 1　上海人口数量（2015—2020 年）

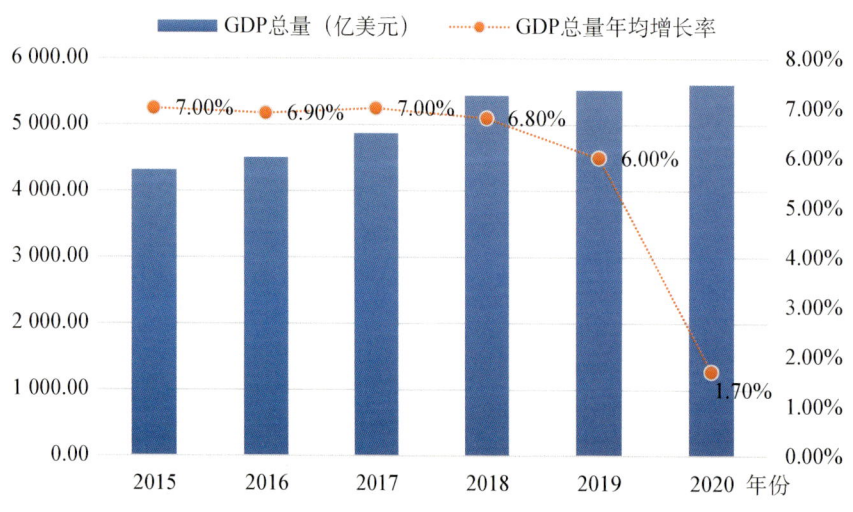

图 2　上海 GDP 总量及其年均增速（2015—2020 年）

2 上海可持续发展绩效评估

2015—2020年上海可持续发展综合指数如图3所示。2015—2020年上海可持续发展社会、经济、环境、文化和治理子指数如图4至图8所示。

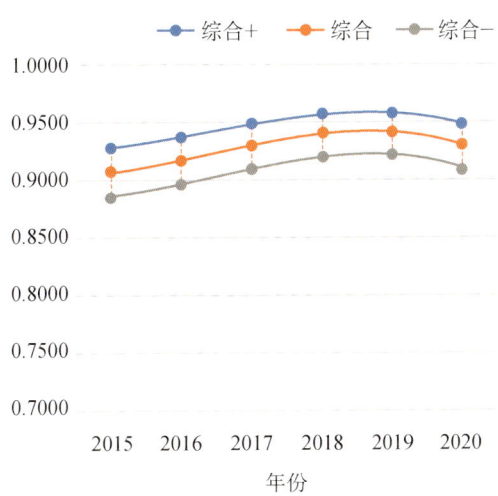

图3 上海可持续发展综合指数
（2015—2020年）

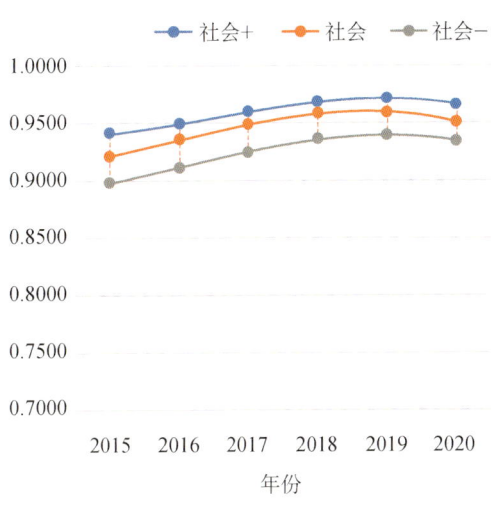

图4 上海可持续发展社会子指数
（2015—2020年）

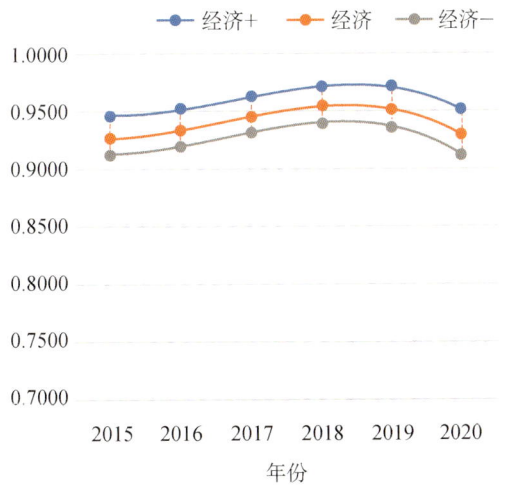

图5 上海可持续发展经济子指数
（2015—2020年）

图6 上海可持续发展环境子指数
（2015—2020年）

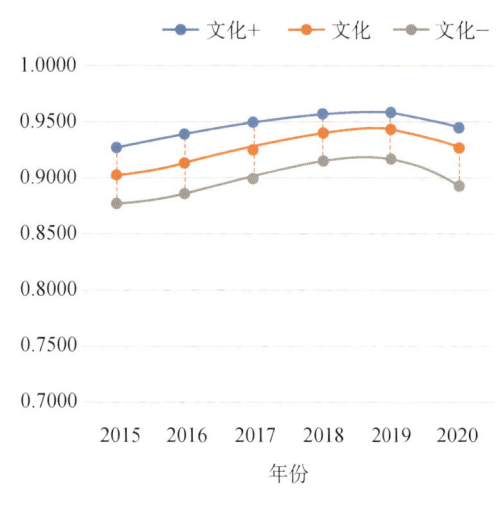

图 7 上海可持续发展文化子指数
（2015—2020 年）

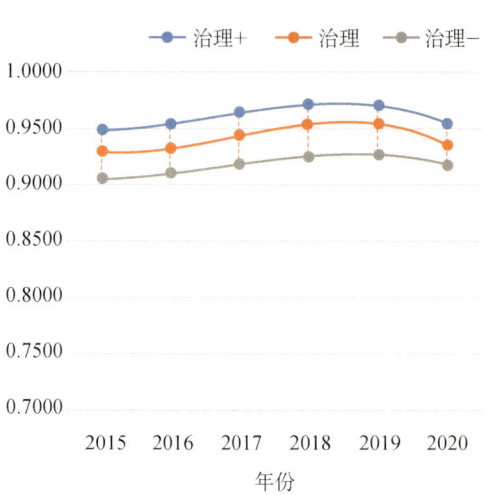

图 8 上海可持续发展治理子指数
（2015—2020 年）

3 上海可持续发展绩效分析

3.1 社会维度

2015—2020 年上海人口数量由 2 457.69 万人增加至 2 488.36 万人，累计增加人口只有约 30 万人；人口自然增长率年均接近 −2‰（图 9）；人口平均预期寿命从 2015 年的 82.75 岁增加至 2020 年的约 84 岁；2020 年 5 岁以下儿童死亡率下降至 2.3‰左右；2020 年人均住房面积接近 38 平方米；2015 年上海幼小初学生数约 180 万人，到 2020 年增加了约 13 万人；每万人医院病床数从 2015 年的约 50 张增加至 2020 年的约 65 张，2020 年病床总数达到约 16 万张（图 10）。

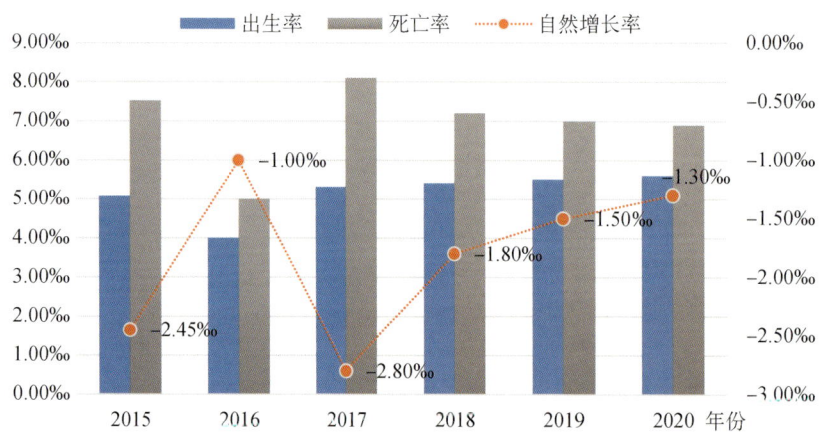

图 9 上海人口出生率、死亡率及自然增长率（2015—2020 年）

图 10　上海每万人医院病床数（2015—2020 年）

上海公路里程数约 13 000 公里，公路网密度超过了 200 公里/平方公里(图 11)；上海公共交通体系较为完善，在全球城市中有最长的轨道交通网络，目前已有近 800 公里，规划 2035 年将达到 1 600 公里左右。2019 年上海日最高客运量超过 1 300 万人次。2015—2019 年公共交通客运总量年均超过 63 亿人次，年人均搭乘量超过了 250 人次。2020 年受新冠疫情影响公共交通客运总量减少约 20 亿人次，保持在 42 亿人次左右，年人均搭乘量约 170 人次(图 12)。

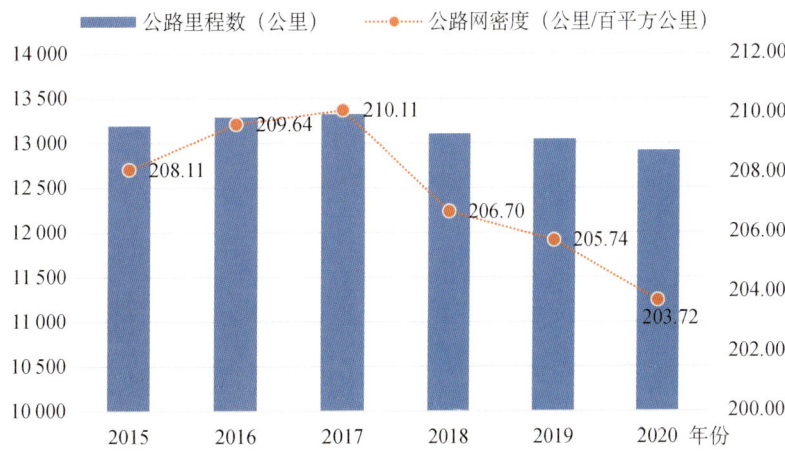

图 11　上海公路里程数及公路网密度（2015—2020 年）

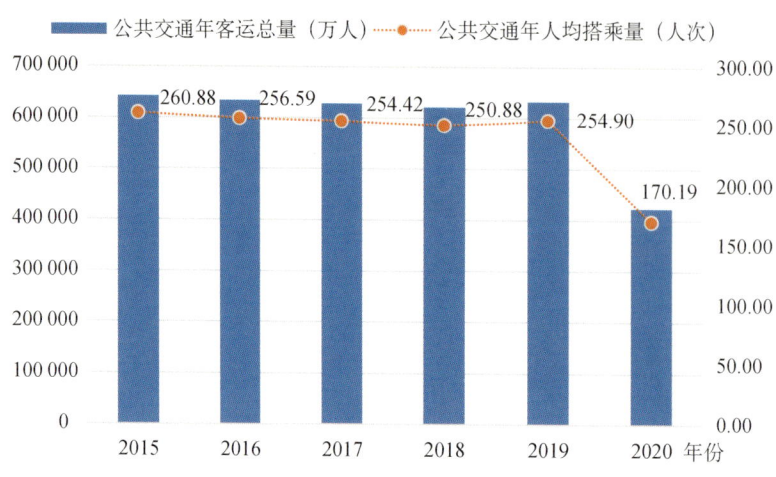

图 12　上海公共交通客运总量及年人均搭乘量（2015—2020 年）

3.2　经济维度

上海是中国经济发展最活跃的城市之一，GDP 总量也在中国城市中排在首位。上海 GDP 总量从 2015 年的约 4 300 亿美元上升至 2020 年的约 5 600 亿美元，累计增加近 1 300 亿美元。2015—2019 年上海 GDP 年均增速约 7%，2020 年受新冠疫情影响下降至 1.7%。上海第一产业增加值占比很小，2015 年约 20 亿美元，2020 年下降至约 15 亿美元（图 13）；上海第二产业增加值从 2015 年的约 1 350 亿美元增加至 2020 年的约 1 500 亿美元，累计增加约 150 亿美元，2017 年的增速达到 6.7%（图 14）；上海第三产业增加值对 GDP 总量贡献最大，2015 年第三产业增加值约 3 000 亿美元，2020 年增加至 4 100 亿美元，累计增加约 1 100 亿美元，2015—2019 年均增速超过 8.6%（图 15）。

图 13　上海第一产业增加值及其年均增速（2015—2020 年）

图 14　上海第二产业增加值及其年均增速（2015—2020 年）

图 15　上海第三产业增加值及其年均增速（2015—2020 年）

2015—2020 年上海人均 GDP 从 1.76 万美元增加至 2.25 万美元，累计增加约 5 000 美元。人均可支配收入从 2015 年的 8 000 美元增加至 2020 年的约 11 000 美元，累计增加超 3 000 美元，年均增速约 6.5%（图 16）；上海失业率稳中有降，从 2015 年的 4.1% 下降至 2020 年的 3.67%；居民消费价格指数相对稳定，基本在 101～103。

上海外商直接投资额稳中有升，基本在 180～200 亿美元，其 GDP 占比年均为 3.5%～4%（图 17）；上海固定资产投资额从 2015 年的约 1 000 亿美元增加至 2020 年的约 1 300 亿美元，累计增加约 300 亿美元，其 GDP 占比年均约 22%（图 18）。

图 16　上海人均可支配收入及其年均增速（2015—2020 年）

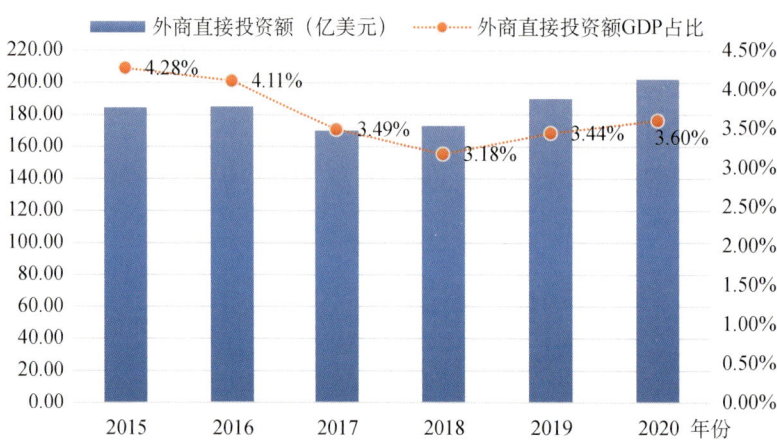

图 17　上海外商直接投资额及其 GDP 占比（2015—2020 年）

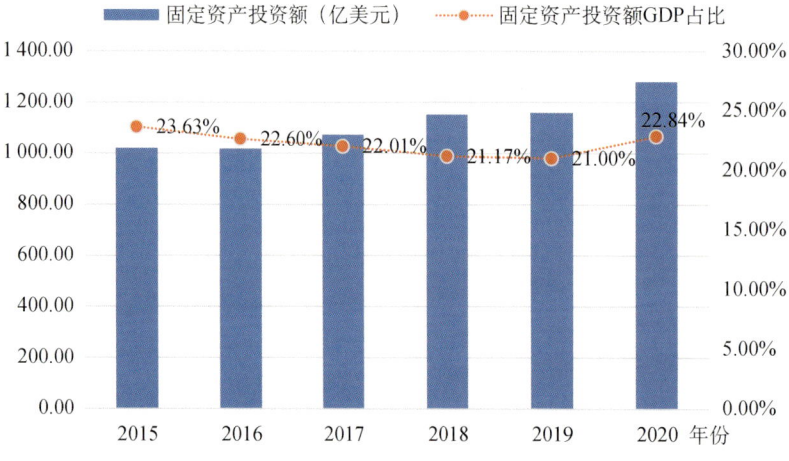

图 18　上海固定资产投资额及其 GDP 占比（2015—2020 年）

2015—2019 年上海进出口贸易总量稳步上升,但其 GDP 占比却在不断减小。总体上进口额相对比较稳定,在 2 000 亿美元左右。出口额从 2015 年的 2 550 亿美元增加至 2020 年的 3 050 亿美元,累计增加近 500 亿美元。进出口额 GDP 占比从 2015 年的约 105% 下降至 2020 年的约 90%(图 19);社会消费品零售总额从 2015 年的 1 860 亿美元增加至 2020 年的约 2 300 亿美元,其 GDP 占比年均约为 42%(图 20)。

图 19　上海进出口贸易额及其 GDP 占比(2015—2020 年)

图 20　上海社会消费品零售总额及其 GDP 占比(2015—2020 年)

3.3　环境维度

上海污水处理率年均在 96% 以上,2020 年超过了 98%。污水排放强度约 50～55 吨/万美元(图 21);上海年人均生活垃圾产生量为 0.3～0.4 吨;年人均生活垃圾产生量为

0.3~0.4吨;一般工业固体废弃物综合利用率年均超过92%,固废产生强度从2015年的0.43吨/万美元下降至2020年的0.32吨/万美元(图22)。

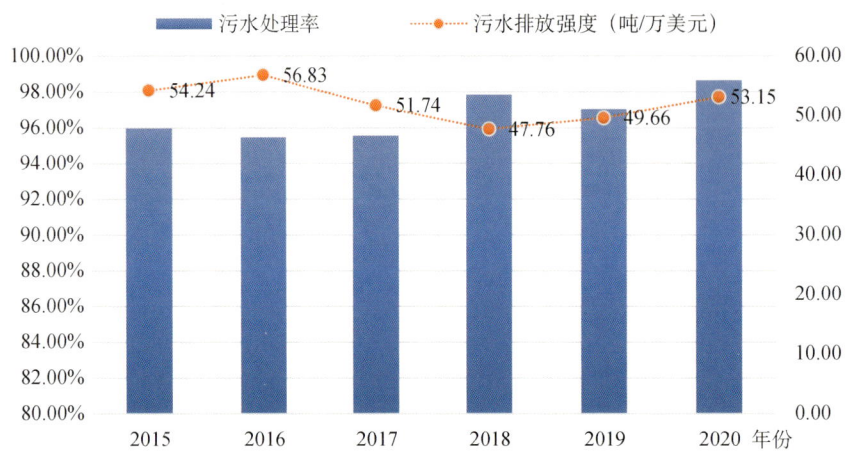

图21 上海污水处理率及污水排放强度（2015—2020年）

图22 上海一般工业固体废弃物综合利用率及固废产生强度（2015—2020年）

2015—2020年上海能耗总量从约1亿吨标煤上升至约1.1亿吨标煤,累计增加约1000万吨标煤,能耗强度从2.53吨标煤/万美元下降至约2吨标煤/万美元(图23);碳排放强度也有显著的下降,2020年碳排放强度为4吨/万美元(图24);空气质量改善明显,优良率从2015年的约70%上升至2020年的约87%(图25)。在居民的广泛参与下,上海在社区花园及绿色自治地图建设方面积累了较为丰富的经验(专栏1)。

图 23 上海能耗总量及能耗强度（2015—2020年）

图 24 上海碳排放强度（2015—2020年）

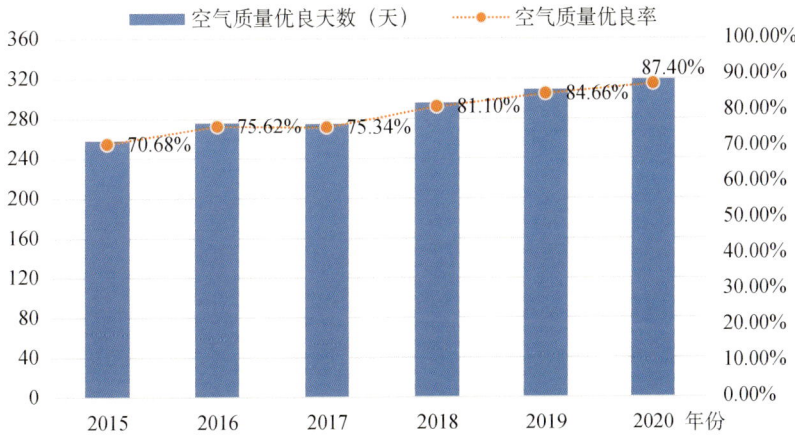

图 25 上海空气质量优良天数及优良率（2015—2020年）

上海绿色自治地图[1]

"绿色自治地图"是以绿色为入口、由专业社会组织发起,政府支持和以居民为主体的旨在促进居民参与社区公共事务、增进社会交往、打破邻里隔阂、提升街区活力和探索社会治理多元共治模式的创新实践。2015年初上海"四叶草堂"组织在杨浦区一条废弃的火车轨道边建成第一个城市公共空间中的"火车菜园";2016年6月,培育出第一个住宅小区内居民参与的社区花园——"百草园";2016年7月,在商业和住宅混合公共区域内建成"创智农园";2017年,获得超过上海9个行政区支持,以政府购买社会组织服务的形式,建成40个社区花园;2018年至今,逐步形成了具有四级结构的绿色自治地图:一级是社区花园孵化基地;二级是居委主导、居民参与的社区花园;三级是居民自组织的社区花园;四级是社会广泛参与的城市种子漂流活动。

经验借鉴

(1) 采用多元共治发展战略

影响社区花园发展战略的要素包括:专业组织的理念和行动,政府态度、基层部门干部的积极性,整体社区自治条件。专业组织有着明确的恢复居民自治能力的理念和实践路径,是社区花园社会生态和自然生态发展并举的关键;政府对社区花园成为社区治理抓手的认可态度和基层部门干部的积极性使社区花园获得合法性。

(2) 参与式设计和后期运营

社区花园不仅关注生活空间的硬件改善,而且通过社区营造来改善居民的日常生活部分。区域性:需要植根本地文化,将历史人文和社区记忆与空间相互结合,让使用者产生归属感和认同感;当地性:需要借助社区活动组织和培训激活社区,培育社区内生力量;共享性:需要保持开放的氛围,引导社区成员通过合适的途径加入社区花园运维队伍中。

---

[1] 节选自《上海手册:21世纪城市可持续发展指南·2018年度报告》,收录案例由于海等人撰写完成。

（3）绿色生活场景的自发营造

社区花园不仅是自治与参与的入口，也是自发整合基层政府、社会组织及社区居民，共同营造绿色生活的绝佳场景。自主绿色空间规划与营造、在地自治社团的管理运维、在地资源的就地降解循环利用等带动的创新绿色生活方式，使社区花园系统在都市有机更新的进程中起着至关重要的作用。

3.4 文化维度

上海文化设施数量每万人约为0.6个，非物质文化遗产数量每万人约0.3～0.4个；上海国际文化交流频繁，文化包容性很强。2015—2019年年均国际旅客约850万人次，2020年受新冠疫情影响，下降至约130万人次(图26)；旅游收入从2015年的约540亿美元增加至2019年的约770亿美元，2020年下降至450亿美元左右。旅游收入GDP占比在2019年超过14%，但2020年下降至约8%(图27)。上海也制定了文化大都市建设的"十四五"规划，为城市文化建设指明了方向(专栏2)。

图26　上海国际旅客数量（2015—2020年）

图27　上海旅游收入及其GDP占比（2015—2020年）

专栏 2　上海市社会主义国际文化大都市建设"十四五"规划发展目标[1]

到 2025 年，上海城市文化创造力、传播力、影响力持续提升，市民文化参与感、获得感、幸福感不断增强，传承优秀传统文化、吸收世界文化精华、彰显都市文化精彩、发展社会主义先进文化的城市文化特质更加凸显，加快建设成为更加开放包容、更富创新活力、更显人文关怀、更具时代魅力、更有世界影响力的社会主义国际文化大都市。

（1）文化品牌标识度更加彰显。红色文化、海派文化、江南文化资源持续用好用活，红色文化立心铸魂基石作用进一步夯实，海派文化开放包容窗口作用进一步凸显，江南文化传承创新示范作用进一步提升，全力擦亮"上海文化"品牌，打造文化品牌高地。

（2）城市精神品格更加鲜明。社会主义核心价值观深入人心，市民文化素质和城市文明程度全面提升，新时代文明实践中心高质量建设，志愿服务力量不断增强，向上、向善、向美力量持续凝聚，更好构筑人们诗意栖居的精神家园。

（3）文化生活更加多彩。重大文化设施规划布局均衡完善，公共文化服务体系日益完备，文化产品供给和文化活动质量持续提升，市民文化需求有效满足，市民文化参与度、满意度显著提高，文化引领品质生活，生发更强人文关怀、更暖民生温度，持续建好幸福人文之城。

（4）文化竞争力更加强劲。文化创新创造活力持续迸发，文化产品创作生产提质增效，原创文化精品不断涌现。文化领域数字化转型深度实施，文化资源要素配置能力显著增强，文化市场体系日益健全，文化跨界融合发展不断深入，文化市场主体更趋活跃，基本建成具有国际影响力的文化创意产业中心。

（5）文化交流中心地位更加凸显。中外文化精品荟萃首发，重大文化节展赛事影响力不断扩大，"上海主场"文化交流平台持续升级，文化"码头"地位坚实稳固。国际传播能力建设不断加强，城市形象推广成效显

---

[1] 节选自《上海市社会主义国际文化大都市建设"十四五"规划》，2021.

著,文化"走出去"实力不断增强。

3.5 治理维度

上海财政收入稳步上升,从 2015 年的约 885 亿美元上升至 2020 年的 1 020 亿美元,财政支出从 2015 年的约 1 000 亿美元上升至 2020 年的 1 170 亿美元左右。财政自给率保持在 85%～93%(图 28);2015—2018 年税收收入稳步增加,达到 950 亿美元,但随后出现下降趋势,2020 年税收收入约为 850 亿美元。税收收入在财政收入中的占比基本维持在 80%～90%,2020 年约为 83%(图 29);2016—2019 年上海政府负债率年均约为 14.5%,2020 年债务余额增加至约 1 000 亿美元,负债率约 17.8%(图 30)。

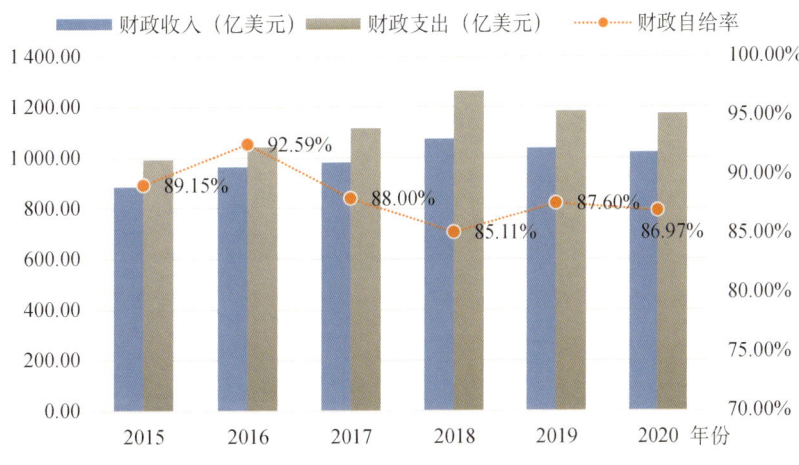

图 28　上海财政收支及财政自给率(2015—2020 年)

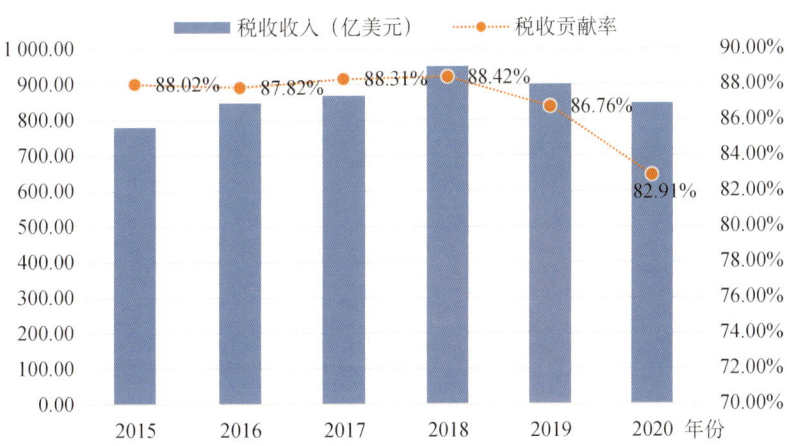

图 29　上海税收收入及其财政收入贡献率(2015—2020 年)

图 30　上海政府债务余额及其负债率（2015—2020 年）

上海要打造科创中心,在研发方面投入力度较大,R&D 支出每年都在增加,从 2015 年的 150 亿美元增加至 2020 年的约 230 亿美元,累计增加了约 80 亿美元的研发投入,其 GDP 占比接近 4.2%(图 31);上海专利授权数量在 2020 年达到约 14 万件,每万人专利授权数超过 56 件(图 32);移动电话普及率从 2015 年的约 127 部/百人增加至 2020 年的约 171 部/百人(图 33);上海每万人社会组织数量为 6~7 个;上海检察院审查起诉的刑事犯罪案件数量逐年下降,2020 年每万人检察院审查起诉的刑事犯罪案件数下降至约 10 件(图 34)。上海在城市软实力建设中明确了目标和路线图,进而为提升城市治理水平和能级服务(专栏 3)。

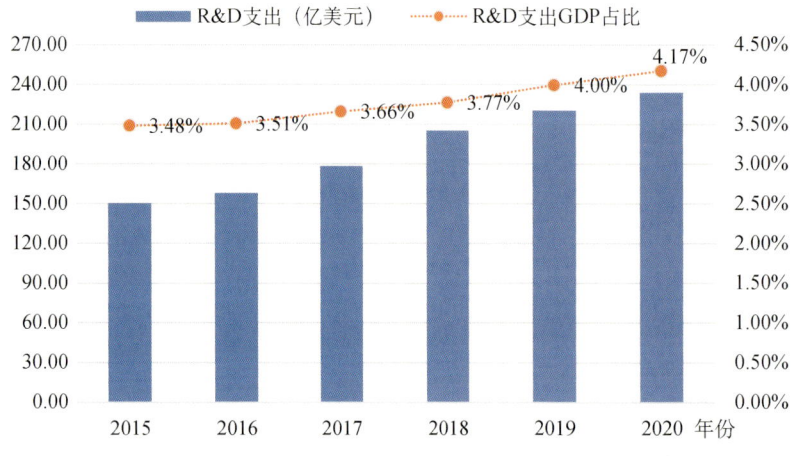

图 31　上海 R&D 支出及其 GDP 占比（2015—2020 年）

图 32　上海专利授权数量及每万人专利授权数量（2015—2020 年）

图 33　上海移动电话用户数量及普及率（2015—2020 年）

图 34　上海检察院审查起诉刑事案件数量及每万人审查起诉案件数量（2015—2020 年）

专栏 3　上海提升城市软实力建设目标[1]

把上海打造成为引领未来超大城市发展的典范标杆,成为全面展现建设社会主义现代化国家新气象的重要窗口,成为我国链接和影响世界的重要纽带。

（1）让核心价值凝心铸魂。培育和践行社会主义核心价值观走在前列,市民文明素质和城市文明程度全面提升,城市精神品格不断彰显新的光彩。

（2）让文化魅力竞相绽放。文艺创作精品迭出,文艺名家群星荟萃,文化潮流引领风尚,历史文脉延续传承,公共文化服务体系日臻完善,文化生活更加多彩,文化竞争力更加强劲。

（3）让现代治理引领未来。城市治理现代化水平全面提升,城市的安全、韧性全面增强,国际数字之都引领潮流,国际一流营商环境享誉全球。

（4）让法治名片更加闪亮。社会主义法治观念深入人心,遵法学法守法用法蔚然成风,形成人人参与法治建设、获得平等保护、感受公平正义、共享法治成果的生动局面。

（5）让都市风范充分彰显。黄浦江两岸物阜民丰、流光溢彩,世界会客厅商通四海、人聚万邦,人民城市绚丽多姿、活力四射,大国大城形象更富感召力、更有亲和力、更具全球吸引力。

（6）让天下英才近悦远来。更好地促进人的全面发展,使城市成为品质生活的高地、成就梦想的舞台,使在上海者引以为豪、来上海者为之倾心、未到过上海者充满向往。

---

[1] 节选自《中共上海市委关于厚植城市精神彰显城市品格全面提升上海城市软实力的意见》,2021.06.28.

1 新加坡概况

新加坡位于马来半岛南端、马六甲海峡出入口,由新加坡岛及附近63个小岛组成,国土面积728.6平方公里。新加坡人口数量相对较为稳定,2015—2020年基本保持在550～570万人(图1)。新加坡人口密度相对较高,平均为7 700～7 780人/平方公里。新加坡2015年GDP约为3 100亿美元,2018—2019年超过3 700亿美元,年均增速超过3%。但2020年GDP增速降至-5.4%,GDP总量下降至3 400亿美元左右(图2)。

图1　新加坡人口数量(2015—2020年)

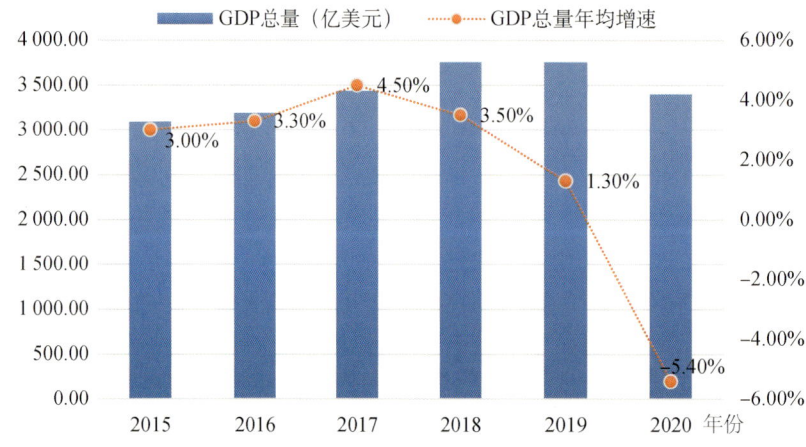

图2　新加坡GDP总量及其年均增速(2015—2020年)

2 新加坡可持续发展绩效评估

2015—2020年新加坡可持续发展综合指数如图3所示。2015—2020年新加坡可持续发展社会、经济、环境、文化和治理子指数如图4至图8所示。

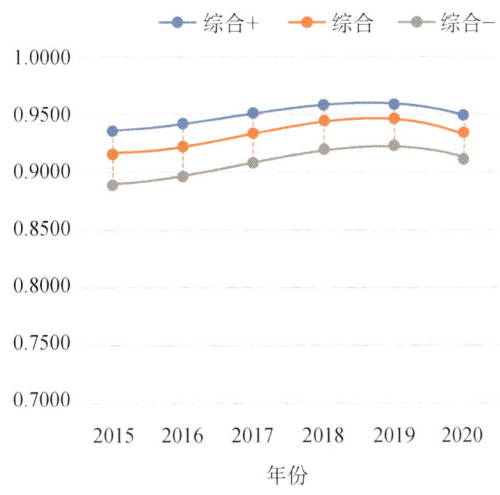

图3 新加坡可持续发展综合指数
（2015—2020年）

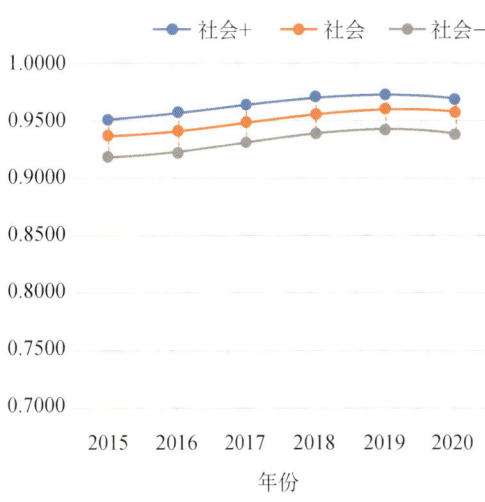

图4 新加坡可持续发展社会子指数
（2015—2020年）

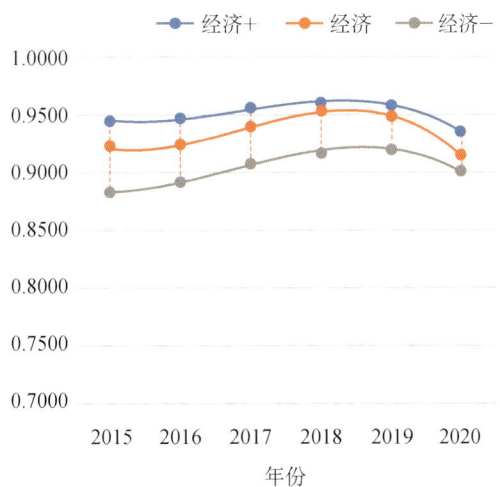

图5 新加坡可持续发展经济子指数
（2015—2020年）

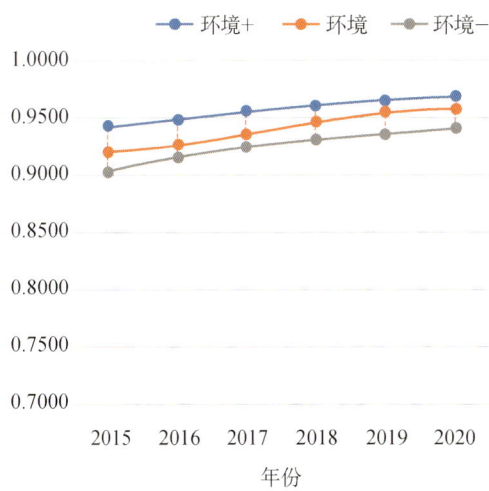

图6 新加坡可持续发展环境子指数
（2015—2020年）

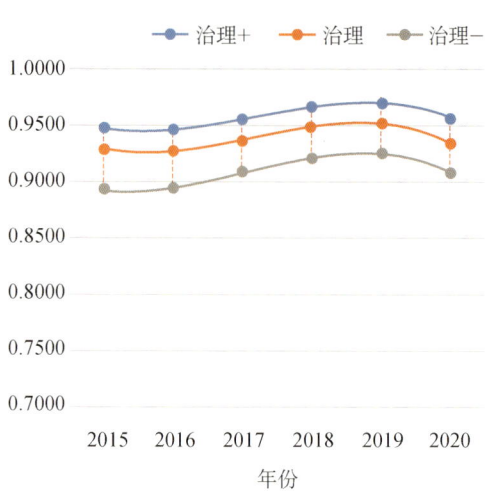

图 7 新加坡可持续发展文化子指数（2015—2020 年）

图 8 新加坡可持续发展治理子指数（2015—2020 年）

3　新加坡可持续发展绩效分析

3.1　社会维度

2020 年新加坡人口数量接近 570 万人，人口密度约 7 800 人/平方公里。2020 年人口平均预期寿命接近 84 岁，相比于 2015 年的 82.9 岁增加了约 1 岁。新加坡有非常完善的住房保障制度（专栏 1），人均住房面积超过 30 平方米。新加坡公共交通体系非常完善，居民有非常高频的公共交通搭乘行为，在 2018—2019 年公共交通年人均搭乘量超过 530 人次，2020 年受新冠疫情影响，公共交通客运总量和人均搭乘量都出现了较大幅度的下滑（图 9）。2020 年每万人医院病床数约为 20 张（图 10），每万人医生数量达到 26 位（图 11）。

图 9　新加坡公共交通客运总量及年人均搭乘量（2015—2020 年）

图 10　新加坡医院病床数及每万人病床数（2015—2020 年）

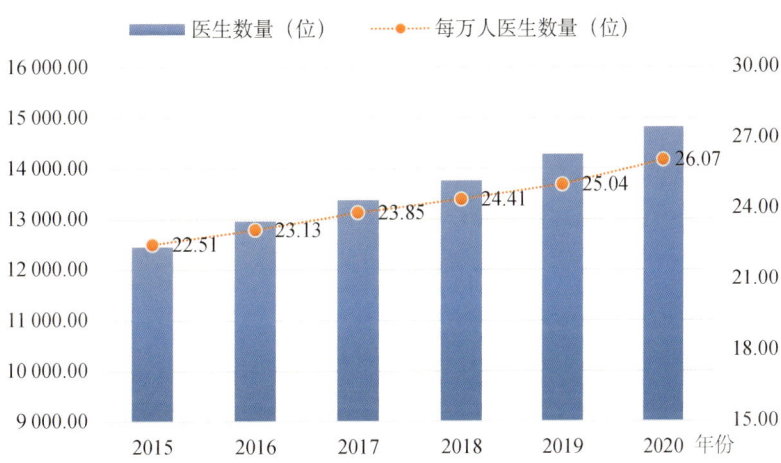

图 11　新加坡医生数量及每万人医生数量（2015—2020 年）

新加坡组屋经验借鉴[1]

新加坡实施"居者有其屋"计划半个多世纪以来，人均住房面积从不足 6 平方米提升至现在的超过 30 平方米，住房自有率超过九成。公共住房为主，促房价维稳增长。为满足不同收入阶层人群的住房需求，新加坡政府

1　节选自袁帅．小康《新加坡"居者有其屋"的启示》，2021．

实行多层次、阶梯化的双轨制住房供应体系，创造性地提出以"廉租房—廉价组屋—高端组屋—私人住宅"为代表的阶梯化住房结构，建立了"中低收入靠保障、高收入靠市场"的双轨制住房供应体系。新加坡政府通过大量建造价格可控的组屋，促使其成为市面上的住房主体，以此维持当地房价稳定。

新加坡不仅对租屋定价有明确规定，对申请人的年龄、收入、私产情况也有严格的限定。在分配过程中，政府会优先保障初次申购者和老弱、多代等"特殊群体"。根据新加坡政府的规定，向政府申购的新建组屋必须自住，不得用于商业经营，五年内不得转售，且转售对象严格受限，否则将对当事者课以高额罚金或将其逮捕入狱。任何人在买卖组屋时，必须提供翔实的资料，一旦发现虚报，将面临高达 5 000 新元的罚款或六个月的监禁，严重者两者兼施。

严控土地成本。1966 年新加坡在《土地征收法》中明确规定："公共基础设施为土地增值带来了大部分升值，应归属于国家，故当政府征地用于公共建设时，赔偿额应基于毫无基础设施的原始未开发土地价值。"在土地出让方面，新加坡政府同样不赚取土地增值的钱。土地征收早期由新加坡建屋发展局直接负责，后来转交给了土地管理局，然后再由土地管理局把土地平价转给新加坡建屋发展局来建造组屋。

3.2 经济维度

2015—2018 年新加坡 GDP 年均增速超过 3%，2017 年达到 4.5%，GDP 总量也超过了 3 700 亿美元，但 2019 年下降至 1.3%，2020 年受新冠疫情影响大幅下降至 -5.4%；2015 年，新加坡人均 GDP 下降超过 3%，约 5.56 万美元。随后开始每年稳定增加，2018 年增速超过 9%，达到约 6.69 万美元，但 2020 年人均 GDP 下降接近 8%，约 6 万美元；2015—2019 年新加坡失业率基本控制在 2% 左右，但 2020 年上升至 3%。15~24 岁青年失业率高出综合失业率 1% 左右，2020 年超过 4%。

从全球城市外商直接投额 GDP 占比来看，新加坡排在全球前列。新加坡外商直接投资额 GDP 占比相对较大，2015 年约 20%，2019 年上升至 30% 以上，2020 年占比有所下降，约为 28%（图 12）；新加坡进出口总额长期保持高位运行，2019 年超过 7 500 亿美元，2020 年虽然受新冠疫情影响，但进出口总额也接近 7 000 亿美元，其 GDP 占比年均都在 200% 以上。

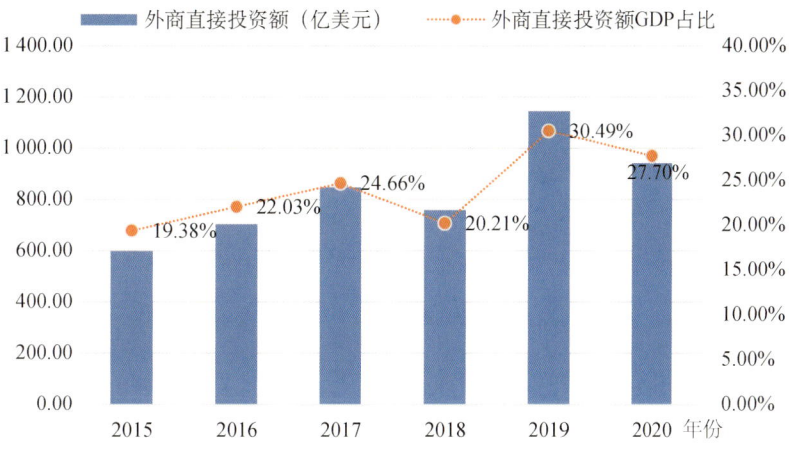

图 12　新加坡外商直接投资额及其 GDP 占比（2015—2020 年）

新加坡制造业增加值从 2015 年的约 600 亿美元上升至 2018 年的约 800 亿美元，其 GDP 占比接近 22%（图 13）。但随后有所下降，2020 年制造业增加值约 700 亿美元，其 GDP 占比约 21%。2015—2020 年，制造业中的小规模企业贡献率有所下滑，从 2016 年的约 3.2% 下降至 2020 年的约 2%（图 14）。

图 13　新加坡制造业增加值及其 GDP 占比（2015—2020 年）

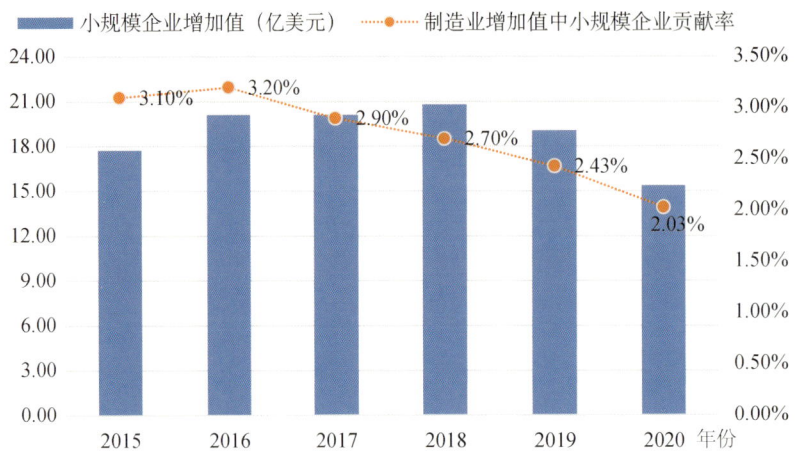

图 14　新加坡小规模企业增加值及其在制造业增加值中的贡献率（2015—2020 年）

3.3　环境维度

2015—2019 年新加坡年均垃圾产生量为 700～800 万吨，其循环利用率在 60% 左右。2020 年垃圾产生量约 600 万吨，其循环利用率不到 52%（图 15）。在总的垃圾中，有 10% 左右为有机垃圾（食物），每年产生 70～80 万吨，人均产生 130～140 千克（图 16）。从现有数据来看，解决食物浪费问题仍然是一个比较严峻的挑战。

图 15　新加坡垃圾产生量及循环利用率（2015—2020 年）

图 16　新加坡食物浪费总量及人均食物浪费量（2015—2020 年）

新加坡能源消费总量平均保持在 1 500 万吨标油左右，2019 年超过 1 600 万吨标油，能耗强度为 0.39～0.5 吨标油/万元 GDP(图 17)。新加坡在可再生能源领域的发展速度和强度与其他国际城市相比较慢较弱，2015—2020 年可再生能源消费量在总能源消费量中的占比不到 1％。但近几年新加坡光伏发电也在迅速发展，人均光伏发电容量从 2015 年的 16Wac 增加至 2020 年的近 58Wac(图 18)。

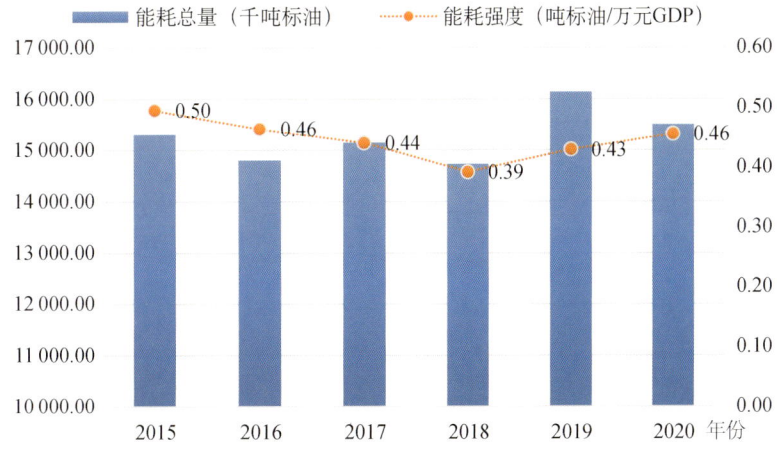

图 17　新加坡能源消费总量及其能耗强度（2015—2020 年）

图 18　新加坡人均光伏发电量（2015—2020 年）

新加坡生物多样性保护，特别是野生动物保护形势较为严峻。被偷猎或非法贩运的野生动物交易比例相对较高，2018 年达到 33%。近几年有所下降，2020 年相比于 2018 年的高位下降超一半，2021 年该比例下降至 12%（图 19）；新加坡人均二氧化碳排放量为 7～8 吨/年；人均公园绿地面积超过 30 平方米，新加坡围绕水资源保护和管理，为居民提供了优质的绿色空间（专栏 2）。

图 19　新加坡被偷猎或非法贩运的野生动物交易比例（2015—2021 年）

专栏 2　新加坡 ABC 水计划实践过程及经验借鉴[1]

新加坡国家水务局于 2006 年启动了"活跃、美丽、清洁的水计划"（Active，Beautiful，Clean：ABC Waters）。其中，"Active"表示为当地的社区居民提供新的绿色休闲生态空间，使居民能够更加贴近水源、亲近自然；"Beautiful"表示通过自然生态的河道景观改造，使河流与及其周边社区环境融为一体；"Clean"表示通过水资源的人性化管理改善水质、培育和提供更好的人水关系及公共教育。

实践过程

碧山宏茂桥公园和加冷河修复是 ABC 水计划的大型旗舰项目，通过公园—河道景观的复兴带来了公园周边区域生态环境的优化，增强了社区的连接。该项目的重点是将沿碧山宏茂桥公园边缘的加冷河从一条冷冰冰的直线型混凝土排水渠改造成一条拥有自然式河岸结构并与公园完美融合的生态景观长廊。碧山宏茂桥公园及加冷河修复的核心原则是集人居规划和生态景观功能于一体。将原来直线型混凝土排水渠改造恢复为弯曲、自然式河流沟渠，蜿蜒穿过公园。占地近 60 公顷的公园空间被重新设计。依托当地自然生态的天然属性加固河岸，公园内根据河流渠道的流经方向，人性化新建步道及非机动车道，包括小朋友游戏场所、老人锻炼身体场所、遛狗专用场所、咖啡书吧等休闲场所，希望让居民尽情享受绿色生态空间。

原有的直线型混凝土沟渠虽然在特定的历史时期发挥了重要的排洪作用，但是随着周边社区密度的不断增加，城市居民对绿色生态环境及其生态系统服务价值的追求提升，这条传统的沟渠已经无法满足需求。一方面，碧山宏茂桥公园周边的社区主要类型是公共房屋（组屋），在整个新加坡，80%以上居民居住在组屋，传统沟渠及其沿线的护栏机械地割裂了周边居民自由通向公园的通道，给当地居民享受绿色生态空间带来了极大的不

---

[1] 专栏信息由本书作者陈海云亲赴新加坡实地考察整理而成，部分信息已收录于联合国《上海手册：21世纪城市可持续发展指南》。

便；另一方面，雨季里直线型混凝土沟渠水流湍急，遇到暴雨等极端天气时，湍急的河流漫过沟渠后给周边社区居民的生命财产安全带来了极大的威胁，特别是考虑到新加坡组屋社区是没有围墙的。

在整个沟渠的改造过程中，土壤生态工法的运用体现得淋漓尽致。这其中，核心的理念就是要用生态的思维来修复生态，尽可能大地减少人为、机械式的改造。根据当地的气候特征选用适宜当地生态环境的树种、草种，特别是在结构控制方面表现突出的品种，因地制宜，让这些树木花草也能够加固河堤；河流沿线根据水流特点堆放能够自然减缓水流速度，并且防治河流周边侵蚀的石头，让整个河流区域自我修复和生长。在河流不同区域，设立水位警示标志，特别是在雨季，为当地社区居民及相关政府部门提供预警。短短几年时间，一条冰冷的混凝土沟渠变成了一个生物多样性异常丰富的自然生态景观。

经验借鉴

1. 城市核心区域河道改造要从机械的混凝土堆砌走向人性化生态自我修复

混凝土水道在新加坡高度发达的城市景观中占尤其特殊的地位，在有限的城市空间中发挥着排洪的关键作用。由于新加坡的气候特征，在旱季，这些冰冷的混凝土河道中没有任何的生命存在。新加坡的规划者认识到，通过人性化的生态修复，将水道和水库改造成的干净美丽的河流和湖泊所能发挥的潜力，远远超越了它们的排水和蓄水功能。ABC 项目将景观与水无缝结合，创造出优美的滨水空间供公众休闲使用。

2. 复合生态系统的景观修复和改造的关键是如何拉近人与自然的距离

传统的城市沟渠设计仅仅考虑排洪功能，其他的生态、景观及公共服务功能大多被忽略。很多既有水环境基础设施无形中将人与自然割裂了，与此同时还把水置于城市居民的对立面，只看到威胁，却看不到融合。为此，新加坡的 ABC 项目给我们最大启示之一便是水在园中，城在水中，真正实现了人在城中，也在水中。

3. 要将自然资源真正转变为自然资本

河流沟渠的价值远远超越了传统概念对它们的狭义界定。自然资本是自然资源资产及其生态系统服务价值的集合。一个系统集成但生态优先的 ABC 项目，将公园森林、城市绿地、河流水源、树木花草等自然资源的资产价值潜力不断放大。与此同时，生态环境的改善，也让不同类型的生态系统提供的生态服务价值急剧提升。此外，公众教育、休闲娱乐等衍生价值也得到了很好的体现。

4. 跨部门协同联动是城市生态修复及绿色空间打造的制度性保障

不能机械、片面地认为河道的改造是水务部门一家的事情。ABC项目就是典型的例子，在该项目中，园林局、水务局、规划局、国土局等诸多部门协同联动是重要的制度保障。为此，未来的绿色生态空间的打造需要有一个协调部门来统筹调度各部门，协同合作，互相监督，才有可能实现预期效果。

5. 广泛的公众参与是城市生态景观可持续利用及改善的关键所在

ABC项目从规划、实施到建成使用，整个项目周期离不开公众的广泛参与。特别是周边社区居民，他们是ABC项目的主要受益者。在整个项目周期中倾听民意、接受监督是该项目得以顺利实施的重要保障。此外，如何通过鼓励、激励公共参与等一系列方法，让该项目不断完善，可持续利用，也是城市管理者要重点考虑的。

3.4 文化维度

新加坡文旅产业发展较为成熟。2015年入境游客数量超过1 500万人次，旅游收入超过150亿美元，其GDP占比超过5%。2020年受新冠疫情影响，全年入境游客只有约274万人次，相比于2019年的1 800多万人次下降约85%。

新加坡大众文化活动较为丰富。2015—2019年人均观影次数约3.6次，2020年受新冠疫情影响下降至不到1次(图20);2015—2019年新加坡每年的艺术表演活动都超过8 000场次，万人售票数平均为2 500~3 000张。2020年受新冠疫情影响，艺术表演活动场次下降超90%，只有约2 700多场次(图21)。

图20　新加坡影院屏幕数及年人均观影次数（2015—2020年）

图 21　新加坡艺术表演活动场次及每万人售票数（2015—2020 年）

3.5　治理维度

2015—2019 年新加坡财政收支相对较为均衡，财政收入年均约 715 亿美元，财政支出约 730 亿美元，年均财政自给率约为 98%。2020 年财政收入下降明显，约为 670 亿美元，但财政支出增加明显，超过 860 亿美元，财政自给率只有约 78%（图 22）；2015—2020 年新加坡税收收入基本保持在 400～500 亿美元，其税收贡献率年均约 63%（图 23）。

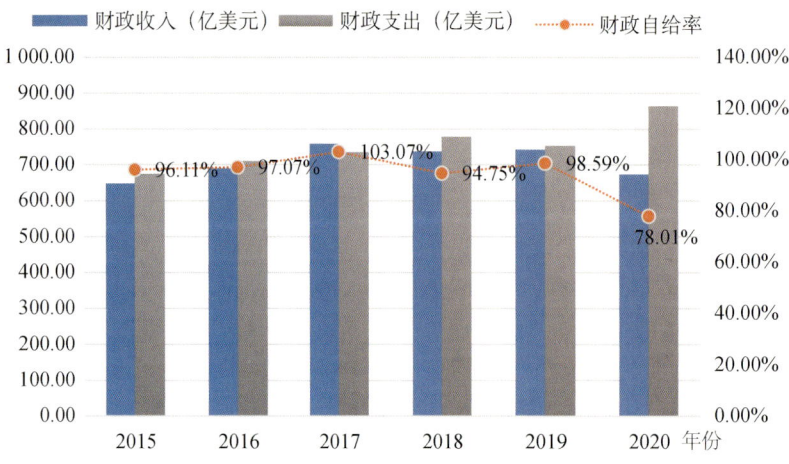

图 22　新加坡财政收支及财政自给率（2015—2020 年）

图 23　新加坡税收收入及其财政收入贡献率（2015—2020 年）

新加坡负债率相对较高，2015—2018 年负债率基本维持在 140% 左右，2019 年上升至 160% 以上，2020 年超过 200%。换言之，2020 年新加坡的债务余额超过 6 900 亿美元（图 24）。高负债率是新加坡城市治理可持续发展面临的严峻挑战之一。新加坡女性参政比例在 2015—2019 年基本维持在 23.8%，2020 年上升至 29.8%（图 25）。新加坡治安状况相对较好，2015—2020 年刑事犯罪案件数量年均为 34 000～37 000 件，每万人刑事犯罪案件数量为 60～65 件（图 26）。

图 24　新加坡债务余额及其负债率（2015—2020 年）

图 25　新加坡女性参政比例（2015—2020 年）

图 26　新加坡刑事犯罪案件数量及每万人刑事犯罪案件数量（2015—2020 年）

1 悉尼概况

本书中所聚焦的悉尼是指悉尼都市区（Greater Sydney），隶属于澳大利亚新南威尔士州（New South Wales，NSW），辖区面积约 12 368 平方公里。2015 年澳大利亚、新南威尔士州和悉尼的人口分别约为 2 380 万人、760 万人和 470 万人，2020 年分别增长至约 2 570 万人、820 万人和 520 万人。悉尼人口占澳大利亚总人口的 20% 左右（图1）。2020 年澳大利亚、新南威尔士州和悉尼的 GDP 总量分别约为 13 300 亿美元（图2）、4 300 亿美元（图3）和 3 150 亿美元（图4），其中悉尼 GDP 占澳大利亚 GDP 总量的约 24%，占新南威尔士州 GDP 总量的约 73%。

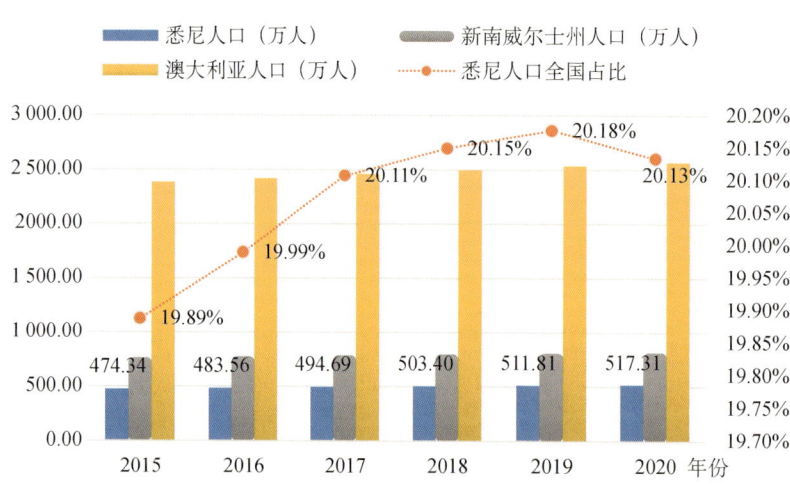

图 1　悉尼、新南威尔士州和澳大利亚人口（2015—2020 年）

图 2　澳大利亚 GDP 总量及悉尼 GDP 占比（2015—2020 年）

图 3　新南威尔士州 GDP 总量及悉尼 GDP 占比（2015—2020 年）

图 4　悉尼 GDP 总量及其年均增速（2015—2020 年）

2　悉尼可持续发展绩效评估

2015—2020 年悉尼可持续发展综合指数如图 5 所示。2015—2020 年悉尼可持续发展社会、经济、环境、文化和治理子指数如图 6 至图 10 所示。

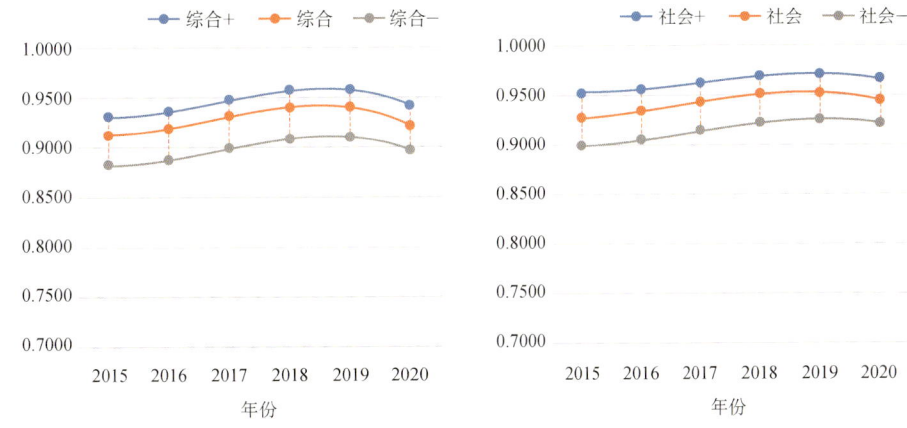

图 5　悉尼可持续发展综合指数（2015—2020 年）

图 6　悉尼可持续发展社会子指数（2015—2020 年）

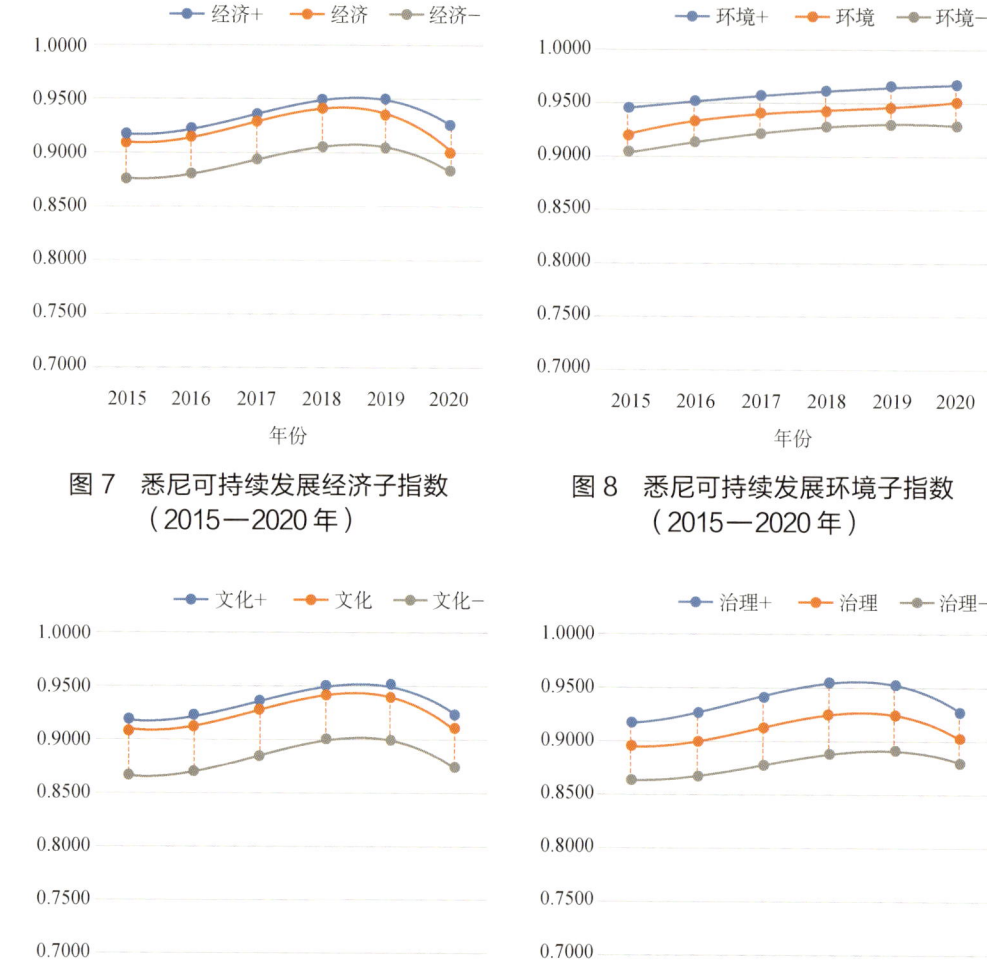

图 7　悉尼可持续发展经济子指数
（2015—2020 年）

图 8　悉尼可持续发展环境子指数
（2015—2020 年）

图 9　悉尼可持续发展文化子指数
（2015—2020 年）

图 10　悉尼可持续发展治理子指数
（2015—2020 年）

3　悉尼可持续发展绩效分析

3.1　社会维度

2015—2020 年悉尼人口从 470 万人增长至 520 万人，人口净增加量约 50 万人；人口密度从约 380 人/平方公里增加至约 420 人/平方公里；悉尼人口平均预期寿命从 2015 年的 82.4 岁增加至 2020 年的 83.2 岁，其中，2020 年男性平均预期寿命约为 81.2 岁，女性平均预期寿命高达 85.4 岁；澳大利亚 5 岁以下儿童死亡率相对较低，年均 3.5‰～4‰；悉尼的死亡率年均约为 5‰，出生率为 10‰～12‰，2020 年人口自然增长率为 6.8‰（图 11）。

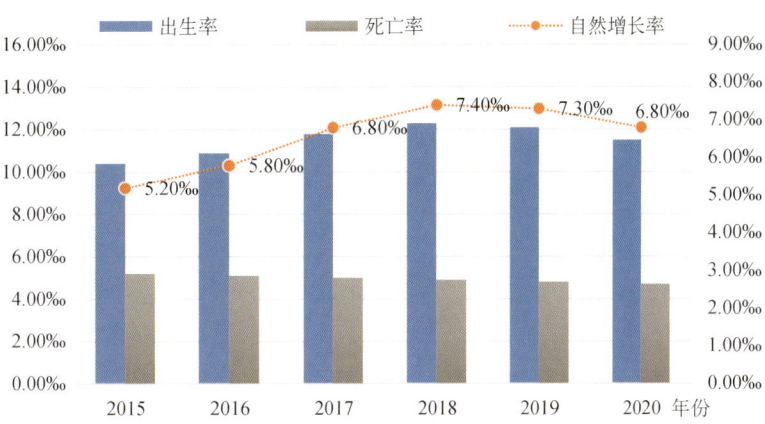

图 11　悉尼人口出生率、死亡率及自然增长率（2015—2020 年）

在澳大利亚，约 2/3 的家庭拥有房产；2016 年每万人中有近 60 人无家可归；只有约 1/3 的人购买了私人健康保险（图 12）；2015—2020 年悉尼每万人医院病床数量约为 25 张（图 13），每万人医生数量约为 37 位（图 14）。

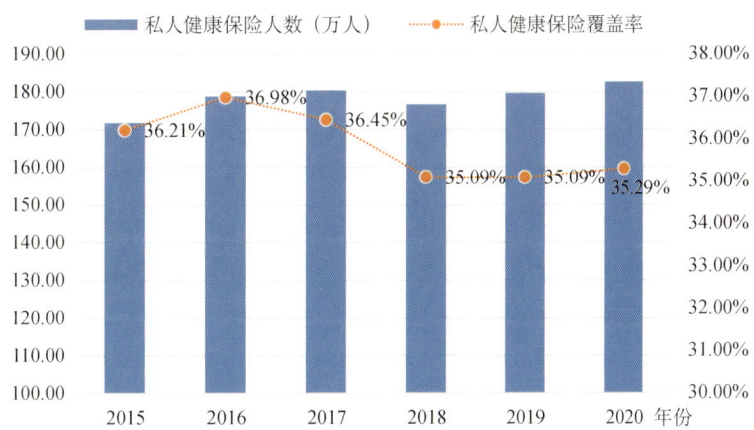

图 12　悉尼私人健康保险人数及覆盖率（2015—2020 年）

图 13　悉尼医院病床数及每万人病床数（2015—2020 年）

图 14　悉尼医生数量及每万人医生数量（2015—2020 年）

悉尼私家车总量从 2015 年的 306 万辆增加至 2020 年的 346 万辆，累计增加 40 万辆。家庭数量从 2015 年的 122 万户增加至 2020 年的 132 万户，平均每户的私家车保有量为 2.5~2.6 辆(图 15)。

图 15　悉尼私家车总量及家庭平均私家车保有量（2015—2020 年）

3.2　经济维度

2015—2020 年悉尼 GDP 总量为 3 000~3 150 亿美元，2015—2019 年 GDP 年均增速约为 3.5%，2020 年下降至 −0.2%；2020 年人均 GDP 约为 6 万美元；2015 年悉尼家庭年均收支分别约 18.54 万美元和 15.26 万美元，2020 年分别约为 21.5 万美元和 15.5 万美元，家庭收入累计增加约 3 万美元，但家庭支出却出现下浮下降；家庭债务是家庭可支配收入的 1.7~2 倍；员工平均年收入较为稳定，约为 7 万~8 万美元；悉尼工作岗位数量从 2015 年的 238 万个增加至 2020 年的约 277 万个，累计增加近 40 万个工作岗位。悉尼工作岗位数量约占整个新南威尔士州工作岗位数量的 2/3(图 16)。

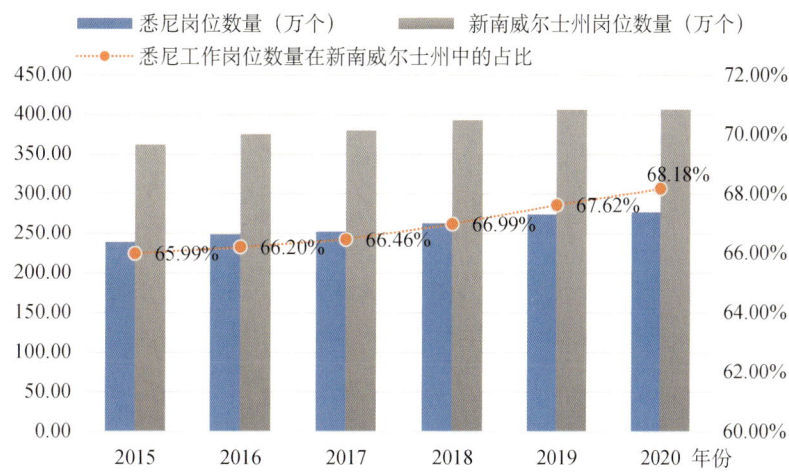

图 16　悉尼和新南威尔士州工作岗位数量及悉尼工作岗位数量在新南威尔士州中的占比（2015—2020 年）

悉尼居民消费价格指数指数变动幅度较为明显,从 2015 年的 108.4 上升至 2020 年的 117(图 17);2015—2019 年悉尼失业率稳步下降,从 2015 年的 5.1% 下降至 2019 年的 4.2%,但 2020 年有所反弹,上升至 5.4%(图 18);2015—2020 年悉尼进出口贸易额 GDP 占比为 135~140%,进出口额增加幅度显著。2015 年进出口总额约 4 100 亿美元,2020 年超过 7 000 亿美元。

图 17　悉尼居民消费价格指数（2015—2020 年）

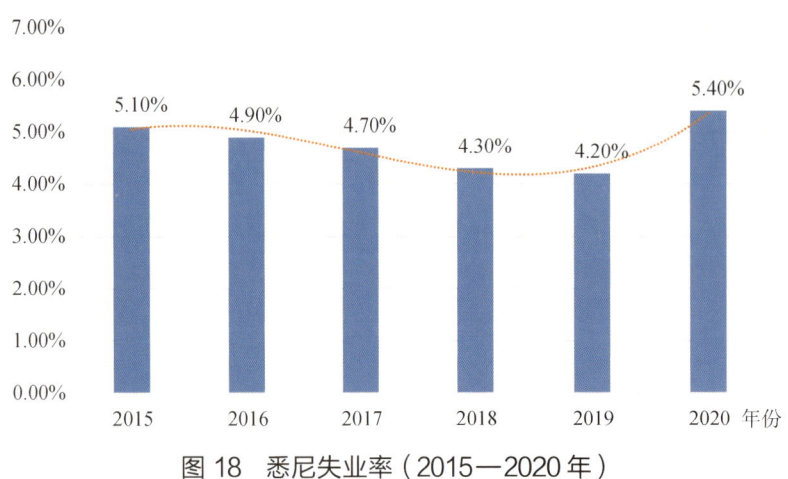

图 18　悉尼失业率（2015—2020 年）

3.3　环境维度

澳大利亚人均生活垃圾产生量 0.5~0.6 吨/年；废水处理率从 2015 年的 92% 上升至 2020 年的 97%；人均电力消费年均约为 10 000 千瓦·时；可再生能源消耗在总能耗中的占比从 2015 年的 6.32% 上升至 2020 年的 8.47%（图 19）；澳大利亚小规模光伏发电装置数量增幅非常显著，从 2015 年的约 13 800 套增加至 2020 年的 53 300 多套（图 20）；2015—2020 年澳大利亚人均二氧化碳排放量相对较高，年均超过 16.5 吨，2020 年虽然有所下降，但也在 15 吨以上（图 21）。

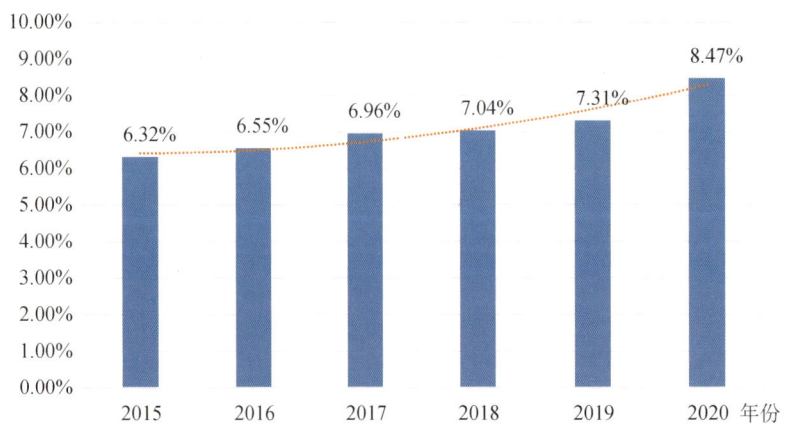

图 19　澳大利亚可再生能源消耗在总能耗中的占比（2015—2020 年）

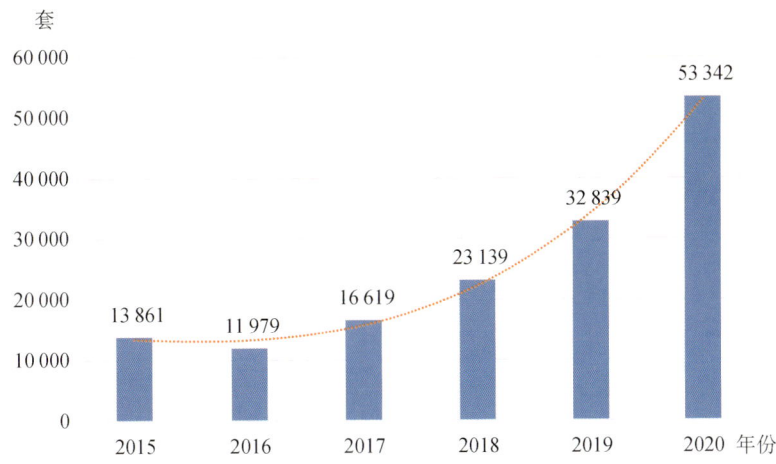

图 20　澳大利亚小规模光伏发电装置数量（2015—2020 年）

图 21　澳大利亚人均二氧化碳排放量（2015—2020 年）

3.4　文化维度

2015—2018 年悉尼国际旅客数量增加明显，从约 380 万人次增加至约 460 万人次，年均增速超过 5%。2019 年起悉尼国际旅客人数下降超 30%，在 310 万人次左右。2020 年受新冠疫情影响，国际旅客锐减 95% 以上，只有约 6 万人次（图 22）；2018 年新南威尔士州国际旅客约 580 万人，悉尼旅客人数占整个新南威尔士州国际旅客人数的约 80%（图 23）；2015—2019 年悉尼旅游收入为 150～180 亿美元，其 GDP 占比为 5%～6%。2020 年旅游收入下降至 80 亿美元左右，其 GDP 占比也只有 2.5%（图 24）。在对文化认同的调查研究中，悉尼居民对部落、族群的文化认同从 2015 年的 51.7% 上升至 2019 年的 57.4%；对于国家或传统家园的认同从 2015 年的 66.2% 上升至 2019 年的 72.6%。

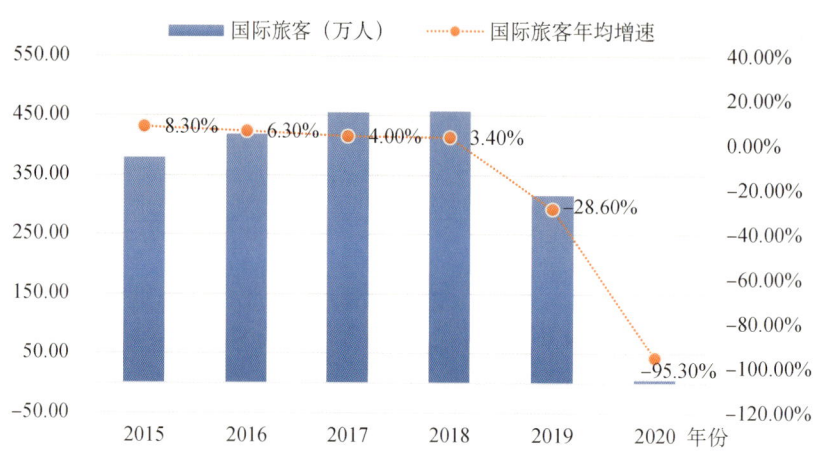

图 22　悉尼国际旅客数量及其年均增速（2015—2020 年）

图 23　新南威尔士州国际旅客数量及悉尼国际旅客占比（2015—2020 年）

图 24　悉尼旅游收入及其 GDP 占比（2015—2020 年）

3.5 治理维度

澳大利亚财政收入从 2015 年的 4 650 亿美元增加至 2020 年的约 5 000 亿美元,财政支出从 2015 年的 4 500 亿美元增加至 2020 年的超 6 000 亿美元。2015—2018 年财政自给率在 101%～103%(图 25);新南威尔士州财政收入从 2015 年的 530 亿美元增加至 2018 年的近 600 亿美元,2019—2020 年下降至 550 亿美元左右。财政支出 2015—2016 年平均在 500 亿美元左右,2017—2019 年平均在 550 亿美元左右,2020 年财政支出超过 600 亿美元,其财政自给率也随之下降至约 90%(图 26)。

图 25　澳大利亚财政收支及财政自给率（2015—2020 年）

图 26　新南威尔士州财政收支及财政自给率（2015—2020 年）

2015—2020 年澳大利亚税收收入相对较为稳定,年均为 3 500～4 000 亿美元,税收收入对财政收入的贡献率约为 80%(图 27)。新南威尔士州税收收入 200～240 亿美元,税收收入对财政收入的贡献率约为 40%(图 28)。

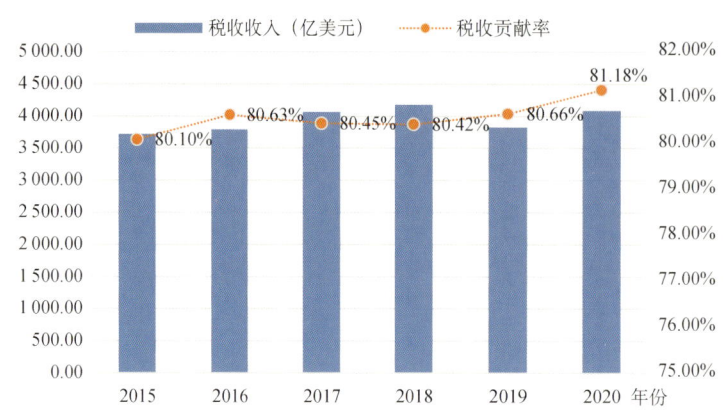

图 27　澳大利亚税收收入及其财政收入贡献率（2015—2020 年）

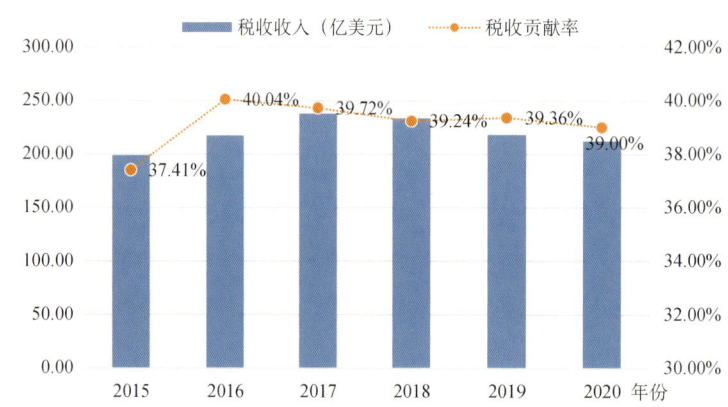

图 28　新南威尔士州税收收入及其财政收入贡献率（2015—2020 年）

悉尼互联网渗透率从 2015 年的 84.2% 上升至 2020 年的 92.2%(图 29);移动电话普及率在 2017 年超过了 134 部/百人,2020 年下降至 123 部/百人(图 30);澳大利亚 R&D 支出为 110~130 亿美元,其 GDP 占比不到 1%(图 31)。

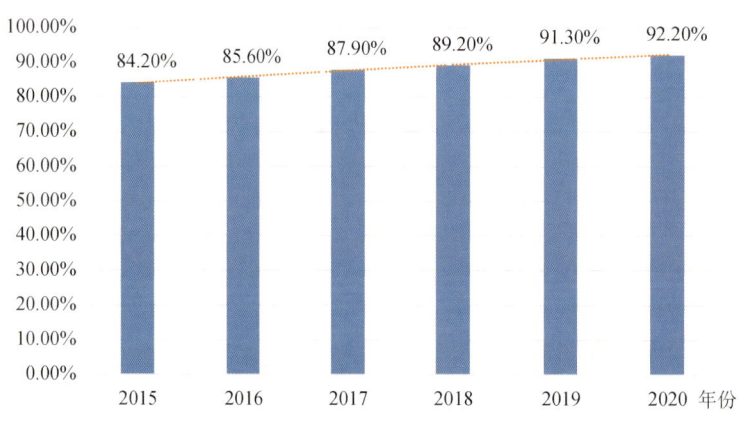

图 29　悉尼互联网渗透率（2015—2020 年）

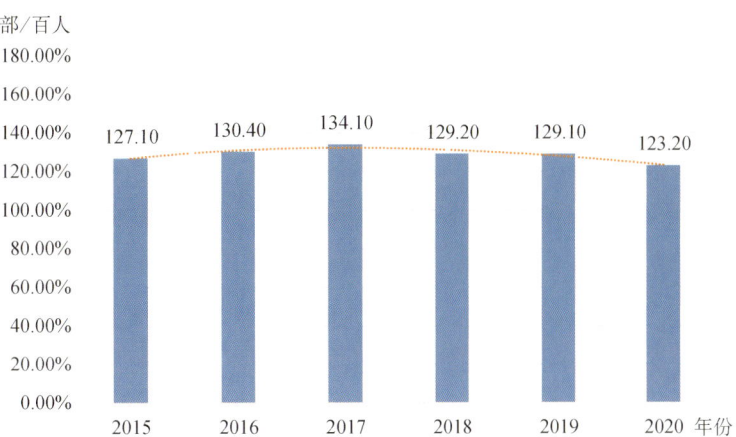

图 30　悉尼移动电话普及率（2015—2020 年）

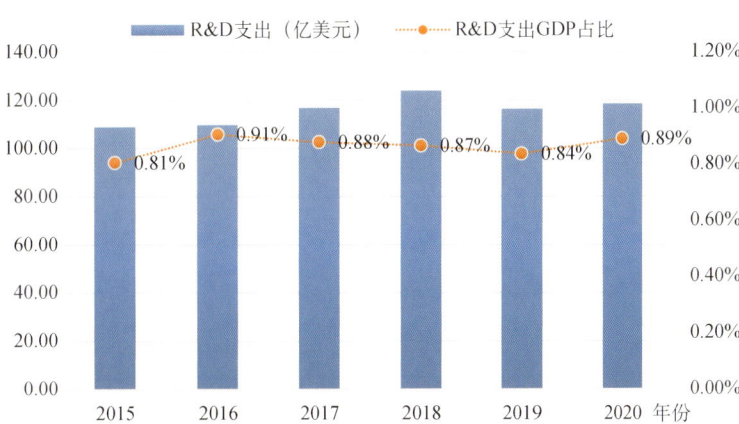

图 31　澳大利亚 R&D 支出及其 GDP 占比（2015—2020 年）

2015—2020 年悉尼每万人刑事犯罪案件数量约 105 件（图 32）；根据 OECD 的调查数据，澳大利亚女性参政比例逐年上升，从 2015 年的 26.7% 上升至 2020 年的 31.2%（图 33）；政府的公信力为 60%～65%，2019 年下降明显，低至约 55%（图 34）。为了更好地实现

图 32　悉尼刑事犯罪案件数量及每万人刑事犯罪案件数量（2015—2020 年）

悉尼城市可持续发展目标,悉尼制定了以"绿色、全球化、互联互通"为城市未来发展愿景的《可持续发展的悉尼2030》(专栏1)。

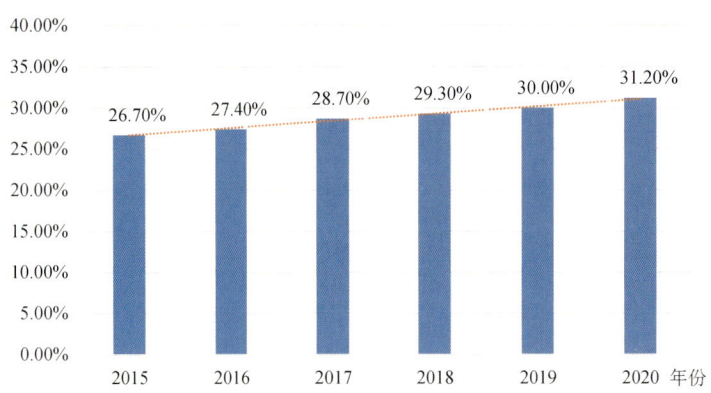

图33 澳大利亚女性参政比例(2015—2020年)

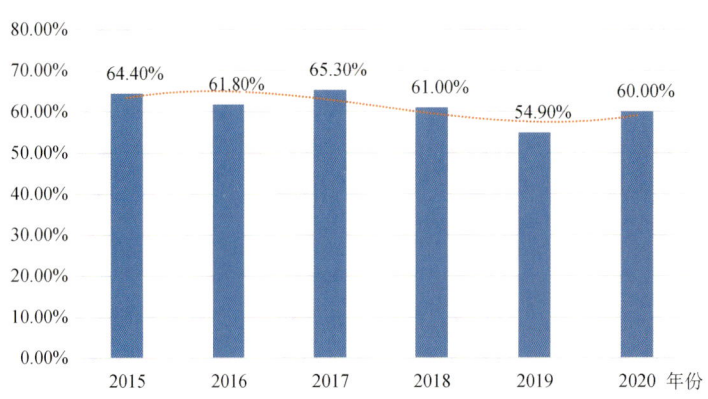

图34 澳大利亚政府公信力(2015—2020年)

专栏1 可持续发展的悉尼2030 重要指标及行动方案[1]

2008年悉尼发布了以"绿色、全球化、互联互通"为城市未来发展愿景的《可持续发展的悉尼2030》。

---

[1] 节选自(1)吴婕《案例分析:永续发展的悉尼2030(澳大利亚悉尼)》,Guangzhou International Award For Urban Innovation,2018.(2)周祎旻,胡以志《城市中心区规划发展方向初探——以〈悉尼2030战略规划〉为例》,北京规划建设,2009.

绿色悉尼行动方案

（1）提高区域范围内能源循环利用和水资源自给。

（2）减少废物/废水的产生以及可能造成的污染。

（3）改进现有建筑的环保性能。

（4）促进现有绿地系统的网络化。

（5）展开政府、企业与社区间在环保领域的合作。

（6）提供丰富且便利的社区服务设施。

（7）创建地方性的活动集中区域。

（8）实施鼓励性措施发展当地经济，提高就业水平。

（9）保持本地特色，增加社区的认同感和归属感。

全球化悉尼行动方案

（1）增强中心区内公共场所的吸引力，为市民提供更多的交流、休闲和娱乐的机会。

（2）确保中心区用地多功能综合发展。

（3）鼓励商业及零售的发展，丰富街道生活。

（4）保证中心区住房结构的多样性。

（5）利用海港优势，鼓励滨水空间的多功能发展。

（6）鼓励中心区的文化产业和文化设施的发展，尤其是发展特色的澳洲土著文化。

（7）保证中心区内各类基础设施的更新与维护。

（8）鼓励中心区内新的区域性中心的发展，创造新的经济与就业增长点。

（9）鼓励有高度竞争力和领先地位的行业在中心区内集中发展。

（10）在中心区内培育高新产业、创意产业区。

（11）加强机构间的合作，促进旅游产业和会展经济的发展。

高连通性悉尼

（1）改进公共交通的通达性，使其广泛为市民采用。

（2）在市中心发展综合型公共交通模式，尤其鼓励轨道交通的发展。

（3）减少各交通方式对公共空间和行人环境的影响。

（4）通过对交通网络的管理来支持公共交通，抑制私人汽车的使用。

（5）发展综合的停车政策以控制不环保的用车方式，鼓励如合伙用车等环保用车方式。

（6）在市中心建立大型的换乘车站和公交枢纽。

（7）提供社区内交通服务，消除公共交通无法覆盖的部分区域。

（8）创造适合行人和自行车的安全环境，铺设专门给行人和自行车使用的便道。

（9）控制道路宽度、信号及速度限制，减少行人通道的阻碍。

（10）在中心区内提供自行车停车位，并提供可供换洗的卫生间以鼓励市民使用行人走廊带步行或骑车上下班。

日本
东京
Tokyo

上海指数
全球试点城市应用研究

Application of Shanghai Adapted Index to Global Pilot Cities

1 东京概况

东京是日本首都,政治、经济和文化中心,位于日本关东平原中部,是面向东京湾的国际大都市,是东京都市圈的中心城市。这里要简要说明一下东京都和东京都市圈的区别。东京都主要指东京 23 区和多摩地方、伊豆群岛、小笠原群岛等地区共同组成的日本一级行政区。东京都市圈是以首都东京为中心的巨型都市圈,是日本三大都市圈之一(另外两个是大阪都市圈和名古屋都市圈),面积约为 13 514 平方公里,人口规模超 3 000 万人。本研究所聚焦的"东京"主要是指东京都,其行政辖区面积约 2 194 平方公里,2020 年人口数量约 1 373 万人(图 1),人口密度约 6 300 人/平方公里,GDP 总量约 9 500 亿美元(图 2)。

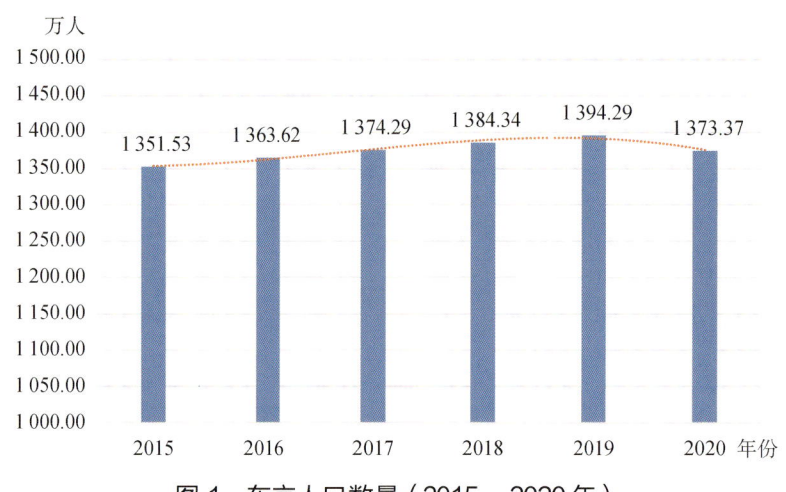

图 1 东京人口数量(2015—2020 年)

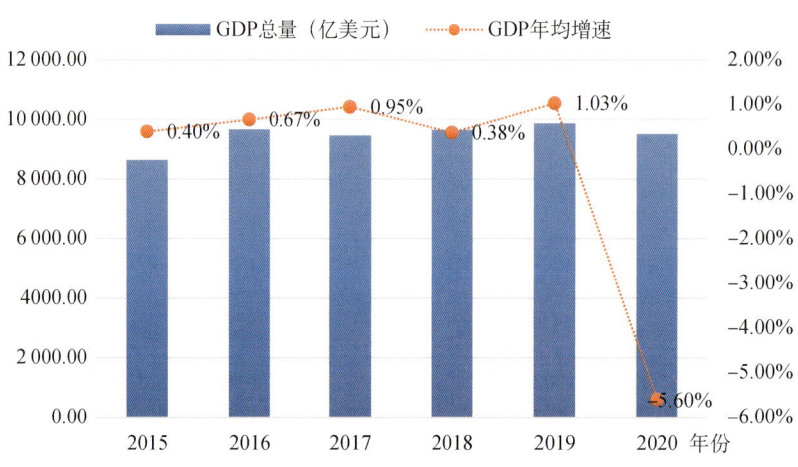

图 2 东京 GDP 总量及其年均增速(2015—2020 年)

2 东京可持续发展绩效评估

2015—2020年东京可持续发展综合指数如图3所示。2015—2020年东京可持续发展社会、经济、环境、文化和治理子指数如图4至图8所示。

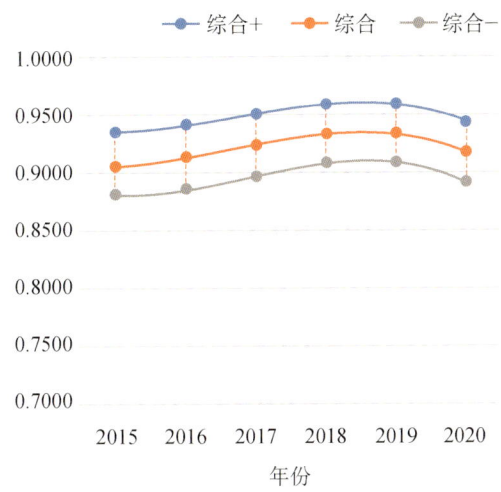

图3 东京可持续发展综合指数
（2015—2020年）

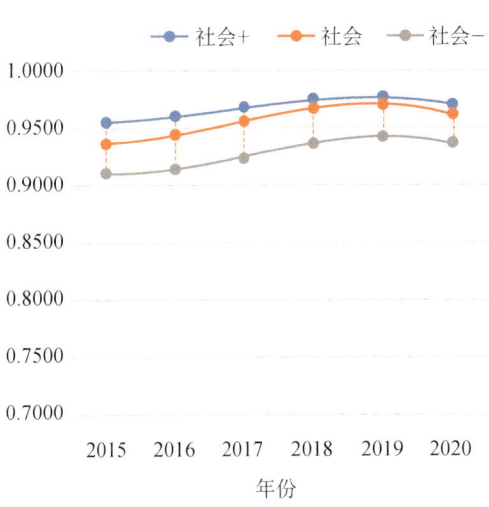

图4 东京可持续发展社会子指数
（2015—2020年）

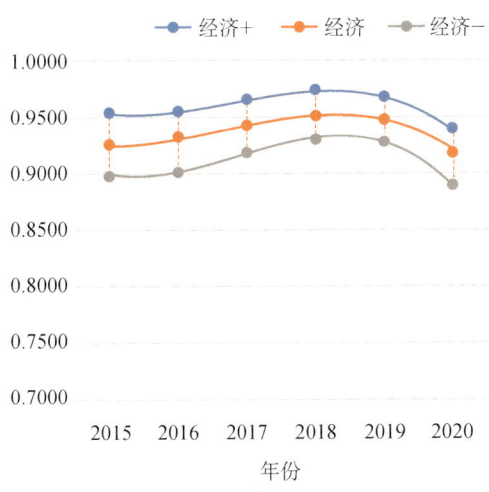

图5 东京可持续发展经济子指数
（2015—2020年）

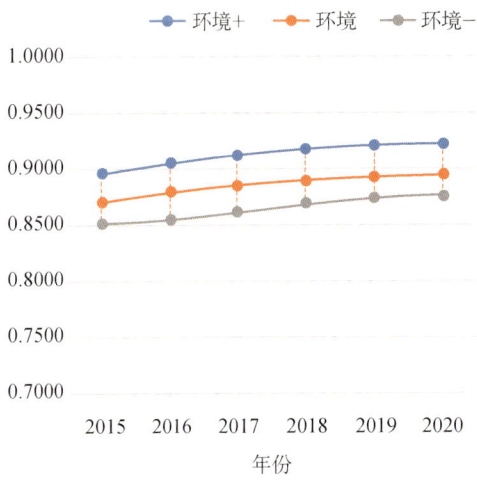

图6 东京可持续发展环境子指数
（2015—2020年）

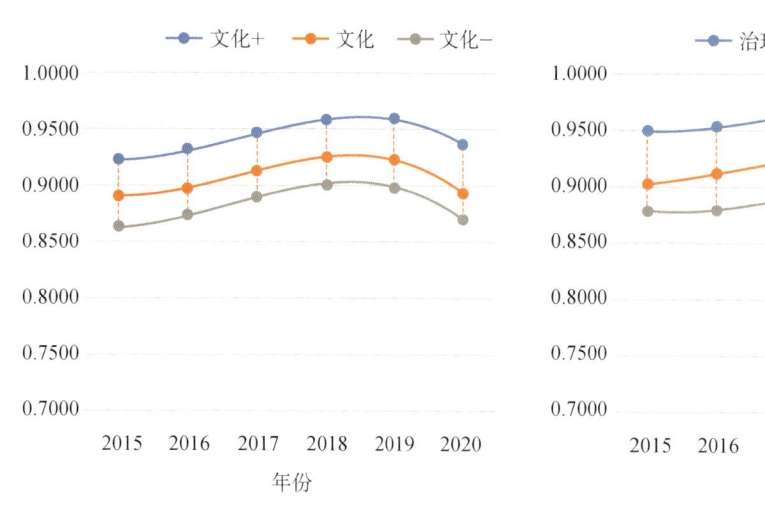
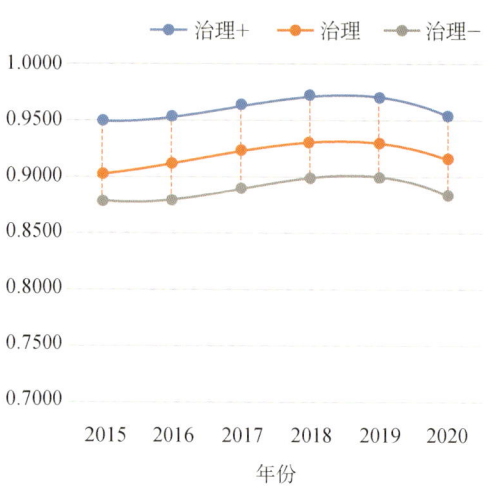

图7 东京可持续发展文化子指数
（2015—2020年）

图8 东京可持续发展治理子指数
（2015—2020年）

3 东京可持续发展绩效分析

3.1 社会维度

2015—2020年东京人口基本维持在1 350~1 400万人，人口密度约6 300人/平方公里。东京2020年人口平均预期寿命达到约84.4岁(图9)；5岁以下儿童死亡率为2‰~2.5‰；2015—2020年人口自然增长率基本处于负增长(图10)；幼小初学生数量为105~107万人；人均住房面积为25~28平方米；每万人医生数量约为45人(图11)，每万人医院病床数年均为91~95张(图12)；2015—2019年公共交通客运总量年均约40亿人次，人均年搭乘量约284人次，2020年受新冠疫情影响，人均年搭乘量下降至约204人次(图13)。

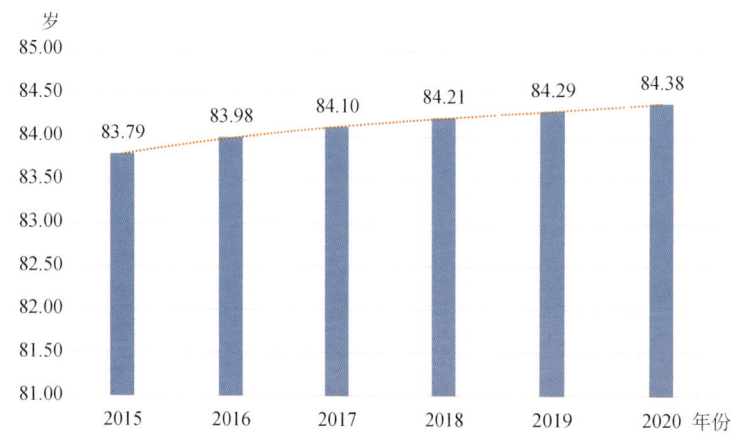

图9 东京人口平均预期寿命（2015—2020年）

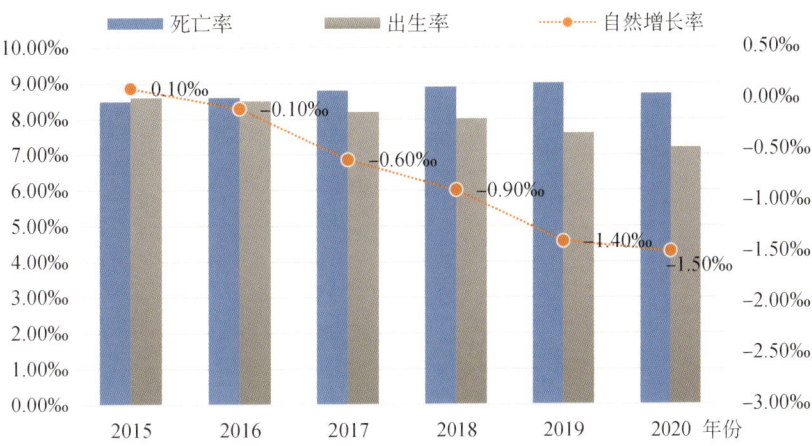

图 10　东京人口出生率、死亡率及自然增长率（2015—2020 年）

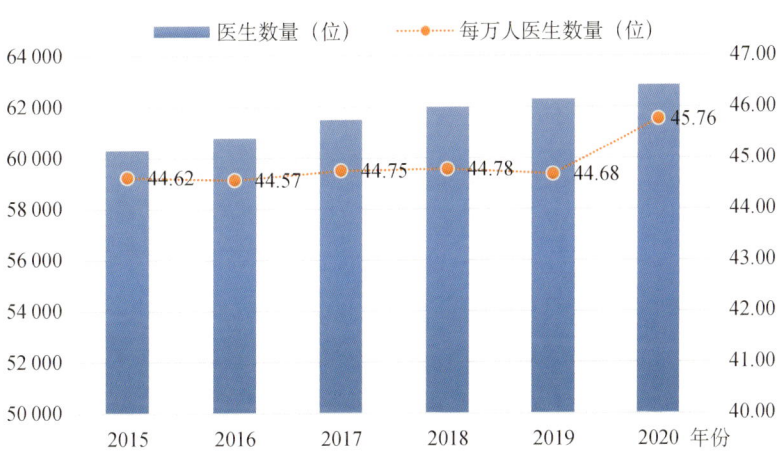

图 11　东京医生数量及每万人医生数量（2015—2020 年）

图 12　东京医院病床数量及每万人病床数量（2015—2020 年）

图 13　东京公共交通客运总量及年人均搭乘量（2015—2020 年）

3.2　经济维度

2015—2019 年东京 GDP 年均增速约 0.7%，2019 年东京 GDP 总量接近 9 900 亿美元，但 2020 年 GDP 增速下降至 −5.6%，GDP 总量下降至 9 520 亿美元左右；东京人均 GDP 约 7 万美元；2015—2019 年东京失业率稳步下降，从 3.4% 下降至 2.4%，但 2020 年失业率反弹至 2.8%（图 14）；东京进出口贸易额为 3 300~4 000 亿美元，其 GDP 占比年均约 39%（图 15）；日本外商直接投资额 GDP 占比年均在 4.3% 以上（图 16）。近年来，东京也在大力发展战略性新兴产业，其中机器人产业在全球市场已经占据了一席之地（专栏 1）。

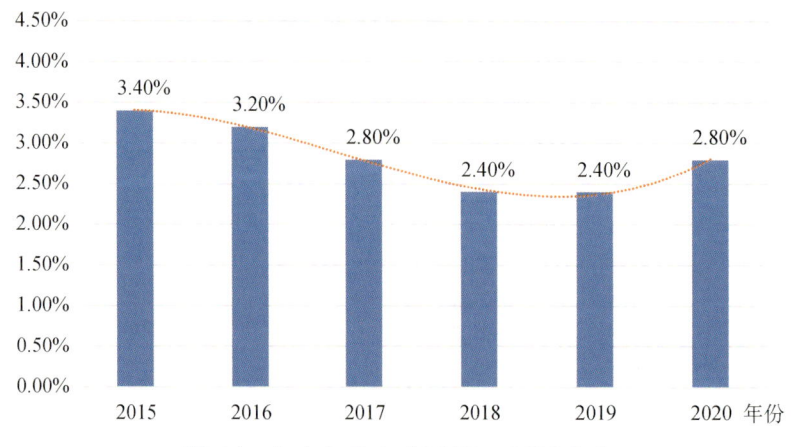

图 14　东京失业率（2015—2020 年）

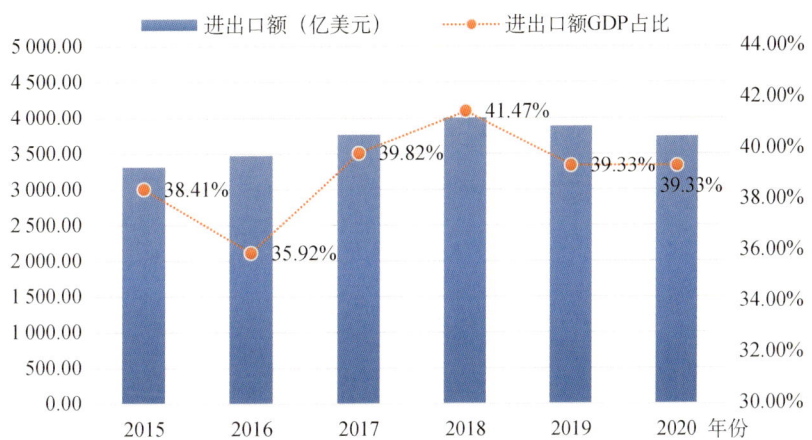

图 15　东京进出口贸易额及其 GDP 占比（2015—2020 年）

图 16　日本外商直接投资额 GDP 占比（2015—2020 年）

专栏 1　东京机器人战略新兴产业发展经验借鉴[1]

日本机器人工业协会发布的数据显示，2018 年日本工业机器人全年订单额首次突破 1 万亿日元（约 73 亿美元）。2019 年，日本工业机器人订单额预计较上年增长 4%，达到 1.05 万亿日元（约 77 亿美元）。

1　节选自《上海手册：21 世纪城市可持续发展指南·2019 年度报告》，收录案例由曾刚等人撰写完成。

经验借鉴

（1）重视顶层设计，制定机器人发展战略规划

东京市政府公布的《机器人新战略》包含世界机器人创新基地、世界第一的机器人应用国家、迈向世界领先的机器人新时代三大战略目标，并制定了具体的五年发展计划。东京市政府十分重视机器人产业发展，将机器人产业视为"技术创新的象征"、解决老龄化社会人手不足问题的"王牌"、开拓世界市场的"成长产业"、振兴城市经济的"绝招"。

（2）重视机器人的推广和应用，积极组织参加相关展会

近年来，全球机器人产业快速扩张，工业机器人和服务机器人的年增长率分别高达10.3%和37.7%。东京市政府积极把握这一趋势，每两年举办一届东京机器人展。东京机器人展展示最新技术和产品，来自世界各地的各种类型公司踊跃参展；信息丰富，交易活跃，东京机器人展已经成为世界上最大的专用机器人展览会。此外，东京政府积极利用机器人应对人口老龄化问题，加快产业转型和技术升级。

（3）重视产业集群建设，推进产学研协同创新

东京是先进人才和国际尖端技术的聚集地，区内拥有机器人实验室的高校云集，成为日本机器人产业发展的主要研发区。在产业集群建设中，重视产学研一体化合作，重视创新设施建设、创新宣传、创新环境优化，形成了全社会参与、支持机器人产业发展的氛围，实现了知识产权等创新资源共享，推动了工业机器制造、电子设备、通信设备及其配件、辅助软件开发的创新和创业。

3.3 环境维度

东京年人均污水排放量约150吨，2015—2018年年人均污水排放量下降明显，但2019—2020年又呈上升趋势，2020年超过了160吨（图17），污水处理率为78%~82%；年人均生活垃圾产生量为0.3~0.35吨；年人均一般工业固体废弃物产生量约1.6吨；东京可再生能源消耗在总能耗中的占比呈增加趋势，从2015年的约5%增加至2020年的近7%（图18）；日本年人均二氧化碳排放量呈现逐年下降趋势，从2015年的9.56吨下降至2020年的8.15吨（图19）；日本对环保事业支持力度较大，环保支出占财政支出的约3%（图20）。

图 17　东京人均污水排放量（2015—2020 年）

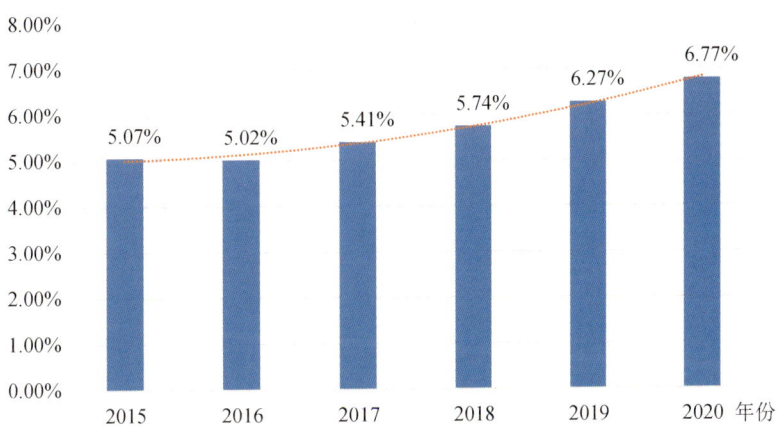

图 18　日本可再生能源消耗在总能耗中的占比（2015—2020 年）

图 19　日本人均二氧化碳排放量（2015—2020 年）

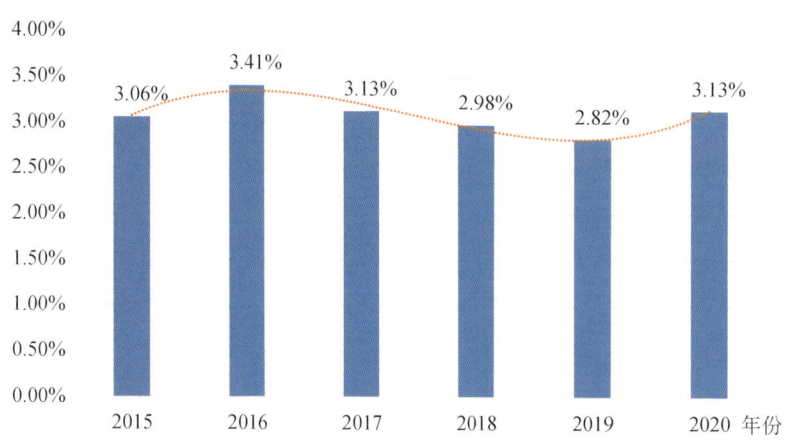

图 20　日本环保支出在财政支出中的占比（2015—2020 年）

3.4　文化维度

东京每万人文化设施数量为 0.6～0.7 个；2015—2019 年东京国际旅客数量逐年增加，从不到 1 200 万人次增加至约 1 520 万人次，但 2020 年受新冠疫情影响，国际游客锐减 90%（图 21），东京旅游收入 GDP 占比 7%～10%；东京文创产业 GDP 占比 5%～6%。

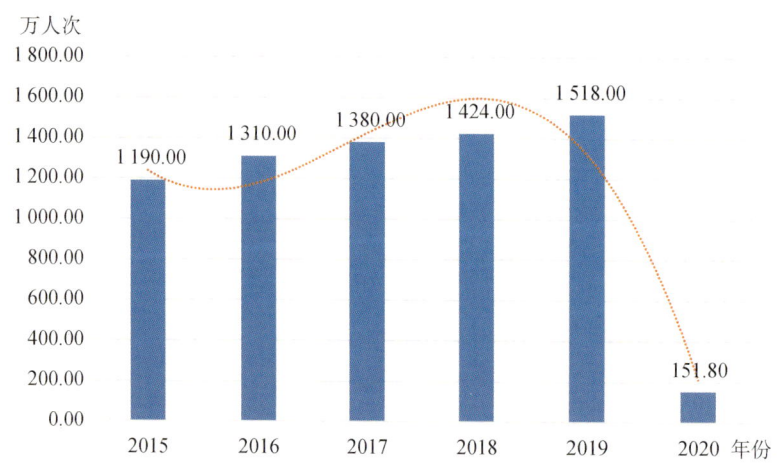

图 21　东京国际旅客人次（2015—2020 年）

3.5 治理维度

东京财政收入从 2015 年的约 1 000 亿美元增加至 2020 年的近 1 300 亿美元,财政支出从 2015 年的约 1 100 亿美元增加至 2020 年的 1 400 亿美元,财政自给率一直保持在 90% 以上(图 22);税收收入约 500 亿美元,税收贡献率基本保持在 40%~42%(图 23)。

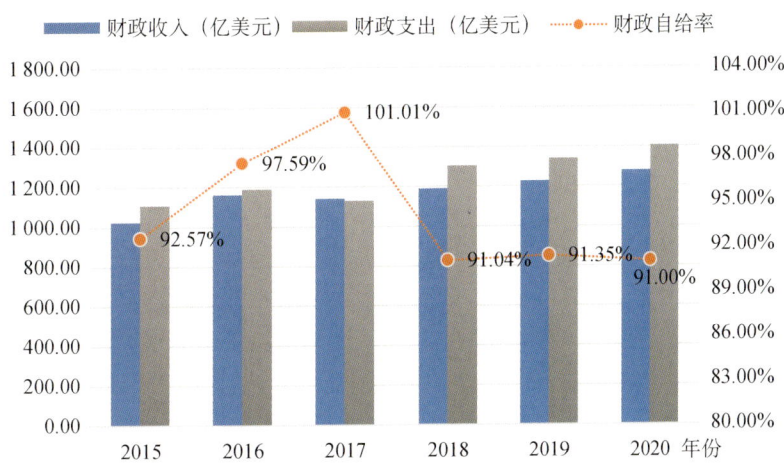

图 22 东京政府财政收支及财政自给率(2015—2020 年)

图 23 东京税收收入及其财政收入贡献率(2015—2020 年)

移动电话普及率从 2015 年的约 140 部/百人上升至 2020 年的约 185 部/百人(图 24);每万人专利申请数量呈逐年下降趋势,从 2015 年的约 98 件下降至 2020 年的约 87 件,但东京的每万人专利申请数在全球城市中具有很强的竞争力(图 25);R&D 支出 GDP 占比年均为 3%~4%(图 26),每万名 R&D 人员全时当量年均 128 人年(图 27)。

图 24　东京移动电话普及率（2015—2020 年）

图 25　东京专利申请数量及每万人专利申请数量（2015—2020 年）

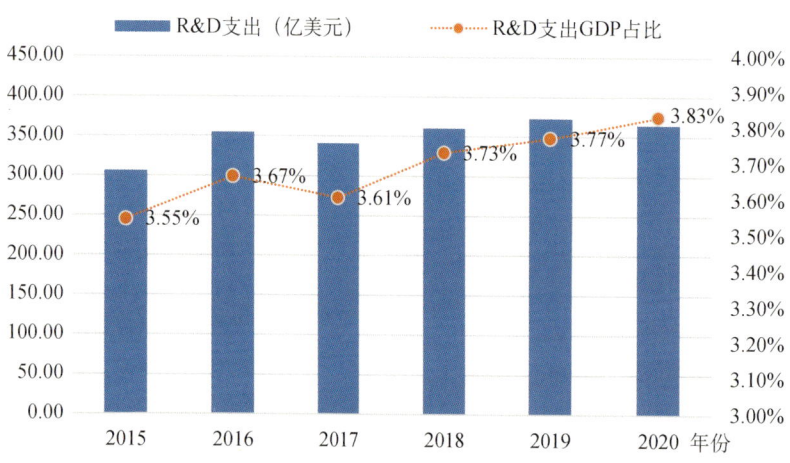

图 26　东京 R&D 支出及其 GDP 占比（2015—2020 年）

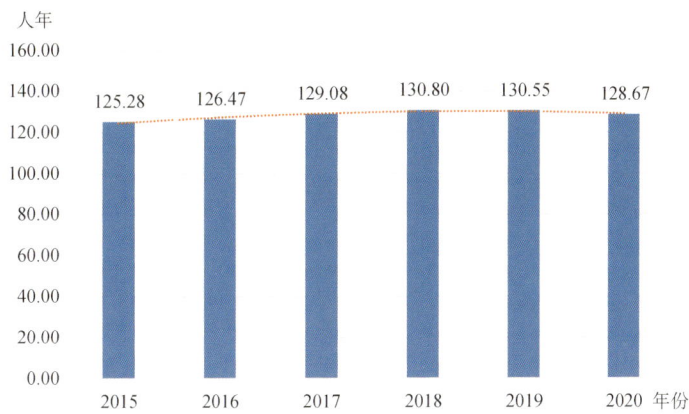

图 27　东京每万名 R&D 人员全时当量（2015—2020 年）

东京每万人社会组织数量为 10～12 个；每万人律师数量为 6～10 人；东京每万人刑事犯罪案件数量为 88～95 件（图 28）；日本政府公信力年均约为 39%，2020 年有所上升，为 42.3%（图 29）。

图 28　东京每万人刑事犯罪案件数量（2015—2020 年）

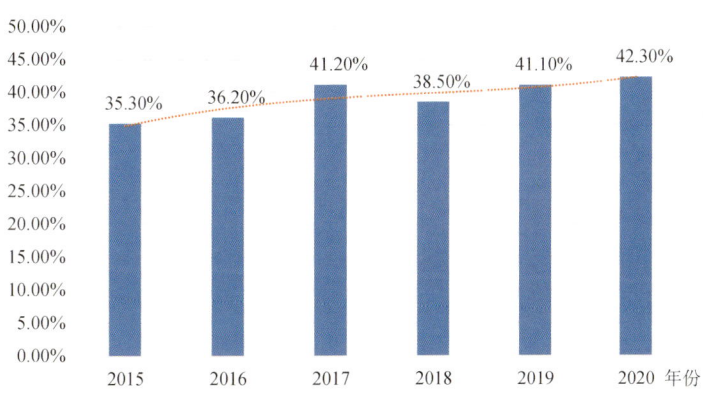

图 29　日本政府民众信任度（2015—2020 年）

加拿大
多伦多
Toronto
上海指数
全球试点城市应用研究
Application of Shanghai Adapted Index to Global Pilot Cities

1　多伦多概况

多伦多(Toronto)位于加拿大安大略湖的西北沿岸,是加拿大最大的城市、安大略省的省会,也是加拿大的经济和交通中心。多伦多行政辖区面积631.1平方公里,2020年人口数量约300万人(图1),占加拿大总人口约8%,GDP总量约1 340亿美元(图2)。

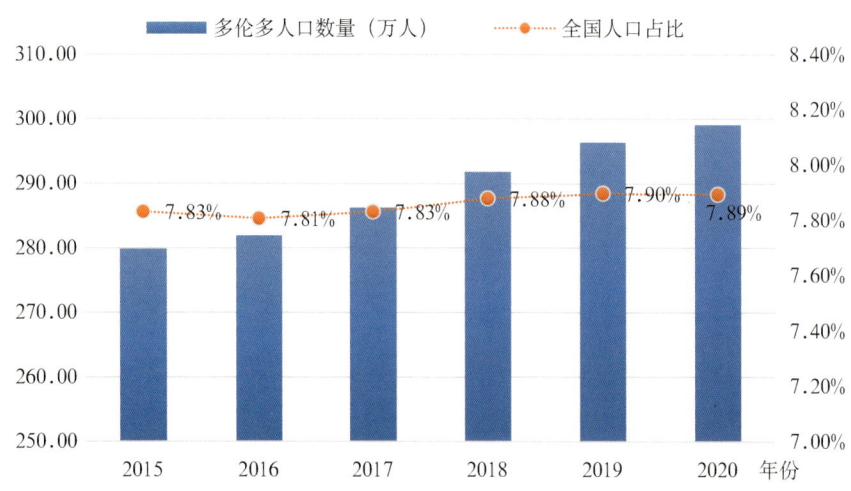

图1　多伦多人口数量及其全国人口占比（2015—2020年）

图2　多伦多GDP总量及人均GDP（2015—2020年）

2 多伦多可持续发展绩效评估

2015—2020年多伦多可持续发展综合指数如图3所示。2015—2020年多伦多可持续发展社会、经济、环境、文化和治理子指数如图4至图8所示。

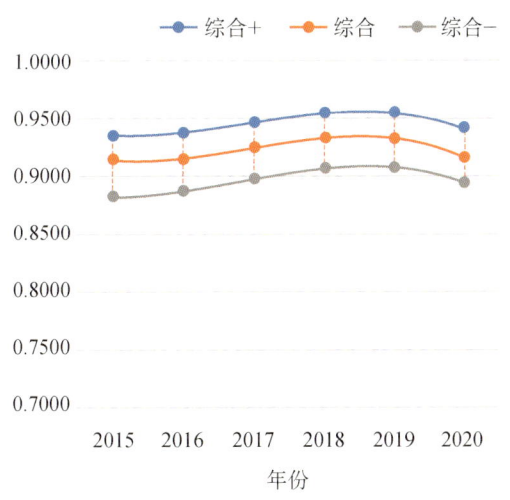

图3 多伦多可持续发展综合指数
（2015—2020年）

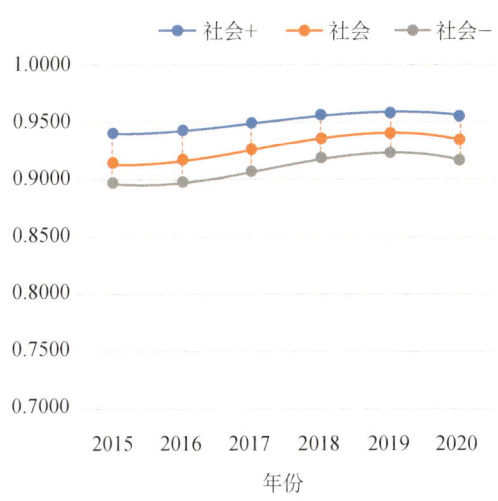

图4 多伦多可持续发展社会子指数
（2015—2020年）

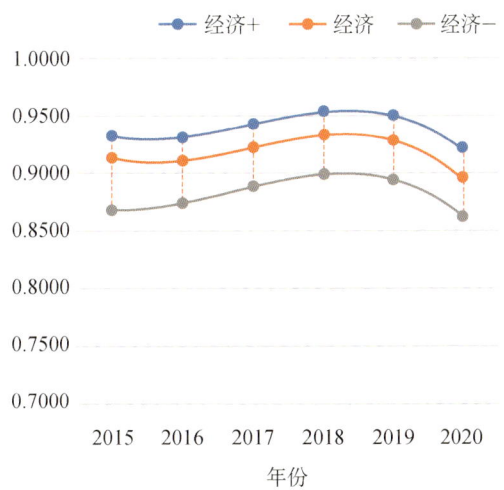

图5 多伦多可持续发展经济子指数
（2015—2020年）

图6 多伦多可持续发展环境子指数
（2015—2020年）

| 图 7 | 多伦多可持续发展文化子指数（2015—2020 年） | 图 8 | 多伦多可持续发展治理子指数（2015—2020 年） |

3 多伦多可持续发展绩效分析

3.1 社会维度

2020年加拿大人口数量约3 800万人(图9)，2015—2020年多伦多人口数量从2015年的约280万人增加至2020年的约300万人，累计增加近20万人，多伦多人口数量占加拿大总人口数量的约8%。加拿大人口平均预期寿命从2015年的79.8岁增长至2020年的80.5岁(图10)；2020年多伦多每万人医生数量约为35位(图11)，每万人医院病床数为27.5张(图12)。

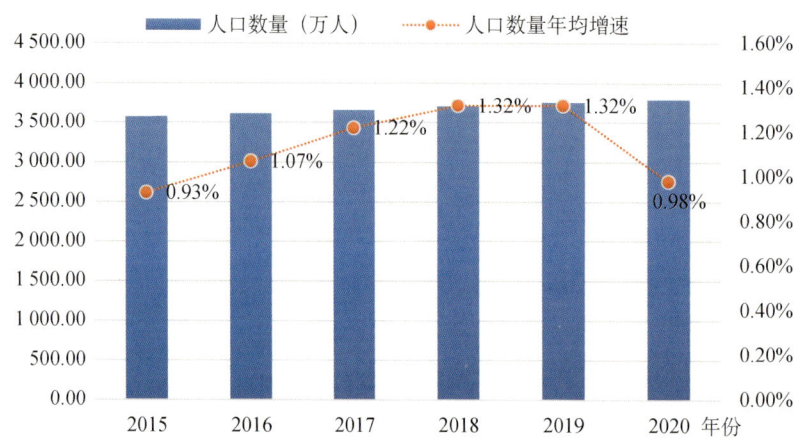

图 9 加拿大人口数量及其年均增速（2015—2020 年）

图 10　加拿大人口平均预期寿命（2015—2020 年）

图 11　多伦多医生数量及每万人医生数量（2015—2020 年）

图 12　多伦多医院病床数及每万人病床数量（2015—2020 年）

3.2 经济维度

2020年加拿大GDP总量约1.65万亿美元,比2019年下降近1 000亿美元,GDP增速也下降至-5.23%(图13)。2019年多伦多GDP约1 424亿美元,2020年下降至约1 340亿美元,人均GDP约4.5万美元,多伦多GDP占加拿大GDP总量约8%。多伦多居民消费价格指数相对稳定,为100~102;2015—2019年多伦多失业率稳中有降,从2015年的6.6%下降至2019年的5.1%,但2020年受新冠疫情影响,失业率攀升至10%以上(图14)。加拿大青年失业率一直处于高位,2015—2019年青年失业率年均在7%以上。

图 13 加拿大 GDP 总量及其年均增速（2015—2020 年）

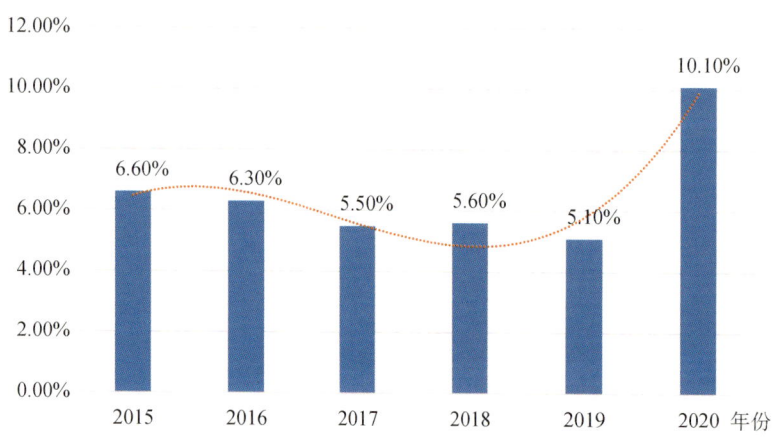

图 14 多伦多失业率（2015—2020 年）

3.3 环境维度

多伦多年人均生活垃圾产生量为 0.4～0.5 吨,垃圾分类回收政策较为完善,垃圾处理率近 100%;年人均污水排放量在 120 吨左右,污水处理率在 90% 以上;可再生能源消耗在总能耗中的占比较高,2020 年接近 20%;加拿大年人均二氧化碳排放量稳中有降,2020 年为 14.2 吨(图 15)。

图 15 加拿大人均二氧化碳排放量(2015—2020 年)

3.4 文化维度

多伦多每万人文化设施数量为 0.7～0.8 个;加拿大国际旅客在 2019 年超过了 1 000 万人次,但 2020 年下降至 132 万人次(图 16);2015—2019 年多伦多文化旅游收入逐年增加,2019 年旅游收入接近 60 亿美元,其 GDP 占比约 4%。2020 年受新冠疫情影响,旅游收入下降 50% 左右(图 17);2015—2019 年多伦多文创产业增加值年均约 100 亿美元,其 GDP 占比为 7%～7.5%,2020 年下降至约 5%(图 18)。为进一步推动公共文化事业及文创产业发展,多伦多制定了《多伦多公共艺术战略 2020—2030》(专栏 1)。

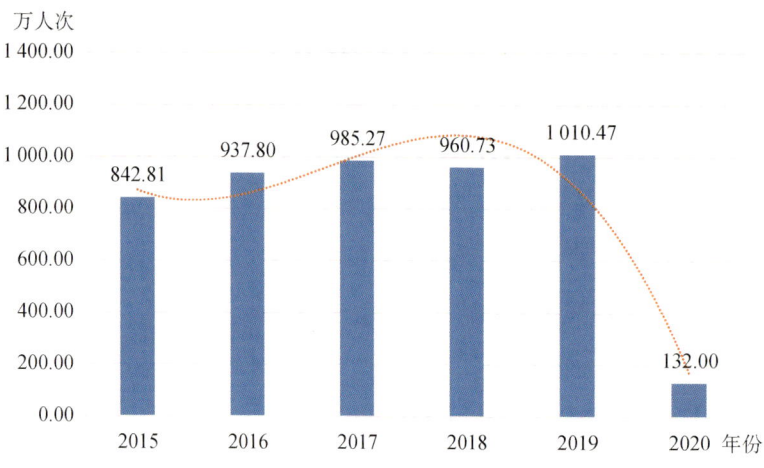

图 16　加拿大国际旅客数量（2015—2020 年）

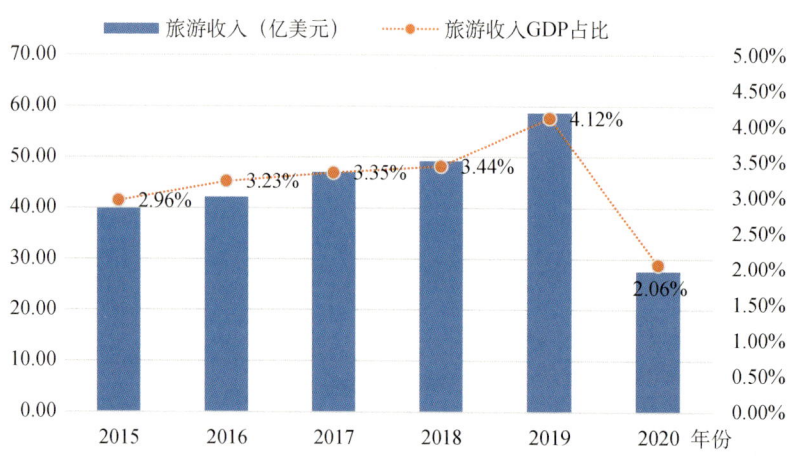

图 17　多伦多旅游收入及其 GDP 占比（2015—2020 年）

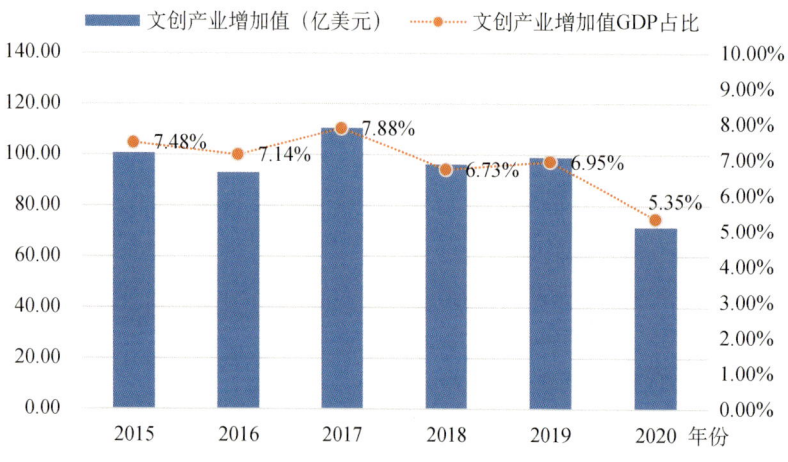

图 18　多伦多文创产业增加值及其 GDP 占比（2015—2020 年）

专栏 1

多伦多公共艺术战略（2020—2030）[1]

《多伦多公共艺术战略（2020—2030）》是多伦多对未来公共艺术建设的十年规划，提出了以"创造力、公众、无处不在"为核心的公共艺术之城的设想。

（1）创造力（Creativity）。通过艺术使居民和游客参与到创意和文化的探索中，并鼓励艺术家尝试挑战新的概念，以产生有吸引力的公共项目，为多伦多的公共艺术预设更多可能性，激发多样化的公共艺术创意实践。

（2）公众（Community）。通过数字媒体工具，以及生动有趣的教育推广计划，将公众与公共艺术紧密联系。这一部分的行动以加强公众公共艺术的日常体验为指导，并继续致力于通过公共艺术讲述当地故事，增加社区特色，反映公共艺术在文化多样性中的高度包容性。

（3）无处不在（Everywhere）。该战略提出了一条改善全市公共艺术地理分布失衡的途径，无论居民身处何地都能接触到城市文化的创造性和多样性，特别是在核心区和主要发展中心以外的地区。

为配合战略部署，多伦多启动了"2021公共艺术之年"行动，围绕艺术与社区举行为期一年的公共艺术活动。项目旨在正视原住民历史，使原住民群体在公共领域中获得更多话语权。包括11项具体行动。

（1）支持多伦多市新的十年公共艺术战略，肯定其战略地位。

（2）与市长的外部咨询委员会合作，支持该倡议，并确保它对公共和私人合作伙伴具有同等作用力。

（3）通过与多伦多艺术委员会和新资助机会，为多伦多艺术家提供真正的机会，在2021年制作新的艺术作品。

（4）与主要的艺术机构伙伴合作，开展2021年的重要新活动，包括永久作品委托和公众参与活动。

（5）推进原住民的场所营造，支持多伦多市为实现与原住民和解所做的努力，并为原住民艺术家创造新的机会。

---

1 节选自崔超轶《多伦多重启"艺术城市"营造之路——解读多伦多公共艺术战略（2020—2030）》工业工程设计，2021. City of Toronto. Artworx TO: Toronto's Year of Public Art 2021 Strategy Framework，2020.

（6）加强公共艺术和公众参与之间的联系，通过投资艺术，让公众参与解决多伦多目前面临的主要问题。

（7）扩大多伦多市的文化活动，以繁荣公共艺术，包括在2021年之前在全市范围内扩大"不眠夜（Nuit Blanche）"活动，并将公共艺术作为"门户开放"的重点。

（8）在公共艺术中反映多伦多所有的群体，保障市政及多方合作主导的项目的多样性，并确保努力达到整个城市，包括多代人的参与，重点是年轻人。

（9）投资公共艺术的网络平台建设，改善多伦多市公共艺术的展示形象，并投资公共和私人合作伙伴主导的项目，以帮助人们浏览、访问和参与艺术。

（10）通过与艺术家和机构的合作，支持公共艺术设计、交付和参与方面的创新，这些艺术家和机构正在推动该领域的发展。

（11）加强私营部门、艺术界和多伦多市政府之间的现有伙伴关系，并培养新的伙伴关系。

3.5 治理维度

多伦多政府财政自给率年均保持在100%以上，其中，2015—2019年财政收入稳步增加，2019年接近600亿美元，2020年下降至570亿美元左右(图19)；税收贡献率基本保持在80%左右(图20)；加拿大政府负债率较高，2015—2019年年均负债率为105%～115%，2020年上升至140%以上(图21)。

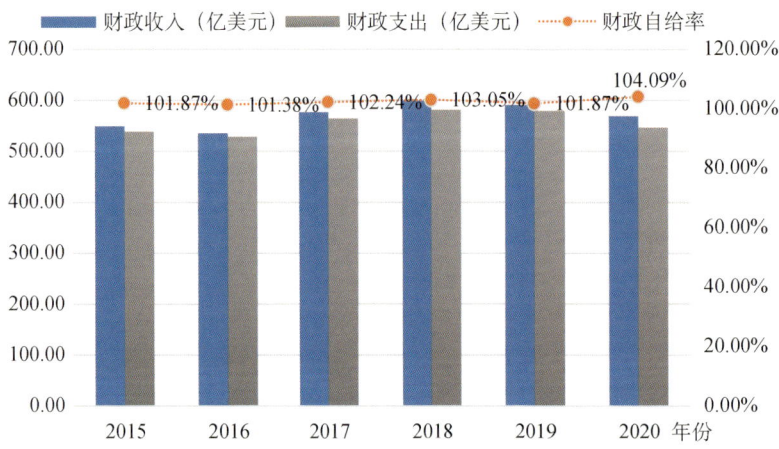

图19　多伦多政府财政收支及财政自给率（2015—2020年）

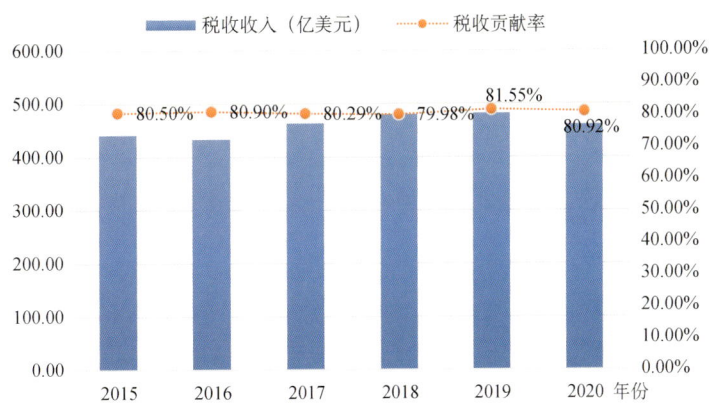

图 20　多伦多税收收入及其财政收入贡献率（2015—2020 年）

图 21　加拿大政府债务余额及负债率（2015—2020 年）

多伦多互联网渗透率上升明显，从 2015 年的 86.9% 上升至 2020 年的 94% 以上（图 22）；移动电话普及率年均约 130 部/百人，2020 年略有下降，约 123 部/百人（图 23）；R&D 支出年均约为 23 亿美元，其 GDP 占比约为 1.7%（图 24）。每万名 R&D 人员全时当量为 85~92 人年（图 25）；女性参政比例从 2015 年的 25.5% 上升至 2020 年的 28.4%（图 26）；加拿大政府公信力稳中有降，从 2017 年的 65.3% 下降至 2020 年的 60%（图 27）。

图 22　多伦多互联网渗透率（2015—2020 年）

图 23 多伦多移动电话普及率（2015—2020 年）

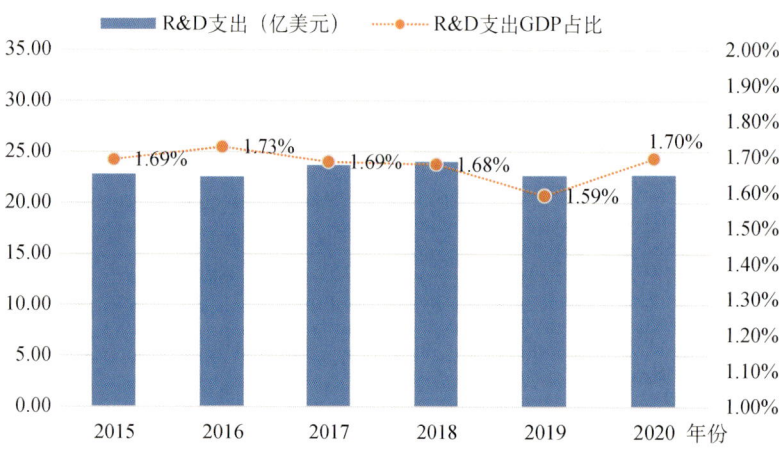

图 24 多伦多 R&D 支出及其 GDP 占比（2015—2020 年）

图 25 多伦多 R&D 人员全时当量及每万人全时当量（2015—2020 年）

图 26 加拿大女性参政比例（2015—2020 年）

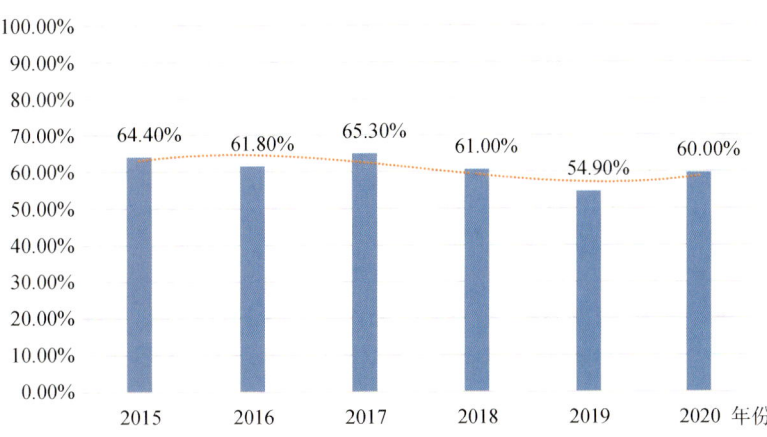

图 27 加拿大政府公信力（2015—2020 年）

附录 主要参考指标诠释[1]

指标名称(S-1)*	常住人口增长率				
指标含义	常住人口增长率是一定时期内由人口自然变动和迁移变动而引起人口增长的比率。与人口自然增长率不同,常住人口增长率能够较为集中地反映出这座城市对外来人口的吸引力和对存量人口的稳固能力。城市是否能实现可持续发展的关键指标之一就是看这座城市是否能够留得住人、吸引来人				
以人为本(人民城市)	人生出彩机会	有序参与治理	享有品质生活	切实感受温度	拥有归属认同
			√		
与SDGs的关联性	SDGs 10.7 促进有序、安全、正常和负责的移民和人口流动,包括执行合理规划和管理完善的移民政策				
与NUA的关联性	NUA 96 我们将鼓励执行可持续的城市和地域规划,包括城市—区域和大都市规划,以鼓励各种规模的城市地区及其近郊和农村周边地区(包括跨界地区)之间的协同增效和互动				

相关国际机构(政府部门)主流指数(指标)关联性	UN-Habitat	UNEP	UNICEF	UNESCO	WB	OECD	ILO	AIIB	MOHURD	其他
	√				√		√	√	√	

方法/模型	常住人口增长率 = $\dfrac{当期常住人口数 - 上期常住人口数}{上期常住人口数} \times 100\%$
主要数据来源	人口数据以国家、地区和城市官方统计年鉴或人口普查报告为准

1 SDGs(联合国2030年可持续发展目标);NUA(新城市议程);GUMF(全球城市监测框架);UN-Habitat(联合国人居署);UNEP(联合国环境规划署);UNICEF(联合国儿童基金会);UNESCO(联合国教科文组织);WB(世界银行);OECD(经济合作组织);ILO(国际劳工组织);AIIB(亚洲基础设施投资银行);MOHURD(中国住房和城乡建设部)。"S\EC\EN\C\G"分别代表社会、经济、环境、文化和治理维度,维度的分类方法也将进一步细化。*为基础性指标,#为适应性指标。后续研究会根据城市发展趋势和数据情况对基础性指标进行适应性调整和形式丰富完善,适应性指标也会不断丰富完善。

指标名称（S-2）#	青年人口占比			
指标含义	青年作为城市发展的后劲，与地区创新创造力、劳动人口供给密切相关。当前已日益成为促进地区可持续发展的重要战略资源。青年人口一定程度上体现了城市发展活力，影响着城市的发展与未来。青年人口占比的定义是14～35周岁常住人口占城市全部常住人口的比例			
以人为本（人民城市）	人生出彩机会	有序参与治理	享有品质生活	切实感受温度	拥有归属认同
	√	√	√	√	√
与SDGs的关联性	SDGs 4.4 到2030年，大幅增加掌握就业、体面工作和创业所需相关技能，包括技术性和职业性技能的青年和成年人数 SDGs 8.5 到2030年，所有男女，包括青年和残疾人，实现充分和生产性就业，有体面工作，并做到同工同酬			
与NUA的关联性	NUA 61 我们承诺酌情利用城市人口红利，帮助青年接受教育，发展技能和获得就业机会，以此提高城市和人类住区的生产力并共享繁荣。女童和男童、女青年和男青年是创造更美好未来的重要变革驱动者。赋予他们权能，他们便具有代表性倡导自身权益的巨大潜力。确保他们有更多、更好的机会参与，对新城市议程的有效实施至关重要			
相关国际机构（政府部门）主流指数（指标关联性）	UN-Habitat	UNEP	UNICEF	UNESCO	WB	OECD	ILO	AIIB	MOHURD	其他
	√						√		√	
方法/模型	青年人口占比 = $\dfrac{(14～35岁)常住青年人口数}{常住人口数} \times 100\%$			
主要数据来源	数据以当年度国家、地区、城市的官方统计年鉴、或统计部门、劳动部门、人口部门的年度工作（专项）报告为准。联合国经济和社会事务部、国际劳工组织、世界卫生组织等国际或地区发布的统计报告可供参考			

附录
主要参考指标诠释

指标名称(S-3)*	人口密度					
指标含义	城市人口密度是单位土地面积上的人口数量，它是衡量一个地区或城市人口分布状况的重要指标。人口密度的适度控制和调节是城市可持续发展的重要前提，也是人口流动、移民政策等诸多相关人口政策的重要决策依据，会影响整个城市社会经济发展的路径选择					
以人为本(人民城市)	人生出彩机会	有序参与治理	享有品质生活	切实感受温度	拥有归属认同	
			√	√		
与SDGs的关联性	SDGs 10.2 到 2030 年，增强所有人的权能，促进他们融入社会、经济和政治生活，而不论其年龄、性别、残疾与否、种族、民族、出身、宗教信仰、经济地位或其他任何区别 SDGs 11.7 到 2030 年，向所有人，特别是妇女、儿童、老年人和残疾人，普遍提供安全、包容、便利、绿色的公共空间					
与NUA的关联性	NUA 52 我们鼓励制定空间开发战略，酌情考虑引导城市扩展，优先开展城市改造，通过规划确保便利和互联互通的基础设施和服务、可持续的人口密度，紧凑设计和新社区融入城市结构，预防城市的无序扩张和边缘化					
相关国际机构(政府部门) 主流指数(指标)关联性	UN-Habitat	UNEP	UNICEF	UNESCO	WB	OECD	ILO	AIIB	MOHURD	其他
	√			√	√	√	√		√	√

方法/模型	$$人口密度 = \frac{常住人口(人)}{城市辖区面积(平方公里)}$$
主要数据来源	人口数据以国家、地区和城市官方统计年鉴或人口普查报告为准

指标名称(S-4)*	预期寿命			
指标含义	预期寿命用来表述新出生人口平均预期可存活的年数，是衡量社会经济发展水平及医疗卫生服务水平的重要指标。预期寿命的不断提高是社会经济发展及健康医疗不断良性发展的结果，让人民群众能够健康长寿是城市可持续发展"以人为本"核心理念的本质所在			
以人为本(人民城市)	人生出彩机会	有序参与治理	享有品质生活	切实感受温度	拥有归属认同
			√	√	
与SDGs的关联性	SDGs 3.8 实现全民健康保障，包括提供经济风险保护，人人享有优质的基本保健服务，人人获得安全、有效、优质和负担得起的基本药品和疫苗 SDGs 3.d 遵守《国际卫生条例》的能力和保健方面的应急准备				
与NUA的关联性	NUA 13a 人人普遍享有安全和负担得起的卫生设施，以及人人平等获得公共产品和优质服务				
相关国际机构(政府部门)主流指数(指标)关联性	UN-Habitat	UNEP	UNICEF	UNESCO	WB	OECD	ILO	AIIB	MOHURD	其他
	√					√				√
方法/模型	对同时出生的一批人进行追踪调查，分别记下他们在各年龄段的死亡人数直至最后一个人的寿命结束，然后根据这一批人活到不同年龄末计算人口的平均寿命。用这批人的平均寿命来假设一代人的平均寿命即得出平均预期寿命				
主要数据来源	数据以国家、地区和城市官方统计年鉴或医疗卫生部门的年度工作(专题)报告为准，WHO等国际或区域医疗健康卫生组织定期发布的统计报表作为参考				

附录 主要参考指标诠释

指标名称（S-5）*	5 岁以下儿童死亡率
指标含义	5 岁以下儿童死亡率是联合国和世卫组织强调的反映儿童健康状况的核心指标之一，与儿童所在国家、地区或城市的妇幼儿童健康医疗水平息息相关。与新生儿死亡率有所不同，全球很多国家和地区儿童死亡概率较高或波动较大的年龄段为 0～5 岁，5 岁之后进入相对稳定的状态
以人为本（人民城市）	人生出彩机会　　　　有序参与治理　　　　享有品质生活　　　　切实感受温度　　　　拥有归属认同 　　　　　　　　　　　　　　　　　　　　　　　√
与 SDGs 的关联性	**SDGs 3.2** 到 2030 年，消除新生儿和 5 岁以下儿童可预防的死亡，各国争取将新生儿每 1 000 例活产的死亡率至少降至 12 例，5 岁以下儿童每 1 000 例活产的死亡率至少降至 25 例
与 NUA 的关联性	**NUA 55** 我们承诺建设健康社会，依照世界卫生组织制定的相关准则提供社会基础设施和医疗保健服务等设施，以降低新生儿和孕产妇死亡率
相关国际机构（政府部门）主流指数（指标）关联性	UN-Habitat　UNEP　UNICEF　UNESCO　WB　OECD　ILO　AIIB　MOHURD　其他 　　√　　　　　　　　　√　　　　　　　　　　√　　　　　　　　　　　　√
方法/模型	5 岁以下儿童死亡率 = $\dfrac{\text{同年 5 岁以下儿童死亡数}}{\text{同年活产儿总数}} \times 1\,000‰$
主要数据来源	数据以国家、地区和城市官方统计年鉴或医疗卫生部门的年度工作（专题）报告为准，WHO、UNICEF 等国际或区域医疗健康卫生组织定期发布的统计报表作为参考

指标名称(S-6)*	每万人医疗机构病床数量			
指标含义	医疗卫生机构病床数是城市医疗资源配置的重要体现，是保障城市居民基本健康服务和医疗需求的重要指标。病床配置又与医师、护士、药品、医疗设备等相关医疗资源紧密相关			
以人为本(人民城市)	人生出彩机会	有序参与治理	享有品质生活	切实感受温度	拥有归属认同
			√	√	
与SDGs的关联性	SDGs 3.8 实现全民健康保障，包括提供经济风险保护，人人享有优质的基本保健服务，人人获得安全、有效、优质和负担得起的基本药品和疫苗			
与NUA的关联性	NUA 34 我们承诺增进人人不受歧视地平等取用负担得起、可持续和基本的有形社会基础设施的机会，包括负担得起的医疗保健和计划生育。确保这些服务能适当满足妇女、儿童和青年、老年人和残疾人、移民、土著人民和地方社区以及其他地处境脆弱者的权利和需求			
相关国际机构(政府部门)主流指数(指标)关联性	UN-Habitat	UNEP	UNICEF	UNESCO	WB	OECD	ILO	AIIB	MOHURD	其他
	√				√		√		√	√
方法/模型	每万人医疗机构病床数量 = $\dfrac{\text{医疗卫生机构床位数}}{\text{人口数量}} \times 10\,000$			
主要数据来源	数据以国家、地区和城市官方统计年鉴或医疗卫生部门的年度工作(专题)报告为准，WHO等国际或区域医疗健康卫生组织定期发布的统计报表作为参考			

附录 主要参考指标诠释

指标名称（S-7）*	基础教育完成率			
指标含义	基础教育完成率是联合国可持续发展目标中的关键考核指标，具体可分为"学前教育完成率"和"小学初中教育完成率"和"高中教育完成率"。主要以不同阶段接受教育人数和该阶段总人数的比值来分别计算			
以人为本（人民城市）	人生出彩机会	有序参与治理	享有品质生活	切实感受温度	拥有归属认同
			√	√	
与SDGs的关联性	SDGs 4.1 到2030年，确保所有男女童完成免费、公平和优质的中小学教育，并取得相关有效的学习成果 SDGs 4.2 到2030年，确保所有男女童获得优质幼儿童早期发展、看护和学前教育，为他们接受初级教育做好准备				
与NUA的关联性	NUA 61 我们承诺酌情利用城市人口红利，帮助青年接受教育，发展技能和获得就业机会，以此提高城市和人居住区的生产力并共享繁荣。女童和男童、女青年和男青年是创造更美好未来的重要变革驱动者。赋予他们权能，他们便具有代表他们自己和社区倡导自身权益的巨大潜力。确保他们有更多、更好的机会有效地进行参与，对新城市议程的实施至关重要				
相关国际机构（政府部门）主流指数（指标）关联性	UN-Habitat	UNEP	UNICEF	UNESCO	WB	OECD	ILO	AIIB	MOHURD	其他
	√		√	√		√			√	
方法/模型	学龄前教育也为幼儿教育，其对象一般为3~5岁儿童，人数可通过各类公办及私立幼儿园人园人数进行统计；小学和初中教育（义务教育）学生人数可通过每年登记入学及顺利毕业的学生人数进行统计，高中教育学生人数分为普通高中和职业高中人数进行统计，但考虑到各年龄段官方数据统计口径差异，我们先行对相对完整地接受基础教育学生的官方统计数据进行相对统计分析，未来将逐步进行细分和完善				
主要数据来源	教育数据主要以国家、地区和城市官方统计年鉴或教育部门的年度工作（专题）报告为准，UNESCO等国际组织的统计报告作为补充				

指标名称(S-8)*	人均住房面积			
指标含义	住房是城市居民最基本的生活保障之一。随着城市化进程不断发展和城市生活成本的不断提高,住房成本成为城市居民重要的家庭负担。保障基本的住房条件是实现城市可持续发展的重要评估指标,暂以人均住房面积来表示			
以人为本(人民城市)	人生出彩机会	有序参与治理	享有品质生活 √	切实感受温度	拥有归属认同
与SDGs的关联性	SGDs 11.1 到2030年,确保人人获得适当、安全和负担得起的住房和基本服务,并改造贫民窟			
与NUA的关联性	NUA 14a 使人人平等享有有形社会基础设施及基本服务,平等享有适当和负担得起的住房 NUA 31 我们承诺推动国家、国家以下和地方各级的住房政策,这些政策应能为逐步实现人人享有适当生活水准权所含的适当住房权提供支持 NUA 46 我们承诺加强负担得起可持续的住房及住房金融(包括社会合建住区)在经济发展中的作用,承诺加强房地产业对其他经济部门生产力的推动作用			
相关国际机构(政府部门)主流指数(指标)关联性	UN-Habitat √	UNEP	UNICEF	UNESCO	WB	OECD	ILO √	AIIB	MOHURD √	其他 √
方法/模型	人均住房面积 = 住房总面积(平方米) / 人口数量(人)			
主要数据来源	数据以国家、地区和城市官方统计年鉴或住房建设部门的年度工作、房地产领域专题报告为准			

附录
主要参考指标诠释

指标名称(S-9)#	职住平衡指数			
指标含义	职住平衡的基本内涵是指在某一给定的地域范围内,居民中劳动者的数量和就业岗位的数量大致相等,即职工的数量与住户的数量大体保持平衡状态。职住平衡能够使就业者居住在离他们工作地更近的地方,其通勤交通时间也会变得更短。这里主要强调在给定的地域范围内居住并工作的劳动者数量所占的比重,聚焦自足性(self-contained)问题			
以人为本(人民城市)	人生出彩机会	有序参与治理	享有品质生活	切实感受温度	拥有归属认同
	√		√	√	
与SDGs的关联性	SDGs 8.5 到2030年,所有男女,包括青年和残疾人实现充分和生产性就业,有体面工作,并实现同工同酬 SDGs 11.1 到2030年,确保人人获得适当、安全和负担得起的住房和基本服务,并改造贫民窟				
与NUA的关联性	NUA 31 我们承诺推动国家、国家以下和地方各级的住房政策,这些政策应能为逐步实现人人享有适当生活水准权所含的适当住房权提供支持 NUA 57 我们承诺在城市和人类住区适度促进充分生产性就业,人人拥有体面工作和谋生机会,特别关注妇女、青年等,尤其是最贫困和处境脆弱群体的需求和潜力,并促进其不受歧视地获得合法赚取收入的机会				
相关国际机构(政府部门)主流指数(指标)关联性	UN-Habitat	UNEP	UNICEF	UNESCO	WB	OECD	ILO	AIIB	MOHURD	其他
	√				√	√	√		√	√
方法/模型	职住平衡指数 = $\dfrac{\text{工作和居住都在一个社区域的人口数量}}{\text{该区域就业总人口数量}} \times 100\%$			
主要数据来源	职住数据以国家、地区或城市官方统计年鉴或住房建设和民政管理部门专项(年度)报告为准			

指标名称(S-10)#	公路网密度			
指标含义	公路网密度是指每百平方公里或每万人所拥有的公路总里程数。公路网密度是市域公路发展水平的重要标志，也是衡量公路作为城市社会经济发展中的重要基础设施中的客观指标。暂以每百平方公里的公路里程数来计算			
以人为本（人民城市）	人生出彩机会	有序参与治理	享有品质生活	切实感受温度	拥有归属认同
	√			√	
与SDGs的关联性	**SDGs 11.2** 到2030年，向所有人提供安全、负担得起的、易于利用、可持续的交通运输系统，改善道路安全，特别是扩大公共交通规模，要特别关注处境脆弱者、妇女、儿童、残疾人和老年人的需要 **SDGs 11.a** 通过加强国家和区域发展规划，支持在城市、近郊和农村地区之间建立积极的经济、社会和环境联系				
与NUA的关联性	**NUA 50** 我们承诺鼓励城乡互动和连通，依托基于城市和地域综合办法的规划工具，加强可持续交通和出行、加强技术和通信网络及基础设施，以期最大限度地发挥这些部门在提高生产力，加强社会、经济和地域聚合以及促进安全和环境可持续性方面的潜力				
相关国际机构（政府部门）主流指数（指标）关联性	UN-Habitat	UNEP	UNICEF	UNESCO	WB	OECD	ILO	AIIB	MOHURD	其他
	√				√	√		√	√	√
方法/模型	$$市域公路网密度 = \frac{公路里程数（公里）}{城市辖区面积（平方公里）} \times 100$$				
主要数据来源	数据以国家、地区和城市官方统计年鉴或城市公共交通部门年度工作报告、交通行业领域专题报告为准				

附录
主要参考指标诠释

指标名称(S-11)#	城市建设用地利用效率								
指标含义	建设用地是指是城乡住宅和公共设施用地、工矿、交通、通信等基础设施用地。按其使用土地性质的不同,可分为农业建设用地和非农业建设用地;按其土地权属,建设内容不同,又分为国家建设用地、外商投资企业用地和其他建设用地等。对于建设用地利用而言,如何控制增量、盘活存量、优化结构,提升效率成为城市实现可持续发展的重要基础性土地资源保障								
以人为本(人民城市)	人生出彩机会		有序参与治理		享有品质生活		切实感受温度		拥有归属认同
	√		√		√		√		
与SDGs的关联性	SDGs 11.3 到 2030 年,在所有国家加强包容和可持续的城市建设,加强参与性、综合性、可持续的人类住区规划和管理能力 SGDs 11.a 通过加强国家和区域发展规划,支持在城市、近郊和农村地区之间建立积极的经济、社会和环境联系								
与NUA的关联性	NUA 72 我们承诺建立城市和地域长期规划进程和空间发展做法,在地方和地域层面考虑城乡统一体,并使相关利益攸关方和社区参与进来								
相关国际机构(政府部门)主流指数(指标)关联性	UN-Habitat	UNEP	UNICEF	UNESCO	WB	OECD	ILO	AIIB	MOHURD 其他
	√	√			√	√	√		√
方法/模型	城市建设用地利用效率 = $\dfrac{\text{实际开发利用的建设用地面积}}{\text{规划建设用地面积}} \times 100\%$								
主要数据来源	数据以国家、地区和城市官方统计年鉴或国土空间规划及自然资源管理等职能部门年度工作(专题)报告为准,并参照联合国相关机构的专题报告								

指标名称(S-12)#	无障碍设施覆盖率						
指标含义	无障碍设施是指为了保障残疾人、老年人、儿童及其他行动不便者在居住、出行、工作、休闲娱乐和参加其他社会活动时,能够自主、安全,方便地通行和使用其他设施所建设的物质环境。例如无障碍通道、盲文标识和音响提示以及通信、无障碍扶手、冰浴凳等与生活相关的设施。无障碍设施覆盖率是城市人文关怀和可持续发展的重要指标						
以人为本(人民城市)	人生出彩机会	有序参与治理	享有品质生活	切实感受温度	拥有归属认同		
	√						
与SDGs的关联性	SDGs 11.2 到2030年,向所有人提供安全、负担得起的、易于利用、可持续的交通运输系统,改善道路安全,特别是扩大公共交通,要特别关注处境脆弱者、妇女、儿童、残疾人和老年人的需要						
与NUA的关联性	NUA 36 我们承诺在城市和人类住区推行适当措施,便利残疾人与他人平等出入和利用城市的实物环境,特别是利用城乡地区的公共空间,公共交通,住房、教育和卫生设施,公共信息和通信(包括信息和通信技术和系统)以及向公众开放或提供给公众的其他设施和服务						
相关国际机构(政府部门)主流指数(指标)关联性	UN-Habitat	UNEP	UNICEF	UNESCO	WB	OECD	ILO	AIIB	MOHURD	其他
	√				√	√	√		√	√
方法/模型	将从公共交通、社区环境、楼宇建筑等多个方面调查无障碍设施的建设和配套情况,并通过调查问进一步确认						
主要数据来源	数据以国家、地区和城市官方统计年鉴或部门年度工作(专题)报告为准,参照世界银行、亚洲基础设施投资银行、经合组织等机构发布的相关专题报告,辅之以调查问卷						

附录
主要参考指标诠释

指标名称（S-13）*	公共交通出行分担率			
指标含义	公共交通是整个城市居民交通出行便捷、顺畅的重要保障。公共交通出行分担率是指城市居民选择城市公共交通的出行量占出行总量的比例。其中，城市公共交通出行量包括城市居民采用公共汽电车、城市轨道交通、城市轮渡等（不含公共自行车、互联网租赁自行车、出租汽车）交通工具的出行量			
以人为本（人民城市）	人生出彩机会	有序参与治理	享有品质生活	切实感受温度	拥有归属认同
			√		
与SDGs的关联性	**SDGs 11.2** 到2030年，向所有人提供安全、负担得起的、易于利用、可持续的交通运输系统，改善道路安全，特别是扩大公共交通规模，要特别关注处境脆弱者、妇女、儿童、残疾人和老年人的需要				
与NUA的关联性	**NUA 114a** 大幅增加便利、安全、高效、负担得起和可持续的公共交通基础设施以及步行和骑车等非机动化选择，优先采用这些选择而不是私人机动车交通				
相关国际机构（政府部门）主流指数（指标）关联性	UN-Habitat	UNEP	UNICEF	UNESCO	WB	OECD	ILO	AIIB	MOHURD	其他
	√				√	√		√	√	√
方法/模型	$$公共交通出行分担率 = \frac{公共交通乘客总人次}{出行总人次} \times 100\%$$				
主要数据来源	数据以国家、地区和城市官方统计年鉴或公共交通部门年度工作报告、交通行业领域专题报告为准				

指标名称（S-14）*	社会公共事务公众参与意愿				
指标含义	社会公共事务的公众参与是推进城市社会可持续发展的重要路径。具体可体现在社会公共监督、社区治理、公益宣传和培训等诸多方面的参与积极性				
以人为本（人民城市）	人生出彩机会	有序参与治理	享有品质生活	切实感受温度	拥有归属认同
	√	√			√
与 SDGs 的关联性	SDGs 5.5 确保妇女全面有效参与各级政治、经济和公共生活的决策，并享有进入以上各级决策领导层的平等机会 SDGs 5.c 采用和加强合理的政策和有执行力的立法，促进性别平等，在各级增强妇女和女童权能				
与 NUA 的关联性	NUA 26 承诺实现所有人权和基本自由，促进共处，结束一切形式的歧视和暴力，并增强所有人和各个社区的力量，同时使他们能够充分有效地参与				
相关国际机构（政府部门）主流指数（指标）关联性	UN-Habitat	UNEP	UNICEF	UNESCO	WB
	√				√
	OECD	ILO	AIIB	MOHURD	其他
	√	√		√	√
方法／模型	以随机抽样调查的方式分析公众对不同类型的社会公共事务参与意愿。最后用样本均值来暂为表示				
主要数据来源	主要以调查问卷方式获取相关信息，辅助使用已有国际权威机构的相关调查和统计数据				

附录
主要参考指标诠释

指标名称(EC-1)*	地区生产总值(GDP)年均增长率
指标含义	地区生产总值(GDP)是国民经济核算的核心指标,也是衡量一个国家或地区经济状况和发展水平的重要指标。GDP年均增长率是指GDP的年度增长率,具体指一个时期到下一个时期按可比价格计算的国内生产总值末值计算
以人为本(人民城市)	人生出彩机会　有序参与治理　享有品质生活　切实感受温度　拥有归属认同 　　　√
与SDGs的关联性	SDGs 8.1 根据各国国情维持人均经济增长,特别是将最不发达国家国内生产总值年增长率至少维持在7% SDGs 9.2 促进包容可持续工业化,到2030年,根据各国国情,大幅提高工业在就业和国内生产总值中的比例,使最不发达国家的这一比例翻番
与NUA的关联性	NUA 13d 能够迎接当前和未来持久的、包容和可持续经济增长的挑战和机遇,借助城市化促进结构转型、高生产力、增值活动和资源效率,发挥地方经济作用,并注意到非正规经济的贡献,同时支持其可持续地向正规经济过渡
相关国际机构(政府部门)主流指数(指标)关联性	UN-Habitat　UNEP　UNICEF　UNESCO　WB　OECD　ILO　AIIB　MOHURD　其他 　　√　　　　　　　　　　　　　　　　　　√　　√　　√　　√　　√
方法/模型	$$\text{GDP增长率} = \frac{\text{当期GDP总量} - \text{上期GDP总量}}{\text{上期GDP总量}} \times 100\%$$
主要数据来源	数据以国家、地区和城市官方统计年鉴或部门年度工作(专题)报告为准,参照世界银行、亚洲基础设施投资银行、经合组织等机构发布的相关专题报告

指标名称(EC-2)*	城镇居民可支配收入年均增长率							
指标含义	居民可支配收入指居民可用于最终消费支出和储蓄的总和,即居民可用于自由支配的收入。该指标是衡量城市经济发展成果的分配效果和决定居民生活水平和质量的重要决策依据							
以人为本(人民城市)	人生出彩机会	有序参与治理		享有品质生活		切实感受温度		拥有归属认同
	√			√		√		
与SDGs的关联性	SDGs 1.4 到 2030 年,确保所有男女,特别是穷人和弱势群体,享有平等获取经济资源的权利,享有基本服务,获得对土地和其他形式财产的所有权和控制权,继承遗产,获取自然资源,适当的新技术和包括小额信贷在内的金融服务 SDGs 10.1 到 2030 年,逐步实现和维持最底层40%人口的收入增长,并确保其增长率高于全国平均水平							
与NUA的关联性	NUA 27 我们保证不让任何一个人掉队,并承诺促进平等分享城市化可以提供的机会和福利,使所有居民无论住在正规住区还是非正规住区都能过上体面、有尊严和有收获的生活,并能充分发挥各自的潜力							
相关国际机构(政府部门)主流指数(指标)关联性	UN-Habitat	UNEP	UNICEF	UNESCO	WB	OECD	ILO	AIIB	MOHURD	其他
	√				√	√	√	√	√	√
方法/模型	城镇居民可支配收入年均增率 $= \dfrac{\text{当期可支配收入} - \text{上期可支配收入}}{\text{上期可支配收入}} \times 100\%$							
主要数据来源	数据以国家、地区和城市官方统计年鉴或经济部门年度工作(专题)报告为准,参照世界银行、亚洲基础设施投资银行、经合组织等机构发布的相关专题报告							

指标名称（EC-3）*	城乡居民人均收入比值
指标含义	城乡居民可支配收入比值是衡量城乡居民贫富差距、监测城乡经济发展水平的重要指标。随着城市化的不断推进，如果城乡居民的收入差距越来越大，就需要进行制度安排的优化和缩小差距的机制设计，这也是联合国2030年可持续发展目标中关于脱贫目标的重要要求

以人为本（人民城市）

人生出彩机会	有序参与治理	享有品质生活	切实感受温度	拥有归属认同
√				√

与SDGs的关联性

SDGs 1.1 到2030年，在全球所有人口中消除极端贫困。极端贫困目前的衡量标准是每人每日生活费不足1.25美元

SDGs 1.3 执行适合本国国情的全民社会保障制度和措施，包括最低标准，到2030年在较大程度上覆盖穷人和弱势群体

SDGs 10.1 到2030年，逐步实现和维持最底层40%人口的收入增长，并确保其增长率高于全国平均水平

与NUA的关联性

NUA 27 我们保证不让任何一个人掉队，并承诺促进平等分享城市化可以提供的机会和福利，使所有居民无论住在正规还是非正规住区都能过上体面、有尊严和有收益的生活，并能充分发挥各自的潜力

相关国际机构（政府部门）主流指数（指标）关联性

UN-Habitat	UNEP	UNICEF	UNESCO	WB	OECD	ILO	AIIB	MOHURD	其他
√				√	√	√	√	√	

方法/模型

城乡居民人均收入比值 = 农村居民人均可支配收入 / 城镇居民人均可支配收入 × 100%

主要数据来源

数据以国家、地区和城市官方统计年鉴或经济职能部门年度工作（专题）报告为准，并参照联合国相关机构的专题报告

指标名称(EC-4)*	居民消费价格指数							
指标含义	居民消费价格指数(CPI)是一个反映居民家庭一般所购买的消费品和服务项目价格水平变动情况的宏观经济指标。它是在特定时段内度量一组代表性消费商品及服务项目的价格水平随时间变动而变动的相对数,用来反映居民家庭购买消费商品及服务的价格水平的变动情况							
以人为本(人民城市)	人生出彩机会		有序参与治理		享有品质生活		切实感受温度	拥有归属认同
					√		√	
与SDGs的关联性	SDGs 12.1 各国在照顾发展中国家发展水平和能力的基础上,落实《可持续消费和生产模式十年方案框架》,发达国家在此方面要作出表率							
与NUA的关联性	NUA 14b 确保可持续和包容型的城市经济,为此将利用规划良好的城市化集聚惠益,包括高生产力,竞争力和创新							
相关国际机构(政府部门)主流指数(指标)关联性	UN-Habitat	UNEP	UNICEF	UNESCO	WB	OECD	ILO	AIIB	MOHURD	其他
	√				√			√	√	
方法/模型	居民消费价格指数 = (一组固定商品按当期价格计算的价值 / 一组固定商品按基期价格计算的价值) × 100%							
主要数据来源	数据以国家、地区和城市官方统计年鉴或经济部门年度工作(专题)报告为准,参照世界银行、亚洲基础设施投资银行、经合组织等机构发布的相关专题报告							

附录 主要参考指标诠释

指标名称（EC-5）*	失业率			
指标含义	失业率是指一定时期满足全部就业条件的就业人口中仍未有工作的劳动力的比例，旨在衡量闲置中的劳动产能，是反映一个国家或地区失业状况和经济社会可持续发展的主要指标。此外，需要对不同年龄阶段的劳动力失业情况进行分类统计分析，特别是16~24岁的青年失业率情况			
以人为本（人民城市）	人生出彩机会	有序参与治理	享有品质生活	切实感受温度	拥有归属认同
	√			√	
与SDGs的关联性	SGDs 8.5 到2030年，所有男女，包括青年和残疾人实现充分和生产性就业，有体面工作，并实现同工同酬 SDGs 8.b 拟定和实施青年就业全球战略，并执行国际劳工组织的《全球就业契约》				
与NUA的关联性	NUA 57 我们承诺在城市和人类住区适度促进充分生产性就业，人人拥有体面工作和谋生机会，特别关注妇女、青年等，尤其是最贫困和处境脆弱群体的需求和潜力，并促进其不受歧视地获得合法赚取收入的机会				
相关国际机构（政府部门）主流指数（指标）关联性	UN-Habitat	UNEP	UNICEF	UNESCO	WB	OECD	ILO	AIIB	MOHURD	其他
	√				√	√	√	√	√	√
方法/模型	失业率 = $\dfrac{\text{失业人数}}{\text{在业人数} + \text{失业人数}} \times 100\%$				
主要数据来源	数据以国家、地区和城市官方统计年鉴或经济、劳动就业部门年度工作（专题）报告为准，参照世界银行、亚洲基础设施投资银行、经合组织、国际劳工组织等机构发布的相关专题报告				

指标名称(EC-6)#	外商直接投资贡献率								
指标含义	外商直接投资是国外企业和经济组织或个人按企业所在国有关政策、法规,用现汇、实物、技术等在企业所在国直接投资的行为,本研究将主要聚焦实际利用外资额								
以人为本(人民城市)	人生出彩机会	有序参与治理		享有品质生活		切实感受温度		拥有归属认同	
	√			√					
与SDGs的关联性	SDGs 10.b 鼓励根据最需要帮助的国家,特别是最不发达国家、非洲国家、小岛屿发展中国家和内陆发展中国家的国家计划和方案,向其提供官方发展援助和资金,包括外国直接投资								
与NUA的关联性	NUA 133 我们呼吁企业把创造力和创新用于解决可持续发展在城市地区面临的挑战,同时承认私营企业的活动、投资和创新是生产力、包容性增长和创造就业机会的主要驱动因素,而私人投资,尤其是外国直接投资,以及稳定的国际金融体系,是发展工作的基本要素								
相关国际机构(政府部门)主流指数(指标)关联性	UN-Habitat	UNEP	UNICEF	UNESCO	WB	OECD	ILO	AIIB	MOHURD	其他
	√				√	√		√	√	√
方法/模型	外商直接投资贡献率 = $\dfrac{外商直接投资额}{GDP总量} \times 100\%$								
主要数据来源	数据以国家、地区和城市官方统计年鉴或经济、对外贸易部门年度工作(专题)报告为准,参照世界银行、亚洲基础设施投资银行,经合组织等机构发布的相关专题报告								

固定资产投资贡献率

指标名称(EC-7)*	固定资产投资贡献率
指标含义	固定资产投资贡献率是指本年固定资产投资净增加额占GDP的比率，通常指全社会固定资产投资，用以反映政府固定资产增长的速度和水平，也是城市经济社会可持续发展的重要基础
以人为本(人民城市)	人生出彩机会 ✓ ／ 有序参与治理 ／ 享有品质生活 ✓ ／ 切实感受温度 ／ 拥有归属认同
与SDGs的关联性	SDGs 9.1 发展优质、可靠、可持续和有抵御灾害能力的基础设施，包括区域和跨境基础设施，以支持经济发展和提升人类福祉，重点是人人可负担得起并公平利用上述基础设施
与NUA的关联性	NUA 45 我们承诺借助内在潜力、竞争优势、文化遗产和地方资源以及资源节约型的有韧性基础设施，发展有活力、可持续和包容型的城市经济，促进可持续和包容型的工业发展及可持续的消费和生产模式
相关国际机构(政府部门)主流指数(指标相关性)	UN-Habitat ✓ ／ UNEP ／ UNICEF ／ UNESCO ／ WB ／ OECD ✓ ／ ILO ／ AIIB ✓ ／ MOHURD ✓ ／ 其他 ✓
方法/模型	$$\text{固定资产投资贡献率} = \frac{\text{新增固定资产投资额}}{\text{GDP}} \times 100\%$$
主要数据来源	数据以国家、地区和城市官方统计年鉴或经济、投资部门年度工作(专题)报告为准，参照世界银行、亚洲基础设施投资银行、经合组织等机构发布的相关专题报告

指标名称（EC-8）#	进出口贸易贡献率						
指标含义	进出口贸易是指一个国家（地区）与另一个国家（地区）之间的商品、劳务和技术的交换活动。这种贸易由进口和出口两个部分组成。对运进商品或劳务的国家（地区）来说，就是进口；对运出商品或劳务的国家（地区）来说，就是出口。进出口贸易贡献率主要看看进出口总额在GDP中的比重						
以人为本（人民城市）	人生出彩机会	有序参与治理		享有品质生活		切实感受温度	拥有归属认同
	√			√			
与SDGs的关联性	SDGs 17.12 按照世界贸易组织的各项决定，及时实现所有最不发达国家的产品永久关税和免配额进入市场，包括确保对从最不发达国家进口产品的原产地优惠规则是简单、透明和有利于市场准入的系统性问题						
与NUA的关联性	NUA 139 设立适当的城市融资金融中介，如区域、国家、国家以下和地方发展基金或开发银行，还包括集合筹资机制，此类机制可以促进公共和私人、国内和国际贸易与融资						
相关国际机构（政府部门）主流指数（指标）关联性	UN-Habitat	UNEP	UNICEF	UNESCO	WB	OECD	ILO	AIIB	MOHURD	其他
	√				√			√		√
方法/模型	进出口贸易贡献率 = $\dfrac{\text{进出口贸易总额}}{\text{GDP 总额}} \times 100\%$						
主要数据来源	数据以国家、地区和城市官方统计年鉴或经济、对外贸易部门年度工作（专题）报告为准，参照世界银行、亚洲基础设施投资银行、经合组织等机构发布的相关专题报告						

主要参考指标诠释

指标名称 (EC-9)*	社会消品零售贡献率				
指标含义	社会消费品零售总额是表现国内消费需求最直接的数据。社会消费品零售总额是国民经济各行业直接售给城乡居民和社会集团的消费品总额。它是反映各行业通过多种商品流通渠道向居民和社会集团供应的生活消费品总量，研究国内零售市场变动情况，反映经济景气程度的重要指标				
以人为本(人民城市)	人生出彩机会	有序参与治理	享有品质生活	切实感受温度	拥有归属认同
	√		√		
与SDGs的关联性	SDGs 8.4 到2030年，逐步改善全球消费和生产的资源使用效率，按照《可持续消费和生产模式方案十年框架》努力使经济增长和环境退化脱钩，发达国家应在上述工作中做出表率				
与NUA的关联性	NUA 58 我们承诺在环境可持续性和包容型繁荣的原则基础上创造一个公平和负责任的有利商业环境，促进投资，创新和创业。我们还承诺支持价值链各环节上的微型、中小型企业与合作社，特别是在正规和非正规经济中运营的社会与团体经济企事业单位，以此解决地方工商界面临的挑战				
相关国际机构(政府部门)主流指数(指标关联性)	UN-Habitat √ UNEP UNICEF UNESCO √ WB √ OECD √ ILO √ AIIB MOHURD √ 其他 √				
方法/模型	$$社会消费品零售贡献率 = \frac{社会消费品零售总额}{GDP总量} \times 100\%$$				
主要数据来源	数据以国家、地区和城市官方统计年鉴或经济部门年度工作(专题)报告为准，参照世界银行、经合组织等机构发布的相关专题报告				

指标名称（EC-10）*	互联网渗透率			
指标含义	互联网渗透率是数字经济、共享经济、电子商务等诸多新型业态发展的重要基础。互联网使用者的规模是这些经济形态可持续发展的重要保障和市场消费基础			
以人为本（人民城市）	人生出彩机会	有序参与治理	享有品质生活	拥有归属认同
	√		√	
与SDGs的关联性	SDGs 9.c 大幅提升信息和通信技术的普及度，以低廉的价格为最不发达国家普遍提供因特网服务 SDGs 17.8 促成最不发达国家技术库与科学、技术和创新能力建设机制运行，加强科技特别是信息和通信技术的使用			
与NUA的关联性	NUA 50 我们承诺鼓励城乡互动和连通，依托基于城市和地域综合办法的规划工具，加强可持续交通和出行，加强技术和通信网络及基础设施，以期最大限度地发挥这些部门在提高生产力、加强社会、经济和地域聚合以及促进安全和环境可持续性方面的潜力			
相关国际机构（政府部门）主流指数（指标）关联性	UN-Habitat	UNEP	UNICEF	UNESCO	WB	OECD	ILO	AIIB	MOHURD	其他
	√				√	√		√	√	√
方法/模型	互联网渗透率 = $\dfrac{\text{网民数量}}{\text{常住人口数量}} \times 100\%$			
主要数据来源	数据以国家、地区和城市官方统计年鉴或工业信息化部门年度工作（专题）报告为准，同时参照其他国际机构的相关统计数据			

附录 主要参考指标诠释

指标名称 (EC-11)#	金融市场竞争力				
指标含义	金融市场竞争力是指金融产业及其市场作为整体所显示出来的竞争力。金融在资源配置中发挥核心作用,引导生产要素的流向和流量,其对资源优化配置有极强的引导力				
以人为本(人民城市)	人生出彩机会	有序参与治理	享有品质生活	切实感受温度	拥有归属认同
	√	√	√		
与 SDGs 的关联性	SDGs 8.10 增强国内金融机构的能力,鼓励并增加全民获得银行、保险和金融服务的机会 SDGs 10.5 改善对全球金融市场和金融机构的监管和监测,并加强监管措施的执行				
与 NUA 的关联性	NUA 142 邀请国际多边金融机构、区域开发银行、发展金融机构和合作机构向执行新城市议程的方案和项目,尤其是在发展中国家执行的方案和项目,提供财政支助,包括通过创新金融机制提供支助				
相关国际机构(政府部门)主流指数(指标)关联性	UN-Habitat	UNEP	UNICEF	UNESCO	WB	OECD	ILO	AIIB	MOHURD	其他
					√			√		
方法/模型	参照全球金融中心指数(Global Financial Centers Index, GFCI),着重关注各金融中心的市场灵活度、适应性以及发展潜力等方面,涵盖营商环境、金融体系、基础设施、人力资本等指标				
主要数据来源	数据将参照全球金融中心指数,同时将以国家、地区和城市官方统计年鉴或经济、金融部门年度工作(专题)报告为基础进行数据校验				

指标名称（EC-12）#	跨国公司吸引力			
指标含义	跨国公司是指从事全球性生产经营活动的公司，它在市场活动中具有非常强的竞争力和资源整合能力。随着经济全球化的进一步发展，一个城市对跨国公司的吸引力成为检验这座城市营商环境和外商直接投资的重要指标			
以人为本（人民城市）	人生出彩机会	有序参与治理	享有品质生活	切实感受温度	拥有归属认同
	√	√	√		
与SDGs的关联性	SDGs 12.6 鼓励各个公司，特别是大公司和跨国公司，采用可持续的做法，并将可持续性信息纳入各自报告周期 SDGs 17.10 通过完成多哈发展回合谈判等方式，推动在世界贸易组织下建立一个普遍、以规则为基础、开放、非歧视和公平的多边贸易体系			
与NUA的关联性	NUA 56 我们承诺适当提高经济生产力，为劳动力提供创收机会，知识、技能和教育设施，促进发展创新和有竞争力的城市经济。我们还承诺在城市和人类住区促进充分生产性就业以及体面工作和某生机会，以此提高经济生产力			
相关国际机构（政府部门）主流指数（指标）关联性	UN-Habitat　UNEP　UNICEF　UNESCO　WB　OECD　ILO　AIIB　MOHURD　其他			
	√		√	√	√
方法/模型	分类统计跨国公司全球（地区）总部数量			
主要数据来源	数据以国家、地区和城市官方统计年鉴或经济关联职能部门专项（年度）报告为准，并参考世界银行等国际机构的权威数据			

附录
主要参考指标诠释

指标名称(EN-1)*	供水普及率						
指标含义	为居民提供安全卫生的公共饮用水是SDGs 6目标的核心内容,其中8个具体的目标都直接或间接与饮用水有关。面对全球超过1/3的人口缺水的严峻现实,能够搭建尽可能多覆盖居民区的自来水网络,以为居民提供安全卫生的饮用水成为城市可持续发展的重要目标。供水普及率指供水普及人口数与城市总人口之比						
以人为本(人民城市)	人生出彩机会	有序参与治理		享有品质生活	切实感受温度	拥有归属认同	
		√		√			
与SDGs的关联性	SDGs 6.1 到2030年,人人普遍和公平地获得安全和负担得起的饮用水 SDGs 6.4 到2030年,所有行业大幅提高用水效率,确保可持续取用和供应淡水,以解决缺水问题,大幅减少缺水人数 SDGs 6.5 到2030年,在各级进行水资源综合管理,包括适度开展跨境合作						
与NUA的关联性	NUA 73 我们承诺促进水资源的保护和可持续利用,为此将恢复城市、近郊和农村地区的水资源,减少并处理废水,最大限度地减少水损失,促进水资源再利用,增加水的储存、保留和回补,并考虑到水循环						
相关国际机构(政府部门)主流指数(指标)关联性	UN-Habitat	UNEP	UNICEF	UNESCO	WB	OECD	ILO	AIIB	MOHURD	其他
	√		√						√	√
方法/模型	供水普及率 = $\dfrac{\text{自来水管道网络覆盖的人口}}{\text{人口总数}} \times 100\%$						
主要数据来源	数据以国家、地区和城市官方统计年鉴或生态环境部门年度工作(专题)报告为准,参照世界银行、人居署、联合国环境规划署等机构发布的相关专题报告						

指标名称(EN-2)*	污水处理率								
指标含义	污水处理是降低城市环境压力、减少或避免对环境水域产生危害而采取的措施。污水处理率通常用污水处理量与总的排污量之间的比率来表示								
以人为本(人民城市)	人生出彩机会	有序参与治理		享有品质生活		切实感受温度		拥有归属认同	
		√							
与SDGs的关联性	SDGs 6.3 到2030年,通过以下方式改善水质:减少污染,消除倾倒废物现象,把危险化学品和材料的排放减少到最低限度,将未经处理废水的比例减半,大幅增加全球废物回收和安全再利用								
与NUA的关联性	NUA 73 我们承诺促进水资源的保护和可持续利用,为此将恢复城市、近郊和农村地区的水资源,减少并处理废水,最大限度地减少水损失,促进水资源再用,增加水的储存、保留和回补,并考虑到水循环								
相关国际机构(政府部门)主流指数(指标)关联性	UN-Habitat	UNEP	UNICEF	UNESCO	WB	OECD	ILO	AIIB	MOHURD	其他
	√	√							√	√
方法/模型	$$污水处理率 = \frac{污水处理量}{污水排放量} \times 100\%$$								
主要数据来源	数据以国家、地区和城市官方统计年鉴或城镇排水主管部门年度工作(专题)报告为准,参照世界银行、人居署、联合国环境规划署等机构发布的相关专题报告								

附录
主要参考指标诠释

指标名称（EN-3）*	生活垃圾无害化处理率			
指标含义	城市生活垃圾是指在城市日常生活中或者为城市日常生活提供服务的活动中产生的固体废弃物。生活垃圾产生量对城市环境有直接影响，是城市环境可持续发展的重要指标			
以人为本（人民城市）	人生出彩机会	有序参与治理	享有品质生活	切实感受温度	拥有归属认同
	√	√			
与SDGs的关联性	SDGs 12.4 根据商定的国际框架，实现化学品和所有废物在整个存在周期的无害环境管理，并大幅减少它们排入大气以及渗漏到水和土壤中的机率，尽可能降低它们对人类健康和环境造成的负面影响 SDGs 12.5 到2030年，通过预防、减排、回收和再利用，大幅减少废物的产生			
与NUA的关联性	NUA 74 我们承诺促进环境友好型废物管理和大幅减少废物产生，为此将减少、再使用和回收处理废物，最大限度减少垃圾填埋，在废物无法被回收利用时或将无害转化效果最佳环保转化为能源			
相关国际机构（政府部门）主流指数（指标）关联性	UN-Habitat	UNEP	UNICEF	UNESCO	WB	OECD	ILO	AIIB	MOHURD	其他
	√								√	√
方法/模型	$$生活垃圾无害化处理率 = \frac{生活垃圾无害化处理量}{生活垃圾产生量} \times 100\%$$			
主要数据来源	数据以国家、地区和城市官方统计年鉴或生态环境部门年度工作（专题）报告为准。参照世界银行、人居署、联合国环境规划署等机构发布的相关专题报告			

指标名称（EN-4）*	一般工业固体废弃物综合利用率								
指标含义	工业固体废弃物是工业生产过程中排入环境的各种废渣、粉尘及其他废物。可分为一般工业固体废弃物（如高炉渣、钢渣、赤泥、有色金属渣、硫酸渣、粉煤灰、脱硫灰、煤渣、废石膏、盐泥等）和工业有害固体废弃物。在城市工业经济快速发展过程中，提高工业固体废弃物的综合利用率是减小环境负荷、实现绿色低碳发展的关键环节								
以人为本（人民城市）	人生出彩机会	有序参与治理		享有品质生活	切实感受温度		拥有归属认同		
	√	√		√					
与SDGs的关联性	SDGs 12.5 到2030年，通过预防、减排、回收利用和再利用，大幅减少废物的产生								
与NUA的关联性	NUA 74 我们承诺促进环境友好型废物管理和大幅减少废物产生，为此将减少、再使用和回收处理废物，最大限度减少垃圾填埋，在废物无法被回收利用时或为达到最佳环境效果而将废物转化为能源								
相关国际机构（政府部门）主流指数（指标）关联性	UN-Habitat	UNEP	UNICEF	UNESCO	WB	OECD	ILO	AIIB	MOHURD	其他
	√	√				√		√	√	√
方法/模型	一般工业固体废弃物综合利用率 = 一般工业固体废弃物综合利用量 / (一般工业固体废弃物产生量 + 综合利用往年储存量) × 100%								
主要数据来源	数据以国家、地区和城市官方统计年鉴或生态环境部门年度工作（专题）报告为准，参照世界银行、人居署、联合国环境规划署等机构发布的相关专题报告								

附录
主要参考指标诠释

指标名称（EN-5）*	优良天数比率			
指标含义	空气质量的好坏反映了空气污染程度。它是依据空气中污染物浓度的高低来判断的。空气质量评价主要包括细颗粒物（$PM_{2.5}$）、可吸入颗粒物（PM_{10}）、二氧化硫、二氧化氮、臭氧、一氧化碳六项污染物指标。而后根据这些指标，参照《环境空气质量标准》GB 3095—2012和《环境空气质量指数（AQI）技术规定（试行）》（HJ 633—2012），对空气质量设定不同的标准。优良天数比率是指行政区域内空气质量达到或优于二级标准的天数占全年有效检测天数的比率			
以人为本（人民城市）	人生出彩机会	有序参与治理	享有品质生活	切实感受温度	拥有归属认同
		√			
与SDGs的关联性	SDGs 11.6 到2030年，减小城市的人均负面环境影响，包括特别关注空气质量，以及城市废物管理等			
与NUA的关联性	NUA 65 我们承诺促进可持续管理城市和人类住区的自然资源，以利于保护和改善城市生态系统和环境服务，减少温室气体排放和空气污染，并推动降低和管理灾害风险，为此将支持制定减少战略，定期评估自然和人为造成的灾害风险，包括风险平均水平，同时促进经济可持续发展和保障所有人的福祉和生活质量			
相关国际机构（政府部门）主流指数（指标）关联性	UN-Habitat	UNEP	UNICEF	UNESCO	WB	OECD	ILO	AIIB	MOHURD	其他
	√				√	√		√	√	
方法/模型	优良天数比率 = $\dfrac{\text{空气治理达标或优于二级标准的天数}}{\text{全年有效监测天数}} \times 100\%$			
主要数据来源	数据以国家、地区和城市官方统计年鉴或生态环境部门年度（专题）报告为准，参照联合国人居署、环境规划署等机构发布的相关专题报告			

指标名称(EN-6)*	PM$_{2.5}$ 年均浓度							
指标含义	PM$_{2.5}$ 一般指细颗粒物。细颗粒物又称细粒、细颗粒、PM$_{2.5}$。细颗粒物指环境空气中空气动力学当量直径小于等于2.5微米的颗粒物。它能较长时间悬浮于空气中,其在空气中含量浓度越高,就代表空气污染越严重。PM$_{2.5}$ 年均浓度是定量描述空气质量状况的重要指标之一,单位为微克/立方米							
以人为本(人民城市)	人生出彩机会	有序参与治理		享有品质生活		切实感受温度	拥有归属认同	
	√	√		√				
与SDGs的关联性	SDGs 11.6 到2030年,减小城市的人均负面环境影响,包括特别关注空气质量,以及城市废物管理等							
与NUA的关联性	NUA 65 我们承诺促进可持续管理城市和人类住区的自然资源,以利于保护和改善城市生态系统和环境服务,减少温室气体排放和空气污染,并推动降低和管理灾害风险,为此将支持制定灾害减少战略,定期评估自然和人为造成的灾害风险,包括风险平均水平,同时促进经济可持续发展和保障所有人的福祉和生活质量							
相关国际机构(政府部门)主流指数(指标)关联性	UN-Habitat	UNEP	UNICEF	UNESCO	WB	OECD	ILO	AIIB	MOHURD	其他
	√	√			√			√	√	
方法/模型	$$PM_{2.5}\text{年均浓度} = \frac{\text{日均}PM_{2.5}\text{浓度之和}}{365(366)} \times 100\%$$							
主要数据来源	数据以国家、地区和城市的官方统计年鉴或生态环境部门的年度工作(专题)报告为准,参考联合国人居署、联合国环境规划署等机构发布的相关专项报告							

附录
主要参考指标诠释

指标名称(EN-7)*	能耗强度			
指标含义	能耗强度是指一定时期内，一个国家或地区每生产一个单位的国内生产总值所消费的能源。能耗强度是经济发展质量的重要指标之一，也是低碳、绿色经济发展的重要评价依据			
以人为本(人民城市)	人生出彩机会	有序参与治理	享有品质生活	切实感受温度	拥有归属认同
		√			
与SDGs的关联性	SDGs 7.2 到2030年，大幅增加可再生能源在全球能源结构中的比例 SDGs 7.3 到2030年，全球能效改善率提高一倍 SDGs 8.4 到2030年，逐步改善全球消费和生产的资源使用效率，按照《可持续消费和生产模式方案十年框架》，努力使经济增长和环境退化脱钩，发达国家应在上述工作中作出表率				
与NUA的关联性	NUA 44 凭借规模经济和集聚经济的效应，并通过促进能效、可再生能源、复原力、生产力、环境保护和城市经济可持续增长、城市形态、基础设施和建筑设计可在提高成本和资源效益方面发挥最重要的推动作用				
相关国际机构(政府部门) 主流指数(指标)关联性	UN-Habitat	UNEP	UNICEF	UNESCO	WB	OECD	ILO	AIIB	MOHURD	其他
	√				√	√		√	√	√
方法/模型	能耗强度(万元GDP 能源消耗量) = $\dfrac{\text{能源消费总量}}{\text{GDP 总量}} \times 10\,000$				
主要数据来源	数据以国家、地区和城市官方统计年鉴或生态环境、能源部门年度工作(专题)报告为准，参照国际能源署、人居署、联合国环境规划署等机构发布的相关专题报告				

指标名称(EN-8 #)	碳排强度				
指标含义	二氧化碳排放量是指在生产、运输、使用及回收某产品时所产生的平均温室气体排放量,是影响气候变化的重要因素,节能减排是实现城市可持续发展的重要举措。通过科技创新和制度优化来降低单位 GDP 的碳排放量,进而提升产业经济的质量,推动绿色经济的发展				
以人为本(人民城市)	人生出彩机会	有序参与治理	享有品质生活	切实感受温度	拥有归属认同
			√		
与 SDGs 的关联性	SDGs 13.2 将应对气候变化的举措纳入国家政策、战略和规划 SDGs 13.a 发达国家履行在《联合国气候变化框架公约》下的承诺,即每年从各种渠道共同筹资 1 000 亿美元,满足发展中国家的需求,帮助其切实开展减缓行动,提高履约透明度并尽快向绿色气候基金注资,使其全面投入运行				
与 NUA 的关联性	NUA 79 我们承诺推动国际、国家、国家以下和地方各级的气候行动,包括适应和缓解气候变化,并支持城市和人类住区及其居民和所有地方利益攸关方发挥主要执行者的作用				
相关国际机构(政府部门)主流指数(指标)关联性	UN-Habitat	UNEP	UNICEF	UNESCO	WB
	√	√			√
	OECD	ILO	AIIB	MOHURD	其他
	√		√	√	√
方法/模型	碳排强度(万 GDP 碳排放量) $= \dfrac{\text{二氧化碳排放总量}}{\text{GDP 总量}} \times 10\,000$				
主要数据来源	数据以国家、地区和城市官方统计年鉴或生态环境、能源部门年度工作(专题)报告为准,参照国际能源署、人居署、联合国环境规划署等机构发布的相关专题报告				

附录 主要参考指标诠释

指标名称(EN-9)*	人均二氧化碳排放量							
指标含义	二氧化碳排放量是指在生产、运输、使用及回收某产品时所产生的平均温室气体排放量,是影响全球气候变化的重要因素。节能减排是实现城市可持续发展的重要举措。人均二氧化碳排放量可作为横向比较不同城市居民应对气候变化行动效果的重要参考							
以人为本(人民城市)	人生出彩机会	有序参与治理		享有品质生活		切实感受温度	拥有归属认同	
		√						
与SDGs的关联性	SDGs 13.2 将应对气候变化的举措纳入国家政策、战略和规划 SDGs 13.a 发达国家履行在《联合国气候变化框架公约》下的承诺,即每年从各种渠道共同筹资1 000亿美元,满足发展中国家的需求,帮助其切实开展减缓行动、提高履约透明度并尽快向绿色气候基金注资,使其全面投入运行							
与NUA的关联性	NUA 79 我们承诺推动国际、国家、国家以下和地方各级的气候行动,包括适应和缓解气候变化,并支持城市和人类住区及其居民和所有利益攸关方发挥主要执行者作用							
相关国际机构(政府部门)主流指数(指标)关联性	UN-Habitat	UNEP	UNICEF	UNESCO	WB	OECD	ILO	AIIB	MOHURD	其他
	√	√			√	√		√	√	√
方法/模型	人均二氧化碳排放量 = 二氧化碳排放总量 / 人口总数							
主要数据来源	数据以国家、地区和城市官方统计年鉴或生态环境、能源部门年度工作(专题)报告为准,参照国际能源署、人居署、联合国环境规划署等机构发布的相关专题报告							

指标名称(EN-10)#	资源产出率							
指标含义	资源产出率是评价循环经济发展水平的综合性指标，也是反映资源节约型、环境友好型社会建设的重要指标。资源产出率是地区生产总值与资源利用量的比值，能够充分体现资源利用效率							
以人为本(人民城市)	人生出彩机会	有序参与治理	享有品质生活	切实感受温度	拥有归属认同			
			√					
与SDGs的关联性	SDGs 8.4 到2030年，逐步完善全球消费和生产的资源使用效率，按照《可持续消费和生产方式十年框架》，努力使经济增长和环境退化脱钩，发达国家应在上述工作中作出表率							
与NUA的关联性	NUA 44 凭借规模经济和集聚经济的效应，并通过促进能效、可再生能源、复原力、生产力、环境保护和城市经济可持续增长，城市形态、基础设施和建筑设计可在提高成本和资源效益方面发挥最重要的推动作用							
相关国际机构(政府部门)主流指数(指标)关联性	UN-Habitat	UNEP	UNICEF	UNESCO	WB	OECD	ILO	AIIB	MOHURD	其他
	√	√			√	√		√	√	√
方法/模型	资源产出率 = $\dfrac{\text{地区生产总值(不变价)}}{\text{地区主要物质资源消费总量}} \times 100\%$							
主要数据来源	数据以各个国家、地区和城市的官方统计年鉴或经济、资源统计部门的年度工作(专题)报告为准							

主要参考指标诠释

指标名称(EN-11)* — 人均公园绿地面积

指标含义：公共绿地空间是城市中向公众平开放的,以游憩为主要功能,有一定的游憩设施和服务设施,同时兼有生态维护、环境美化、减灾避难等综合作用的绿化用地,是展示城市整体环境水平和居民生活质量的一项重要指标

以人为本(人民城市)：

人生出彩机会	有序参与治理	享有品质生活	切实感受温度	拥有归属认同
		√	√	√

与SDGs的关联性：
- **SDGs 11.7** 到2030年,向所有人,特别是妇女、儿童、老年人和残疾人,普遍提供安全、包容、便利、绿色的公共空间
- **SDGs 15.1** 根据国际协议规定的义务,保护、恢复和可持续利用陆地和内陆地的淡水生态系统及其服务,特别是森林、湿地、山麓和旱地

与NUA的关联性：
- **NUA 37** 我们承诺促进安全、包容、便利、绿色和优质的公共空间,包括街道、人行道和自行车道、广场、滨水区、花园和公园,这些公共空间旨在促进广大民众之间的社会互动和包容,人们的健康与福祉,经济交流,文化表达和对话,促进共处,相互联系和社会包容;其设计和管理旨在确保人类发展,建设和平,包容和参与型的社会,促进共处,相互联系和社会包容

相关国际机构(政府部门)主流指数(指标)关联性：

UN-Habitat	UNEP	UNICEF	UNESCO	WB	OECD	ILO	AIIB	MOHURD	其他
√	√			√	√			√	

方法/模型：

$$\text{人均公园绿地面积} = \frac{\text{城市公园绿地面积}}{\text{人口总数}}$$

主要数据来源：数据以国家、地区和城市官方统计年鉴或生态环境部门年度工作(专题报告)为准,参照联合国人居署、环境规划署等机构发布的相关专题报告

指标名称(EN-12)#	公园绿地500米服务半径覆盖率			
指标含义	公共绿地是城市居民生活、休憩和锻炼身体的重要场所,500米服务半径是居民步行较易接受的活动距离,其覆盖率是城市宜居、可持续的重要建设指标			
以人为本(人民城市)	人生出彩机会	有序参与治理	享有品质生活	切实感受温度	拥有归属认同
			√		√
与SDGs的关联性	SDGs 11.7 到2030年,向所有人,特别是妇女、儿童、老年人和残疾人,普遍提供安全、包容、便利、绿色的公共空间 SDGs 15.1 根据国际协议规定的义务,保护、恢复和可持续利用陆地和内陆的淡水生态系统及其服务,特别是森林、湿地、山麓和旱地			
与NUA的关联性	NUA 37 我们承诺促进安全、包容、便利、绿色和优质的公共空间,包括街道、人行道和自行车道、广场、滨水区、花园和公园,这些公共空间是促进广大民众之间和各种文化之间的社会互动和包容、人们的健康与福祉、经济交流、文化表达和对话的多功能区,其设计和管理旨在确保人类发展、建设和平,包容和参与型的社会,促进共处、相互联系和社会包容			
相关国际机构(政府部门)主流指数(指标)关联性	UN-Habitat	UNEP	UNICEF	UNESCO	WB	OECD	ILO	AIIB	MOHURD	其他
	√	√			√	√			√	√
方法/模型	公园绿地500米服务半径覆盖率 = $\dfrac{\text{市辖区公园绿地500米服务半径覆盖的居住用地面积}}{\text{市辖区建成区内总居住用地面积}} \times 100\%$			
主要数据来源	数据以国家或省市官方统计年鉴或生态环境管理部门专项(年度)报告为准,并参考联合国环境规划署等机构数据			

附录 主要参考指标诠释

指标名称(EN-13)*	自然灾害防范措施公众熟知度			
指标含义	自然灾害是指给人类生存带来危害或损害人类生活环境的自然现象,包括干旱、高温、寒潮、洪涝、台风、冰雹、地震、海啸、泥石流、沙尘暴、火山喷发等。提高公众对自然灾害防范应对措施的认识可以有效减轻灾害风险,帮助推进防灾减灾救灾工作			
以人为本(人民城市)	人生出彩机会	有序参与治理	享有品质生活	切实感受温度	拥有归属认同
			√		√
与 SDGs 的关联性	SDGs 1.5 到 2030 年,增强穷人和弱势群体的抵御灾害能力,降低其遭受极端天气事件和其他经济、社会、环境冲击和灾害的概率和易受影响程度 SDGs 11.5 到 2030 年,大幅减少包括水灾在内的各种灾害造成的死亡人数和受灾人数,大幅减少上述灾害造成的与全球国内生产总值有关的直接经济损失,重点保护穷人和处境脆弱群体 SDGs 13.1 加强各国抵御和适应气候相关的灾害和自然灾害的能力			
与 NUA 的关联性	NUA 13g 能够采取和落实灾害风险减轻和管理措施,降低脆弱性,增强韧性以及对自然和人为灾害的反应能力,并促进减缓和适应气候变化			
相关国际机构(政府部门) 主流指数(指标关联性)	UN-Habitat	UNEP	UNICEF	UNESCO	WB	OECD	ILO	AIIB	MOHURD	其他
		√			√	√			√	√
方法/模型	以随机抽样调查的方式分析公众对常见自然灾害防护知识及措施的熟知和掌握程度。用样本均值来暂为表示			
主要数据来源	主要以调查问卷方式获取相关信息,辅助使用已有国际权威机构的相关调查和统计数据			

指标名称(EN-14)*	绿色低碳生活参与度				
指标含义	公众对绿色低碳生活的参与意愿是整个城市环境保护事业走向绿色、低碳和可持续的重要前提和基础。只有较为准确地掌握了绿色低碳生活的公众参与意愿,才有可能有的放矢,制定相应的推进策略,通过宣传、教育、培训、鼓励等多种方式来引导和提高公众的绿色低碳生活参与意愿				
以人为本(人民城市)	人生出彩机会	有序参与治理	享有品质生活	切实感受温度	拥有归属认同
	√	√			√
与SDGs的关联性	SDGs 6.b 支持和加强地方社区参与改进水和环境卫生管理 SDGs 16.7 确保各级的决策反应迅速、具有包容性、参与性和代表性				
与NUA的关联性	NUA 37 我们承诺促进安全、包容、便利、绿色和优质的公共空间,包括街道、人行道和自行车道、广场、滨水区、花园和公园,这些公共空间是促进广大民众之间和各种文化之间的社会互动和包容、人们的健康与福祉、经济交流、文化表达和对话的多功能区,其设计和管理旨在确保人类发展、建设和平、包容和参与型的社会,促进共处、相互联系和社会包容				
相关国际机构(政府部门)主流指数(指标)关联性	UN-Habitat	UNEP	UNICEF	UNESCO	WB	OECD	ILO	AIIB	MOHURD	其他
	√	√				√			√	√
方法/模型	以随机抽样调查的方式分析公众对垃圾分类、节约用水用电、低碳出行、环保宣传等绿色低碳生活的参与意愿,用样本均值暂为表示				
主要数据来源	主要以调查问卷方式获取相关信息,辅助使用已有国际权威机构的相关调查和统计数据				

附录 主要参考指标诠释

指标名称 (EN-15)#：城市人居环境满意度

指标含义：城市人居环境是居民工作劳动、生活居住、休憩游乐和社会交往的空间场所。城市人居环境的改善是城市宜居宜业、实现可持续发展的重要方向。城市居民对人居环境的满意情况一方面能够反映出城市人居环境治理水平的高低，另一方面也能倒逼城市管理者有的放矢地不断改善人居环境

以人为本（人民城市）：

人生出彩机会	有序参与治理	享有品质生活	切实感受温度	拥有归属认同
√	√	√	√	√

与 SDGs 的关联性：
SDGs 11.6 到2030年，减小城市的人均负面环境影响，包括特别关注空气质量，以及城市废物管理等
SDGs 11.7 到2030年，向所有人，特别是妇女、儿童、老年人和残疾人，普遍提供安全、包容、便利、绿色的公共空间

与 NUA 的关联性：
NUA 37 我们承诺促进安全、包容、便利、绿色和优质的公共空间，包括街道、人行道和自行车道、广场、滨水区、花园和公园，这些公共空间是促进广大民众之间和各种文化之间的社会互动和包容，人们的健康与福祉，经济交流，文化表达和对话的多功能区，其设计和管理旨在确保人类发展、包容和参与型的社会，促进和平，建设共处，相互联系和社会包容

相关国际机构（政府部门）主流指数（指标关联性）：

UN-Habitat	UNEP	UNICEF	UNESCO	WB	OECD	ILO	AIIB	MOHURD	其他
√	√			√	√			√	√

方法/模型：以随机抽样调查的方式分析公众对城市人居环境的满意情况，用样本均值来暂为表示

主要数据来源：主要以调查问卷方式获取相关信息，辅助使用已有国际权威机构的相关调查和统计数据

指标名称(C-1)*	每万人公共文化设施数量				
指标含义	公共文化设施是公众文化交流和学习的重要场所,例如图书馆、博物馆、文化馆、艺术表演场馆等。对文化设施覆盖度的评估是推进城市文化基础设施建设的重要举措				
以人为本(人民城市)	人生出彩机会	有序参与治理	享有品质生活	切实感受温度	拥有归属认同
			√	√	
与SDGs的关联性	SGDs 4.7 到2030年,确保所有从事学习的人都掌握可持续发展所需的知识和技能,具体做法包括开展可持续生活方式、人权和性别平等方面的教育、弘扬和平和非暴力文化、提升全球公民意识,以及肯定文化多样性和文化对可持续发展的贡献				
与NUA的关联性	NUA 38 我们承诺在国家、国家以下和地方各级通过综合的、地域政策和适当投资,妥善地可持续利用城市和人类住区中有形无形的自然遗产和文化遗产,承诺保障和促进文化基础设施与场地、博物馆、土著文化和语言以及传统知识和艺术发展,强调它们在恢复和振兴城市地区活力以及在加强社会参与和践行公民精神方面的作用				
相关国际机构(政府部门)关联性	UN-Habitat	UNEP	UNICEF	UNESCO	WB	OECD	ILO	AIIB	MOHURD	其他
主流指数(指标)关联性	√			√	√	√			√	√
方法/模型	文化设施覆盖度 = $\dfrac{\text{公共文化设施(图书馆、博物馆、文化馆、艺术表演场馆等)数量}}{\text{人口总数}} \times 10\,000$				
主要数据来源	数据以国家、地区和城市官方统计年鉴或文化旅游、文物部门年度工作(专题)报告为准,参照联合国教科文组织等国际机构的专题报告				

附录
主要参考指标诠释

指标名称(C-2)*	每万人非物质文化遗产数量					
指标含义	非物质文化遗产是城市的精神遗产,对非物质文化遗产的保护是民众传承历史文化的重要体现。从城市级、省级、国家级和国际四个层面评定收录的非物质文化遗产目录是城市历史文化遗产保护的一个重要缩影					
以人为本(人民城市)	人生出彩机会	有序参与治理		享有品质生活	切实感受温度	拥有归属认同
		√			√	√
与SDGs的关联性	SDGs 11.4 进一步努力保护和捍卫世界文化和自然遗产					
与NUA的关联性	NUA 124 我们将文化作为城市规划和战略的优先组成部分,保障各种有形和无形文化遗产和景观,并保护其免受城市发展潜在破坏性影响					
相关国际机构(政府部门)主流指数(指标)关联性	UN-Habitat	UNEP	UNICEF	UNESCO	WB	OECD
	√			√	√	
	ILO	AIIB	MOHURD	其他		
			√	√		
方法/模型	$$\text{每万人非物质文化遗产数量} = \frac{(\text{国际}+\text{国家}+\text{省市})\text{非物质文化遗产数量}}{\text{人口总数}} \times 10\,000$$					
主要数据来源	数据以国家、地区和城市官方统计年鉴或历史文物保护部门年度工作(专题)报告为准,参照联合国教科文组织等国际机构的专题报告					

指标名称（C-3）*	移动电话普及率				
指标含义	随着移动通信技术的发展和智能移动手机的普及，大众获取知识和信息的速度和方式更加便捷。因此，移动电话普及率能反映大众获取信息、知识的便利程度，以及社会文化交流与沟通的效率				
以人为本（人民城市）	人生出彩机会	有序参与治理	享有品质生活	切实感受温度	拥有归属认同
	✓		✓	✓	✓
与SDGs的关联性	SDGs 5.b 加强技术特别是信息和通信技术的应用，以增强妇女权能 SDGs 12.8 到2030年，确保各国人民都能获取关于可持续发展以及与自然和谐的生活方式的信息 SDGs 16.10 根据国家立法和国际协议，确保公众获得各种信息，保障基本自由				
与NUA的关联性	NUA 125 我们将在土著人民和地方社区的参与下，通过利用新技术和工艺等，推广和传播有形和无形文化遗产知识，并保护传统表现形式和语言				

相关国际机构（政府部门）主流指数（指标）关联性	UN-Habitat	UNEP	UNICEF	UNESCO	WB	OECD	ILO	AIIB	MOHURD	其他
	✓			✓		✓		✓		✓

方法/模型	$$\text{移动电话普及率} = \frac{\text{移动电话用户数量}}{\text{人口总数}} \times 100$$
主要数据来源	数据以国家、地区和城市官方统计年鉴或信息化部门年度工作（专题）报告为准，并参照通信服务行业报告

指标名称（C-4）* 国际文化交流活跃度

指标含义	国际文化交流是城市可持续发展的重要方面，不同国家、民族、信仰、习俗的人汇集在一座城市，互相学习和交流，是城市包容性的重要体现。当下，国际旅客数量是国际文化交流活跃度的一个重要指标

以人为本（人民城市）	人生出彩机会	有序参与治理	享有品质生活	切实感受温度	拥有归属认同
	√		√		√

与SDGs的关联性	SDGs 17.16 加强全球可持续发展伙伴关系，以多利益攸关方伙伴关系作为补充，调动和分享知识、专长、技术和财政资源，以支持所有国家，尤其是发展中国家实现可持续发展目标
与NUA的关联性	NUA 13b 具有参与性：促进市民参与，使所有居民都能产生归属感和主人翁意识，适当加强社会和代际互动、文化表达和政治参与，在和平与多元的社会里促进社会凝聚力，包容性和安全性，让所有居民的需求都得到满足

相关国际机构（政府部门）主流指数（指标）关联性	UN-Habitat	UNEP	UNICEF	UNESCO	WB	OECD	ILO	AIIB	MOHURD	其他
	√			√		√		√	√	

方法/模型	暂以国际旅游人境人次及每万人接待国际旅客数量来表示
主要数据来源	数据以国家、地区和城市官方统计年鉴或文化旅游部门年度工作（专题）报告为准，参照联合国教科文组织等国际机构的专题报告

指标名称(C-5)*	旅游市场贡献率							
指标含义	旅游市场是城市社会经济和文化综合发展的一个缩影。围绕国内外旅客所产生的一系列交通、住宿、商品等诸多市场交易活动和行为对城市可持续发展有重要的推动作用							
以人为本(人民城市)	人生出彩机会		有序参与治理		享有品质生活		切实感受温度	拥有归属认同
	√				√			
与SDGs的关联性	SDGs 8.9 到2030年，制定和执行推广可持续旅游的政策，以创造就业机会，推广地方文化和产品 SDGs 14.7 到2030年，增加小岛屿发展中国家和最不发达国家通过可持续利用海洋资源获得的经济收益，包括可持续地管理渔业、水产养殖业和旅游业							
与NUA的关联性	NUA 125-2 我们将促进对建筑古迹和遗址的创新和可持续的利用，旨在通过审慎的恢复和改造创造价值							
相关国际机构(政府部门) 主流指数(指标)关联性	UN-Habitat	UNEP	UNICEF	UNESCO	WB	OECD	ILO	其他
	√	√		√		√	√	AIIB MOHURD √ √
方法/模型	$$旅游市场贡献率 = \frac{旅游市场收入}{GDP总量} \times 100\%$$							
主要数据来源	数据以国家、地区和城市官方统计年鉴或文化旅游部门年度工作(专题)报告为准，参照联合国教科文组织等国际机构的专题报告							

附录
主要参考指标诠释

指标名称(C-6)*	城市文化公众认同感			
指标含义	文化认同是人们在城市共同体中长期共同生活所形成的对本城市共同体最有意义事物的认可,其核心是对城市的基本文化价值的认同,是凝聚城市共同体的精神纽带,是提升城市凝聚力和软实力的重要体现			
以人为本(人民城市)	人生出彩机会	有序参与治理	享有品质生活	切实感受温度	拥有归属认同
		√	√	√	√
与SDGs的关联性	SDGs 4.7 到2030年,确保所有从事学习的人都掌握可持续发展所需的知识和技能,具体包括开展可持续生活方式,人权和性别平等方面的教育,弘扬和平和非暴力文化,提升全球公民意识,以及肯定文化多样性和文化对可持续发展的贡献				
与NUA的关联性	NUA 40 我们承诺拥护城市和人类住区的多元性,加强社会凝聚力,跨文化对话和理解,宽容,相互尊重,性别平等,创新,创业,包容,认同和安全以及所有人的尊严				
相关国际机构(政府部门)主流指数(指标关联性)	UN-Habitat	UNEP	UNICEF	UNESCO	WB	OECD	ILO	AIIB	MOHURD	其他
	√			√					√	√
方法/模型	以随机抽样调查和访谈的方式分析公众对城市的重要文化价值、历史、传统等具有代表性的文化元素的理解和认同感,暂以样本均值来表示				
主要数据来源	主要以调查问卷方式获取相关信息,辅助使用已有国际权威机构的相关调查和统计数据				

指标名称(C-7)*	大众文化活动丰富度						
指标含义	大众文化是城市文化多样性的重要体现，流行、普及和亲民都是大众文化的重要特征。随着社会经济的发展，大众文化活动是否丰富，是否能够满足大众对文化活动的需求，民众是否有直观的感受和反馈，都是衡量城市大众文化普及和推广程度的重要依据						
以人为本(人民城市)	人生出彩机会	有序参与治理		享有品质生活	切实感受温度	拥有归属认同	
		√		√	√	√	
与SDGs的关联性	SDGs 12.b 监测能创造就业机会、促进地方文化和产品发展的可持续旅游业对促进可持续发展的影响						
与NUA的关联性	NUA 26 我们承诺促进文化、尊重多样性和平等，将之作为城市和人类住区人性化的关键要素						
相关国际机构(政府部门)主流指数(指标)关联性	UN-Habitat	UNEP	UNICEF	UNESCO	WB	OECD	ILO	AIIB	MOHURD	其他
	√			√					√	√
方法/模型	通过随机抽样调查和访谈等方式分析民众对城市大众文化活动和类多样性的评价，暂以样本均值来表示						
主要数据来源	主要以调查问卷方式获取相关信息，辅助使用已有国际权威机构的相关调查和统计数据						

附录
主要参考指标诠释

指标名称(G-1)*	地方政府财政自给率			
指标含义	财政自给率又称财政平衡率,主要指一般公共预算收入对一般公共预算支出的覆盖程度,即地方政府依靠自身财力对支出的平衡能力。城市的可持续发展需要有强有力的地方财政收入支撑,过度依赖负债或通过大量的转移支付来维持长久不是长久之计衡能力。			
以人为本(人民城市)	人生出彩机会	有序参与治理	享有品质生活	切实感受温度	拥有归属认同
			√	√	
与SDGs的关联性	SDGs 10.4 采取政策,特别是财政、薪资和社会保障政策,逐步实现更大的平等 SDGs 11.c 通过财政和技术援助等方式,支持最不发达国家就地取材,建造可持续的、有抵御灾害能力的建筑 SDGs 17.1 通过向发展中国家提供国际支持等方式,改善国内征税和提高财政收入的能力,加强筹集国内资源			
与NUA的关联性	NUA 15c-4 通过有效、创新和可持续的融资框架和工具提供支持,加强市政财政和地方财政系统,以包容的方式创造、维持和分享城市可持续发展所带来的价值			
相关国际机构(政府部门)主流指数(指标)关联性	UN-Habitat	UNEP	UNICEF	UNESCO	WB	OECD	ILO	AIIB	MOHURD	其他
	√				√	√		√	√	√
方法/模型	地方政府财政自给率 = $\dfrac{\text{一般公共预算收入}}{\text{一般公共预算支出}} \times 100\%$			
主要数据来源	数据以国家、地区和城市官方统计年鉴或财政部门年度工作(专题)报告为准,并参照世界银行等机构的专题报告			

指标名称（G-2）*	地方政府负债率				
指标含义	地方政府债务是指地方政府凭借其信誉，作为债务人与债权人之间按照有偿原则发生信用关系来筹集财政资金的一种信用方式，也是政府调度社会资金弥补财政赤字，并借以调控经济运行的一种特殊分配方式。地方政府负债率则是衡量地方政府负债能力和风险的主要参考数据				
以人为本（人民城市）	人生出彩机会	有序参与治理	享有品质生活	切实感受温度	拥有归属认同
			√		
与SDGs的关联性	**SDGs 17.4** 通过政策协调，适度推动债务融资、债务减免和债务重组，以帮助发展中国家实现长期债务可持续性，处理重债务国的外债问题以减轻其债务压力				
与NUA的关联性	**NUA 139** 我们将支持为可持续的国家和城市借贷创建强有力的法律和监管框架，这应以可持续债务管理为基础，以充足的收入和能力为支持，以地方信用度为依托，并酌情扩大可持续的城市债务市场				
相关国际机构（政府部门）主流指数（指标）关联性	UN-Habitat	UNEP	UNICEF	UNESCO	WB	OECD	ILO	AIIB	MOHURD	其他
	√				√	√			√	√
方法/模型	$$地方政府负债率 = \frac{地方政府债务余额}{GDP总量} \times 100\%$$				
主要数据来源	数据以国家、地区和城市官方统计年鉴或财政部门年度工作（专题）报告为准，并参照世界银行等机构的专题报告				

附录
主要参考指标诠释

指标名称(G-3)*	地方政府税收贡献率				
指标含义	税收贡献率反映税收在城市治理中的作用。合理、相对充足的税收是城市一般公共预算收入的重要组成部分。税收取之于民，并最终通过一般公共预算支出用之于民				
以人为本(人民城市)	人生出彩机会	有序参与治理	享有品质生活	切实感受温度	拥有归属认同
	√	√			
与SDGs的关联性	SDGs 17.1 通过向发展中国家提供国际支持等方式，改善国内征税和提高财政收入的能力，加强筹集国内资源 SDGs 17.3 从多渠道筹集额外财政资源用于发展中国家				
与NUA的关联性	NUA 145 我们将支持使用包括官方发展援助在内的国际公共财政，促进从所有可用的公共和私人来源调动更多资源，用于可持续的城市和地域发展				
相关国际机构(政府部门)主流指数(指标)关联性	UN-Habitat √ / UNEP / UNICEF / UNESCO / WB √ / OECD √ / ILO / AIIB √ / MOHURD √ / 其他				
方法/模型	$$\text{地方政府税收贡献率} = \frac{\text{一般公共预算收入中税收收入}}{\text{城市一般公共预算收入}} \times 100\%$$				
主要数据来源	数据以国家、地区和城市官方统计年鉴或财政部门年度工作(专题)报告为准，并参照世界银行等机构的专题报告				

指标名称(G-4)*	每万人授权专利数量			
指标含义	授权专利是社会经济发展过程中知识、技术、理论、机制等多维度创新成果在知识产权层面的认可,通常具备新颖性、创造性和实用性。专利是一种无形资产,具有巨大的商业和社会价值,是提升企业或组织竞争力的重要保障。授权专利数量的增加是一个城市科技创新的重要体现,也是城市实现可持续发展的重要要素			
以人为本(人民城市)	人生出彩机会	有序参与治理	享有品质生活	切实感受温度	拥有归属认同
	√			√	
与SDGs的关联性	SDGs 9.b 支持发展中国家的国内技术开发、研究与创新,包括提供有利的政策环境以实现工业多样化,增加商品附加值 SDGs 12.a 支持发展中国家加强科学和技术能力,采用更可持续的生产和消费模式			
与NUA的关联性	NUA 56 我们承诺适当提高经济生产力,为劳动力提供创收机会,知识,技能和教育设施,促进发展创新和有竞争力的城市经济			
相关国际机构(政府部门)主流指数(指标)关联性	UN-Habitat	UNEP	UNICEF	UNESCO	WB	OECD	ILO	AIIB	MOHURD	其他
	√				√		√		√	√
方法/模型	每万人授权专利数量 = $\dfrac{授权专利数量}{人口数量} \times 10\,000$			
主要数据来源	数据以国家、地区和城市官方统计年鉴或知识产权行业年度工作(专题)报告为准			

附录
主要参考指标诠释

指标名称(G-5)*	研发(R&D)支出地区生产总值占比			
指标含义	科技研发人员和投入经费是城市科技创新和治理创新的重要保障。在城市可持续发展进程中,科技研发不仅服务于经济或产业,它在社会、环境等维度同样扮演着非常重要的作用。在本书中,从该指标的综合性特点出发,将其放在治理维度,从而能够更好地反映出城市在治理体系的优化和治理能力的提高方面的智力保障			
以人为本(人民城市)	人生出彩机会	有序参与治理	享有品质生活	拥有归属属认同
	√			
与SDGs的关联性	SDGs 4.4 到2030年,大幅增加掌握就业、体面工作和创业所需相关技能、包括技术性和职业性技能的青年和成年人数 SDGs 9.5 在所有国家,特别是发展中国家,加强科学研究,提升工业部门的技术能力,包括到2030年,鼓励创新,大幅增加每100万人口中的研发人员数量,并增加公共和私人研发支出			
与NUA的关联性	NUA 60 我们承诺继续支持城市经济通过高增值部门逐渐向高生产力转型,为此将促进多样化、技术升级、研究与创新、包括创造优质和体面的工作岗位			
相关国际机构(政府部门)主流指数(指标)关联性	UN-Habitat UNEP UNICEF UNESCO WB OECD ILO AIIB MOHURD 其他			
	√ √ √ √ √ √			
方法/模型	$$\text{R\&D支出地区生产总值占比} = \frac{\text{R\&D支出}}{\text{地区生产总值}} \times 100\%$$			
主要数据来源	数据以国家、地区和城市官方统计年鉴或科技研发部门年度工作(专题报告)为准,并参考世界银行等机构的专题报告			

指标名称(G-6)#	科技研发企业活跃度				
指标含义	对科技研发的重视程度和科技研发的活跃程度是一个国家、城市或社会实现可持续发展的重要方面。企业在市场竞争中对科技研发的投入力度与其市场地位和影响力有非常强的关联。在城市规模以下工业企业中，重视并投入相应的人力、物力和财力来实现科技创新和突破的企业越多，整个产业结构的竞争力就相对更可持续。为此，鼓励和支持企业进行科技研发活动是城市经济社会实现可持续发展的重要方向				
以人为本(人民城市)	人生出彩机会	有序参与治理	享有品质生活	切实感受温度	拥有归属认同
	√		√		
与SDGs的关联性	SDGs 8.2 通过多样化经营、技术升级和创新，包括重点发展高附加值和劳动密集型行业，实现更高水平的经济生产力 SDGs 9.b 支持发展中国家的国内技术开发、研究与创新，包括提供有利的政策环境				
与NUA的关联性	NUA 157 我们将支持科学、研究和创新，包括重点关注社会、技术、数字和自然为本的创新，城市和地域规划、政策制定方面强有力的科学与政策对接以及分享和交流信息、知识和专门知识的制度化机制				

相关国际机构(政府部门)主流指数(指标)关联性	UN-Habitat	UNEP	UNICEF	UNESCO	WB	OECD	ILO	AIIB	MOHURD	其他
	√			√	√	√		√	√	√

方法/模型	$科技研发企业活跃度 = \dfrac{规模以上工业企业进行科技研发活动的企业数量}{规模以上工业企业数量} \times 100\%$
主要数据来源	数据以国家、地区和城市官方统计年鉴或科技研发部门年度工作(专题)报告为准，并参考世界银行、经合组织等机构的专题报告

附录 主要参考指标诠释

指标名称(G-7)	高层次人才吸引力			
指标含义	高层次人才通常指具有较高的专业技能和综合素质的人员,他们在某一领域具有领先的水平,能够为社会和国家的发展作出贡献,具备影响力,创造力与合作能力的新型人才。高层次人才对优化整个城市的劳动力智力及技能结构有非常重要的引导和促进作用			
以人为本(人民城市)	人生出彩机会	有序参与治理	享有品质生活	切实感受温度	拥有归属认同
	√			√	
与SDGs的关联性	SDGs 4.3 到2030年,确保所有男女平等求得负担得起的优质技术、职业和高等教育,包括大学教育 SDGs 8.2 通过多样化经营,技术升级和创新,包括重点发展高附加值和劳动密集型行业,实现更高水平的经济生产力			
与NUA的关联性	NUA 60 我们承诺继续并支持城市经济通过高增值部门逐渐向高生产力转型,为此将促进多样化、技术升级、研究与创新,包括创造优质福利体面的工作岗位			
相关国际机构(政府部门)主流指数(指标)关联性	UN-Habitat	UNEP	UNICEF	UNESCO	WB	OECD	ILO	AIIB	MOHURD	其他
	√					√	√		√	√
方法/模型	高层次人才吸引力 = $\dfrac{\text{年度新增高层次人才数量}}{\text{年度新增就业人口数量}} \times 100\%$			
主要数据来源	数据以国家、地区和城市官方统计年鉴或就业、民政职能部门专项(年度)报告为准,并参考国际劳工组织等国际机构的权威数据			

指标名称(G-8)#	妇女就业参与机会			
指标含义	妇女就业问题已经引起全世界的广泛注意,多数国家持鼓励态度,并通过立法手段保障妇女在就业方面享有与男子平等的权利。在整个劳动力就业结构中,妇女劳动力人口占比的提高是不断保障妇女权益和社会地位的重要指标			
以人为本(人民城市)	人生出彩机会	有序参与治理	享有品质生活	切实感受温度	拥有归属认同
	√	√	√	√	
与SDGs的关联性	SDGs 5.1 在全球消除对妇女和女童一切形式的歧视 SDGs 10.2 到2030年,增强所有人的权能,促进他们融入社会、经济和政治生活,而不论其年龄、性别、残疾与否、种族、民族、出身、宗教信仰、经济地位或其他任何区别			
与NUA的关联性	NUA 57 我们承诺在城市和人类住区适度促进充分生产性就业,人人拥有体面工作和谋生机会,特别关注妇女、青年等,尤其是最贫困和处境脆弱群体的需求和潜力,并促进其不受歧视地获得合法赚取收入的机会			
相关国际机构(政府部门)主流指数(指标)关联性	UN-Habitat UNEP UNICEF UNESCO WB OECD ILO AIIB MOHURD 其他
	√ √ √ √ √ √
方法/模型	$$\text{妇女就业参与机会} = \frac{\text{女性劳动力人口数量}}{\text{就业人口总数量}} \times 100\%$$			
主要数据来源	数据以国家、地区和城市官方统计年鉴或经济、劳动就业部门年度工作(专题)报告为准,参照世界银行、亚洲基础设施投资银行、经合组织、国际劳工组织等机构发布的相关专题报告			

附录
主要参考指标诠释

指标名称(G-9)*	每万人刑事犯罪案例数量
指标含义	公共安全是社会和公民个人从人事和进行正常的生活、工作、学习、娱乐和交往所需要的稳定的外部环境和秩序,也是城市可持续发展的核心前提之一。其中,刑事案件发生数量是城市公共安全评估的一个重要指标
以人为本(人民城市)	人生出彩机会　　　有序参与治理　　　享有品质生活　　　切实感受温度　　　拥有归属认同 　　　　　　　　　　　　　　　　　　　　√　　　　　　　　　　√
与SDGs的关联性	SDGs 16.1 在全球大幅减少一切形式的暴力和降低相关的死亡率 SDGs 16.2 制止对儿童进行虐待、剥削、贩卖以及一切形式的暴力和酷刑 SDGS 16.a 通过开展国际合作等方式加强相关国家机制,在各层级提高各国尤其是发展中国家的能力建设,以预防暴力、打击恐怖主义和犯罪行为
与NUA的关联性	NUA 14a 促进安全以及消除歧视和一切形式的暴力
相关国际机构(政府部门)主流指数(指标)关联性	UN-Habitat　UNEP　UNICEF　UNESCO　WB　OECD　ILO　AIIB　MOHURD　其他 　　√　　　　　　　　　　　　　　　　　√　　√　　√　　　　　√
方法/模型	每万人刑事犯罪案件数量 = $\dfrac{\text{刑事案件发生数量}}{\text{人口数量}} \times 10\,000$
主要数据来源	数据以国家、地区和城市官方统计年鉴或公安局、检察院、法院等部门年度工作(专题)报告为准

指标名称 (G-10)	数字化服务便利度				
指标含义	数字化服务是指利用计算机、通信、网络等技术，通过统计技术的量化管理对象与管理行为，实现研发、计划、组织、生产、协调、服务、创新等职能活动。随着数字化技术的快速发展，数字化服务的高效率、低成本、易接受、高覆盖面等诸多特点逐步显现。因此，为居民提供数字化服务的便利程度是城市可持续治理的重要评估指标				
以人为本（人民城市）	人生出彩机会	有序参与治理	享有品质生活	切实感受温度	拥有归属认同
		√		√	
与SDGs的关联性	SDGs 9.c 大幅提升信息和通信技术的普及度，以低廉的价格为最不发达国家提供普遍的因特网服务 SDGs 17.18 加强向发展中国家和最不发达国家，包括最不发达国家和小岛屿发展中国家提供能力建设支持，大幅增加获得按收入、性别、年龄、种族、民族、地理位置与各国国情有关的其他特征分类的高质量、及时和可靠的数据。采取无障碍的方式，帮助残疾人、老年人等社会群体获得便捷、优质的在线公共服务				
与NUA的关联性	NUA 66 我们承诺采用智能城市办法，利用数字化、清洁能源和技术以及创新交通技术所带来的机会，为居民作出更有益环境的选择和为振可持续增长经济提供备选方案，并使城市能够更好地提供服务				

相关国际机构（政府部门）主流指数（指标）关联性	UN-Habitat	UNEP	UNICEF	UNESCO	WB	OECD	ILO	AIIB	MOHURD	其他
	√			√	√	√	√		√	

方法/模型	在参考联合国电子政务发展指数的基础上，设计与数字化治理服务相关的调查问卷，请居民对各项在线服务的便利程度打分，最后以样本均值来代表
主要数据来源	数据以国家、地区和城市官方统计年鉴或信息部门年度工作（专题）报告为准，同时参照联合国相关机构的专题报告

附录
主要参考指标诠释

指标名称（G-11）#	城市网格化管理覆盖率
指标含义	城市网格化管理是一种管理体系和模式的创新，其将城市管理管辖区按照一定标准划分为单元网格，通过加强对单元网格部件和事件的巡查，建立一种监督和处置互相分离的形式。主要是通过网格员对辖区范围内的人、地、事、物，组织五大要素进行全面的信息采集管理。网格化管理也是城市实现精细化治理和可持续发展的重要途径
以人为本（人民城市）	人生出彩机会 ｜ 有序参与治理 ｜ 享有品质生活 ｜ 切实感受温度 ｜ 拥有归属认同 ＿＿＿＿＿＿＿＿＿＿＿＿＿＿＿ √ ＿＿＿＿＿＿＿＿＿＿＿＿＿＿＿ √ ＿＿＿＿＿＿＿＿＿＿＿＿＿＿＿ √
与SDGs的关联性	SDGs 11.3 到2030年，在所有国家加强包容和可持续的城市建设，加强参与性、综合性、可持续的人类住区规划和管理能力 SDGs 16.7 确保各级的决策反应迅速，具有包容性、参与性和代表性
与NUA的关联性	NUA 41 我们承诺在城市和人类住区促进机构、政治、法律和金融机制，以根据国家政策扩大包容型平台，使所有人都能切实参与决策、规划和落实进程，并加强公民参与、合作供应及合作生产
相关国际机构（政府部门）主流指数（指标）关联性	UN-Habitat ｜ UNEP ｜ UNICEF ｜ UNESCO ｜ WB ｜ OECD ｜ ILO ｜ AIIB ｜ MOHURD ｜ 其他 √ ＿＿＿＿＿＿＿＿＿＿＿＿＿＿＿ √ ＿＿＿＿＿ √ ＿＿ √ ＿＿＿＿＿＿＿＿ √
方法/模型	$$\text{城市网格化管理覆盖率} = \frac{\text{城市网格化管理覆盖面积}}{\text{城市建成区面积}} \times 100\%$$
主要数据来源	数据以国家、地区和城市官方统计年鉴或管理职能部门年度工作（专题）报告为准，并参照联合国相关机构的专题报告

指标名称（G-12）*	突发公共事件应急响应能力				
指标含义	突发公共事件主要是指造成或者可能造成严重社会危害，需要采取应急处置措施予以应对的自然灾害、事故灾难、公共卫生事件、社会治安事件等重大公共事件。目前，绝大部分城市都有自己的突发公共事件应急响应机制，评价该机制的重要指标之一就是突发公共事件应急响应能力，其最终直接影响或倒逼通城市公共事件应急响应机制的改进				
以人为本（人民城市）	人生出彩机会	有序参与治理	享有品质生活	切实感受温度	拥有归属认同
		√		√	√
与SDGs的关联性	SDGs 3.d 加强各国特别是发展中国家早期预警、减少风险，以及管理国家和全球健康风险的能力 SDG 11.b 大幅增加采取和实施综合政策和计划以构建包容、资源使用效率高、减缓和适应气候变化、具有抵御灾害能力的城市和人类住区数量，并根据《2015—2030年仙台减少灾害风险框架》在各级建立和实施全面的灾害风险管理 SDGs 13.3 加强气候变化减缓、适应、减少影响和早期预警等方面的教育和宣传，加强人员和机构在此方面的能力。应确保实现对应急避难场所的无障碍设施建设和改造，视情况设置语音、文字、闪光灯提示装置、完善无障碍服务功能。自然灾害、意外事故、公共卫生事件、社会治安事件等重大公共事件发生时，应通过无障碍的方式方便残疾人、老年人获取信息，实现紧急避险				
与NUA的关联性	NUA 77-2 我们承诺加强城市和人类住区的韧性，特别是住在风险易发区，包括贫民窟、使家庭、社区、机构和服务能够对冲击或潜在压力等灾患影响作出准备、反应、适应并迅速恢复				
相关国际机构（政府部门）主流指数（指标关联性）	UN-Habitat	UNEP	UNICEF	UNESCO	WB	OECD	ILO	AIIB	MOHURD	其他
	√	√			√		√		√	√
方法/模型	以随机抽样调查的方式分析公众对城市管理者应对突发公共事件的评价，用样本均值暂为表示				
主要数据来源	主要以调查问卷方式获取相关信息，辅助使用已有国际权威机构的相关调查和统计数据				

附录
主要参考指标诠释

指标名称（G-13）*	城市综合治理公众满意度				
指标含义	城市综合治理效果到底如何，公众是最有发言权的。通过对城市综合治理效率和效果的调查评估，从公众的角度对其进行评价，然后再根据结果到通城市综合治理能力的提升				
以人为本（人民城市）	人生出彩机会	有序参与治理	享有品质生活	切实感受温度	拥有归属认同
	√	√		√	√
与SDGs的关联性	SDGs 11.a 通过加强国家和区域发展规划，支持在城市、近郊和农村地区之间建立积极的经济、社会和环境联系 SDGs 16.5 大幅减少一切形式的腐败和贿赂行为 SDGs 16.b 推动和实施非歧视性法律和政策以促进可持续发展 SDGs 17.14 加强可持续发展政策的一致性				
与NUA的关联性	NUA 147 我们将促进能力建设，以此作为多元做法，用于提升多利益攸关方和各级机构治理能力，并结合个人、社会和机构的能力制定、执行、加强、管理、监测和评价城市可持续发展的公共政策				
相关国际机构（政府部门）主流指数（指标）关联性	UN-Habitat	UNEP	UNICEF	UNESCO	WB	OECD	ILO	AIIB	MOHURD	其他
	√	√	√		√	√		√	√	
方法/模型	以随机抽样调查的方式分析公众对城市治理的效率、方式、服务等多个维度的评价，暂以样本均值来表示				
主要数据来源	主要以调查问卷方式获取相关信息，辅助使用已有国际权威机构的相关调查和统计数据				

主要参考文献

[1] AGARWALA M, ATKINSON G, BALDOCK C, et al. Natural capital accounting and climate change[J]. Nature Climate Change, 2014(4): 520-522.

[2] BRONDIZIO E S, TOURNEAU F M L. Environmental governance for all[J]. Science, 2016(352): 1272-1273.

[3] CHEN H. Sustainable common resources governance: theories, methods and cases[M]. Shanghai: Tongji University Press, 2019.

[4] CHILE S. Monitoring the shift to sustainable consumption and production patterns in the context of the SDGs[R]. San Diego: Global Action for Sustainable Consumption and Production, 2016.

[5] COYLE D. Economics: GDP in the dock[J]. Nature, 2016(534): 472-474.

[6] COSTANZA R, d'ARGE R, GROOT R, et al. The value of the world's ecosystem services and natural capital[J]. Nature, 1997(387): 253-260.

[7] DALY H. Beyond growth: the economics of sustainable development[M]. Boston: Beacon Press, 1997.

[8] MICHALINA D, MEDERLY P, DIEFENBACHER H, et al. Sustainable urban development: a review of urban sustainability indicator frameworks[J]. Sustainability, 2021(13): 9348.

[9] ERICKSON A. Efficient and resilient governance of social-ecological systems[J]. Ambio, 2015(44): 343-352.

[10] European Commission. Science for environment policy in-depth report: indicators for sustainable cities[R]. Brussels: European Commission, 2018.

[11] GUERRY A D, POLASKY S, LUBCHENCO J, et al. Natural capital and ecosystem services informing decisions: from promise to practice[J]. Proceeding of the National Academy of Sciences of the United States of America, 2015, 112(24): 7348-7355.

[12] HARDIN G. The tragedy of the commons[J]. Science, 1968(162): 1243-1248.

[13] HOORNWEG D, HOSSEINI M, KENNEDY C, et al. An urban approach to planetary boundaries[J]. Ambio, 2016(5): 567-580.

[14] JUSTIN Y L, MONGA C, STANDAERT S. The inclusive sustainable transformation

index[J]. Social Indicators Research, 2019(143): 47-80.

[15] KUMAGAI S, IORIO F. Building trust in government through citizen engagement [R]. Washington D. C. : World Bank, 2020.

[16] LIU J, HAROLD M, VANESSA H, et al. Systems integration for global sustainability[J]. Science, 2015(347): 963.

[17] MARCO H, ALBRECHT J N. Sustainable tourism product development: an application of product design concepts[J]. Sustainability, 2021(13): 7957.

[18] MAUERHOFER V. 3-D sustainability: an approach for priority setting in situation of conflicting interests towards a sustainable development[J]. Ecological Economics, 2008, 64(3): 496-506.

[19] MORTON S, PENCHEON D, SQUIRES N. Sustainable Development Goals (SDGs), and their implementation: a national global framework for health, development and equity needs a systems approach at every level[J]. British Medical Bulletin, 2017(1): 81-90.

[20] NASS M, LÖFFLER J. Ecosystem services in coupled social-ecological systems: closing the cycle of service provision and societal feedback[J]. Ambio, 2015(44): 737-749.

[21] Organization for Economic Co-operation and Development. A territorial approach to the Sustainable Development Goals: synthesis report, OECD urban policy reviews [R]. Paris: Organization for Economic Co-operation and Development, 2020.

[22] OSTROM E. Governing the commons: the evolution of institutions for collective action[M]. Cambridge: Cambridge University Press, 1990.

[23] STEFAN P, ANDERS A, KONSTANTIN S, et al. Industrial ecology in integrated assessment models[J]. Nature Climate Change, 2017(7): 13-20.

[24] PRADHAN P, COSTA L, RYBSKI D, et al. A systematic study of Sustainable Development Goal (SDG) interactions[J]. Earth Future, 2017(5): 1169-1179.

[25] ROCKSTRÖM J, STEFFEN W, NOONE K, et al. A safe operating space for humanity[J]. Nature, 2009(461): 472-475.

[26] SEPETIS A. A holistic sustainable finance model for the sustainable capital market [J]. Financial Risk Management, 2020(9): 99-125.

[27] SIMON D, HELEN A, GEETIKA A, et al. Developing and testing the urban Sustainable Development Goal's targets and indicators: a five-city study [J]. Environment and Urbanization, 2016(28): 49-63.

[28] STEFFEN W, RICHARDSON K, ROCKSTRÖM J, et al. Planetary boundaries: guiding human development on a changing planet[J]. Science, 2015(347): 1259855.

[29] United Nations. Transforming our world by 2030: a new agenda for global action[R]. New York: United Nations, 2015.

[30] United Nations. The future is now: science for achieving sustainable development[R]. New York: United Nations, 2019.

[31] United Nations Department of Economic and Social Affairs. SDG good practices, a compilation of success stories and lessons learned in SDG implementation[R]. New York: United Nations Department of Economic and Social Affairs, 2020.

[32] United Nations Department of Economic and Social Affairs. The future is now: science for achieving sustainable development[R]. New York: United Nations Department of Economic and Social Affairs, 2019.

[33] UN-Division for Public Institutions and Digital Government. UN e-government survey[R]. New York: UN-Division for Public Institutions and Digital Government, 2020.

[34] United Nations Development Programme. Human development report 2016: human development for everyone[R]. New York: United Nations Development Programme, 2016.

[35] United Nations Development Programme. Human Development report 2020: human development and anthropocene[R]. New York: United Nations Development Programmea, 2020.

[36] United Nations Educational, Scientific and Cultural Organization. The United Nations world water development report 2020: water and climate change[R]. New York: United Nations Educational, Scientific and Cultural Organization, 2020.

[37] UN-Habitat. Measurement of city prosperity: methodology and metadata[R]. New York: UN-Habitat, 2016.

[38] United Nations International Children's Emergency Fund. Levels & trends in child mortality[R]. New York: United Nations International Children's Emergency Fund, 2020.

[39] United Nations International Strategy for Disaster Reduction. Sendai Framework for Disaster Risk Reduction 2015—2030[R]. New York: United Nations International Strategy for Disaster Reduction, 2015.

[40] VERMA P, RAGHUBANSHI A S. Urban sustainability indicators: challenges and

opportunities[J]. Ecological Indicators, 2018(93): 282-291.

[41] World Commission on Environment and Development. Our common future[R]. New York: World Commission on Environment and Development, 1987.

[42] World Bank. World development report 2021: data for better lives[R]. Washington D.C.: World Bank, 2021.

[43] World Bank. Bridging the gap in solid waste management: governance requirements for results[R]. Washington D.C.: World Bank, 2021.

[44] YANG W, BAN L. The green sustainable economic development model under sustainable use of energy and pollution control[J]. Theoretical Economics Letters, 2013(1): 19-27.

[45] 埃琳娜·卡瓦尼亚罗,乔治·柯尼尔.可持续发展导论——社会·组织·领导力[M]. 江波,陈海云,吴赟,译.上海:同济大学出版社,2018.

[46] 陆大道,樊杰.区域可持续发展研究的兴起与作用[J].中国科学院院刊,2012,27(3): 290-300,319.

[47] 王如松,欧阳志云.社会—经济—自然复合生态系统与可持续发展[J].中国科学院院刊,2012,27(3):337-345.

[48] 诸大建.可持续性科学:基于对象—过程—主体的分析模型[J].中国人口·资源与环境,2016,26(7):1-9.

[49] 诸大建,陈海云.SDGs背景下的城市可持续发展指数研究[M].上海:同济大学出版社,2021.

[50] 诸大建,陈海云,许洁,等.可持续发展与治理研究——可持续性科学的理论与方法[M].上海:同济大学出版社,2015.

图表和专栏

图 2.1 "上海指数"设计理念图 \ 28

北京(Beijing)

图 1　北京人口数量(2015—2020 年) \ 40
图 2　北京 GDP 总量及其年均增速(2015—2020 年) \ 40
图 3　北京可持续发展综合指数(2015—2020 年) \ 41
图 4　北京可持续发展社会子指数(2015—2020 年) \ 41
图 5　北京可持续发展经济子指数(2015—2020 年) \ 41
图 6　北京可持续发展环境子指数(2015—2020 年) \ 41
图 7　北京可持续发展文化子指数(2015—2020 年) \ 42
图 8　北京可持续发展治理子指数(2015—2020 年) \ 42
图 9　北京人口出生率、死亡率及自然增长率(2015—2020 年) \ 42
图 10　北京病床数量及每万人病床数量(2015—2020 年) \ 43
图 11　北京公路里程数及公路网密度(2015—2020 年) \ 43
图 12　北京公共交通乘客量及年人均搭乘量(2015—2020 年) \ 43
图 13　北京人均可支配收入及其年均增速(2015—2020 年) \ 44
图 14　北京第一产业增加值及其年均增速(2015—2020 年) \ 44
图 15　北京第二产业增加值及其年均增速(2015—2020 年) \ 45
图 16　北京第三产业增加值及其年均增速(2015—2020 年) \ 45
图 17　北京失业率(2015—2020 年) \ 46
图 18　北京外商直接投资额及其 GDP 占比(2015—2020 年) \ 46
图 19　北京固定资产投资额及其 GDP 占比(2015—2020 年) \ 46
图 20　北京进出口贸易额及其 GDP 占比(2015—2020 年) \ 47
图 21　北京社会消费品零售总额及其 GDP 占比(2015—2020 年) \ 47
图 22　北京污水处理率及污水排放强度(2015—2020 年) \ 48
图 23　北京一般工业固体废弃物综合利用率及产生强度(2015—2020 年) \ 48
图 24　北京电力消耗总量及电耗强度(2015—2020 年) \ 48
图 25　北京空气质量优良天数及优良率(2015—2020 年) \ 49
图 26　北京碳排放强度(2015—2020 年) \ 49
图 27　北京国际旅客数量(2015—2020 年) \ 50
图 28　北京旅游收入及其 GDP 占比(2015—2020 年) \ 50
专栏 1　北京市推进全国文化中心建设目标 \ 51
图 29　北京财政收支及财政自给率(2015—2020 年) \ 52
图 30　北京税收收入及其贡献率(2015—2020 年) \ 53

图 31　北京政府债务余额及负债率(2015—2020 年) \ 53
图 32　北京移动电话用户数及普及率(2015—2020 年) \ 54
图 33　北京专利授权数量及每万人专利授权数量(2015—2020 年) \ 54
图 34　北京 R&D 支出及其 GDP 占比(2015—2020 年) \ 54
图 35　北京 R&D 人员全时当量及每万人全时当量(2015—2020 年) \ 55
图 36　北京检察院审查起诉刑事案件数量及每万人刑事犯罪案件数量(2015—2020 年) \ 55
专栏 2　北京城市基层治理体系建设经验 \ 55

柏林(Berlin)

图 1　柏林人口数量及人口密度(2015—2020 年) \ 58
图 2　柏林 GDP 总量及其年均增速(2015—2020 年) \ 58
图 3　柏林可持续发展综合指数(2015—2020 年) \ 59
图 4　柏林可持续发展社会子指数(2015—2020 年) \ 59
图 5　柏林可持续发展经济子指数(2015—2020 年) \ 59
图 6　柏林可持续发展环境子指数(2015—2020 年) \ 59
图 7　柏林可持续发展文化子指数(2015—2020 年) \ 60
图 8　柏林可持续发展治理子指数(2015—2020 年) \ 60
图 9　柏林人口自然增长率(2015—2020 年) \ 60
图 10　柏林医院病床数量及每万人病床数量(2015—2020 年) \ 61
图 11　柏林人均可支配收入及其年均增速(2015—2020 年) \ 61
图 12　柏林失业率(2015—2020 年) \ 62
图 13　柏林外商直接投资额及其 GDP 占比(2015—2020 年) \ 62
图 14　柏林固定资产投资额及其 GDP 占比(2015—2020 年) \ 62
图 15　柏林航空旅客吞吐量(2015—2020 年) \ 63
图 16　德国进出口贸易额及其 GDP 占比(2015—2020 年) \ 63
图 17　柏林年人均污水产生量及污水处理率(2015—2020 年) \ 64
图 18　柏林可再生能源消耗在总能耗中的占比(2015—2020 年) \ 64
图 19　德国人均二氧化碳排放量(2015—2020 年) \ 64
图 20　柏林国际旅客数量(2015—2020 年) \ 65
图 21　柏林旅游收入及其 GDP 占比(2015—2020 年) \ 65
图 22　柏林电影院观影人次及年人均观影次数(2015—2020 年) \ 66
图 23　柏林博物馆访问量及年人均访问量(2015—2020 年) \ 66
专栏 1　柏林城市遗产保护与城市更新法理支撑 \ 66
图 24　柏林财政收支及财政自给率(2015—2020 年) \ 67
图 25　柏林税收收入及其对财政收入的贡献率(2015—2020 年) \ 68
图 26　柏林移动电话用户数及普及率(2015—2020 年) \ 68
图 27　柏林 R&D 支出及其 GDP 占比(2015—2020 年) \ 69
图 28　柏林 R&D 人员全时当量及每万人全时当量(2015—2020 年) \ 69
图 29　柏林刑事犯罪案件数量及每万人刑事犯罪案件数量(2015—2020 年) \ 69
图 30　德国女性参政比(2015—2020 年) \ 70

图 31　德国政府公信力(2015—2020 年)　\ 70

迪拜(Dubai)
图 1　迪拜人口数量及人口密度(2015—2020 年)　\ 72
图 2　迪拜 GDP 总量及其年均增速(2015—2020 年)　\ 72
图 3　迪拜可持续发展综合指数(2015—2020 年)　\ 73
图 4　迪拜可持续发展社会子指数(2015—2020 年)　\ 73
图 5　迪拜可持续发展经济子指数(2015—2020 年)　\ 73
图 6　迪拜可持续发展环境子指数(2015—2020 年)　\ 73
图 7　迪拜可持续发展文化子指数(2015—2020 年)　\ 74
图 8　迪拜可持续发展治理子指数(2015—2020 年)　\ 74
图 9　迪拜医院病床数量及每万人病床数量(2015—2020 年)　\ 74
图 10　迪拜医生数量及每万人医生数量(2015—2020 年)　\ 75
图 11　迪拜公路里程数及公路网密度(2015—2020 年)　\ 75
图 12　迪拜公共交通客运总量及年人均搭乘量(2015—2020 年)　\ 75
图 13　阿联酋 GDP 总量及其年均增速(2015—2020 年)　\ 76
图 14　阿联酋人均 GDP 及其年均增速(2015—2020 年)　\ 76
图 15　阿联酋失业率(2015—2020 年)　\ 77
图 16　迪拜免税店营业额(2015—2020 年)　\ 77
图 17　迪拜进出口贸易额及其 GDP 占比(2015—2020 年)　\ 77
图 18　迪拜法特原油价格(2015—2021 年)　\ 78
图 19　阿联酋原油出口量(2015—2021 年)　\ 78
图 20　迪拜电力消费总量及人均电耗(2015—2020 年)　\ 79
图 21　阿联酋人均二氧化碳排放量(2015—2020 年)　\ 79
图 22　阿联酋国际旅客数量(2015—2020 年)　\ 80
图 23　阿联酋旅游收入及其 GDP 占比(2015—2020 年)　\ 80
图 24　阿联酋财政收支及财政自给率(2015—2020 年)　\ 81
图 25　阿联酋政府债务余额及负债率(2015—2020 年)　\ 81
图 26　迪拜 R&D 支出及其 GDP 占比(2015—2020 年)　\ 82
图 27　迪拜刑事犯罪案件数量及每万人刑事犯罪案件数量(2015—2020 年)　\ 82
图 28　迪拜公务员数量及女性公务员占比(2015—2020 年)　\ 82
专栏 1　互联网技术提高迪拜城市治理效率　\ 83

香港(Hong Kong)
图 1　香港人口数量(2015—2020 年)　\ 86
图 2　香港 GDP 总量及其年均增速(2015—2020 年)　\ 86
图 3　香港可持续发展综合指数(2015—2020 年)　\ 87
图 4　香港可持续发展社会子指数(2015—2020 年)　\ 87
图 5　香港可持续发展经济子指数(2015—2020 年)　\ 87
图 6　香港可持续发展环境子指数(2015—2020 年)　\ 87

图7　香港可持续发展文化子指数(2015—2020年)　\ 88
图8　香港可持续发展治理子指数(2015—2020年)　\ 88
图9　香港人口出生率、死亡率及自然增长率(2015—2020年)　\ 88
图10　香港医院病床数量及每万人病床数量(2015—2020年)　\ 89
图11　香港公路里程数及公路网密度(2015—2020年)　\ 89
图12　香港公共交通客运总量及年人均搭乘量(2015—2020年)　\ 90
图13　香港外商直接投资额及其GDP占比(2015—2020年)　\ 90
图14　香港固定资产投资额及其GDP占比(2015—2020年)　\ 91
图15　香港进出口贸易额及其GDP占比(2015—2020年)　\ 91
图16　香港社会消费品零售总额及其GDP占比(2015—2020年)　\ 91
图17　香港空气质量优良天数及优良率(2015—2020年)　\ 92
图18　香港人均二氧化碳排放量(2015—2020年)　\ 92
图19　香港碳排放强度(2015—2020年)　\ 93
专栏1　香港绿色金融重点投资领域　\ 93
图20　香港财政收支及财政自给率(2015—2020年)　\ 95
图21　香港税收收入及其对财政收入的贡献率(2015—2020年)　\ 95
图22　香港政府债务余额及负债率(2015—2020年)　\ 95
专栏2　香港义工实践经验　\ 96

伊兹密尔(Izmir)

图1　伊兹密尔人口数量及人口年均增长率(2015—2020年)　\ 98
图2　土耳其GDP总量及其年均增速(2015—2020年)　\ 99
图3　土耳其GDP总量及伊兹密尔GDP在土耳其GDP总量中的占比(2015—2020年)　\ 99
图4　伊兹密尔GDP总量及人均GDP(2015—2020年)　\ 99
图5　伊兹密尔可持续发展综合指数(2015—2020年)　\ 100
图6　伊兹密尔可持续发展社会子指数(2015—2020年)　\ 100
图7　伊兹密尔可持续发展经济子指数(2015—2020年)　\ 100
图8　伊兹密尔可持续发展环境子指数(2015—2020年)　\ 100
图9　伊兹密尔可持续发展文化子指数(2015—2020年)　\ 101
图10　伊兹密尔可持续发展治理子指数(2015—2020年)　\ 101
图11　伊兹密尔人口出生率、死亡率及自然增长率(2015—2020年)　\ 101
图12　伊兹密尔医院病床数量及每万人病床数量(2015—2020年)　\ 102
图13　伊兹密尔进出口额及其GDP占比(2015—2020年)　\ 102
图14　伊兹密尔制造业增加值及其GDP占比(2015—2020年)　\ 103
图15　伊兹密尔服务业增加值及其GDP占比(2015—2020年)　\ 103
图16　土耳其失业率(2015—2020年)　\ 104
图17　土耳其青年失业率(2015—2020年)　\ 104
图18　土耳其可再生能源消耗量在总能耗中的占比(2015—2020年)　\ 105
图19　土耳其二氧化碳排放总量及人均排放量(2015—2020年)　\ 105
专栏1　伊兹密尔的"大海湾工程"　\ 105

图 20　土耳其中央政府、地方政府的文化事业支出及国家文化事业支出 GDP 占比（2015—2020 年）　\ 106

图 21　土耳其文创进出口额及其 GDP 占比（2015—2020 年）　\ 107

图 22　土耳其博物馆访问量及人均访问量（2015—2020 年）　\ 107

图 23　土耳其电影院观影人次及人均观影次数（2015—2020 年）　\ 108

图 24　土耳其财政收支及财政自给率（2015—2020 年）　\ 108

图 25　土耳其税收收入及其对财政收入的贡献率（2015—2020 年）　\ 109

图 26　土耳其政府债务余额及负债率（2015—2020 年）　\ 109

图 27　伊兹密尔 R&D 支出及其 GDP 占比（2015—2020 年）　\ 109

图 28　土耳其政府公信力（2015—2020 年）　\ 110

图 29　土耳其公众满意度（2015—2020 年）　\ 110

科威特城（Kuwait City）

图 1　科威特和科威特城人口数量及其年均增速（2015—2020 年）　\ 112

图 2　科威特 GDP 总量及其年均增速（2015—2020 年）　\ 112

图 3　科威特城可持续发展综合指数（2015—2020 年）　\ 113

图 4　科威特城可持续发展社会子指数（2015—2020 年）　\ 113

图 5　科威特城可持续发展经济子指数（2015—2020 年）　\ 113

图 6　科威特城可持续发展环境子指数（2015—2020 年）　\ 113

图 7　科威特城可持续发展文化子指数（2015—2020 年）　\ 114

图 8　科威特城可持续发展治理子指数（2015—2020 年）　\ 114

图 9　科威特人口平均预期寿命（2015—2020 年）　\ 114

图 10　科威特人口出生率、死亡率及自然增长率（2015—2020 年）　\ 115

图 11　科威特 5 岁以下儿童死亡率（2015—2020 年）　\ 115

图 12　科威特小学入学率及教育完成率（2015—2020 年）　\ 115

图 13　科威特每万人病床数量（2015—2020 年）　\ 116

图 14　科威特人均医疗支出及医疗支出 GDP 占比（2015—2020 年）　\ 116

图 15　科威特城人均 GDP 及其年均增速（2015—2020 年）　\ 117

图 16　科威特城失业率及青年失业率（2015—2020 年）　\ 117

图 17　科威特石油出口额占出口总额比例（2015—2020 年）　\ 117

专栏 1　科威特石油工业发展历程　\ 118

图 18　科威特污水产生量、处理量及处理率（2015—2020 年）　\ 119

图 19　科威特生活垃圾产生量及年人均生活垃圾产生量（2015—2020 年）　\ 119

图 20　科威特一般工业固体废弃物产生量及人均产生量（2015—2020 年）　\ 120

图 21　科威特二氧化碳排放总量及人均排放量（2015—2020 年）　\ 120

图 22　科威特国际旅客人次（2015—2020 年）　\ 121

图 23　科威特国际旅游收入及其 GDP 占比（2015—2020 年）　\ 121

图 24　科威特政府财政收支及财政自给率（2015—2020 年）　\ 122

图 25　科威特政府债务余额及负债率（2015—2020 年）　\ 122

图 26　科威特互联网渗透率（2015—2020 年）　\ 122

图 27　科威特移动电话用户数量及普及率(2015—2020 年)　\ 123

图 28　科威特 R&D 支出及其 GDP 占比(2015—2020 年)　\ 123

图 29　科威特 R&D 人员全时当量及每万人全时当量(2015—2020 年)　\ 123

拉巴斯(La Paz)

图 1　玻利维亚人口数量及拉巴斯人口全国占比(2015—2020 年)　\ 126

图 2　玻利维亚 GDP 总量及拉巴斯 GDP 在全国 GDP 中的占比(2015—2020 年)　\ 126

图 3　拉巴斯可持续发展综合指数(2015—2020 年)　\ 127

图 4　拉巴斯可持续发展社会子指数(2015—2020 年)　\ 127

图 5　拉巴斯可持续发展经济子指数(2015—2020 年)　\ 127

图 6　拉巴斯可持续发展环境子指数(2015—2020 年)　\ 127

图 7　拉巴斯可持续发展文化子指数(2015—2020 年)　\ 128

图 8　拉巴斯可持续发展治理子指数(2015—2020 年)　\ 128

图 9　拉巴斯人口平均预期寿命(2015—2020 年)　\ 128

图 10　拉巴斯 5 岁以下儿童死亡率(2015—2020 年)　\ 129

图 11　玻利维亚幼小初学校师生比(2015—2020 年)　\ 129

图 12　玻利维亚中小学教育完成率(2015—2020 年)　\ 129

图 13　拉巴斯 GDP 总量及其年均增速(2015—2020 年)　\ 130

图 14　玻利维亚贫困人口占比(2015—2020 年)　\ 130

图 15　玻利维亚失业率及青年失业率(2015—2020 年)　\ 131

图 16　玻利维亚制造业增加值及其 GDP 占比(2015—2020 年)　\ 131

图 17　玻利维亚进出口额及其 GDP 占比(2015—2020 年)　\ 131

图 18　玻利维亚电力覆盖率及人均用电量(2015—2020 年)　\ 132

图 19　玻利维亚人均二氧化碳排放量(2015—2020 年)　\ 132

图 20　玻利维亚基本卫生服务覆盖率(2015—2020 年)　\ 133

图 21　玻利维亚基本饮用水覆盖率(2015—2020 年)　\ 133

图 22　玻利维亚旅游收入及其 GDP 占比(2015—2020 年)　\ 134

图 23　玻利维亚旅游产业就业人数(2015—2020 年)　\ 134

专栏 1　太阳城蒂亚瓦纳科　\ 134

图 24　玻利维亚政府财政收支及财政自给率(2015—2020 年)　\ 135

图 25　玻利维亚税收收入及其财政收入贡献率(2015—2020 年)　\ 136

图 26　玻利维亚政府债务余额及负债率(2015—2020 年)　\ 136

图 27　玻利维亚互联网渗透率(2015—2020 年)　\ 136

图 28　玻利维亚移动电话普及率(2015—2020 年)　\ 137

伦敦(London)

图 1　伦敦人口数量(2015—2020 年)　\ 140

图 2　伦敦 GDP 总量及其年均增速(2015—2020 年)　\ 140

图 3　伦敦可持续发展综合指数(2015—2020 年)　\ 141

图 4　伦敦可持续发展社会子指数(2015—2020 年)　\ 141

图5　伦敦可持续发展经济子指数(2015—2020年)　\ 141
图6　伦敦可持续发展环境子指数(2015—2020年)　\ 141
图7　伦敦可持续发展文化子指数(2015—2020年)　\ 142
图8　伦敦可持续发展治理子指数(2015—2020年)　\ 142
图9　伦敦人均住房面积(2015—2020年)　\ 142
图10　伦敦公共交通客运总量及年人均搭乘量(2015—2020年)　\ 143
图11　伦敦失业率(2015—2020年)　\ 143
图12　伦敦航空年吞吐量(2015—2020年)　\ 144
图13　伦敦可再生能源消耗量在总能耗中的占比(2015—2020年)　\ 144
图14　英国人均二氧化碳排放量(2015—2020年)　\ 145
专栏1　伦敦国家公园城市建设经验　\ 145
图15　伦敦国际旅客数量(2015—2020年)　\ 146
图16　伦敦文创产业增加值及其GDP占比(2015—2020年)　\ 146
图17　伦敦博物馆访问量及年人均访问量(2015—2020年)　\ 147
专栏2　伦敦全球体育城市建设历程及经验　\ 147
图18　伦敦政府财政收支及财政自给率(2015—2020年)　\ 148
图19　伦敦税收收入及其财政收入贡献率(2015—2020年)　\ 148
图20　英国女性参政比例(2015—2020年)　\ 149
图21　伦敦移动电话普及率(2015—2020年)　\ 149
图22　伦敦R&D支出及其GDP占比(2015—2020年)　\ 149

墨西哥城(Mexico City)

图1　墨西哥城人口数量及人口密度(2015—2020年)　\ 152
图2　墨西哥城GDP总量及其年均增速(2015—2020年)　\ 152
图3　墨西哥城可持续发展综合指数(2015—2020年)　\ 153
图4　墨西哥城可持续发展社会子指数(2015—2020年)　\ 153
图5　墨西哥城可持续发展经济子指数(2015—2020年)　\ 153
图6　墨西哥城可持续发展环境子指数(2015—2020年)　\ 153
图7　墨西哥城可持续发展文化子指数(2015—2020年)　\ 154
图8　墨西哥城可持续发展治理子指数(2015—2020年)　\ 154
图9　墨西哥人口出生率、死亡率及自然增长率(2015—2020年)　\ 154
图10　墨西哥人口平均预期寿命(2015—2020年)　\ 155
图11　墨西哥城医院病床数量及每万人病床数量(2015—2020年)　\ 155
图12　墨西哥城医生数量及每万人医生数量(2015—2020年)　\ 155
专栏1　墨西哥城公共交通网络的普惠性政策　\ 156
图13　墨西哥GDP总量及其年均增速(2015—2020年)　\ 157
图14　墨西哥人均GDP及其年均增速(2015—2020年)　\ 157
图15　墨西哥城人均GDP(2015—2020年)　\ 157
图16　墨西哥城劳动力平均月薪(2015—2020年)　\ 158
图17　墨西哥城失业率(2015—2020年)　\ 158

图 18　墨西哥外商直接投资额及其GDP占比(2015—2020年)　\ 158
图 19　墨西哥固定资产投资额及其GDP占比(2015—2020年)　\ 159
图 20　墨西哥进出口贸易额及其GDP占比(2015—2020年)　\ 159
图 21　墨西哥污水处理率(2015—2020年)　\ 160
图 22　墨西哥人均电力消费量(2015—2020年)　\ 160
图 23　墨西哥人均二氧化碳排放量(2015—2020年)　\ 160
专栏 2　墨西哥城城市空气污染治理　\ 161
图 24　墨西哥城国际旅客数量(2015—2020年)　\ 161
图 25　墨西哥城旅游收入及其GDP占比(2015—2020年)　\ 162
图 26　墨西哥政府财政收支及财政自给率(2015—2020年)　\ 162
图 27　墨西哥税收收入及其财政收入贡献率(2015—2020年)　\ 162
图 28　墨西哥政府债务余额及负债率(2015—2020年)　\ 163
图 29　墨西哥女性参政比例(2015—2020年)　\ 163
图 30　墨西哥城互联网渗透率及移动电话普及率(2015—2020年)　\ 163
专栏 3　墨西哥城的数字化服务建设　\ 164

蒙巴萨(Mombasa)

图 1　蒙巴萨人口数量及人口密度(2015—2020年)　\ 166
图 2　蒙巴萨GDP总量及其年均增速(2015—2020年)　\ 166
图 3　蒙巴萨可持续发展综合指数(2015—2020年)　\ 167
图 4　蒙巴萨可持续发展社会子指数(2015—2020年)　\ 167
图 5　蒙巴萨可持续发展经济子指数(2015—2020年)　\ 167
图 6　蒙巴萨可持续发展环境子指数(2015—2020年)　\ 167
图 7　蒙巴萨可持续发展文化子指数(2015—2020年)　\ 168
图 8　蒙巴萨可持续发展治理子指数(2015—2020年)　\ 168
图 9　肯尼亚人口数量及其年均增速(2015—2020年)　\ 168
图 10　肯尼亚人口平均预期寿命(2015—2020年)　\ 169
图 11　肯尼亚人口出生率、死亡率及自然增长率(2015—2020年)　\ 169
图 12　肯尼亚5岁以下儿童死亡率(2015—2020年)　\ 169
图 13　肯尼亚医疗开支及其GDP占比(2015—2020年)　\ 170
图 14　肯尼亚教育开支及其GDP占比(2015—2020年)　\ 170
图 15　肯尼亚GDP总量及其年均增速(2015—2020年)　\ 171
图 16　肯尼亚人均可支配收入及其年均增速(2015—2020年)　\ 171
图 17　蒙巴萨人均GDP及其年均增速(2015—2020年)　\ 171
图 18　肯尼亚进出口贸易额及其GDP占比(2015—2020年)　\ 172
图 19　肯尼亚外商直接投资额及其GDP占比(2015—2020年)　\ 172
图 20　肯尼亚工业增加值及其GDP占比(2015—2020年)　\ 173
图 21　肯尼亚制造业增加值及其GDP占比(2015—2020年)　\ 173
图 22　肯尼亚服务业增加值及其GDP占比(2015—2020年)　\ 173
图 23　肯尼亚人均二氧化碳排放量(2015—2020年)　\ 174

图 24　肯尼亚基本饮用水覆盖率(2015—2020年)　\ 174
图 25　肯尼亚基本卫生服务覆盖率(2015—2020年)　\ 175
图 26　肯尼亚旅游收入及其GDP占比(2015—2020年)　\ 175
专栏1　蒙巴萨世界文化遗产——耶稣堡　\ 175
图 27　肯尼亚政府财政收支及财政自给率(2015—2020年)　\ 176
图 28　肯尼亚税收入及其财政收入贡献率(2015—2020年)　\ 177
图 29　肯尼亚债务余额及负债率(2015—2020年)　\ 177
图 30　肯尼亚互联网渗透率(2015—2020年)　\ 177
图 31　肯尼亚移动电话普及率(2015—2020年)　\ 178

莫斯科(Moscow)

图 1　莫斯科人口数量及人口密度(2015—2020年)　\ 180
图 2　莫斯科GDP总量及人均GDP(2015—2020年)　\ 180
图 3　莫斯科可持续发展综合指数(2015—2020年)　\ 181
图 4　莫斯科可持续发展社会子指数(2015—2020年)　\ 181
图 5　莫斯科可持续发展经济子指数(2015—2020年)　\ 181
图 6　莫斯科可持续发展环境子指数(2015—2020年)　\ 181
图 7　莫斯科可持续发展文化子指数(2015—2020年)　\ 182
图 8　莫斯科可持续发展治理子指数(2015—2020年)　\ 182
图 9　俄罗斯人口数量及其年均增速(2015—2020年)　\ 182
图 10　俄罗斯人口出生率、死亡率及自然增长率(2015—2020年)　\ 183
图 11　俄罗斯和莫斯科5岁以下儿童死亡率(2015—2020年)　\ 183
图 12　莫斯科医院病床数量及每万人病床数量(2015—2020年)　\ 183
图 13　莫斯科人均住房面积(2015—2020年)　\ 184
图 14　俄罗斯GDP总量及其年均增速(2015—2020年)　\ 184
图 15　俄罗斯人均GDP及其年均增速(2015—2020年)　\ 185
图 16　俄罗斯和莫斯科人均月收入(2015—2020年)　\ 185
图 17　俄罗斯和莫斯科小微企业就业人数(2015—2020年)　\ 185
图 18　俄罗斯进出口贸易额及其GDP占比(2015—2020年)　\ 186
图 19　俄罗斯石油价格(2015—2020年)　\ 186
图 20　俄罗斯一般工业固体废弃物产生量、处理量及综合利用率(2015—2021年)　\ 186
图 21　俄罗斯二氧化碳排放总量及人均排放量(2015—2020年)　\ 187
图 22　俄罗斯和莫斯科公共图书馆14岁以下注册用户占比(2010—2017年)　\ 187
图 23　俄罗斯和莫斯科博物馆参观者中16岁以下儿童占比(2010—2017年)　\ 188
图 24　俄罗斯和莫斯科剧院活动中儿童演出占比(2010—2017年)　\ 188
图 25　莫斯科旅游总人数及国际游客占比(2015—2020年)　\ 188
图 26　俄罗斯财政收支及财政自给率(2015—2020年)　\ 189
图 27　俄罗斯税收入及其财政收入贡献率(2015—2020年)　\ 189
图 28　俄罗斯政府债务余额及负债率(2015—2020年)　\ 189
图 29　俄罗斯政府公职人员数量及每万人政府公职人员数量(2015—2020年)　\ 190

图30 俄罗斯和莫斯科每万人社会组织数量(2015—2020年) \ 190
图31 俄罗斯和莫斯科最低生活保障水平(2015—2021年) \ 191
图32 俄罗斯低保人口数量及其在总人口中的占比(2015—2020年) \ 191
图33 俄罗斯儿童总数及领取儿童津贴的人数占比(2015—2021年) \ 191
图34 莫斯科低保人口数量及其在总人口中的占比(2015—2020年) \ 192
图35 莫斯科儿童总数及领取儿童津贴的人数占比(2015—2021年) \ 192
图36 俄罗斯和莫斯科互联网渗透率(2015—2021年) \ 192
图37 俄罗斯和莫斯科移动电话普及率(2015—2020年) \ 193
图38 俄罗斯R&D支出及其GDP占比(2015—2020年) \ 193
图39 莫斯科R&D支出及其GDP占比(2015—2020年) \ 193
图40 俄罗斯R&D人员全时当量及每万人全时当量(2015—2020年) \ 194
图41 莫斯科R&D人员全时当量及每万人全时当量(2015—2020年) \ 194
专栏1 莫斯科2035城市总体规划焦点关注 \ 194

纽约(New York)

图1 纽约人口数量(2015—2020年) \ 198
图2 纽约GDP总量及其年均增速(2015—2020年) \ 198
图3 纽约可持续发展综合指数(2015—2020年) \ 199
图4 纽约可持续发展社会子指数(2015—2020年) \ 199
图5 纽约可持续发展经济子指数(2015—2020年) \ 199
图6 纽约可持续发展环境子指数(2015—2020年) \ 199
图7 纽约可持续发展文化子指数(2015—2020年) \ 200
图8 纽约可持续发展治理子指数(2015—2020年) \ 200
图9 纽约幼小初教师总人数及每万人幼小初教师人数(2015—2020年) \ 200
图10 纽约公共交通年人均搭乘量(2015—2020年) \ 201
图11 纽约居民可支配收入及其年均增速(2015—2020年) \ 201
图12 纽约失业率(2015—2020年) \ 202
图13 纽约外商直接投资额及其GDP占比(2015—2020年) \ 202
图14 纽约固定资产投资额及其GDP占比(2015—2020年) \ 202
图15 美国和纽约可再生能源消耗在总能耗中的占比(2015—2020年) \ 203
图16 美国人均二氧化碳排放量(2015—2020年) \ 203
专栏1 纽约高线公园实践经验借鉴 \ 204
图17 纽约财政收支及财政自给率(2015—2020年) \ 205
图18 纽约税收收入及其财政收入贡献率(2015—2020年) \ 205
图19 纽约刑事犯罪案件数量及每万人刑事犯罪案件数量(2015—2020年) \ 206
图20 纽约重罪案件数量及每万人重罪案件数量(2015—2020年) \ 206
图21 美国女性参政比例(2015—2020年) \ 207
图22 美国政府公信力(2015—2020年) \ 207
专栏2 纽约多元化城市治理经验 \ 207

巴黎(Paris)

图1 巴黎人口数量及人口密度(2015—2020年) \ 210
图2 巴黎GDP总量及其年均增速(2015—2020年) \ 210
图3 巴黎可持续发展综合指数(2015—2020年) \ 211
图4 巴黎可持续发展社会子指数(2015—2020年) \ 211
图5 巴黎可持续发展经济子指数(2015—2020年) \ 211
图6 巴黎可持续发展环境子指数(2015—2020年) \ 211
图7 巴黎可持续发展文化子指数(2015—2020年) \ 212
图8 巴黎可持续发展治理子指数(2015—2020年) \ 212
图9 巴黎人口平均预期寿命(2015—2020年) \ 212
图10 巴黎医生数量及每万人医生数量(2015—2020年) \ 213
图11 巴黎医院病床数及每万人病床数量(2015—2020年) \ 213
图12 巴黎公共交通客运总量及年人均搭乘量(2015—2020年) \ 213
图13 巴黎航空年吞吐量(2015—2020年) \ 214
图14 法国外商直接投资额及其GDP占比(2015—2020年) \ 214
图15 法国固定资产投资额及其GDP占比(2015—2020年) \ 215
图16 巴黎可再生能源消耗在能源消耗总量中的占比(2015—2020年) \ 215
图17 法国人均二氧化碳排放量(2015—2020年) \ 216

专栏1 《巴黎协定》 \ 216

图18 巴黎国际游客数量(2015—2020年) \ 218
图19 法国旅游收入及其GDP占比(2015—2020年) \ 218
图20 巴黎博物馆访问量及人均博物馆访问量(2015—2020年) \ 218
图21 巴黎电影院观影总人次及人均观影人次(2015—2020年) \ 219

专栏2 巴黎文化建设经验 \ 219

图22 法国财政收支及其GDP占比(2015—2020年) \ 220
图23 巴黎政收支及其GDP占比(2015—2020年) \ 220
图24 巴黎税收收入及其财政收入贡献率(2015—2020年) \ 221
图25 巴黎刑事犯罪案件数量及每万人刑事犯罪案件数量(2015—2020年) \ 221
图26 巴黎R&D支出及其GDP占比(2015—2020年) \ 222
图27 法国女性参政比例(2015—2020年) \ 222
图28 法国政府公信力(2015—2020年) \ 222

槟城(Penang)

图1 槟城人口数量及人口密度(2015—2020年) \ 224
图2 槟城GDP总量及其年均增速(2015—2020年) \ 224
图3 槟城可持续发展综合指数(2015—2020年) \ 225
图4 槟城可持续发展社会子指数(2015—2020年) \ 225
图5 槟城可持续发展经济子指数(2015—2020年) \ 225
图6 槟城可持续发展环境子指数(2015—2020年) \ 225
图7 槟城可持续发展文化子指数(2015—2020年) \ 226

图 8　槟城可持续发展治理子指数(2015—2020年) \ 226
图 9　马来西亚人口数量及其年均增速(2015—2020年) \ 226
图 10　槟城人口出生率、死亡率及自然增长率(2015—2020年) \ 227
图 11　槟城医院病床数量及每万人病床数量(2015—2020年) \ 227
专栏 1　槟城智慧交通建设 \ 227
图 12　马来西亚GDP总量及其年均增速(2015—2020年) \ 228
图 13　马来西亚和槟城人均GDP(2015—2020年) \ 229
图 14　槟城家庭平均年收入(2015—2020年) \ 229
图 15　槟城失业率及青年失业率(2015—2020年) \ 230
图 16　槟城年均消费价格指数(2015—2020年) \ 230
图 17　马来西亚进出口贸易额及其GDP占比(2015—2020年) \ 230
图 18　槟城进出口贸易额及其GDP占比(2015—2020年) \ 231
图 19　槟城进出口贸易额国家GDP(2015—2020年) \ 231
图 20　槟城制造业投资额及其GDP占比(2015—2020年) \ 231
图 21　槟城水资源供需量及使用率(2015—2020年) \ 232
图 22　槟城水资源消费总量及人均水资源消费量(2015—2020年) \ 232
图 23　槟城生活垃圾产生量及人均生活垃圾产生量(2015—2020年) \ 233
图 24　槟城生活垃圾循环利用率(2015—2020年) \ 233
图 25　马来西亚可再生能源消耗在总能耗中的占比(2015—2020年) \ 233
图 26　马来西亚森林覆盖率(2015—2020年) \ 234
图 27　马来西亚人均二氧化碳排放量(2015—2020年) \ 234
图 28　槟城康养旅游旅客数量及收入(2015—2020年) \ 234
图 29　马来西亚财政收支及财政自给率(2015—2020年) \ 235
图 30　马来西亚税收收入及其财政收入贡献率(2015—2020年) \ 235
图 31　马来西亚R&D支出及其GDP占比(2015—2020年) \ 236
图 32　马来西亚R&D人员全时当量及每万人全时当量(2015—2020年) \ 236

首尔(Seoul)

图 1　首尔人口数量(2015—2020年) \ 238
图 2　首尔GDP总量及其年均增速(2015—2020年) \ 238
图 3　首尔可持续发展综合指数(2015—2020年) \ 239
图 4　首尔可持续发展社会子指数(2015—2020年) \ 239
图 5　首尔可持续发展经济子指数(2015—2020年) \ 239
图 6　首尔可持续发展环境子指数(2015—2020年) \ 239
图 7　首尔可持续发展文化子指数(2015—2020年) \ 240
图 8　首尔可持续发展治理子指数(2015—2020年) \ 240
图 9　首尔医院病床数量及每万人病床数量(2015—2020年) \ 240
图 10　首尔公共交通客运总量及年人均搭乘量(2015—2020年) \ 241
专栏 1　首尔公共交通改革措施 \ 241
图 11　首尔居民可支配收入及其年均增速(2015—2020年) \ 243

图 12　首尔外商直接投资额及其 GDP 占比(2015—2020 年)　\ 243
图 13　首尔进出口贸易额及其贸易贡献率(2015—2020 年)　\ 243
图 14　首尔可再生能源消耗在总能耗中的占比(2015—2020 年)　\ 244
图 15　韩国人均二氧化碳排放量(2015—2020 年)　\ 244
图 16　首尔旅游收入及其 GDP 占比(2015—2020 年)　\ 245
图 17　首尔航空年吞吐量(2015—2020 年)　\ 245
图 18　首尔文创产业增加值及其 GDP 占比(2015—2020 年)　\ 246
图 19　首尔财政收支及财政自给率(2015—2020 年)　\ 246
图 20　首尔税收收入及其财政收入贡献率(2015—2020 年)　\ 247
图 21　首尔 R&D 人员全时当量(2015—2020 年)　\ 247
图 22　首尔专利申请数及每万人专利申请(2015—2020 年)　\ 248
图 23　首尔移动电话普及率(2015—2020 年)　\ 248
图 24　首尔律师总数量及每万人律师数量(2015—2020 年)　\ 248
图 25　首尔每万人刑事犯罪案件数量(2015—2020 年)　\ 249
图 26　韩国政府公信力(2015—2020 年)　\ 249

上海(Shanghai)

图 1　上海人口数量(2015—2020 年)　\ 252
图 2　上海 GDP 总量及其年均增速(2015—2020 年)　\ 252
图 3　上海可持续发展综合指数(2015—2020 年)　\ 253
图 4　上海可持续发展社会子指数(2015—2020 年)　\ 253
图 5　上海可持续发展经济子指数(2015—2020 年)　\ 253
图 6　上海可持续发展环境子指数(2015—2020 年)　\ 253
图 7　上海可持续发展文化子指数(2015—2020 年)　\ 254
图 8　上海可持续发展治理子指数(2015—2020 年)　\ 254
图 9　上海人口出生率、死亡率及自然增长率(2015—2020 年)　\ 254
图 10　上海每万人医院病床数(2015—2020 年)　\ 255
图 11　上海公路里程数及公路网密度(2015—2020 年)　\ 255
图 12　上海公共交通客运总量及年人均搭乘量(2015—2020 年)　\ 256
图 13　上海第一产业增加值及其年均增速(2015—2020 年)　\ 256
图 14　上海第二产业增加值及其年均增速(2015—2020 年)　\ 257
图 15　上海第三产业增加值及其年均增速(2015—2020 年)　\ 257
图 16　上海人均可支配收入及其年均增速(2015—2020 年)　\ 258
图 17　上海外商直接投资额及其 GDP 占比(2015—2020 年)　\ 258
图 18　上海固定资产投资额及其 GDP 占比(2015—2020 年)　\ 258
图 19　上海进出口贸易额及其 GDP 占比(2015—2020 年)　\ 259
图 20　上海社会消费品零售总额及其 GDP 占比(2015—2020 年)　\ 259
图 21　上海污水处理率及污水排放强度(2015—2020 年)　\ 260
图 22　上海一般工业固体废弃物综合利用率及固废产生强度(2015—2020 年)　\ 260
图 23　上海能耗总量及能耗强度(2015—2020 年)　\ 261

图 24　上海碳排放强度(2015—2020 年)　\ 261
图 25　上海空气质量优良天数及优良率(2015—2020 年)　\ 261
专栏 1　上海绿色自治地图　\ 262
图 26　上海国际旅客数量(2015—2020 年)　\ 263
图 27　上海旅游收入及其 GDP 占比(2015—2020 年)　\ 263
专栏 2　上海市社会主义国际文化大都市建设"十四五"规划发展目标　\ 264
图 28　上海财政收支及财政自给率(2015—2020 年)　\ 265
图 29　上海税收收入及其财政收入贡献率(2015—2020 年)　\ 265
图 30　上海政府债务余额及其负债率(2015—2020 年)　\ 266
图 31　上海 R&D 支出及其 GDP 占比(2015—2020 年)　\ 266
图 32　上海专利授权数量及每万人专利授权数量(2015—2020 年)　\ 267
图 33　上海移动电话用户数量及普及率(2015—2020 年)　\ 267
图 34　上海检察院审查起诉刑事案件数量及每万人审查起诉案件数量(2015—2020 年)　\ 267
专栏 3　上海提升城市软实力建设目标　\ 268

新加坡(Singapore)

图 1　新加坡人口数量(2015—2020 年)　\ 270
图 2　新加坡 GDP 总量及其年均增速(2015—2020 年)　\ 270
图 3　新加坡可持续发展综合指数(2015—2020 年)　\ 271
图 4　新加坡可持续发展社会子指数(2015—2020 年)　\ 271
图 5　新加坡可持续发展经济子指数(2015—2020 年)　\ 271
图 6　新加坡可持续发展环境子指数(2015—2020 年)　\ 271
图 7　新加坡可持续发展文化子指数(2015—2020 年)　\ 272
图 8　新加坡可持续发展治理子指数(2015—2020 年)　\ 272
图 9　新加坡公共交通客运总量及年人均搭乘量(2015—2020 年)　\ 272
图 10　新加坡医院病床数及每万人病床数(2015—2020 年)　\ 273
图 11　新加坡医生数量及每万人医生数量(2015—2020 年)　\ 273
专栏 1　新加坡组屋经验借鉴　\ 273
图 12　新加坡外商直接投资额及其 GDP 占比(2015—2020 年)　\ 275
图 13　新加坡制造业增加值及其 GDP 占比(2015—2020 年)　\ 275
图 14　新加坡小规模企业增加值及其在制造业增加值中的贡献率(2015—2020 年)　\ 276
图 15　新加坡垃圾产生量及循环利用率(2015—2020 年)　\ 276
图 16　新加坡食物浪费总量及人均食物浪费量(2015—2020 年)　\ 277
图 17　新加坡能源消费总量及其能耗强度(2015—2020 年)　\ 277
图 18　新加坡人均光伏发电量(2015—2020 年)　\ 278
图 19　新加坡被偷猎或非法贩运的野生动物交易比例(2015—2021 年)　\ 278
专栏 2　新加坡 ABC 水计划实践过程及经验借鉴　\ 279
图 20　新加坡影院屏幕数及年人均观影次数(2015—2020 年)　\ 281
图 21　新加坡艺术表演活动场次及每万人售票数(2015—2020 年)　\ 282
图 22　新加坡财政收支及财政自给率(2015—2020 年)　\ 282

图 23　新加坡税收收入及其财政收入贡献率(2015—2020 年)　\ 283
图 24　新加坡债务余额及其负债率(2015—2020 年)　\ 283
图 25　新加坡女性参政比例(2015—2020 年)　\ 284
图 26　新加坡刑事犯罪案件数量及每万人刑事犯罪案件数量(2015—2020 年)　\ 284

悉尼(Sydney)
图 1　悉尼、新南威尔士州和澳大利亚人口(2015—2020 年)　\ 286
图 2　澳大利亚 GDP 总量及悉尼 GDP 占比(2015—2020 年)　\ 286
图 3　新南威尔士州 GDP 总量及悉尼 GDP 占比(2015—2020 年)　\ 287
图 4　悉尼 GDP 总量及其年均增速(2015—2020 年)　\ 287
图 5　悉尼可持续发展综合指数(2015—2020 年)　\ 287
图 6　悉尼可持续发展社会子指数(2015—2020 年)　\ 287
图 7　悉尼可持续发展经济子指数(2015—2020 年)　\ 288
图 8　悉尼可持续发展环境子指数(2015—2020 年)　\ 288
图 9　悉尼可持续发展文化子指数(2015—2020 年)　\ 288
图 10　悉尼可持续发展治理子指数(2015—2020 年)　\ 288
图 11　悉尼人口出生率、死亡率及自然增长率(2015—2020 年)　\ 289
图 12　悉尼私人健康保险人数及覆盖率(2015—2020 年)　\ 289
图 13　悉尼医院病床数及每万人病床数(2015—2020 年)　\ 289
图 14　悉尼医生数量及每万人医生数量(2015—2020 年)　\ 290
图 15　悉尼私家车总量及家庭平均私家车保有量(2015—2020 年)　\ 290
图 16　悉尼和新南威尔士州工作岗位数量及悉尼工作岗位数量在新南威尔士州中的占比(2015—2020 年)　\ 291
图 17　悉尼居民消费价格指数(2015—2020 年)　\ 291
图 18　悉尼失业率(2015—2020 年)　\ 292
图 19　澳大利亚可再生能源消耗在总能耗中的占比(2015—2020 年)　\ 292
图 20　澳大利亚小规模光伏发电装置数量(2015—2020 年)　\ 293
图 21　澳大利亚人均二氧化碳排放量(2015—2020 年)　\ 293
图 22　悉尼国际旅客数量及其年均增速(2015—2020 年)　\ 294
图 23　新南威尔士州国际旅客数量及悉尼国际旅客占比(2015—2020 年)　\ 294
图 24　悉尼旅游收入及其 GDP 占比(2015—2020 年)　\ 294
图 25　澳大利亚财政收支及财政自给率(2015—2020 年)　\ 295
图 26　新南威尔士州财政收支及财政自给率(2015—2020 年)　\ 295
图 27　澳大利亚税收收入及其财政收入贡献率(2015—2020 年)　\ 296
图 28　新南威尔士州税收收入及其财政收入贡献率(2015—2020 年)　\ 296
图 29　悉尼互联网渗透率(2015—2020 年)　\ 296
图 30　悉尼移动电话普及率(2015—2020 年)　\ 297
图 31　澳大利亚 R&D 支出及其 GDP 占比(2015—2020 年)　\ 297
图 32　悉尼刑事犯罪案件数量及每万人刑事犯罪案件数量(2015—2020 年)　\ 297
图 33　澳大利亚女性参政比例(2015—2020 年)　\ 298

图 34　澳大利亚政府公信力（2015—2020 年）　\ 298
专栏 1　可持续发展的悉尼 2030 重要指标及行动方案　\ 298

东京（Tokyo）

图 1　东京人口数量（2015—2020 年）　\ 302
图 2　东京 GDP 总量及其年均增速（2015—2020 年）　\ 302
图 3　东京可持续发展综合指数（2015—2020 年）　\ 303
图 4　东京可持续发展社会子指数（2015—2020 年）　\ 303
图 5　东京可持续发展经济子指数（2015—2020 年）　\ 303
图 6　东京可持续发展环境子指数（2015—2020 年）　\ 303
图 7　东京可持续发展文化子指数（2015—2020 年）　\ 304
图 8　东京可持续发展治理子指数（2015—2020 年）　\ 304
图 9　东京人口平均预期寿命（2015—2020 年）　\ 304
图 10　东京人口出生率、死亡率及自然增长率（2015—2020 年）　\ 305
图 11　东京医生数量及每万人医生数量（2015—2020 年）　\ 305
图 12　东京医院病床数量及每万人病床数量（2015—2020 年）　\ 305
图 13　东京公共交通客运总量及年人均搭乘量（2015—2020 年）　\ 306
图 14　东京失业率（2015—2020 年）　\ 306
图 15　东京进出口贸易额及其 GDP 占比（2015—2020 年）　\ 307
图 16　日本外商直接投资额 GDP 占比（2015—2020 年）　\ 307
专栏 1　东京机器人战略新兴产业发展经验借鉴　\ 307
图 17　东京人均污水排放量（2015—2020 年）　\ 309
图 18　日本可再生能源消耗在总能耗中的占比（2015—2020 年）　\ 309
图 19　日本人均二氧化碳排放量（2015—2020 年）　\ 309
图 20　日本环保支出在财政支出中的占比（2015—2020 年）　\ 310
图 21　东京国际旅客人次（2015—2020 年）　\ 310
图 22　东京政府财政收支及财政自给率（2015—2020 年）　\ 311
图 23　东京税收收入及其财政收入贡献率（2015—2020 年）　\ 311
图 24　东京移动电话普及率（2015—2020 年）　\ 312
图 25　东京专利申请数量及每万人专利申请数量（2015—2020 年）　\ 312
图 26　东京 R&D 支出及其 GDP 占比（2015—2020 年）　\ 312
图 27　东京每万名 R&D 人员全时当量（2015—2020 年）　\ 313
图 28　东京每万人刑事犯罪案件数量（2015—2020 年）　\ 313
图 29　日本政府民众信任度（2015—2020 年）　\ 313

多伦多（Toronto）

图 1　多伦多人口数量及其全国人口占比（2015—2020 年）　\ 316
图 2　多伦多 GDP 总量及人均 GDP（2015—2020 年）　\ 316
图 3　多伦多可持续发展综合指数（2015—2020 年）　\ 317
图 4　多伦多可持续发展社会子指数（2015—2020 年）　\ 317

图 5　多伦多可持续发展经济子指数(2015—2020 年) \ 317

图 6　多伦多可持续发展环境子指数(2015—2020 年) \ 317

图 7　多伦多可持续发展文化子指数(2015—2020 年) \ 318

图 8　多伦多可持续发展治理子指数(2015—2020 年) \ 318

图 9　加拿大人口数量及其年均增速(2015—2020 年) \ 318

图 10　加拿大人口平均预期寿命(2015—2020 年) \ 319

图 11　多伦多医生数量及每万人医生数量(2015—2020 年) \ 319

图 12　多伦多医院病床数及每万人病床数量(2015—2020 年) \ 319

图 13　加拿大 GDP 总量及其年均增速(2015—2020 年) \ 320

图 14　多伦多失业率(2015—2020 年) \ 320

图 15　加拿大人均二氧化碳排放量(2015—2020 年) \ 321

图 16　加拿大国际旅客数量(2015—2020 年) \ 322

图 17　多伦多旅游收入及其 GDP 占比(2015—2020 年) \ 322

图 18　多伦多文创产业增加值及其 GDP 占比(2015—2020 年) \ 322

专栏 1　多伦多公共艺术战略(2020—2030) \ 323

图 19　多伦多政府财政收支及财政自给率(2015—2020 年) \ 324

图 20　多伦多税收收入及其财政收入贡献率(2015—2020 年) \ 325

图 21　加拿大政府债务余额及负债率(2015—2020 年) \ 325

图 22　多伦多互联网渗透率(2015—2020 年) \ 325

图 23　多伦多移动电话普及率(2015—2020 年) \ 326

图 24　多伦多 R&D 支出及其 GDP 占比(2015—2020 年) \ 326

图 25　多伦多 R&D 人员全时当量及每万人全时当量(2015—2020 年) \ 326

图 26　加拿大女性参政比例(2015—2020 年) \ 327

图 27　加拿大政府公信力(2015—2020 年) \ 327